21世纪经济学管理学系列教材

贸易经济学

TRADE ECONOMICS

主　编　吴振球

副主编　胡宗彪　赵　曜　田博文

WUHAN UNIVERSITY PRESS
武汉大学出版社

图书在版编目(CIP)数据

贸易经济学 / 吴振球主编. -- 武汉 : 武汉大学出版社, 2025. 3.
21世纪经济学管理学系列教材. -- ISBN 978-7-307-24927-1

Ⅰ.F710

中国国家版本馆 CIP 数据核字第 20255YQ973 号

责任编辑:范绪泉   责任校对:汪欣怡   版式设计:马　佳

出版发行:**武汉大学出版社**　(430072　武昌　珞珈山)

(电子邮箱:cbs22@whu.edu.cn　网址:www.wdp.com.cn)

印刷:武汉中科兴业印务有限公司

开本:787×1092　1/16　印张:17.25　字数:403 千字　插页:1

版次:2025 年 3 月第 1 版　　2025 年 3 月第 1 次印刷

ISBN 978-7-307-24927-1　　定价:58.00 元

前　　言

贸易经济学是贸易经济本科专业的基础理论课,是研究贸易活动运行机制、经济关系和规律的科学,在贸易经济专业本科人才培养中的作用极其重要。我们编写的这部《贸易经济学》是贸易经济专业的基础理论教材,也可作为贸易经济专业高等教育自学考试、干部培训的教材,还可供研究生、有关经济管理人员学习和参考。

贸易经济学是中南财经政法大学建设历史悠久的课程之一。早在1953年院系调整后,中南财经学院就开设有贸易经济课程。1964年,贸易经济教研室编写出一部完整的《贸易经济学》讲义(上、下册),这部教材联系中国商业实际做了较系统、较深入的理论探讨,具有鲜明特色,铅印成书后进行校际交流,受到同行们的重视,在高校贸经同行中颇受欢迎。进入改革开放新时期,课程教材建设迎来全新历史机遇。1979年,周肇先、曹英耀等参加全国高等院校统编《商业经济学》教材的编写工作。1985年,周肇先任主编的《商业经济学》由湖北教育出版社出版,这是贸易经济学科第一次公开出版教材,起到开创性作用。1988年,周肇先任第一主编的《商业经济学》由中国财政经济出版社出版,该教材在国内商经学界影响很大,多次重印,被许多高校作为指定教材。1999年,周肇先主编的《贸易经济学》被评选为普通高等教育"九五"国家级重点教材。迈入21世纪新时代,课程教材建设保持与时俱进的发展态势,中南财经政法大学贸易经济学教学团队在继承优良传统、传承贸易经济知识的基础上,守正创新,逐步将商贸流通的新理论、新实践、新技术等融入教学内容,尤其是数字经济和平台经济的发展带来商流、物流、信息流的深刻变革,为持续改进贸易经济知识体系提供了丰富的素材。2020年10月,党的十九届五中全会明确提出,要加快构建以国内大循环为主体、国内国际双循环相互促进的新发展格局。发挥超大规模市场优势、强化国内大循环为贸易经济学科体系的发展指明了重要战略方向,也为推动新时代课程教材建设奠定了坚实基础。本教材的编写以习近平新时代中国特色社会主义思想为指导,较好地结合了时代、政策、理论、实践和技术的变化,具有鲜明的时代特征、创新性和前沿性。

参与本书撰写的同志,长期在贸易经济理论与教学研究一线工作,理论功底较深厚,实践与教学经验较丰富。本书是在反复讨论的基础上分工协作完成的。各章的执笔人是:吴振球教授(第一、二、三、四、五、十、十一、十二章);吴振球教授、胡宗彪副教授(第六章);田博文副教授(第七、八章);赵曜副教授(第九章);许捷副教授(第十三章)。本书由吴振球教授任主编,胡宗彪、赵曜、田博文副教授任副主编。吴振球教授负责提纲编写、内容安排、编写分工、组织协调、校稿审稿等工作,胡宗彪、赵曜、田博文副教授参与了部分章节的校稿审稿工作。全书由吴振球教授总纂。硕士生戴越、卢光美、王诺菲做了大量的资料收集整理与校对工作。

　　本书在撰写过程中参考了国内外已出版发表的有关贸易经济方面的大量研究成果，书中已尽可能列出其作者和出处，在此对各方家表示衷心的感谢，但难免挂一漏万，敬请谅解。由于编写者水平有限，时间仓促，加上社会主义市场经济条件下贸易经济问题十分复杂，还有许多问题仍处于进一步的研究与探索之中，书中难免存在错误疏漏，恳请各位专家学者与读者批评指正。

吴振球

2025 年 1 月于中南财经政法大学

目　　录

第一章　贸易经济学导论

【学习目标】贸易是一种很常见的经济现象，与人们的关系十分密切。通过本章的学习，理解贸易经济学的研究对象与研究方法，了解马克思恩格斯的交换与贸易理论和西方贸易理论的主要内容，掌握贸易的产生过程与条件，了解贸易的发展过程，深刻认识贸易在社会经济中的地位。在认识贸易中介地位的基础上，进一步理解充分发挥贸易在市场经济中的作用，将积极推进社会主义现代化建设和高质量发展。

原始社会末期以来，贸易就对社会经济产生了重大而持久的影响，不断推动着人类社会迈向更高级的文明阶段。古今中外的经济学家对人类的贸易活动进行了大量广泛而深入的研究，逐步建立起一门以贸易领域的特殊矛盾为研究对象的应用经济学——贸易经济学，不断丰富和深化贸易理论与实践研究，揭示贸易活动的运行机制、经济关系和客观规律。

第一节　贸易经济学的研究对象与研究方法

一、贸易经济学的研究对象

研究对象，是一门学科的根本性问题，它很大程度上决定了该门学科的研究内容。毛泽东曾指出："科学研究的区分，就是根据科学对象所具有的特殊的矛盾性。因此，对于某一现象的领域所特有的某一种矛盾的研究，就构成某一门科学的对象"。贸易经济学的研究对象是什么，目前学术界有不同的看法。第一种意见认为：贸易经济学是"系统地阐明商品市场、商品流通和这个领域内的活动主体——流通产业组织的结构、运行和发展的领域经济学"，并认为贸易经济学不同于商业经济学。这种意见被称为"领域论"。第二种意见认为："贸易经济学的研究对象应是贸易现象及贸易活动的领域、贸易活动领域的特殊矛盾。"第三种意见认为："贸易经济学的研究对象是商品交换过程的经济关系及其运行机制。"第四种意见认为："贸易经济学科应以市场资源配置，尤其是市场空间资源配置为研究对象，以优化资源配置，降低市场交易费用为研究任务，围绕社会产品和价值的实现问题展开研究。"第五种意见认为：贸易经济学科的研究对象是"市场经济下流通中介服务的供给与需求及其运行机制。"第六种意见认为："贸易经济学科的研究对象是贸易与经济活动总体互动的机理与表现。"第七种意见认为，贸易经济学研究应该引入西方主流经济学范式，从贸易假设开始引入一系列新的贸易范畴，从根本上创新贸易经济学学科体系。以上关于贸易经济学研究对象的七种意见，是具有代表性的意见。虽然各种意见不同，但都有依据。在一定阶段，对贸易经济学学科研究对象的认识不一致，是正常现象。

我们认为，贸易经济学的研究对象是贸易领域所特有的矛盾，即贸易领域的特殊矛盾。为了研究贸易领域的特殊矛盾，必须先研究贸易领域的活动与现象。按照这一研究对象的规定性，我们认为贸易经济学应该研究以下几方面的内容：一是贸易活动的运行机制。贸易活动的运行机制，是贸易活动的各个要素之间相互联系、相互作用的过程和方式，以及贸易过程的调节与管理体系。贸易要素，最主要的有三个：一是货币与资本，它是启动贸易的基础要素。二是商品与服务，它是贸易的对象要素。三是所有者与劳动者，它是贸易的主体要素。此外，信息、技术与管理等，也是贸易的重要要素，并且随着经济与技术的发展而日益重要。各个要素并不是孤立的，而是相互联系、相互作用的，形成动态的运行过程，发生各种各样的贸易活动。对这些贸易活动，要有运行的规范，要有必要的调节，要有适当的管理，而不能任其完全自发进行，这就要有对其进行调节与管理的体系。在市场经济条件下，在贸易过程中起基础性作用的运行机制是市场机制，包括价格机制、供求机制、竞争机制、风险机制、自愿让渡机制、成本机制、利润机制、工资利率机制等，其中最重要的机制是价格机制、供求机制、竞争机制。贸易活动过程，与生产活动过程不同，有自身的内容和特点，有着自身的起源、产生和发展过程。二是贸易活动中的各种经济关系。贸易活动过程是一种交换过程，是商品与货币之间的形态交换过程。从本质上看，贸易活动过程是人与人之间的经济交往过程，充满着复杂的经济关系，即生产者与生产者之间的经济关系、生产者与经营者之间的经济关系、生产者与消费者之间的经济关系、经营者与经营者之间的经济关系、经营者与消费者之间的经济关系等。贸易活动中的经济关系是全方位、多层次的，涉及不同国家间、不同地区间、不同产业间、不同企业间、不同所有制之间的经济关系。经济关系的实质是经济利益关系。研究贸易活动中的经济关系，必须联系生产力发展实际，从经济基础与上层建筑的相互联系中去研究。三是贸易活动中贸易的各种规律。恩格斯认为，产品贸易一旦离开生产本身而独立起来就会循着本身固有规律进行。贸易活动中贸易自身的特殊规律制约着贸易活动的发展。这些特殊的规律既有商品自身因素决定的运行规律，又有贸易活动中社会经济关系运动的规律，如零售贸易的勤进快销规律、连续买卖规律、贸易网点群体效应规律、贸易自由竞争与贸易垄断相互转化的规律等。贸易活动中，市场经济的基本规律和社会再生产过程中起支配作用的规律，也在起作用。研究贸易活动中的规律，不能就规律研究规律，而应在整个研究内容中揭示贸易活动的客观规律，反映客观规律的要求。

二、贸易经济学的研究方法

贸易活动是人类社会最常见、最复杂的经济活动，也是涉及人数最多、行业最多、空间最广的经济活动。研究贸易经济学，对于培养高水平的贸易经济专业人才、提高贸易研究人员和在职贸易从业人员的专业理论水平是非常重要的。贸易经济学的研究方法，主要有：

第一，事物相互联系的系统研究方法。系统的思想源远流长，但作为一门学科的系统论，则是 20 世纪三四十年代由 L. V. 贝塔朗菲创立的。系统论的核心思想是系统的整体观念。贸易经济学作为一门独立的专业基础理论课是一个体系完整的学科，各个部分之间是互相联系、互相制约、互相作用的，因此研究贸易经济学，应注意各个部分之间的内在联系。贸易实践活动及其过程是一个开放的、变化的系统，其各种要素、各个环节、各种形式、各种方式、各个行业都是相互联系、相互制约的。同时，影响贸易实践活动的各种外部因素也分别形成了不同的系统，系统与系统之间不断发生着物质、能量、信息的传递与交换。因此，研究贸易实践活动，切忌孤立、片面地看待问题，应注意运用系统论的原理和方法去研究贸易实践活动的各个方面，特别要注意处理好整体与局部的关系，以及局部之间的关系。

第二，矛盾分析法。矛盾分析法，即对立统一的辩证研究方法。事物的矛盾即对立统一规律是推动事物发展的动力。矛盾的双方既统一又斗争，推动着事物的不断变化发展。如在贸易经济领域，存在着供给与需求的对立统一，买者与卖者的对立统一，商品与货币的对立统一，生产者与消费者的对立统一，市场竞争是这些对立统一现象的集中表现。掌握对立统一的研究方法，就能认识和分析贸易领域客观存在的各种矛盾，进而分析和研究矛盾运动的各种规律，寻求解决矛盾的途径。

第三，发展变化和创新的研究方法。贸易活动，本身是不断发展变化的。对贸易经济现象进行一定的静态研究，固然必要，但发展变化是贸易活动的主要运行形态，所以必须进行动态研究，并把动态研究与静态研究结合起来，以动态研究为重点。创新是科学进步的源泉，任何一门学科的发展都离不开创新，研究贸易经济学同样需要发展科学、创新理论的研究方法。我国目前还处于社会主义初级阶段和市场经济不发达的阶段，贸易活动还不完善，治理体制机制也不完善。在这样的现实基础上，贸易经济理论工作者想要推动贸易经济理论研究，必须不断创新。在习近平新时代中国特色社会主义思想的指导下，随着我国经济建设进入新时代和高质量发展新阶段，随着第四次科技革命的不断深入，随着全面建设社会主义现代化国家目标的顺利推进，贸易实践活动一定会出现很多新变化。这种状况要求贸易经济理论工作者不断研究贸易经济发展中的新情况、新问题，不断在基本范畴、学科内容、研究方法与理论体系上创新，不断适应客观形势发展的要求，使贸易经济理论能跟上时代发展潮流。

第四，理论联系实际的研究方法。理论是对客观事物内在联系的一种规律性的认识，它把握事物的客观必然性。实际是客观存在的各种事物和现象。理论从实践中来，高于实践，理论正确与否，需要接受实践的检验。贸易经济学是一门理论特色鲜明的专业基础理论课程，也是一门实践特色很强的课程。研究贸易经济学，要坚持不唯上、不唯书、只唯实的根本原则，特别要注意防止理论脱离实际的倾向。一要以贸易经济学理论知识为指导，紧密联系市场经济条件下贸易活动发展的实际，深入研究贸易活动中的特殊问题与一般问题，用理论指导实践、促进实践更好地发展。二要用生动丰富的贸易实践活动来检验、修正、补充、完善贸易经济学理论，进一步发展贸易经济学理论。要通过对贸易实践活动的分析、解剖、总结、归纳，透过现象，抓住本质，发现规律，上升到理论高度，进一步地指导贸易实践。

第五，规范分析与实证分析相结合的研究方法。所谓规范分析，是以一定的价值判断为基础，提出某种标准作为分析处理经济问题的依据，从而作出判断，评价社会经济活动的好坏、优劣、利弊，它所要回答的是"应该是什么"的问题。实证分析则是对社会经济现象进行客观描述、分析、解释，并探讨经济现象间的本质联系，进而分析和预测人们经济行为的效果，它所要回答的是"是什么"的问题。对贸易经济活动的研究，必须坚持规范分析与实证分析相结合，才能更好地掌握贸易活动的规律性，并以此作为贸易经济活动的向导。

此外，在贸易经济学研究中，还应运用定性分析与定量分析相结合、重点突出与全面系统相结合的研究方法，提高分析和解决理论问题与实际问题的能力。

第二节　马克思恩格斯的交换与贸易理论

马克思、恩格斯关于交换、流通与贸易的理论，内容十分丰富，主要包括以下几个方面：

一、交换、贸易的起源与产生

马克思、恩格斯关于商品交换、贸易起源的论述揭示了商品交换、贸易是因为社会分工和私有制的出现而产生的。马克思在《经济学手稿》中对原始社会经历的三次社会大分工与原始社会部落之间贸易的发生有过深刻的论述。恩格斯在《家庭、私有制和国家的起源》一书中对原始公社内部商品交换引发私有制的产生、私有产权产生后交换的出现和专职商业活动的独立等问题进行了深入而广泛的研究，提出了很多重要论断。

二、交换、贸易在社会经济中的地位

马克思的再生产理论认为社会再生产有四个环节：生产、分配、交换、消费。一般情况下，生产起支配作用，决定分配、交换、消费的发展。马克思认为交换在社会再生产过程中处于中介地位，连接着生产与消费，连接着分配与消费，交换由生产决定，但在一定条件下也决定生产和制约分配与消费。

恩格斯对于交换在社会经济中的重要地位也有过形象和深刻的描述。他认为生产与交换是社会经济活动曲线中的"纵坐标"和"横坐标"，这两种坐标在每一个瞬间都互相影响、互相依赖。

三、贸易是商品交换的发达形式

直接的物物交换不是贸易。货币出现以后，出现了以货币为媒介的商品交换，形成商品流通。这种简单的商品流通是贸易的最初形式。随后，由专职的商人阶级专门媒介的商品交换过程——商业——是商品交换的发达形式，也就是发达的商品流通。这是贸易的典型形式。马克思一再强调："商品交换的发达形式即贸易。"在这个意义上，贸易与商业具有相同的内涵。

四、商品流通的形式

马克思认为，流通的本质是交换，但不是个别的交换，而是交换行为体系，表现为交换总体。商品流通是商品生产的前提，货币流通又是商品流通的前提，商品流通过程的运

动表现为货币流通。

马克思揭示了商品流通有两种形式：一种是简单商品流通，其公式是 W—G—W，称为商品流通的直接形式或简单形式，即生产者之间以货币为媒介的商品流通。另一种是发达商品流通，其公式是 G—W—G′，称为商品流通的资本形式或发达形式，其中的 G′ = G + ΔG，ΔG 是流通完成后的货币增值额。这是通过中间商转手的商品流通。

五、商业资本与产业资本

马克思在《资本论》这一鸿篇巨制中对商业资本进行了专题研究，深刻地论证了商业资本是资本的最古老形式，"不仅商业，而且商业资本也比资本主义生产方式古老，实际上它是资本在历史上最古老的自由的存在方式"，而发达的商品流通即贸易，是产业资本形成的历史前提。

马克思认为在资本主义社会以前的阶段中是商业支配产业，而在资本主义社会是产业支配商业，因为资本主义社会的商业资本是产业资本中商品资本的转化形态，是产业资本循环链条中的一个部分。

六、资本流通与商品流通

资本的循环过程是流通与生产的统一。马克思说，既然货币资本转化为商品资本和商品资本转化为货币资本这两个阶段都是流通行为，所以资本流通是一般商品流通的一部分。资本运动离不开流通过程，资本流通也通过商品流通的形式表现出来，使资本流通成为商品流通的一部分。这种流通，从表现形式上看是商品流通，实质上是资本流通。资本主义生产过程受流通制约，以流通为前提，建立在流通基础之上。

七、资本主义需要世界市场和国际贸易

马克思、恩格斯在研究资本主义经济时广泛运用了市场、世界市场、国际贸易、对外贸易等概念，认为贸易离不开市场，市场是贸易的载体。马克思、恩格斯在《共产党宣言》中深刻论述了由于需要不断增加产品销路，所以需要不断扩大市场，不仅需要扩大国内市场，而且需要开拓世界市场。不仅需要发展国内贸易，而且需要发展对外贸易。马克思和恩格斯深刻地指出，由于世界市场和对外贸易的发展，经济全球化是一个客观趋势，"资产阶级，由于开拓了世界市场，使一切国家的生产与消费都成为世界性的了"。

八、流通费用

马克思在《资本论》第二卷中曾单独开辟一章，系统地研究流通费用。马克思将流通费用分为两部分：纯粹流通费用与追加费用。所谓纯粹流通费用是指用于直接买卖过程的费用，包括洽谈、成交、簿记、结算等方面的费用，用劳动时间表示包括买卖的时间耗费、簿记时间耗费、从货品到商品再从商品到货币周转时间的耗费。所谓追加费用，是生产过程在流通领域延伸时发生的，是与商品使用价值运动有关的费用，包括再加工费用、保管费用与运输费用等。马克思在《资本论》第三卷研究商业利润时，对流通费用与商业利润之间的关系也进行了研究，还研究了流通费用与商业预付资本、

资本流通过程的关系等。在其他条件一定的情况下，流通费用受流通规模影响，并直接影响商业利润。

列宁及其他马克思主义者也对商品生产、商品交换、贸易、流通、市场、对外贸易等问题有很多论述，从而丰富了马克思恩格斯的交换与贸易理论。

第三节　西方贸易理论的演进

一、20 世纪 30 年代以前的贸易理论

(一)重商主义的贸易理论

重商主义是资本原始积累时期代表商业资产阶级利益的经济学说和政策体系。重商主义学说可以追溯到 15 世纪。15 世纪末，西欧社会进入封建社会的瓦解时期，资本主义生产关系开始萌芽和成长。地理大发现扩大了世界市场，给商业、航海业、工业以极大刺激。商业资本发挥着突出的作用，促进各国国内市场的统一和世界市场的形成，推动着对外贸易的发展。从 15 世纪到 17 世纪上半叶，重商主义思潮在西方国家广为流行。重商主义学说分为早期重商主义学说和晚期重商主义学说，是重商主义学说发展的两个阶段。

早期重商主义学说。早期重商主义者主张禁止货物进口，以防止贵金属外流，认为这是保留货币的有效手段。这种思想发展成为货币平衡论，即重金主义学说体系。早期重商主义者主张采取行政手段，禁止货币输出，反对商品输入，以储藏尽量多的货币。一些国家还要求外国人来本国进行交易时，必须将其销售货物的全部款项用于购买本国货物或在本国花费掉。

晚期重商主义学说。晚期重商主义者则要求发展对外贸易，出发点是对外贸易所吸引进来的货币多于流出去的货币。这种思想发展成为贸易平衡论，即狭义的重商主义学说体系。晚期重商主义者懂得了货币只有在运动中才能成为资本，实现增值，因此就不能过分地去限制这种运动。过去的格言——多卖少买，已经过时了。他们主张取消禁止货币输出的法令，使本国的出口多于进口，即实行顺差的对外贸易。晚期重商主义的代表人物是托马斯·孟，其代表作是《英国在对外贸易中的宝库或对外贸易平衡》。他反对以任何措施去限制出口贸易，甚至主张降低出口关税。他认为转口贸易是最有利的事情，它可以产生最大的商业利润。他希望把货币输出国外，以便大量地输入货币。他还主张扩大农产品和工业品的出口，并主张以低廉的价格去增加商品在国外市场上的竞争力。

18 世纪苏格兰经济学家休谟认为贸易带来三种利益：一是增强国力和改善国民生活。二是推动制造业的发展。三是为某些人的生活提供刺激，为寻欢作乐者提供享乐条件，为商人提供发财机会，为冒险家提供乐园。

(二)斯密的贸易理论

19 世纪中叶，英国在世界上确立了"世界工厂"的地位。随着英国资本主义的迅速发展，新兴资产阶级要求扩大对外贸易，扩大海外市场和原料来源，而重商主义的贸易理论和政策限制了新兴资产阶级的利益，所以他们迫切要求废除重商主义的贸易保护政策，建立新的自由贸易理论，实行自由贸易。自由贸易理论的代表人物是英国古典经济学家亚

当·斯密和大卫·李嘉图。亚当·斯密的代表作是 1776 年出版的《国民财富的性质和原因的研究》，简称《国富论》。斯密关于自由贸易的学说是"绝对优势学说"。绝对优势学说的主要内容有：第一，国际分工是建立在一个国家所拥有的自然优势和获得这种优势的基础上的。这里所谓的优势是指绝对优势或绝对利益。该学说认为，各国因地域和自然条件不同而形成的商品成本的绝对差异是国际贸易发生的原因。一国出口那些在本国进行生产有效率的商品，进口那些在国外进行生产有效率的商品，该国就会取得贸易利益。第二，主张自由贸易。该学说认为，既然贸易双方都具有绝对优势，那么通过自由贸易，双方都能取得贸易利益。因为自由贸易会使贸易双方的资本和劳动力从生产能力低的行业转移到生产能力高的行业中去，实现资源的有效配置，提高劳动生产率。生产商品的数量增加了，通过贸易，双方的消费数量也增加了，对双方都有好处。"绝对优势学说"又被称为"绝对利益学说""绝对成本学说"。绝对优势学说的局限性在于只能解释世界贸易中的一小部分贸易，不能说明一国在各部门都无绝对优势的情况下如何开展贸易，因而不具有一般性。该学说只从供给侧分析国际分工和国际商品流动的方向，忽略了需求侧对分工和贸易格局的影响。

（三）李嘉图的贸易理论

大卫·李嘉图是英国古典经济学的另一个代表人物，是英国古典经济学的集大成者，其代表作是 1817 年出版的《政治经济学及赋税原理》，李嘉图的比较优势学说，是对斯密的绝对优势学说的重大发展。比较优势学说，又被称为比较利益学说、比较成本学说。所谓比较利益，是指在两个国家、两种商品的贸易模式里，一国两种商品都处于劣势，另一国两种商品都处于优势，通过"两利相权取其重，两弊相权取其轻"的原则进行专业化分工，贸易两国获得的利益。比较利益学说认为，即使一个国家各个行业的生产都缺乏效率，没有低成本的商品，也不必停止所有商品的生产，而只应停止成本相对劣势最大的商品的生产，生产成本相对劣势较小的商品出口，通过国际贸易仍然可能获得利益。另一个国家各个行业的生产都有效率，成本比国外同行也都低，也没有必要生产所有的商品出口，而应只生产成本相对优势最大的商品出口，通过国际贸易可获得更大利益。两国通过贸易彼此节省了劳动和资源，对两国都有利。李嘉图同斯密一样，也主张自由贸易，反对国家干预对外自由贸易，他认为自由贸易可以使得商品丰富、价格低廉，给个人和整个社会带来利益。比较利益学说的局限性表现在，该学说是建立在许多假定的基础上，这一系列的假定不可能同时成立，因此该学说缺乏现实基础，对国际贸易的许多现象不能作出解释。比较利益学说主张一国只从事具有比较优势的行业的生产和出口，而彻底放弃那些没有比较优势的行业，这样的国际分工是不存在的。

（四）李斯特的保护贸易理论

李斯特是德国著名经济学家、历史学派的先驱，早年倡导自由主义，后来转为提倡贸易保护主义。他的代表作是 1841 年出版的《政治经济学的国民体系》，系统地提出了保护贸易理论。贸易保护理论反对英国古典经济学的自由贸易理论。贸易保护理论主要内容包括：第一，自由贸易可分为两类。一类是国内自由贸易，这是有益的。另一类是国际自由贸易，则不能贸然实施，工商业落后国家不能实行国际自由贸易。第二，主张保护幼稚工业。李斯特的贸易保护理论认为，一个国家的财富和力量源自本国社会生产力的发展，提高生产力是国家强盛的基础。财富的生产力比财富本身重要得多。购买国外的廉价商品，从眼前利益来看可能会得到一些实惠，但从长远利益看，则会影响德国工业的发展。因为这样做会使德国工业长期落后，甚至会成为先进工业国的附属国。他主张德国对幼稚工业实行保护，提高关税，限制进口。这样做，一开始国内工业品价格会上涨，消费者会受到损失。但经过一段时间，德国工业发展起来以后，商品的价格会下降，甚至会低于外国进口商品的价格。更为重要的是，这会使德国具备生产财富的能力，增强国力。第三，有明确的贸易保护的对象、手段与期限。李斯特认为，贸易保护的对象是国内幼稚工业。贸易保护的手段主要是禁止输入和保护关税。保护的目的是发展本国生产力。只有幼稚工业才需要保护，但并非保护所有的幼稚工业，而是保护有发展前途的幼稚工业。即使一国工业幼稚，但如果没有遇到强有力的国际竞争，也无须保护。被保护的工业生产的产品能与国外产品竞争时，就必须继续保护。被保护的工业较长一段时间扶植不起来的，放弃保护。农业不需要保护。保护时间以 30 年为最高期限，如果在此期限内，被保护的工业始终发展不起来，就放弃保护。第四，不同的经济发展阶段采用不同的贸易政策。李斯特认为，各国经济发展必须经过五个阶段：原始的未开化时期、畜牧业时期、农业时期、工农业时期、工农商业时期。处在不同历史阶段的国家应该实行不同的贸易政策。处于农业阶段的国家应该实行自由贸易政策，因为自由贸易不但可以自由输出农产品，而且还可以自由输入外国工业品，从而推进本国工业发展。处于工农业阶段的国家应该实行保护关税制度，因为保护关税可以限制外国工业产品进口，保护本国缺乏国际竞争力的工业的发展。处于工农商业阶段的国家应该实行自由贸易政策，因为自由贸易可以使本国得到最大利益。李斯特当时主要是代表后起资本主义国家德国和美国的利益。李斯特贸易保护主义不是主张保护落后，而是主张通过保护关税用机器挤掉手工劳动，用现代的生产代替宗法式小生产。

（五）约翰·穆勒的相互需求论

相互需求论，实质上是指由供求关系决定商品价值的理论，是对比较利益论（学说）的补充，主要代表人物是约翰·穆勒。约翰·穆勒首先提出了相互需求论，阿弗里德·马歇尔以几何方法对穆勒的相互需求论作了进一步的阐述。第一，互惠贸易的范围。相互需求论认为，交易双方在各自国内市场有各自的交换比例，在世界市场上，两国商品的交换形成一个国际交换比例（即贸易条件），这一比例只有介于两国的国内交换比例之间，才对贸易双方都有利。第二，贸易利益的分配。国际贸易能给参加国带来利益，但贸易利益的大小取决于两国国内交换比例之间范围（即互惠贸易范围）的大小。贸易利益的分配中谁多谁少，决定于具体的国际交换比例。国际间商品交换比例越接近本国国内的交换比例，对本国越不利，本国分得的贸易利益越少。因为越接近本国国内的交换比例，说明本国从贸易中获得的利益越接近分工和交换前自己单独生产时的产品量。相反，国际间商品交换比例越接近对方国家的交换比例，对本国越有利，分得的贸易利益越多。因为越接近对方国家国内交换比例，意味着离本国国内的交换比例越远，本国从贸易中获得的利益超过分工和交换前自己生产时的产品量就越多。第三，相互需求法则。穆勒将需求因素引入国际贸易理论，用来说明贸易条件决定的原则。穆勒认为，一切贸易都是商品的交换，一方出售商品是购买对方商品的手段，即一方的供给便是对对方商品的需求，所以供给和需求也就是相互需求。在两国间互惠贸易的范围内，贸易条件或两国间商品交换比例是由两国相互需求对方产品的强度决定的，它与两国相互需求对方产品总量之比相等，这样才能使两国贸易达到均衡。如果两国的需求强度发生变化，那么贸易条件或两国间的交换比例必然发生变动。一国对另一国出口商品的需求越强，而另一国对该国出口商品的需求越弱，则贸易条件对该国越不利，该国的贸易利得越小。反之，则贸易条件对该国越有利，该国的贸易利得越大，这就是相互需求法则。

除了上述主要代表性贸易理论外，从 19 世纪中叶到 20 世纪 20 年代，西方经济学界还有许多学者对贸易理论的发展作出过贡献，如英国经济学家马歇尔的国家价值理论等。

二、当代西方经济学的主流贸易理论

20 世纪 30 年代以来，西方经济学界的贸易理论有很多新的发展，主要有以下几个方面：

（一）新古典贸易理论

李嘉图在阐述比较利益时，是以劳动价值论为基础的，即劳动生产率或劳动成本的差异决定了比较利益的存在。但是产品生产过程中所使用的劳动要素不仅仅只有劳动，还有资本、技术等要素。因此许多经济学家认为，单纯以劳动成本的差异为基础来分析比较利益，不符合实际，需要寻找新的分析方法。1936 年，哈伯勒在《国际贸易理论》一书中，首次用机会成本原理解释了比较优势原理，为贸易理论的模型化作出了重要贡献。其后，勒纳、里昂惕夫、米德、萨缪尔森等经济学家将一般均衡分析运用于国际贸易问题的研究，最终形成了国际贸易理论的标准模型，又被称为新古典国际贸易模型。可以利用生产可能性曲线和社会无差异曲线这些工具来构造标准的国际贸易模型。

与古典理论假定机会成本不变的生产可能性曲线不同，新古典理论通常假定机会成本递增的生产可能性曲线，以排除角点解出现的可能性。造成机会成本递增的现实原因是：生产要素不同质，有些要素适合生产某种商品，而另一些要素适合生产另一种商品，而且生产中所使用的要素比例是可变的。当某种商品生产的数量增加时，适合生产这种商品的要素越来越少，因而必须利用不适合生产这种商品的要素来增加这种商品的生产。因为造成生产要素的消耗增加，因此机会成本增加。比较优势的实质是两国封闭经济均衡条件下商品相对价格存在差异。在封闭经济均衡条件下，均衡的国内商品相对价格低的国家具有生产和出口这种商品的比较优势。当开放贸易时，价格低的国家就会有动机向价格高的国家出口这种商品，价格高的国家就会有动机向价格低的国家进口这种商品。因此，国际贸易的直接原因或动机，同样是国际价格的差异；引起国际贸易的深层原因，则是造成国际价格差异的因素。

在开放经济条件下，由于比较利益的存在和贸易的发生，发生贸易的两国的国内生产和消费均衡，都因贸易因素的介入而发生了变化。两国发生互利贸易的结果，使两国商品的相对价格（如两国 X 商品的相对价格）趋于一致。当两国贸易商品的价格相等时，两国贸易达到均衡，同时两国国内生产和消费也在均衡的贸易商品相对价格下达到均衡。均衡的结果是，两国比贸易前更专业化地生产其具有比较优势的产品，减少其具有比较劣势的商品生产，资源在世界范围内发生向更有效率的生产部门的优化配置，从而使两国的消费福利都增加。一国得自贸易的利益可以分解为两部分，一是交易所得，另一是分工所得。

贸易均衡的商品相对价格或贸易条件，决定着贸易利益在参与贸易的国家之间的分配。一国的贸易条件是指一国出口某种商品价格与进口某种商品价格的比值。在两个国家、生产两种商品的世界里，贸易条件就是贸易商品的相对价格。在一个具有多种贸易商品(进出口商品都不止一种)的世界里，贸易条件一般定义为一国出口商品的价格指数与该国进口商品的价格指数之比，通常以百分数表示。这样定义的贸易条件通常称为商品贸易条件或纯易货贸易条件。如果一国的贸易条件小于100%，称该国的贸易条件恶化，即现在一个单位的出口商品，与以前相比，只能交换更少的进口商品。如果一国的贸易条件大于100%，称该国的贸易条件改善，即现在一个单位的出口商品，能够交换更多的进口商品。

(二)凯恩斯主义超保护贸易学说

约翰·凯恩斯是英国资产阶级经济学家，凯恩斯主义经济学的创始人，其代表作是1936年出版的《就业、利息和货币通论》，简称《通论》。1929—1933年大危机之前，凯恩斯是一个自由贸易者，反对贸易保护主义，认为贸易保护主义不会有利于国内经济繁荣与就业。大危机之后，他改变了立场，转而推崇重商主义，认为重商主义保护贸易的政策能保证经济繁荣与促进就业。凯恩斯没有专门系统地论述国际贸易的著作，但他和他的弟子们有关国际贸易的观点和论述却形成了很有影响的超保护贸易学说。第一，凯恩斯认为，古典贸易理论已经过时，因为它是建立在国内充分就业的前提上的。20世纪30年代的大危机使失业成为各国的普遍现象。第二，凯恩斯及其追随者批评自由贸易论关于"国际收支自动调节说"的理论，认为它忽视了贸易顺差、逆差调节均衡的过程对一国国民收入和就业产生的影响。凯恩斯认为，顺差能增加国民收入，扩大就业。逆差则会减少国民收入，加重失业。因此，他提倡贸易顺差以扩大有效需求。第三，凯恩斯的追随者在国内投资乘数理论的基础上，引申出对外贸易乘数理论。该理论认为，一国出口量的增加和国内投资一样，对国民收入的扩大也是乘数关系。一国的进口和国内储蓄一样，有减少国民收入的作用。当一国出口的商品和劳务增加时，会引起其他产业部门生产增加、就业增多、收入增加……如此循环往复，结果国民收入的增加量是出口增加量的若干倍。当一国进口商品和劳务增加时，必然向国外支付更多的货币，引起国内收入减少，消费下降，与储蓄一样，成为国民收入中的漏洞。他们得出结论：只有贸易为出超或国际收支为顺差时，国际贸易才能增加一国的就业量，提高国民收入。这时国民收入的增加量是贸易顺差的若干倍。这就是对外贸易乘数理论的含义。该理论主张扩大出口，减少进口，认为贸易顺差越大，对一国经济发展和劳动就业越有好处。为了实现贸易顺差目标，各国竞相使用超保护贸易措施。

(三)要素禀赋理论

1919年，瑞典经济学家赫克歇尔的《国际贸易对收入分配的影响》对现代国际贸易理论做了一个概括性说明。10年后，他的学生俄林在此基础上做了进一步的研究，1933年出版了《区际贸易与国际贸易》，系统地论述了国际贸易的要素禀赋理论。要素禀赋理论也被称为赫克歇尔-俄林理论(简称H-O理论)。概括地说，H-O理论由四个基本定理构成：一是要素禀赋决定贸易模式的定理，简称H-O定理；二是要素价格均等化定理，简称 H-O-S 定理；三是关于生产要素增长对一国贸易和生产模式产生影响的理论，简称雷布津斯基定理；四是关于国际贸易对一国收入分配影响的理论，简称 S-S 定理。

要素禀赋理论的假设如下：一是贸易中有两个国家(A 国和 B 国)，生产两种商品(X 和 Y)，使用两种生产要素(劳动 L 和资本 K)。二是两个国家在生产中使用相同的技术。也就是说，技术在国家之间可以瞬间传播，没有任何障碍。三是在两个国家，X 商品都是劳动密集的，Y 商品都是资本密集的，在相同的要素价格下，在两个国家，X 商品生产的资本劳动比率都低于 Y 商品生产的资本劳动比率，即在两个国家不会发生要素密集度反向。四是在两个国家，两种商品的生产都是规模报酬不变的。五是两国在生产中均为不完全分工。六是两国需求偏好相同。七是在两个国家，两种商品市场与两种要素市场都是完全竞争的。八是在一国内，生产要素可以完全自由流动，在国家间，生产要素完全不能流动。九是没有运输成本、没有关税或影响国际自由贸易的其他贸易壁垒。十是两国资源都得到充分利用，即两国的生产都在生产可能性曲线上进行，而不会在生产可能性曲线内进行。十一是两个国家的贸易平衡，即两个国家都不存在贸易顺差或贸易逆差。

可以这样来表述 H-O 定理：各国要素禀赋的差异是各国具有比较优势的基本原因和决定因素。在开放贸易的条件下，每一个国家都应分工生产并出口密集使用该国相对丰富的要素生产的商品，进口密集使用该国相对稀缺的要素生产的商品。简而言之，各国应因要素制宜，参与国际分工和贸易。正是由于 H-O 理论强调要素禀赋在决定比较优势和贸易模式中的关键性作用，因此人们称该理论为要素禀赋理论。

要素价格均等化定理实际上是 H-O 定理的一个推论。该定理先由赫克歇尔提出，俄林做了进一步阐述，后由萨缪尔森进行了严格的证明，因此要素价格均等化定理又称为赫克歇尔-俄林—萨缪尔森定理(简称 H-O-S 定理)。在要素禀赋理论的假设条件下，国际贸易将使各国同质要素的相对价格和绝对价格趋于一致。各国按要素禀赋决定的比较优势参与国际分工与贸易，不仅使各国相同商品的价格趋于一致，而且使各国同质劳动得到相同的工资，同质资本得到相同的利息。这就是说，国际贸易就成了国际要素流动的替代手段。

(四)新贸易理论

里昂惕夫之谜的提出和赫克歇尔-俄林理论(也称为 H-O 理论)解释现实贸易现象的困难，促使经济学家们从新的角度探讨国际贸易产生的原因和贸易模式等问题，从而提出了一系列不同于 H-O 理论的新的贸易理论，如技术差距理论、产品生命周期理论、重叠需求理论、递增收益理论、不完全竞争理论等。但到目前为止，这些理论并没有形成一种统一模式。

1. 技术差距理论

在 H-O 理论中，各国使用相同技术的假定与各国实际上的技术水平与技术进步存在明显差异是矛盾的。发达国家物质资本与人力资本雄厚，R&D 投入强度大，技术创新能力强，技术先进，技术进步速度快。技术差距理论，就是把技术作为独立于劳动和资本的影响国际贸易的第三种生产要素，探讨技术差距或技术变动对国际贸易的影响的理论。由于技术变动包含了时间因素，因而有人把技术差距理论看成是对 H-O 理论的动态扩展。

最早注意到 H-O 理论不能解释工业品贸易，从而提出技术在解释贸易模式中的重要性的是克拉维斯。克拉维斯 1956 年的《可获得性以及影响贸易商品构成的其他因素》一文表明，使一国能够出口技术先进的产品的关键因素，是该国与其贸易伙伴相比，具有技术上的优势。他认为，每个国家将出口其企业家能够开发出来的商品。波斯纳 1961 年的《国际贸易与技术变化》提出了国际贸易的技术差距模型。波斯纳认为，工业化国家之间的工业品贸易，有很大一部分实际上是以技术差距的存在为基础进行的。他通过引入模仿时滞的概念来解释国家之间发生贸易的可能性。

在创新国和模仿国的两国模型中，创新国研究开发力量雄厚，通过大量的 R&D 投入，创新国研发新产品成功后，在模仿国掌握这种技术前，创新国具有技术领先优势，创新国可以向其他国家出口这种技术领先的产品。随着专利权的转让、技术合作、对外投资或国际贸易的发展，创新国的领先技术流传到国外，模仿国开始利用自己的低劳动成本优势，自行生产这种产品并减少进口。创新国逐渐失去该产品的出口市场，因技术差距而产生的国际贸易量逐渐缩小。随着时间的推移，新技术最终被模仿国掌握，技术差距消失，以技术差距为基础的贸易也随之消失。波斯纳把技术差距产生引起国际贸易到技术差距消失引起国际贸易终止的时间差距称为模仿时滞。

虽然技术差距理论说明了技术差距的存在是产生国际贸易的重要原因，但没有进一步解释国际贸易流向的转变及其原因。在技术差距理论基础上发展起来的产品生命周期理论，正好弥补了技术差距理论的这一缺陷。

2. 产品生命周期理论

产品生命周期理论最先由弗农(R. Vernon)提出，后经威尔斯(Louis T. Wells)进一步发展并应用于市场营销学。产品生命周期理论，也是把技术作为独立于劳动和资本的影响国际贸易的第三种生产要素。产品生命周期理论认为，由于技术的创新和扩散，制成品和生物一样，也具有一个生命周期：引入期、成长期、成熟期、销售下降期、衰亡期。在产品生命周期的不同阶段，各国在国际贸易中的地位是不同的。

在一个贸易体系中，有三个国家：创新国(如美国)、发达模仿国(如日本)、发展中模仿国(如新加坡)。在引入期，创新国的某个企业创新一种产品，开始生产并投放国内市场，满足国内高收入的特殊需求。在此阶段，需要投入大量的研究开发费用和熟练劳动进行生产，生产技术还不确定，产量较低，没有规模经济利益，成本较高，但该厂商在新产品的世界市场上拥有实际的技术垄断优势。随着时间的推移，产量逐步增长，国外需求逐步增加，企业逐步取得生产的规模经济，并开始向国外出口这种新产品，产品生命周期进入成长期，创新国的生产和出口迅速增长。随着产品生产技术的成熟和标准化以及海外市场的扩展，创新国的生产达到适度规模，新产品进入成熟期。在这一阶段，生产技术已经扩散到国外，外国厂商开始模仿生产新产品，且生产者数量不断增加，竞争加剧。由于生产技术已趋成熟，产品逐步标准化，创新国的技术垄断优势逐步丧失，研究开发与熟练劳动力的重要性已经降低，产品由知识密集型向资本密集型转变(生产技术已经逐步固化到资本设备中)，经营管理水平和销售技巧成为比较优势的重要决定因素。在这一阶段，一般发达国家都有这种产品生产的比较优势，发达模仿国的进口替代生产使创新国的出口下降。当发达模仿国的生产达到相当规模，能充分满足本国需要后，开始向发展中国家与地区出口，展开与创新国的竞争，使创新国的生产与出口进一步下降，进入销售下降期。

当创新国完全丧失比较优势而变为净进口者时，产品在创新国进入衰亡期。在这一阶段，不但研究开发和劳动要素不再重要，连资本要素也不太重要了，低工资和非熟练劳动成为比较优势的重要条件，具有一定工业基础的发展中国家对该产品进口替代生产的发展，最终使其成为该产品市场的净出口者，产品由资本密集型向非熟练劳动密集型转变。

在产品生命周期的不同阶段，随着技术的传播和扩散，新产品逐渐由知识技术密集型向资本密集型，再向劳动密集型转变，从而决定产品生产优势的因素，也逐渐由技术垄断优势向低劳动成本优势转变，从而使不同国家在贸易中的地位不断发生变化。产品生命周期理论是把动态的比较成本理论与要素禀赋理论、新要素理论（技术要素的引入，如技术差距理论）结合起来的一种理论。

3. 重叠需求理论

新古典标准贸易模型指出，国际贸易产生的原因在于商品相对价格的差异，而国际商品相对价格差距产生的原因在于各国供给和需求的差异。H-O 理论假定国家之间不存在需求差异，且各国具有相同的规模收益不变生产技术，国际商品相对价格差异（比较优势）产生的原因在于各国的要素禀赋差异，从而强调了生产供给差异对国际贸易的影响。瑞典经济学家林德(S. B. Linder)1961 年发表的《论贸易与转换》从需求方面探讨了国际贸易产生的原因，提出了重叠需求理论。

重叠需求理论认为，要素禀赋理论只能解释初级产品之间的贸易，通常这些产品是自然资源密集型的，而不能解释制成品之间的贸易。国际制成品贸易的发展过程，往往是先由国内市场形成生产的规模经济和国际竞争力，而后再拓展至国外市场。该理论是从一国潜在贸易的概念出发进行其理论推演的。它把潜在贸易分为潜在出口和潜在进口。潜在出口是由国内需求决定的，使一种产品成为潜在出口产品的必要条件（非充分条件）是该产品必须是国内消费品或投资品（资本品），即产品存在国内需求，这种国内需求通常被商人们称为国内市场支持。同样，潜在进口产品也是由国内需求决定的，正是对某种产品国内需求的存在，才使得该种产品的进口成为可能。因而，当一国的潜在出口产品（或其中的一部分）与另一国的潜在进口产品（或其中的一部分）在范围上一致时，两国之间就会发生贸易。两个国家的需求结构的相似性越大，两国之间的贸易潜力就越大，这就是重叠需求理论的基本结论。由于该理论强调需求结构的相似性对国际贸易的影响，因而有时被称为需求相似理论。由于人均收入与商品需求之间存在很强的相关关系，所以需求的相似性也可以用人均收入水平的相似性来代替。重叠需求理论也可以表述为：两国人均收入水平越相似，则其需求结构的相似性越大，从而两国发生贸易的可能性也就越大。如果两国存在人均收入差别，从而两国存在需求结构的差别，则两国需求的重叠部分将减少，潜在贸易量减少，真实贸易发生的可能性降低。重叠需求理论强调需求的相似性产生国际贸易，与新古典贸易理论强调纯需求差异性引起贸易的结论完全相反。

4. 规模收益递增理论

H-O 理论是以规模收益不变为假定前提。在现实中，存在着三种类型的生产，即规模收益递增、规模收益不变和规模收益递减。一般认为，引起规模收益递增的因素至少有以下几项：(1)专业化分工。随着市场扩大和生产规模的扩大，专业化分工将加深，从而导致劳动生产率提高。(2)更有效率的设备。大规模生产使更有效率、更专业化设备的利用成为可能，而这类设备在小规模生产中的运用是不经济的。(3)投入物的单位成本降低。大规模生产使生产者能大规模使用生产要素，从而有可能从生产要素供应者那里获得"数量折扣"的利益，降低投入物的单位成本。(4)副产品的利用。在某些产业，大规模生产能使在小规模生产情况下作为废弃物的副产品的利用成为可能，从而通过副产品的利用来降低主要产品的生产成本。(5)辅助设备的开发。在某些情况下，一个厂商的大规模生产会引起其他厂商开发辅助设备(运输、供电、供水、供气、通信、金融等)，从而使大规模生产厂商节约成本，精益生产，提高效率等。因此现实经济中，规模收益递增的生产是完全可能存在的。

假定两个国家(A 和 B)生产两种商品(X 和 Y)使用完全相同的生产技术，两个国家对两种商品的消费具有完全相同的偏好，两国在 X 和 Y 两种商品生产中具有规模经济。由于两国同种商品不存在相对价格差异，因而按传统的比较优势理论，两国将不会发生贸易。A、B 两国开放贸易，且由于某种偶然因素或历史因素的影响，A 国增加 X 商品的生产，减少 Y 商品的生产。B 国增加 Y 商品的生产，减少 X 商品的生产。在两国生产 X 和 Y 存在规模经济的条件下，A 国 X 商品生产的成本下降，Y 商品生产的成本上升，或 X 商品的机会成本递减，其相对价格下降。B 国 X 商品生产的成本上升，Y 商品生产的成本下降，或 X 商品的机会成本(因 X 商品生产的减少)递增，其相对价格上升。这样 A、B 两国 X 商品的相对价格和 Y 商品的相对价格就发生了差异，因而两国就具有了不同的比较优势。按照比较优势理论，A 国将完全专业化生产 X 商品，取得 X 商品生产的最大规模经济利益。B 国将完全专业化生产 Y 商品，取得 Y 商品生产的最大规模经济利益。由此可见，在两国要素禀赋、需求偏好、技术等影响贸易的因素完全相同的情况下，仅由于规模经济的存在，两国也会发生互利的贸易。

(五)市场结构与国际贸易

传统贸易理论(包括比较优势理论和要素禀赋理论)的基本假定，一是完全竞争；二是国际贸易商品是完全同质的，且在不同国家也是如此。因此，传统贸易理论所讨论的国际贸易只有产业之间的贸易，也就是说，根据传统贸易理论，一国不可能同时出口和进口相同的商品，因而传统理论不能解释当今世界普遍存在的产业内贸易现象。产业内贸易，是指一国同时出口和进口属于同一产业的商品，如中国同时出口和进口服装、皮鞋等。当今世界，这种现象不是偶然存在的，而是一种普遍现象。同时还可以发现：一是与完全竞争市场不同的垄断竞争以及寡头市场的存在并不是一种例外，而是一种常态。二是产品的差异性比产品同质性更为普遍。三是产业内贸易是国际贸易的一个重要组成部分，对发达国家之间的贸易来说，产业内贸易也许是其国际贸易中更大的一部分。为了探讨与上述三个特征相关的国际贸易现象，就需要放弃完全竞争和产品同质这两个传统贸易理论的基本假定，把产业组织理论的研究方法运用到国际贸易的研究中，形成新的贸易理论。新的贸易理论的显著特点一个是讨论制成品之间的贸易，另一个是讨论差异性产品的产业内贸易现象。

产品的垂直差异，是指仅由产品的质量不同而产生的差异。在产品存在垂直差异的情况下，相对于低质量的商品，消费者更偏好于高质量的商品。产品的水平差异，指相同质量的商品因特征不同(真实的或假定的)而产生的差异。在产品存在水平差异的情况下，不同消费者对商品的特征有不同的评价，如不同的人喜欢不同的颜色、式样等。

产业内贸易是指同时出口和进口属于同一产业的产品，它指在产业内而非产业之间的产品交换。国际贸易商品通常根据标准国际贸易分类（SITC）系统划分为不同类型。很显然，分类数字所包含的位数越多，分类就越细，所定义的同类商品就越准确。如果考虑前2位分类数字，发现存在产业内贸易现象，并不奇怪，因为前2位数字所定义的产品相当广泛，包含了很多不同质的商品。但如果观察到直到前7位数字定义的商品之间也发生了双向贸易，就不得不研究这种现象了。巴拉萨曾经提出测量产业内贸易重要性程度的指标——产业内贸易指数（IIT）。格鲁贝尔和劳艾德1975年在《产业内贸易：差异性产品国际贸易的理论与度量》中提出了测量产业内贸易指数的G-L公式，他们还提出了测量全部产业产业内贸易指数的公式。但是，使用产业内贸易指数衡量产业内贸易的重要程度，存在一个严重的缺陷：对产业的分类越粗略，计算出来的产业内贸易指数就越大。对产业的分类越细致，计算出来的产业内贸易指数就越小。所以，在使用产业内贸易指数进行比较研究时，必须采用相同的产业分类标准，才能得出正确的结论。

研究产业内贸易现象，必须区分同一产业的相同产品和不同产品的产业内贸易两种情况。就同一产业相同产品的产业内贸易而言，最古老的解释是运输成本。第二种解释是格鲁贝尔和劳艾德提出的周期性贸易说，包括季节因素和需求状况变化。第三种解释是港口贸易或再出口贸易。第四种解释是政府干预的影响。就同一产业差异性产品的产业内贸易而言，一旦放弃传统理论的产品同质性假定，在SITC分类中被看成相同类别的产品，对消费者来说就是差别产品，这样产业内贸易就必然发生。

完全竞争与新H-O理论，又称新要素比例理论，1981年由法尔斐提出。该理论假定：一是每个产业不再生产单一的同质产品，而是生产质量不同的差异化产品，每种质量的产品都由许多企业生产。二是存量资本也是不同质的，它由不同部门的特定资本设备所构成，资本因其特定性不能在不同部门流动，但可以在同一部门不同质量的产品生产之间流动；劳动是同质的，因而可以在不同部门流动。为了简单起见，法尔斐的分析被限定在单一产业中。该部门拥有一定数量的特定资本，其报酬 r 调整到保证该部门的资本充分利用，劳动以当前的工资率 w 雇佣。所考虑的产业生产质量连续变化的产品，且使用规模报酬不变的技术。假定A国劳动丰富而资本稀缺，B国资本丰富而劳动稀缺。劳动丰富的A国生产质量较低的商品价格较低，具有比较优势。资本丰富的B国生产质量较高的商品价格较低，具有比较优势。当A、B两国开展贸易时，A国专业化生产并出口较低质量的产品，B国专业化生产并出口较高质量的产品。这样，两国就发生了在同一产业不同质量产品之间的产业内贸易。由于假设高质量的商品生产中使用的资本劳动比率较高，即为资本密集型商品，低质量的商品生产中使用的资本劳动比率较低，即为劳动密集型商品，这样所得到的结论就完全与H-O理论的预测一致。限于篇幅，垄断竞争与国际贸易、寡头竞争与国际贸易的内容就不赘述了。

（六）新新贸易理论

新新贸易理论是指有关异质企业模型（Heterogeneity of New Trade Theory）和企业内生边界模型（Endogenous Boundary Model）的理论，这两个理论将国际贸易的研究范畴从传统贸易理论研究的产业间贸易转变为研究同一产业内部有差异的企业在国际贸易中所作的选择。新新贸易理论更多地是从企业的层面来解释国际贸易和国际投资现象。

从研究的范围来看，传统贸易理论主要研究产业间贸易，新贸易理论主要是研究在规模递增和不完全竞争条件下的产业内贸易，而新新贸易理论则是从企业的异质性层面来解释国际贸易和投资现象。新贸易理论更多地是对跨国公司的国际化路径选择做出解释：究竟是选择出口还是对外直接投资作为全球扩张战略。新新国际贸易理论从更加微观的层面——企业的角度来分析企业的异质性与出口和 FDI 决策的关系，关注企业国际化路径方式的选择问题。新新贸易理论主要有两个模型，一个是以 Melitz 为代表的学者提出的异质企业贸易模型，一个是以 Antras 为代表的学者提出的企业内生边界模型。前者说明同产业的不同企业在是否出口问题上的选择，后者说明一个企业在资源配置的方式上的选择。

新新贸易理论开启了国际贸易研究新领域，其贡献主要表现在三个方面：第一，新新贸易理论是对传统贸易理论的补充，尤其是对新贸易理论的补充。新新贸易理论在垄断竞争模型的基础上放松了企业同质的假定，从异质企业角度提出了贸易的新观点，从而在方法上取得了突破。第二，新新贸易理论确立了新的研究视角。传统贸易理论从国家和产业层面研究贸易的产生及其影响，而新新贸易理论是从企业这个微观层面来研究贸易的基本问题，使得国际贸易理论获得了新的微观基础和新的视角。第三，新新贸易理论有可能为其他的经济学科，特别是空间经济学带来新影响。空间经济学的基础来自国际贸易理论。赫尔普曼和克鲁格曼的新贸易理论通过引入区位因素，产生了新经济地理理论，所以，可以大胆预计，如果在新新贸易理论引入空间因素，将会产生新新经济地理理论。

当然，尽管新新贸易理论的体系正在逐渐完善，但其较为严格的假设前提仍然导致了解释力的局限性。首先，该理论没有充分考虑产品差异性，产品的差异不仅体现在产品的功用上，还体现在技术含量、功能多样性、质量、档次等方面，现代企业越来越重视产品差异化和市场细分，将市场分为高端和低端，一些企业的产品主要销往高端市场，另一些企业产品主要销往低端市场，新新贸易理论还不能解释如技术含量等差异带来的产业内贸易现象。其次，新新贸易理论还有待引入企业异质性的其他内涵，企业异质性不仅体现在生产率、企业规模、组织结构等方面，还体现在跨国经营方式(出口、FDI、独资、合资等)、企业战略、市场定位等方面。最后，没有考虑家庭和企业的动态最优化决策，新新贸易理论的均衡是一般均衡分析法下得到的结果，没有考虑家庭和厂商的动态最优化均衡。

新新贸易理论从企业的异质性入手说明了贸易的好处，蕴含着丰富的政策含义：第一，对于落后的国家和地区来讲，应积极参与国际国内分工，提高对外开放水平，这有利于提高行业生产率水平，充分发挥优胜劣汰效应。因此，无论是作为中央政府，还是地方政府，推动出口导向和对外开放政策都非常重要，将有利于本地的经济发展。第二，新新贸易理论找到了一条提高生产率的新途径，在不提高单个企业生产率水平的情况下，一国仍然可以通过贸易和开放来提高一个产业甚至全国的生产率水平。但是，新新贸易理论也表明，自由贸易可能给落后地区带来负面的冲击和影响：第一，市场开放可能对落后地区某些产业的发展带来不利影响，例如，一些技术含量高但对地区未来经济发展却颇为关键的产业，可能由于外部高效率企业的进入而衰退，所以在引进外部企业的同时，还应考虑这些企业对本地区相关产业的带动效应。第二，自由贸易导致了资源的重新配置，使利润和市场份额向高生产率企业转移，这可能导致资源过度垄断而造成整体市场效率的损失。第三，如果贸易仅发生在部分地区，这可能会拉大地区内部的差距，固化地区分工。如我国的沿海和内地，由于受区位等因素的影响，沿海企业更易获得贸易带来的好处，而内地企业则更倾向于满足国内市场，这也是地区差距形成的重要原因。

（七）战略性贸易政策理论

传统的国际贸易理论是以完全竞争的市场和规模收益不变的假设为前提的。在这种条件下得出了自由贸易政策是一国最佳选择的结论，任何政府介入都会降低本国和世界总的福利水平。然而现实情况远非如此。在许多产业中，少数几家大的企业垄断着几乎整个国际市场上某些产品的生产，这些产业中就存在着垄断竞争的情形。市场的不完全竞争性导致企业可以取得垄断利润。垄断利润在这些企业之间如何分配，则是一个相当复杂的问题。20 世纪 80 年代初以来，一种新的贸易政策理论——战略性贸易政策理论应运而生。所谓战略性贸易政策，是指一国政府运用政策干预手段，把国外垄断企业的一部分垄断利润转移给本国企业或消费者的政策。一般说来，政府常用的手段有关税、配额等进口保护政策和出口补贴、研究开发补贴等鼓励出口的政策。之所以称之为"战略性"，是因为这种政府政策是旨在改变国内外垄断企业之间的竞争性关系，使得本国垄断企业在国际市场的竞争中处于优势地位，并且国内经济获得利益。那么政府的战略性贸易政策是如何实现这种利润转移的呢？一个重要条件就是规模经济。由于规模经济存在于相关产业中，政府可以运用贸易政策对这些产业进行扶植，扩大本国企业的生产规模，使本国企业在国际贸易中处于优势地位。

如果国外供应商是垄断企业，在贸易中获取了大量垄断利润，进口国政府可以运用关税政策减少国外企业的垄断利润。假设进口国的国内市场面临一个国外的垄断供给企业，该企业是国际市场上某种商品的唯一供给者，国内不生产这种商品，因此本国完全依赖进口该垄断企业的产品以满足国内市场的需求。这里并不要求本国是传统意义上能影响贸易条件的大国，如最优关税论中通过关税政策改善本国的贸易条件那样。在此模型中，只要国际市场上存在着垄断供给商，进口国政府就可以利用进口关税来增加本国的福利。在征收关税以后，本国的福利水平和国外垄断企业的垄断利润都发生了变化。国外垄断企业的垄断利润减少，本国通过征收关税获取了部分国外垄断企业的利润，本国消费者剩余减少。但只要本国通过征收关税获取的部分国外垄断企业的利润，大于消费者剩余减少的部分，本国的福利水平就可以得到改善。政府在这种情况下征收关税就可以增加本国的福利。

但是，即使本国从关税收入获取的利润转移大于消费者的净损失，仍然不能简单地认为政府的这种行为是值得提倡的。因为征收进口关税后，整个世界的效率和福利水平都降低了。在垄断条件下，只有采取促使垄断者价格降低、提高产量的措施才能真正提高效率和福利水平，政府通过关税的介入只能起到相反的作用。因为，本国福利水平的提高是以整个世界的福利损失为代价的，这种政策是一种"以邻为壑"的掠夺性政策。

（八）交易费用理论

在西方经济学界，罗纳尔德·科斯在 1937 年撰写的《企业的性质》一文中第一次提出了交易费用的概念。他用交易费用解释了企业与市场之间是可以相互替代的。1991 年科斯在获得诺贝尔经济学奖时发表的演讲中指出，交易费用包括"发现相对价格的费用""每一笔交易的谈判和签约的费用""企业内部组织追加的交易成本"等。

美国经济学家奥利弗·威廉姆森，较为系统地论述了交易费用。他认为交易费用具有普遍性、经济性，并将其比喻为经济世界中的"摩擦力"，无论是市场的交易还是组织内部的交易都产生交易费用。交易特性包括三要素：一是资产专用性，指为交易或协议服务而投入的资产。二是交易不确定性，指交易的外部条件和内部因素的不确定性，使得交易关系更加复杂化。三是交易与组织管理机构的匹配关系，要求特定的组织管理结构必须适合于特定的交易。两种组织体制是指市场体制与企业体制，分别适用于不同的交易，会发生不同的交易费用，也就是两种组织体制的交易费用。引入交易费用概念是新制度经济学、产权经济学与古典经济学、新古典经济学的关键区别所在。新古典经济学认为交易是没有摩擦的，是瞬间完成的，不存在交易费用。

（九）竞争优势理论

竞争优势理论的主要代表人物是美国经济学家迈克尔·波特，该理论产生的背景是20世纪70年代以来国际市场与国际贸易竞争日趋激烈。波特分别于1980年、1985年、1990年出版了《竞争战略》《竞争优势》《国家竞争优势》，前两本书主要论述产业与企业竞争战略，后一本书主要论述国际市场中的国家竞争优势理论。波特在《国家竞争优势》一书中指出：一国兴衰的根本在于该国在国际竞争中是否能赢得优势，而国家能否取得优势的关键在于是否具有适宜的创新机制与创新能力。他认为一国的竞争创新机制可以从微观、中观、宏观三个层面分析。微观竞争机制指企业内部的活力，包括研制、开发、生产、销售、服务等整个价值链环节的创新，这是国家竞争优势的基础。中观竞争机制是指产业之间、区域之间的有效协调发展的活力与机制。宏观竞争机制是国家整体协调运转的竞争优势。波特的竞争优势论是在比较优势理论基础上的一种创新，适应了新技术革命不断深入发展的需要。该理论认为，一国的整体竞争优势取决于四个基本因素和两个辅助因素。四个基本因素是生产要素、相关和支持产业、需求因素、企业战略。两个辅助因素是一国所面临的机遇、政府所起的作用。

当代西方经济学家还有很多关于贸易方面的理论，如哈伯勒的收支差额汇率论、马克卢普和哈罗德的国际贸易乘数论、克鲁格曼的技术竞争论、安妮·克鲁格的贸易与就业理论等。

三、新兴古典贸易理论

从20世纪80年代以来，以杨小凯、黄有光、罗森（S. Rosen）、贝克尔（G. Becker）等为代表的一批经济学家用非线性规划（即超边际分析法）和其他非古典数学规划方法将新古典经济学遗弃的古典经济学中关于分工和专业化的高深经济思想形式化，发展出新兴古典经济学和新兴古典贸易理论（也称为内生贸易理论）。这个理论能解释一些传统贸易理论无法解释的现象。新兴古典贸易理论对于贸易理论的研究作出了新的巨大的贡献。

第一，新兴古典贸易理论的理论基础是分工、报酬递增和组织结构演进理论，同时解释了市场竞争的资源配置效应与分工限制效应，使分工与市场竞争在统一的框架下得到解释。传统的新古典经济学虽然成功地描述了古典经济学"市场竞争在资源配置过程中能使社会福利最大化"的思想，但与古典经济学"劳动分工能使生产率提高并受到市场范围限制"的思想矛盾。

第二，新兴古典贸易理论假定每个决策者既是消费者又是生产者，这意味着每个决策者可以选择专业化方向和水平，厂商的出现也不是外生给定的，而是从模型中内生而来。新古典经济学采用消费者—生产者的两分法，消费者不生产，必须从厂商处购买所有消费品，所以国内贸易必然存在，消费者不能选择自给自足，也不能选择专业化方向和水平，这种两分法使得新古典贸易理论无法解释经济组织如何从自给自足变得越来越专业化，也无法解释国际贸易如何从国内贸易中产生等现象。

第三，新兴古典贸易理论用专业化经济替代规模经济的纯技术概念，并引入交易费用概念，从而产生专业化经济与交易费用的两难冲突：一方面，专业化能提高生产率，使决策者拥有更高的生产能力；另一方面，由于多样化消费的偏好，专业化意味着必然要从其他专业的决策者手中购买更多的商品，这需要支付更多的交易费用。新古典经济学的规模经济概念只能表明投入产出之间的纯技术关系，却不能反映专业化水平、经济组织结构对生产率的影响。

第四，新兴古典贸易理论集中发展了古典经济学中的绝对优势假说。当代贸易理论大都认为李嘉图的比较优势是对斯密的绝对优势的一个发展。然而，如果允许比较优势在模型中内生，且随着分工的演进而演进，那么斯密基于分工专业化的绝对优势概念比李嘉图的比较优势概念更为重要和宽泛。新兴古典贸易理论正是基于这一点，并引入交易费用的概念，大大发展了斯密的绝对优势假说。

第五，新兴古典贸易理论通过引入交易效率的概念，能够解释从国内贸易到国际贸易的演进。如果交易效率极低，则不会发生贸易。如果交易效率得到改进，则国内贸易将因该国的分工水平提高而产生，但不一定会形成全国统一市场。如果交易效率进一步改进，全国性市场便因分工水平的提高而产生。如果交易效率继续提高，则高效率的分工水平便会要求更大的市场规模与其相适应，从而产生国际贸易。这种贴近现实的贸易演进过程是新古典贸易理论无法解释的。

第四节　贸易的产生及条件

一、贸易的产生

第一，偶然的物物交换。偶然的物物交换，是商品交换的萌芽。贸易的产生与商品交换的产生与发展是联系在一起的。人类社会在一开始并未出现商品交换。在原始社会的蒙昧时代，人类处于以采集现成的天然产物为主的时期，人类的制造品主要是用作这种采集的辅助工具。这个阶段占迄今为止人类历史 85% 左右的时间，是一种混沌初分，即由动物转化为古人类的漫长的历史时期。在蒙昧时代的初级阶段，人类刚脱离动物界。在蒙昧时代的第二阶段，人类已学会取火和使用未加磨制的石器(旧石器)。在蒙昧时代的高级阶段，人类已学会使用磨制石器(新石器)，这为人类获取食物来源提供了一些方便，从此人类进入了提高智力的漫长发展时期。在蒙昧时代，生产力水平十分落后，人们的生活水平很低，当时实行的是原始共产主义公有制，人们共同劳动，产品平均分配，过着没有阶级、没有剥削、没有压迫、产品公有的原始公社生活。人们成群结队，逐山水而跋涉，随气候而迁徙，抵御猛兽，开垦土地，饥则求食，饱则弃余。当时人类使用简陋的生产作业工具，从事采集、狩猎和捕鱼等劳动。由于劳动生产手段的原始和落后，人们共同劳动所得的产品相当有限，只能维持最低限度的生活需要，有时甚至连温饱都解决不了，所以没有什么剩余产品，也就不可能有产品交换和贸易。那时，在原始社会共同体内部只存在以生理特征为主的自然分工，人们在共同劳动中发生的只能是直接的劳动交换。

最初的产品交换发生在原始氏族部落之间，因自然区域差异而引起产品自然差异，为交换产品提供了可能。在母系氏族时代，由于生产工具的改进，人口的繁衍，形成了氏族聚居区域。不同的区域因自然环境差异，出现了产品的多样化和差异化。这样，近山者狩猎，近水者捕鱼，近树者采摘，不同地域的氏族部落之间出现了相互交换其产品的可能性。这种最早出现的产品交换是偶然的，只有当生产物超出自身消费而有剩余时，偶然交换的可能才能变为现实。

第二，第一次社会大分工后，物物交换经常化，原始部落之间贸易产生。人类社会由原始社会的蒙昧时代进入野蛮时代，野蛮时代是人类学会发展畜牧业和农业的时期，是学会靠人类的活动来增加天然产物的生产方法的时期。在野蛮时代，原始人征服自然、改造自然的能力有了一定的提高，特别是到了野蛮时代的中级阶段，人类发明了弓箭以后，狩猎活动迅速发展起来，捕获的动物吃完后有了剩余。人类在长期的狩猎实践中，逐渐发现了可以驯服和驯服以后让其自我繁殖的动物，人类从此找到了新的食物来源。于是一部分原始人就在水草丰茂、空气湿润的地方开始了游牧生活，并逐渐从当时的野蛮群体中分离出来，成为畜牧业部落，从事原始的畜牧业，驯养、饲养动物。畜牧业部落，生产的生活资料，不仅数量多，而且种类也较丰富；不仅有牛乳、乳制品和肉类，而且有兽皮、绵羊皮、山羊皮和随着原料增多而日益增加的纺织物。同时，随着农业工具的改进，一部分原始人逐渐学会了农作物的栽培与种植，出现了原始种植农业部落。畜牧业部落与农业部落的分离，也即畜牧业从农业中分离出来，便是人类历史上的第一次社会大分工。从此，在农业部落与畜牧业部落之间便出现了经常性的产品交换活动，这就是最初的带有贸易性质的商品交换活动。这种最初的原始部落之间的贸易活动是一种物物交换的直接贸易。这种部落之间的直接贸易，起初都是由代表部落的氏族首领来进行的，贸易的产品是部落的公共财产，是消费剩余后的产品，这时还没有真正意义上的商品生产，所以这种贸易活动可称为萌芽形态的贸易。

第三，第二次社会大分工后，以货币为媒介的贸易活动出现。第一次社会大分工与部落间直接贸易的产生，进一步促进了生产方式的变化和社会生产力的进步。从生产方式的变化来看，由于部落间直接贸易的发展，氏族首领利用自己的权力，逐步把交换来的财产据为己有，这样私有制开始在原始公有制内部产生，出现了氏族成员之间的私人交换。从生产力的发展来看，到了野蛮时代的高级阶段，青铜器及其制品与工具广泛使用。生产工具的变革，扩大了人们生产活动的范围。大量荒地开始被开垦，荒地的开垦，又增加了对生产工具的需求。种植业内部也扩大了生产范围，桑麻等种植业相继出现。这时，人们不仅从事狩猎、饲养、采集、种植，而且重视纺织、制陶、酿造、金属加工等手工业的发展。这样，就出现了生产范围的扩大化、生产劳动的多样化和生产加工的专门化。在这种情况下，一个人已不能同时兼做许多种生产活动。这就使得原来依附于农业生产的手工业从农业生产活动中分离出来，这就是人类历史上的第二次社会大分工。第二次社会大分工带来了贸易形式和生产形式的变化。一是，随着生产分为农业和手工业这两大主要部门，便出现了直接以交换为目的的生产，即商品生产。因为手工业者的劳动产品本身就不是为生产者的自我消费而产生的，手工业的产品一开始就表现为商品，其生产的目的一开始就是为了交换。二是，由于私有交换的发展，货币形式的进化，出现了金属货币，这样在分工不同的商品生产者之间便出现了以货币为媒介的商品交换。这时的贸易，不仅有部落内部和部落边界的贸易，还有海外贸易。这时，生产者之间的贸易活动是以简单商品流通，即"W-G-W"的形式为基础的。

　　第四，第三次社会大分工后，商业即专业贸易活动产生。第二次社会大分工的出现、私有制的形成，促进了商品交换的发展，使得商品交换的范围开始扩大，商品交换领域逐渐拓展。手工业一旦从农业中分离出来，其生产就带有明显的商品性、交换性。随着生产分为农业和手工业这两大主要部门，以及这两大主要部门以交换为目的的商品生产的出现，商品生产的规模开始形成，商品交换日益频繁。在频繁的交换中，原先代表部落进行交换的氏族首领逐渐利用手中的权力，把交换得来的产品占为己有，变成自己的私有产品，独自支配使用，破坏了公有制经济，这必然造成财富占有上的不平等、不均衡。为了消除这种不公正感，其他氏族成员开始纷纷仿效。他们也把作为原始共产主义公有的剩余物品拿去进行交换。这样更多的人、更多的物品被卷入交换，交换活动由部落外部进入部落内部，交换者由部落首领扩展至全体部落成员。第二次社会大分工产生以后，生产者之间的直接贸易活动出现，同时带来了一个新的问题：生产者同时行使生产与贸易两种经济职能越来越成为生产交换进一步发展的障碍。一方面，随着商品贸易范围和规模的扩大，商品运输距离越来越远，生产者耗费在贸易活动上的时间越来越多，这就影响了生产的发展。另一方面，随着贸易内容的增加，贸易关系复杂程度提高，商品产销矛盾突出，生产者客观上难以应付和处理各种经济关系。于是生产者便把其贸易活动委托给其他社会成员代理，生产资料、生活资料的购买及产品的出售委托他人代买代卖，这样在生产者兼营贸易的基础上，出现了代理贸易活动。代理贸易的出现解决了生产者两种职能难以兼顾的困难，并为生产者提供了种种方便。代理贸易的发展又使代理者感到不满足。随着货币流通的发展，货币的积累又为代理贸易者专门从事商品贸易提供了条件，私有制的继续发展逐渐瓦解着原始公有制，为私人贸易活动提供了基础。到了原始社会末期和奴隶社会初期，随着私有制的初步确立，社会上便出现了一种专门从事贸易活动的商业行业，一批专门从事贸易活动的商人阶层也离开生产独立起来，这就是人类历史上的第三次社会大分工。这次大分工不是生产部门内部的分工，而是贸易部门与生产部门的分离，贸易活动从生产部门中分离出来，是一个特殊的产业部门与特殊的商人阶层的形成。随着专业贸易活动的产生，人类就由野蛮时代的高级阶段"走到文明时代的门槛了"，文明时代正是"由分工方面的一个新的进步开始的"。

二、贸易产生和发展的条件

(一) 社会分工与贸易

生产的社会分工是贸易活动产生和发展的前提条件。马克思指出：如果没有社会分工，不论这种社会分工是自然发生的或者本身已经是历史的成果，也就没有交换。社会分工是指社会劳动的专业化和相对独立，是一种劳动成为专业化劳动的过程，社会分工是相对于自然分工而言的。由于生产的社会分工，便产生了生产者生产单一性与消费需要多样性的矛盾，这个矛盾是客观经济条件的产物。要解决生产单一性与消费多样性的矛盾，必须通过交换使分工不同的生产者彼此发生联系，并得到各自需要的产品。

由于生产力的不断进步，生产的社会分工是不断发展的，越来越细化。分工的细化使独立的产业部门越来越多。马克思说："社会生产分为农业、工业等大类，叫作一般的分工；把这些生产大类分为种和亚种，叫作是特殊的分工；把工场内部的分工，叫作是个别的分工。"现代科学技术的发展又促使产品内部各种零部件生产、工序之间的生产专业化，使社会分工进一步细化。社会分工除了在产业内部不断延伸和扩展外，在空间区域上也是不断发展的，无论是第一产业内部，还是第二产业、第三产业内部，都会因客观经济条件不同而形成各具特色的空间布局和生产的区域专业化，这种区域分工有助于促进生产力的进步，促进地区间商品交换、贸易的扩大。产业革命后，由于科学技术的不断进步、生产力的飞速发展，一个国家内部的区域分工又会不断越过国界向国外延伸，形成更大空间范围内的国际分工。当代国际分工的广度、深度正以前所未有的水平在发展，这个社会分工体系与产业体系也处在不断的变化和调整之中。

在社会分工存在和发展的情况下，每个分工不同的经济主体的相对独立的经济活动成为整个社会分工体系的有机组成部分，分工越发展越细化，生产者生产的单一性与其需要多样性的矛盾就越突出，各个经济主体之间利益上的对立与依赖性也越强。而要解决这些矛盾，只有靠商品交换来实现，即通过不同经济主体之间的贸易、不同产业部门之间的贸易、同一产业内部的贸易、不同地区之间的贸易和不同国家之间的贸易去实现各自的需要和利益。

(二) 所有权归属不同与贸易

社会分工的存在与发展使不同的劳动者之间产生了相互交换劳动与劳动成果的需要，但这些产品如果归属同一个所有者，相互之间发生的只是产品的交换，而不是商品交换，只有在劳动产品归属不同所有者的条件下，劳动产品在不同所有者之间的转移和让渡便发生了产品所有权的转移，才使劳动产品转化为商品。所有权是财产权利的核心问题，也是贸易运行、商品交换运行的制度基础。所有权的明确界定，是商品交换和贸易活动顺利进行的基础。因为商品与产品的本质区别在于，商品是反映不同所有者之间彼此独立的经济关系的劳动产品。分工不同的经济主体要想得到别人的产品来满足自己的需要，就必须转让自己产品的所有权来进行交换，以取得另一种产品的所有权。从历史上看，完整的商品贸易活动的出现正是私有财产所有权明晰后的产物。由于财产所有权不同，因社会分工而引起的交换活动，既要补偿所让渡的产品的物化劳动和活劳动的耗费，又要实现新创造的劳动价值，同时还要得到自己所需要而又不能生产的使用价值，为此，商品必须全面转手和让渡，并按照等价交换的原则进行。

第五节　贸易的发展

一、奴隶社会的贸易

人类是从奴隶社会开始进入文明社会的。奴隶社会的经济主体是奴隶主的庄园经济和手工业者的作坊。奴隶社会的经济格局决定了自给自足的自然经济是奴隶制经济的主体，商品经济则处于从属的被动地位。但随着社会生产力的发展，社会文明程度的逐步提高，奴隶制经济开始向商品经济倾斜，商品经济在奴隶社会中的地位日显重要，奴隶社会的贸易开始有了一定程度的发展，贸易规模逐步扩大，贸易范围逐步拓展，贸易在社会经济中的作用开始显现出来。

奴隶社会贸易发展的重要标志之一是出现了一个专门从事贸易的经济部门——商业。马克思指出，一个商人可以通过他的活动，为许多生产者缩短买卖时间，因此它可以被看作一种机器，减少力的无益消耗，或有助于腾出生产时间。这就是说，在奴隶社会商业从生产中分离出来，专门从事贸易。它有利于商品经济的发展，有利于社会生产力水平的提高，有利于社会文明历史进程的加快。

奴隶社会贸易发展的基础是奴隶制社会经济的发展。在奴隶社会，由于奴隶主大量使用奴隶进行生产，这就有可能组织奴隶进行一定规模的生产，并在规模生产的前提下进行分工，在分工的基础上提高劳动生产率。这样随着生产门类的增多，劳动分工的细化，生产规模的扩大，劳动生产率的提高，越来越多的农产品进入市场。同时，奴隶作为特殊的会说话的产品，也被推入交换领域。但是，奴隶社会的贸易，毕竟受到了生产方式的限制。由于生产资料为奴隶主所占有，奴隶们在奴隶主的统治下，只是会说话的工具，完全失去了人身自由，奴隶们生产的劳动产品，除满足自己最低限度的生存需要外，其余都被奴隶主所控制、所占有。这样的情况，决定了奴隶社会能够以贸易主体的身份出现在市场上的，只能是奴隶主、王公、贵族，贸易的物品只能是满足奴隶主奢侈生活所需要的奢侈品、贵重的手工业品。这样的交换是有限的，市场是狭小的，贸易是不发达的。奴隶社会贸易的主要特征有以下几点。

第一，奴隶社会的贸易在整个社会经济中处于从属地位。奴隶社会的经济是自给自足为主的自然经济，即生产不是为了交换，而是为了满足自身的消费需要而生产的经济。奴隶社会虽然也存在商品经济，但那是一种小商品经济，或简单商品经济，它在奴隶社会的经济活动中处于从属的无足轻重的地位。从奴隶社会贸易的格局来看，商品生产者之间直接进行简单商品流通是贸易的主体，奴隶主通过商人进行商品流通。

第二，奴隶社会的贸易由奴隶主官府和奴隶贵族所控制。奴隶社会最早的商人，是在原始共同体逐渐解体、奴隶制度逐渐兴起的过程中出现的。最初的商人，主要在各原始共同体之间从事贩运贸易。后来奴隶主贵族为了以自用有余的农产品、手工业品和贡物交换外地的珍异特产和自己不能生产的东西，为了采购手工业原料，便指派官员或派遣管家去经营商业，这些由官府或贵族投资经营的"官家买卖"控制着整个市场。市场和贸易受奴隶主生产方式和奴隶主统治的限制。贸易的商品，多与官府的非生产消费、奴隶主的奢侈生活消费有关。自由民介入的贸易，由于受到奴隶主国家抑商政策的限制，不仅数量少，而且规模比较小。占人口大多数的奴隶，由于完全失去人身自由，是不可能到市场上去采购原材料、购买商品或出售商品的。如果奴隶出现在市场上，那也只是作为一种会说话的特殊的商品进入贸易领域，成为奴隶主贵族进行商品交易的对象。

第三，奴隶社会的贸易具有一定的欺诈性和掠夺性。奴隶社会的贸易代表着一种掠夺制度。这不仅是因为当时的贸易主体本身就是奴隶主，对他们拥有的商业奴隶实行残酷的剥削，而且是因为奴隶社会的贸易资本本身就是靠欺诈侵占、暴力掠夺、海盗行径、绑架贩卖奴隶积累起来的。奴隶主商人自己不生产商品，却要遍游各地，四处寻购珍异名贵产品，又亲自运送到各处寻找买主。如此不断地买进来又卖出去，买进时竭力把价钱压到最低点，卖出时又竭力把价钱抬到最高点，靠对买卖双方进行欺诈和侵占来获取巨额利润。同时，奴隶主商人在贸易的过程中，经常会故意设下种种圈套，以骗取更多的利润。正是依靠这种野蛮、猖狂的掠夺，才使奴隶社会的贸易资本得到了原始的积累。

二、封建社会的贸易

封建社会是在奴隶社会的废墟上建立起来的。在奴隶社会后期，奴隶们不堪忍受奴隶主的残酷压迫和剥削，纷纷逃亡或起义反抗。在奴隶暴动风起云涌的情况下，一些奴隶主只好被迫将自己的领地分割划块，租给过去的奴隶或自由民耕种，从中收取地租。这些奴隶主因采用封建剥削方式而成为新兴地主。随着奴隶社会的土崩瓦解，封建制度取代了奴隶制度，地主阶级取代了奴隶主阶级，佃农取代了奴隶。由于封建制度对生产者的控制、压迫不像奴隶制度那样露骨、野蛮和残酷，其剥削方式也给生产者一定的独立自主权益，从而为生产力的发展开辟了广阔的道路，商品生产、贸易和商业随之得到进一步的发展。在封建社会，农民虽然受到地主阶级的重利盘剥，但农民在完成劳役、缴纳地租的前提下，可以自由支配自己的劳动产品，可以在租种的土地上和家庭中自主安排农业生产和手工业生产，他们可以把这部分产品直接用于个人消费，也可以从中拿出一部分到市场上去交换手工业品。随着生产力的发展，农民拿到市场上去交换的产品越来越多，商品性生产所占的比重越来越大，手工业生产日益发达，手工工具和手工艺逐步改进，为农业生产、城乡居民提供的生产资料和消费品也越来越多。与此相适应，贸易也得到了一定程度的发展。封建社会贸易的主要特征有以下几点：

第一，城镇成为贸易的中心。集镇是在奴隶社会出现的。当时，许多乡村集镇、水陆交通要道和庙宇相继成为农民和手工业者互通有无的集市。到了封建社会，随着集镇向城镇的过渡，城镇成了封建社会的政治中心。城镇与市场的结合，使之具备了经济功能，成为封建社会的经济中心。政治中心与经济中心的结合吸引了越来越多的手工业者、商人前来从事生产经营活动。城镇内店铺众多，商贾云集，城镇成为当时贸易的集散地和依托点。一些规模较大的城市则成为贸易的中心。

第二，官商与私商共同组织贸易。封建社会的贸易主要由官商和私商共同组织。官商替封建皇室、官府从事买办活动，为官府筹集财政收入而进行盐铁专卖、烟酒专卖，或为平抑各地市场物价而进行余缺调节。封建社会的私商虽受到封建统治者的各种抑商政策的限制，但它在贸易中的作用却不可小视。封建社会的私商主要由与官府联系密切或与官府合作的大地主、大手工业者经营。这些人凭借他们与封建势力千丝万缕的联系，获取某些特权，垄断经营大宗农副产品，贩卖土特产品、珠宝玉器、金银制品、丝绸等，从中牟取暴利，积攒起巨额的商业资本。这些人与封建官商不同，没有官商所拥有的种种特权，所以他们不得不注意研究市场供求形势和价格变动趋势，不得不注意研究经营技术和经营方式。私商经营范围较广，经营方式较多。私商中，有的专营批发业务，有的专营零售业务，有的批零兼营。零售形式有前店后厂、连家铺、专业商店、综合商店等。批发形式有从事贩运贸易的行商、从事买办业务的商行等。

第三，贸易中逐步形成商会组织。随着贸易的扩大，各个私人商业店主为了限制相互之间的竞争，普遍在本地范围内成立了商人公会等行会组织，负责规定商品经营范围、同业关系、学徒或帮工人数、学徒制度、商品价格、度量衡器、违章罚则，调解行业内外纠纷。商会组织使组织商品贸易的领导权控制在豪商、官府的手里，限制行业内部的竞争，排斥外来势力。商会组织对维持贸易秩序、保护贸易组织者的利益、促进贸易的发展，具有一定的积极意义。

尽管封建社会的商品生产和商品贸易有了一定程度的发展，但封建经济的主要支柱仍然是自然经济，农民不仅生产自己需要的农产品，而且生产自己需要的大部分手工业品。地主和贵族对于从农民那里剥削来的地租，主要供自己享用，而不是用于贸易，所以在整个封建社会的前期和中期，贸易在整个社会经济中的作用，受到相当大的限制。只是到了封建社会的后期，当自然经济趋于瓦解时，贸易才得到了进一步的发展。到了封建社会末期，随着贸易规模的不断扩大，越来越多的农产品被卷入贸易中来。特别是货币地租出现以后，情况更是如此。农民为了向地主缴纳货币地租，除了要生产自己消费所需的产品以外，还得生产那些自己不需要却能在贸易中换回货币的商品。这样，农民的个体经济便更多地带有商品经济的性质。商品经济、贸易是有风险的，极易造成两极分化，那些精通贸易者，上升为富农，而绝大多数农民因缺乏贸易经验而被贸易的漩涡所吞没，以破产而告终，这部分人的唯一出路是流入城市出卖自己的劳动力，受雇于他人。这样社会上出现了雇佣关系或雇佣劳动，雇佣关系正是资本主义生产关系的基础。雇佣关系的产生，就宣告了封建生产关系的瓦解和资本主义生产关系的形成。

三、资本主义社会的贸易

资本主义制度取代了封建制度以后，商品经济便大规模地取代了自然经济。商品生产成为社会生产普遍的、占统治地位的生产形式。在那里，社会的财富表现为庞大的商品堆积。不仅劳动产品是商品，而且人的劳动力也成了商品。商品关系已经渗透到社会生活的各个领域，成为资本主义社会最简单、最普遍、最基本、最常见的社会生产关系。与生产相适应，与商品经济紧密联系的贸易也就发展到了私有制条件下的巅峰状态。到了资本主义社会，贸易的政治经济环境发生了根本性的变化。分散的、孤立的、小规模的、落后的小商品经济发展为集中的、规模经营的、发达的商品经济。分割、封闭的地方小市场也发展为国内统一的大市场。资本主义社会贸易的主要特征有以下几点：

第一，贸易规模迅速扩大。

贸易活动规模迅速扩大体现在两个方面。一方面是贸易活动的空间范围不断拓展，资本主义时期的贸易不断突破近地贸易的限制，使国内各地的贸易活动融为一体，国内贸易延伸至国外发展为国际贸易或与国际贸易互相融通和接轨。资本主义时期，资本总是"力求摧毁交往即交换的一切地方限制，夺取整个地球作为它的市场"。因而，贸易活动的范围已拓展至全世界。20 世纪末和 21 世纪的头 20 年，资本主义进入一个新的发展阶段，贸易活动的国际化、全球化趋势越来越明显。另一方面是进入贸易领域的商品总量和商品种类、品种数量空前增多。资本主义社会的财富表现为一个庞大的商品堆积。一切产品都作为商品投入市场，而且一切生产要素都必须作为商品从市场购买获取。随着资本主义产业革命的推进和科学技术的不断创新，新兴产业部门不断增多，新材料新产品不断涌现，成千上万的商品都成为贸易活动中的交易对象。除了实物形态的商品不断增加外，各种非实物形态的商品，如网上服务、信息化智能化技术也越来越多地成为交易对象。

第二，贸易的竞争空前激烈。

资本主义社会贸易活动的竞争空前激烈，主要表现在以下两个方面：一方面是资本主义国内的贸易竞争日益激烈，特别是在第二次世界大战后，随着消费者主权的兴起、买方市场的形成，资本家之间争夺商品销售的竞争方式已从价格竞争为主，转到非价格竞争为主上来，各种竞争方式和竞争手段不断花样翻新。另一方面是国际间的贸易竞争也十分激烈，各个资本垄断集团之间、各个国家之间为争夺世界市场进行着较量，"贸易摩擦""贸易战"此起彼伏、此消彼长，无论是商品贸易，还是服务贸易，竞争内容越来越丰富，竞争手段也越来越多样化，竞争激烈程度也越来越高。

第三，贸易主体的组织化、专业化程度越来越高。

到了资本主义时期，贸易活动的主体企业化，出现了各种贸易公司。16 世纪中叶英国就产生了最早的贸易股份公司。这是贸易组织形式的一场革命，也是贸易制度的创新。从此，贸易活动就基本上逐渐以企业为主了。同时，社会分工不断在贸易产业内部延伸与细化，贸易发展趋于专业化，新的贸易行业不断涌现，新的贸易组织形式也不断形成，出现了贸易企业网络化、层次化、多样化、市场化、国际化的新局面。一是各种类型的批发企业和零售企业出现大型化趋势，如百货公司、超市、连锁企业、跨国公司等。二是出现了贸易组织微型化的趋势。由于贸易活动自身的特点和规律，批发贸易、零售贸易中也存在相当数量的中小企业。

第四，贸易成为资本主义生产的内在要素，对生产的作用越来越重要。

马克思曾指出，商业资本的独立发展是与资本主义发展成反比例的。因为随着资本主义生产发展，贸易资本的独立性下降，越来越成为资本主义产业资本的一部分，融入生产中，"在资本主义社会以前的阶段中，商业支配着产业；在现代社会里情况恰好相反。"产业资本支配商业资本，并不意味着贸易作用的下降，反而更加说明贸易活动对生产的反作用越来越强，生产的发展越来越离不开贸易活动的协调。整个社会生产总资本循环包括了一个直接生产过程和两个流通环节，货币资本、生产资本、商品资本的顺利循环没有正常的贸易活动是无法进行的，整个社会再生产过程建立在流通的基础之上。

第五，贸易利润受资本主义平均利润率规律制约。

在资本主义经济活动中，贸易资本从产业资本循环中独立出来，其功能仍然是为产业资本循环服务，推销商品，充当产业资本的代理人，实现商品价值，履行产业资本的商品资本职能。因此，资本主义贸易活动取得的利润只能是产业资本利润的一部分让渡。资本主义贸易活动中也不可避免地存在欺诈、掠夺现象，也存在一些不等价交换，但从总体上看贸易利润仍是受资本主义平均利润率规律制约的。

第六，贸易物质技术手段现代化。

资本主义贸易不同于前资本主义贸易的一个重要变化是贸易技术手段的进步和现代化。第二次世界大战以后，随着第三次、第四次科技革命的发展，贸易活动中大量采用了各种先进的技术装备。新技术革命的成果正广泛应用于贸易领域。在发达国家，贸易领域是电子计算机使用最早、拥有量最多的领域。电子计算机技术伴随生产、贸易的社会化而网络化，计算机网络已经覆盖了世界上几乎所有的国家。电子商务、跨境电商、数字贸易普遍兴起，越来越多的企业在互联网上开展了贸易业务。资本主义贸易活动中还普遍采用了商品条形码技术和 POS 系统技术、MIS 系统技术、BI 系统技术、EDI 系统技术、VAN 系统技术、SCM 系统技术等。货款结算采用了电子货币支付、移动支付等。交易中信用卡使用量增多。总之，贸易领域中的电子化、信息化、网络化、智能化、全球化是前资本主义时期贸易活动无法相比的。

四、中华人民共和国成立前的贸易

在中国，早在公元前 16 世纪的商代就出现了商品和贸易，但由于我国经历了漫长甚至是畸形的封建统治时期，封建统治者为了维护自给自足的自然经济，把重本抑末、重农抑商视为国策，压制、排斥商人，蔑视商业，加上闭关锁国政策的推行，贸易自然得不到正常的发展。1840 年鸦片战争以后，帝国主义列强用洋枪、洋炮打开了中国闭关锁国的大门，从此中国逐步沦为半殖民地、半封建性质的社会。政治上的半殖民地、半封建的性质必然会殃及经济，进而波及贸易，使得当时中国的贸易具有半殖民地、半封建的性质。当时中国的商业资本主要由洋行资本、买办商业资本、官僚商业资本、民族商业资本所构成。

第一，洋行资本。洋行是外国，特别是帝国主义国家根据各种不平等条约在中国开设的商行。洋行资本是外国投资者在我国开办商行、购销商品、开展贸易所投入的资金。鸦片战争后，帝国主义列强逼迫清政府签订了一系列丧权辱国的不平等条约。凭借这些不平等条约，帝国主义国家在我国取得了一系列的特权，于是洋人及其资本蜂拥而入，在我国的许多城市开设洋行、建立商店，控制着中国的通商口岸、海关、对外贸易和交通运输业，把中国的市场变成帝国主义市场的附庸，成为高价倾销工业品和低价掠夺原材料的基地。通过严重不等价交换的形式，从中牟取暴利，残酷压榨中国人民的血汗。

第二，买办商业资本。洋行的交易是通过买办或买办商人进行的。买办是指中国近代史上在本国市场上替外国帝国主义经营商业、服务业、银行、保险业的经纪人和中介人。买办商业是帝国主义为适应其侵略的需要而扶持起来的。买办最初作为洋行的雇员，其收入来源主要是佣金和差价。买办的职能主要是当掮客，做代理。买办的经营方式，最初主要是代购代销，后来发展到经销、承购、包购和包销。随着帝国主义势力在中国的不断渗透，买办队伍也不断加强，人员不断增加，买办资本相应扩大，最后成为一个独立的阶层和商业组织。买办组织的扩大，使其与洋行的关系更为密切。买办与洋人相互勾结，狼狈为奸，成为洋行剥削、欺压中国人的帮凶。

第三，官僚商业资本。帝国主义列强不仅运用各种政治、军事、经济手段直接控制近代中国的贸易，而且扶植起一大批官僚商业资本。官僚商业资本是官僚资本主义经济的重要组成部分，是指以蒋、宋、孔、陈四大家族为首的官僚资产阶级集团投资于贸易的资本。官僚商业资本是帝国主义为适应其侵略需要而扶植起来的，具有浓厚的买办性和封建性，通过"官办"和"商办"机构，为帝国主义推销商品，收购原料，把中国变为帝国主义的商品销售市场和原料供应地，成为帝国主义掠夺和奴役中国人民的工具。官僚资本主义商业在参与贸易的过程中，经常利用政治上的特权，采用超经济的方法，运用"统购""管制""配给""专卖"等手段，控制和垄断全国的各种主要商品市场。它还利用由其控制的银行、交通运输工具、军警宪特、税务稽查，组织武装走私，大搞投机倒把、黑市买卖，制造通货膨胀，从中牟取暴利。日寇投降后，蒋、宋、孔、陈四大家族的官僚资本，由于"接收"了大批日伪工商企业，进一步加强了对国内市场的垄断和控制。

第四，民族商业资本。民族商业资本是在近代中国独立的商业资本中游离出来的。鸦片战争以后，在外国帝国主义商品输入和原料掠夺的双重刺激下，原先独立的商业资本开始分化：一部分与帝国主义勾结，形成买办资本；一部分退出贸易，从事近代工矿业，成为产业资本，形成民族资本主义工业；一部分继续从事贸易，这就形成了民族资本主义商业资本。他们力量薄弱，经营分散，中小企业较多，较大的商业主要集中在沿江沿海的大城市。在近代中国，民族商业资本既为民族产业资本推销商品和实现剩余价值服务，也为封建地主和个体手工业及农民的商品交换服务。民族商业资本在中国半殖民地、半封建社会的条件下，不能不与帝国主义、封建主义发生千丝万缕的联系，并对它们有一定的依赖性。有部分民族商业资本经营外国商品、收购农副产品卖给洋行。但另一方面，民族商业资本又受帝国主义、官僚资本的排斥和欺压。在洋行资本、买办资本、官僚资本主义商业资本的三重挤压下，中国的民族资本主义商业举步维艰，因而民族资本主义商业在贸易中的地位是次要的、从属的。

第六节　贸易在社会经济中的地位

从人类发展的历史进程来看，有社会分工和私有制，就一定会有商品交换。商品交换发展到一定程度，就必然会产生贸易。贸易不是个别的、孤立的行为，而是川流不息的多个交换行为所连接成的经济过程。可见，贸易与商品交换是紧密联系、不可分割的，因而贸易在国民经济中的地位与交换在社会再生产过程中的地位是一致的。马克思主义关于社会再生产的原理表明，任何社会再生产过程，都包括生产、分配、交换、消费四个环节。这四个环节互相联系，互相制约，职能不同，组成一个有机统一体。生产是人们创造生活资料和生产资料等物质财富的过程，这是再生产的起点环节。消费是人们为了满足生活需要使用和消耗社会产品的过程，是再生产的终点环节。分配和交换是再生产的中间环节。在市场经济条件下，生产必须采取商品生产的形式，分配只能采取货币、价值形式，不可能采取实物分配的形式，消费也只能是一种商品化消费。这样，在生产与分配之间，使用价值必须转化为价值，即实物形态的商品必须转化为货币，社会分配才能进行。在分配与消费之间，又有一个价值转化为使用价值的问题，即只有价值形态的货币转化为使用价值形态的商品，消费才能最终实现。可见，商品交换是实现上述两次转化的中介环节。

为了更全面地认识贸易在国民经济中的中介地位，有必要进一步分析在社会再生产过程中，交换与生产、分配、消费之间的相互依存、相互作用的辩证关系。

生产与交换的关系。一般而言，生产一般是决定交换的，但交换也对生产具有巨大的反作用。前者表现在：一是生产的社会分工是商品交换产生和发展的前提。二是社会生产方式的性质决定交换的性质。三是生产发展的规模和结构决定交换的深度、广度和方式。交换深度是交换深入社会经济生活中的程度。交换广度，是指交换的商品数量、人员数量与市场空间范围。后者表现在：一是对生产既可起促进作用，也可起阻碍作用。二是对生产的规模和速度有重大影响。三是对一定生产关系的形成或瓦解有促进作用，如封建社会末期商品交换的发展加速了封建生产关系的瓦解，促进了资本主义生产关系的产生。四是在特定条件下，交换也对生产起决定作用，如在特定社会时期，对某些特定的部门或某些特定的产品的生产，交换对生产的发展起决定作用。

交换与分配的关系。首先是分配制约交换，表现在：一是分配方式制约着交换方式的发展。二是国民收入中积累与消费的分配比例，决定着生产资料和生活资料的市场商品流通量。社会产品的分配数量与结构制约交换供给的数量与结构。三是在一定生产力水平条件下，国民收入的分配比例制约着市场商品需求量与结构，制约着商品交换的比例和份额。同时交换也制约分配。一是交换是实现分配必不可少的手段，在市场经济条件下，国民收入的分配最终必须通过货币与商品交换。二是交换方式变化影响分配方式的变化。三是交换的数量与结构制约着分配的数量与结构。

交换与消费的关系。一方面消费决定交换。一是消费需求的存在是交换得以进行的前提条件，消费是交换的最终目的。二是消费的规模决定着交换的规模。三是消费的结构决定着交换的结构。四是消费方式的改变是交换方式改变的客观依据。另一方面交换能反作用于消费。一是交换对消费的实现有重大影响，交换制约着消费需求的实现程度。二是交换制约着消费结构，影响消费结构的形成与变化。三是交换制约着消费效益，包括制约着消费的使用价值、消费的时间效益、消费的劳动耗费、消费成本。四是交换能引导与创造消费。五是交换在一定条件下决定消费。

【案例】

近代以前商品的跨区域流动

商品的跨区域流动早在主要文明相继走向成熟后便已出现，不同地区间开始交易彼此具有特色的商品，满足生产生活的需要。例如，早在公元前4千纪下半期，两河流域的羊毛织物在周边地区就大受欢迎，远至小亚细亚地区的贸易中也时常能看到其身影。与此同时，东地中海沿岸存在着一条被古埃及人称作"荷鲁斯之路"的贸易路线，用于连接古埃及和西亚地区，巴勒斯坦地区的葡萄酒、黎巴嫩的冥器与埃塞俄比亚的黑曜石等商品在这条路上流通。公元前 12 世纪，在古埃及与赫梯这两大帝国因长年彼此征伐双双衰落后，东地中海沿岸的腓尼基人开始构建遍布地中海的贸易网络。

如上所述，陆上贸易与沿海贸易构成了古代世界商品跨区域流通的主要方式。公元前后，就欧亚大陆而言，陆上丝绸之路可谓远距离贸易的经典案例。自两汉时期张骞出使西域和罗马帝国使者来华起，虽屡经战乱，但横跨大陆的商业联系逐步得以建立，唐朝时达到繁盛。10—11 世纪的拜占庭人从阿拉伯及东方商人手中购买产自波斯、印度和东方的商品，如香料、宝石、樟脑、羊毛织品、地毯等。在 14—15 世纪中亚撒马尔罕的市场上，汇聚着来自罗斯的皮货与亚麻、来自中国的丝织品和来自印度的香料，而当地的甜瓜干与锦袍等商品也借助相关商路对外传播。

在以陆上丝绸之路为代表的横贯大陆的商路外，还存在着纵贯大陆以及大致依地理单元区隔展开的贸易路线。自公元前 12 世纪腓尼基人大规模从事航海活动起，地中海世界便已形成紧密的商业联系，来自希腊的橄榄油、陶罐与奶制品，来自埃及的谷物，来自伊比利亚和高卢的葡萄酒，来自撒丁岛的银块等商品沿着陆路与海路航线流通。经过罗马帝国晚期与中世纪早期因战乱造成的破坏后，地中海贸易重现繁荣景象。与此同时，数条撒哈拉商路将非洲腹地与地中海沿岸联系在一起，鸵鸟毛、象牙、黄金、椰枣等沿线流动。而在法国香槟市集，来自东方的丝绸，北欧与罗斯的毛皮，德意志的铁、皮革与麻布，西班牙的葡萄酒以及意大利转口的香料令人眼花缭乱。再往北，德意志各邦的汉萨商人自 13 世纪起便掌控了北海与波罗的海间的贸易往来。而在大西洋另一端的美洲，早在欧洲人到来前，原住民也构筑了自身的贸易网络。在中美洲地区，对黑曜石与盐产地的控制和相关产品的贸易曾经成为不同玛雅城邦崛起的关键。在南美洲地区，印加帝国沿安第斯山脉修筑了印加古道，便于高山和沿海平原地区间互通有无。由此可见，早在大航海时代来临前，世界各大洲均存在着活跃的商品跨区域流动。

商品的远距离贸易不仅仅局限于陆地及地区性水域中，还存在于广阔的大洋之上。从约公元 1 世纪开始，随着对印度洋季风气候的掌握和海上航行技术的进步，人类已经能够横跨印度洋航行，并逐渐开辟了与陆上丝绸之路齐名的海上丝绸之路，在亚欧非三大洲之间开展海上贸易。例如，在西印度洋，商人和水手们在每年 10 月到次年 4 月间利用来自沙漠干燥的东北季风，从阿拉伯半岛南端、波斯湾和印度西海岸向非洲之角和东非沿岸航行；而在每年 5—9 月则利用印度洋上湿润的西南季风从东非返回。中国的杜环、意大利的马可·波罗和摩洛哥的伊本·白图泰等旅行家都曾在印度洋上的海上丝绸之路留下自己的历史印记，记录了航路上商贾云集、商品琳琅满目的盛况。

在 16 世纪前，相较于陆上丝绸之路，跨印度洋的海上丝绸之路较少受到亚欧大陆政局变化的影响，整体上呈现由各国商人主导的和平繁荣局面。在印度洋贸易的促进下，沿岸各地区的商品交流频繁：来自东非的红木、贝壳、象牙和犀牛角，来自中东的珍珠、鱼干和枣，来自印度的原木、纺织品和香料以及来自中国的丝绸和瓷器等，都出现在本国之外的其他国家和地区。无论是肯尼亚沿海地区古代斯瓦希里城邦出土的中国五代以来的瓷器，还是印尼西爪哇"井里汶沉船"中的中国越窑瓷器、中东的玻璃制品、印度的宝石和金属制品，都是印度洋贸易繁荣的明证。

在印度洋地区贸易逐步发展的同时，太平洋地区的商品流动也缤纷多彩。早在公元前2世纪，中国便已开辟到达朝鲜半岛、日本和东南亚的海上航线。唐朝时，在中国、东南亚与阿拉伯商人的共同推动下，西太平洋贸易走向繁荣。中国出口瓷器、丝绸、茶叶等商品，日本输出珍珠、松木等产品，东南亚出口的商品则以香料、珊瑚等为主，西太平洋地区的贸易与印度洋地区的航线相接，共同构成古代海上丝绸之路。在繁荣的西太平洋商品贸易之外，散布在广阔的中太平洋上的岛屿间也存在着活跃的商品交易。原住民在横贯数千年的迁徙与扩散过程中摸索出根据星座、洋流、海洋生物等确认定位、从事航海的方法，在岛屿间穿行贸易，交换贝壳、矿物质、鱼干等物品。这些物品不仅满足岛民的物质需求，还有助于酋长巩固自身的地位，20世纪初英国人类学家马林诺夫斯基观察到的古老的库拉环贸易便是一例。而在彼此距离较近的群岛内部，如夏威夷群岛，各个岛屿甚至逐步形成了商品生产分工，并进行交换。此外，太平洋岛屿与美洲大陆间也存在着密切的往来，原产于美洲的番薯于公元700年左右传到太平洋岛屿。这些都表明，早在欧洲人到来前，太平洋地区已经形成了较为活跃的商品交易网络。

（来源：周晓菲，许翔云，刘少楠，吴羚靖．商品贸易如何塑造人类历史［N］．光明日报，2024-04-01）

【思考题】

1. 贸易经济学的研究对象是什么？它包括哪些内容？
2. 贸易经济学有哪几种研究方法？
3. 马克思恩格斯的交换与贸易理论的主要内容是什么？
4. 简述西方贸易理论的主要内容。它们有何联系与区别？
5. 贸易产生的社会经济基础是什么？古代三次社会大分工对商品交换和贸易的作用如何？
6. 贸易产生和发展的条件是什么？如何理解？
7. 贸易在奴隶社会、封建社会、资本主义社会和近代中国是如何发展的？
8. 贸易在社会经济中的地位如何？

第二章 贸易要素、贸易运行及其机制

【学习目标】掌握贸易要素的基本内容；熟悉贸易运行环境的内容；了解贸易运行机制的含义及分类；掌握贸易商流、物流、信息流的含义及特点；了解贸易运行渠道的构成要素、形成机制和配置方式；掌握贸易运行规律的具体内容。

第一节 贸易要素

贸易要素是从生产要素概念中延伸出来的，指的是在贸易活动中所涉及的各种基本要素。在进行贸易活动时，需要投入一定的要素，主要包括人员、资本、物质手段以及信息等。这些要素在贸易活动中相互影响、相互作用，缺一不可。其中，人员总是处于主导地位，发挥着主导性的作用；资本是开展贸易活动的物质基础和前提条件；物质手段是实现商品空间和时间转移的必要条件；信息是贸易活动的必备要素之一，如果没有准确及时的贸易信息，贸易活动就会盲目地进行。因此，贸易要素是贸易活动的基础和关键，对于贸易的顺利进行有着至关重要的作用。

一、贸易人员

社会经济活动主要表现为具有一定生产经验与劳动技能的人利用生产资料，改变自然、创造物质财富的过程。没有人的劳动参与，就不存在社会再生产的过程，更谈不上为了实现特定目标而进行的经济活动。这意味着，人是社会经济活动的主体，任何社会经济活动都是由人引起、控制和支配的，人处于社会经济活动的主导地位。从全社会来看，总有一部分人力资本专注于贸易领域，他们致力于推动商品的交换过程，成为以商品交换为职业的贸易人员。

根据贸易劳动分工的不同，贸易部门的人员构成一般包括：（1）领导者。领导者通常指贸易部门的董事长、总经理，是贸易部门的主要管理者，是贸易活动的最高决策者和指挥者。（2）职能部门管理人员。随着贸易企业股份制的发展，财产所有权与经营权产生分离，贸易部门的管理方式逐渐向经理制领导、职业"软专家"领导、专家集团领导转变，一些既懂技术，又懂管理的人员成为贸易企业的职能部门管理人员，他们对具体的商品流通活动进行指导、监督和调节，往往独立负责某一业务部门的经营管理工作，如销售科长、部门经理等。（3）业务人员。业务人员包括技术人员和营销人员。技术人员负责解决商品运输、储存、销售过程中的商品保鲜、维护、检测等有关技术问题，以及商品营销过程中市场调查分析、价格预测、商品包装设计、维修、售后服务等。营销人员是从事商品购、销、储、运，直接进行商品贸易活动的人员，如售货员、采购员等。（4）服务人员。在贸易部门中，服务人员专门从事房屋修缮、职工生活福利、警卫、通讯、清洁勤杂等活动，以保证商品经营管理的顺利进行。当然，贸易组织的规模和所经营商品的技术复杂性会影响这些角色的具体构成。例如，在小型贸易公司中，业务人员可能同时承担后勤职责，而在技术密集型的电脑销售公司，营销人员可能同时具备技术专长。

生产力水平的提高是人类社会发展的根本动力，而在生产力的各个要素中，人是最为活跃的因素，是推动社会进步的根本力量。同样地，在贸易活动中，只有当人员数量比例恰当、素质高、能力强时，购、销、运、存等各个环节才能依据实际情况得到良好的协调，贸易资金和贸易物质手段才能产生出最佳的效果，使贸易企业取得卓著的贸易成就，不断地推动贸易事业的发展。否则，相关的贸易资源就可能出现浪费、闲置或配置失误，贸易活动也难以得到相应的发展。正是由于人对贸易活动发展有着至关重要的作用，世界上贸易业比较发达的国家和地区都致力于贸易人员素质的提高和能力的优化，十分注重发展高等商科教育，不断提高高素质专业人员的比重。而国内的一些先进贸易企业也非常重视员工队伍的建设，注重员工的培训与发展，提高员工的技能和知识水平，从整体上提高全体员工的素质水平和能力水平。

二、贸易资本

在现代市场经济中，资本是一切经济活动得以顺利进行的血液，是推动法人组织事业的前提与要素，贸易活动也不例外。贸易活动的组织和进行，除了要有贸易人员的参与外，还必须投入相应的货币，即贸易资本，是贸易企业和经营者为从事贸易活动所拥有、占用和支配的商品、货币以及其他一切财产的货币表现，是能够在贸易活动中增值的价值。若没有贸易资本的参与，贸易主体则无法有效地组织商品流通，也无法实现商品价值和使用价值的转移。马克思在《资本论》中指出，商人资本的首要历史前提是必须拥有一定数量的货币，也就是说商人资本的存在和发展需要有一定的货币储备作为基础。拥有的货币数量越多，资本越充足，贸易活动就越容易开展，即"多钱善贾"。此外，还需要注意的是，贸易活动不仅仅是简单的商品交换，还包括风险管理、市场调研、产品采购、销售和库存管理等多个环节。当贸易主体投入相应的贸易资本后，必须要善于利用资本，只有通过有效的资本管理和运作，将资本进行良性的循环运动，实现最佳的资金使用效率，如此，贸易主体才能够在这些环节中获取优势，取得更好的经济效益。

资本是社会再生产过程中商品的价值运动，资本的不断运动即资本的循环与周转是资本维持自身的价值和增值的前提。当生产部门生产出产品后，贸易部门需要垫付一定数量的货币资金来购买这些产品，为转卖做好准备。在这个过程中，资本至少发挥了两个关键作用。其一，资本为贸易部门组织商品流通提供了物质基础。贸易部门通过垫付资金购买商品，然后再将其转卖出去，从而实现资本的增值。没有资本的存在，贸易部门将无法顺利组织商品的流通，从而影响整个社会再生产过程的顺利进行。其二，贸易部门垫付资金购买生产部门的产品，使生产部门的产品得以销售出去，实现了产品的价值和使用价值的转移。这使得生产部门能够继续进行下一个生产过程，从而确保了整个社会再生产过程的持续进行。没有资本的参与，生产部门将面临生产中断或资源浪费的风险。因此，可以说资本是整个社会再生产过程中不可或缺的、必要的组成部分。它的存在促进了商品流通和生产的顺利进行，为社会经济的持续发展提供了重要保障。

此外，资本也是贸易部门具备相应的物质技术设备和基础设施，从而顺利开展贸易活动的关键前提。物质技术设备和基础设施是贸易活动的基础，它们的质量和水平直接影响到贸易活动的效率和效益。例如，一个贸易公司需要拥有先进的仓储设施和物流系统，以确保商品的储存和运输安全、快速、高效。同时，它还需要拥有先进的通讯设备和信息技术系统，以便更好地与客户和供应商进行沟通和协调。如果贸易部门没有足够的资本来购买和更新这些设备和设施，或者设备和设施的质量和水平不足以满足市场需求，那么贸易活动的效率和效益就会受到很大的影响。因此，可以说资本是贸易活动中必不可少的要素，是顺利开展贸易活动的物质基础和保障。没有资本的支持，贸易部门将无法具备必要的物质技术设备和基础设施，从而难以组织和开展有效的贸易活动。

三、贸易物质手段

物质手段是贸易主体进行贸易活动所必需的关键要素，它们是确保贸易活动正常运行的基本条件。商品经生产部门生产出来以后，如果缺乏必要的物质手段，商品就只能一直停留在生产领域，无法转移至消费领域。例如，如果缺乏运输工具或者仓储设施，商品就无法进行有效的流通和储存，这就会导致消费者无法购买到商品，或者需要花费更多的时间和精力去获取商品。只有在专业人员和物质手段的协助下，商品才能够实现时间和空间上的转移，从生产领域转移到消费领域，实现其价值和使用价值。

在传统的贸易活动中，贸易人员需要手动处理大量的文件和单据，比如订单、发票、合同等，这些工作需要耗费大量的时间和精力，且容易出错，而物质手段的使用可以有效地减轻贸易人员的劳动强度，提高劳动效率。尽管贸易劳动的复杂性使得贸易过程无法完全实现自动化，但通过采用一定的物质手段，如贸易企业采用电子订货系统（EOS）、企业资源计划系统（ERP）、客户关系管理系统（CRM）、商品供货系统（GOS）等工具来管理经营活动，销售环节使用自动售货机进行售货等，可以大大降低贸易人员的劳动强度，减轻其负担，并提高工作效率和准确性。与此同时，随着生产的发展，物质技术手段也将越来越先进，贸易劳动强度将进一步减轻，而劳动效率也将随之提高。

贸易规模的扩大要求贸易主体采用更多的物质技术手段作为支撑和保障。如果物质手段的发展规模无法满足贸易规模扩大的需求，那么生产的发展将受到阻碍，人们的消费需求将无法得到满足，贸易活动的效率和效益将受到影响，整个国民经济的发展将难以顺利进行。在社会的贸易发展过程中，每年由于贸易物质手段的落后所造成的社会财富浪费是巨大的，如保管不善、残损霉变或无法外运等所造成的损失难以计数。因此，只有物质手段达到相应的规模和水平，尤其是通用物质手段和专用物质手段达到相应的程度，才能有效地实现贸易规模的发展。

随着科技的不断发展和进步，贸易活动中所使用的物质手段也在不断更新、升级。物质手段的先进程度、是否与贸易规模相匹配，以及能否及时实现商品从生产领域到流通领域的转移，是衡量贸易现代化水平的重要标准。例如，现代化的电子商务平台和供应链管理系统可以大大提高贸易活动的效率和效益，而先进的物流系统和运输工具则可以保障货物的及时到达和质量安全。这些物质手段的发达程度直接反映了贸易主体的现代化水平和综合实力。因此，在推动贸易现代化的过程中，必须重视贸易物质手段的建设，将科学技术转化为流通力，并加强科学技术在贸易领域的应用，从而推动贸易事业的发展和壮大。

四、贸易信息

贸易信息是贸易活动中各种事物发展变化及其相互联系的客观反映，表现为能被传递、接受、理解和评价的各种有用的消息、数据、指令、报表、情报、信号等。古人很早就认识到了信息在贸易活动中起着至关重要的作用，如《荀子·荣辱篇》中写道"农以力尽田，贾以察尽财"，充分展现了古人对信息的重视程度。随着现代经济的发展、市场范围的扩大以及交通、通讯事业的进步，人们对于信息及信息运用的重视也日益增强。获取、处理和传递准确且及时的信息对于贸易活动的顺利进行有着举足轻重的作用。贸易信息作为贸易活动中的一种知识产品，与其他商品一样，具有使用价值和价值两种属性。贸易信息的使用价值指它对接受主体的实用性和有效性，它可以消除或减少外部环境和内部因素变化造成的风险损失。贸易信息的价值指它是人们有目的地收集、鉴别、加工、分析、提炼的成果，是劳动创造的结晶，凝结着人类社会的必要劳动。

贸易信息是对市场供求、价格、竞争状况及其变动等各种信息的总称，它以消息、数据情报、信号等形式对市场状况进行描述。贸易信息是一个复杂的系统，可按不同的方法分类。按信息产生过程，可分为原始信息和加工信息；按信息来源可分为系统内部信息和系统外部信息；按信息时效可分为历史信息、现时信息和未来信息；按信息的作用可分为决策信息、控制信息和作业信息；按信息稳定性可分为固定信息、流动信息和偶然信息；按信息的内容可分为市场供求信息、商品货源信息、营销环境信息、企业经营管理信息和科技信息等。

贸易信息的内容极其丰富，大体可以概括为以下五个方面：

(一)商品需求信息

需求信息主要包括目标市场消费者的现实需求量和潜在需求量，消费者对价格的反应，消费者对售前、售中、售后服务的反馈，消费者的数量、结构和分布，消费者的购买力大小及投向，单项商品需求量及饱和度，消费者的购买动机及购买行为模式等。准确地掌握需求信息对于贸易主体来说至关重要，因为贸易活动都是围绕消费者需求这个中心进行的，以盈利为导向，直接影响着贸易企业的经营决策和营销策略。因此，贸易主体必须重视并准确掌握需求信息，并将其置于各类信息的首位。

(二)商品供给信息

供给信息指的是满足目标市场需求的生产规模和结构、商品更新换代情况、供应渠道、供应方式、供应价格以及服务提供者所能提供的服务。此外，供给信息还涉及商品供给与需求在数量和结构上的适应程度及未来的变动趋势，商品的质量、性能及特点等。掌握准确的供给信息可以帮助贸易主体更好地了解市场供应情况，避免供不应求或供过于求的情况出现，根据实际情况制定相应的采购和销售计划，避免库存积压或货源不足问题，正确地指导消费者的消费。此外，通过对供给信息的了解和分析，贸易主体可以了解供应商或生产者的生产能力、产品质量、价格策略等，从而选择更加合适的合作伙伴和供应商，提高采购效率和降低成本。

（三）市场竞争信息

竞争信息是指经营同类商品的同行业竞争对手的信息，包括现实和潜在的竞争者数量、主要竞争对手的经济实力、经营能力、销售方式、销售价格、服务项目和促销策略等。随着生产力水平的提高和经济的发展，竞争将变得更加激烈，成为市场的常态现象。通过对竞争信息的持续关注与分析，精准掌握竞争对手的基本情况，贸易主体能够准确地找到自身的市场定位，调整优化相应的市场营销策略，不断完善自身业务，提高市场竞争力，从而获得更大的市场占有率，在贸易活动中获得更好的业绩。

（四）国家宏观信息

国家宏观信息涵盖了宏观控制信息和宏观导向信息两大类别。宏观控制信息指的是贸易主体需要了解的近期国家颁布的方针、政策、法律、法规等。这些信息将对贸易主体的正常经营活动产生直接影响。宏观导向信息则主要包括当前的经济形势和未来的发展趋势，例如国民经济的增长态势、居民收入的增长速度、物价水平状况、利率、失业率以及通货膨胀率的变动情况等。这些信息对贸易主体抓住机遇、扩大经营规模或调整经营结构具有重大的影响作用。

（五）贸易主体内部信息

在开展贸易活动的过程中，贸易主体除了要全面地获取外部信息，还要全面地掌握其自身内部的各种信息，如此才能做到知己知彼。企业内部信息主要包括企业内部人力、物力、财力等各个方面和商品购、销、运、存等，以及后勤服务等各个环节上的信息。此外，通过对内部信息的分析和研究，贸易主体能够对自身的优势和劣势有一个清晰的认识，进而能够对未来的发展趋势和方向进行预测，对自身的经营策略进行预先的安排与调整，提高企业的竞争能力和市场地位。

总之，企业的经营活动会受到内部和外部两个因素的共同作用，因而贸易主体要想实现自身的贸易目的，获取良好的贸易效益，其必须充分了解并掌握各类贸易信息。

第二节 贸易运行环境

贸易运行环境是指对贸易活动产生影响和制约作用的各种外部因素与条件。贸易活动总是与一定的环境相联系，不同的环境造就了不同的市场。贸易在运行过程中必然受到经济、政治、法律、人文、科技和自然等相关环境的直接或间接的影响和制约，从而形成了贸易活动的经济环境、政治环境、法律环境、自然环境和人文环境等。贸易的运行，一方面要去适应这些环境，另一方面又会对这些环境产生影响和作用，特别是在经济发展从低级向高级阶段过渡的时期，例如从自然经济向商品经济过渡的时期，在这个过程中，贸易活动对贸易运行环境的影响作用尤为显著。因此，贸易活动与贸易运行环境之间是互为因果、互相影响的。

一、贸易运行的经济环境

贸易运行的经济环境是指对贸易运行产生影响和制约作用的各种经济因素和经济条

件。贸易活动的物质基础在于商品的供给与需求，它们是贸易活动的核心动力，任何直接影响和制约商品供求的因素和条件，都构成经济环境的内容，从而直接影响和制约贸易活动。这些因素与条件十分广泛，主要包含以下几个方面：

（一）生产力发展水平

全球范围内，每个国家的经济发展水平都是由其生产力发展水平所决定的。在市场经济体系下，国民经济发展状况可以通过市场上商品的供需关系来体现，因此，商品的供需状况与生产力的发展水平之间存在着本质的联系。

生产力发展水平决定商品供应主要体现在以下三个方面：第一，生产力发展水平的高低直接影响商品供应的数量。无论是从国家整体还是从国家内部的地区来看，生产力发展水平越高，生产的产品数量就越多。在其他条件保持不变的情况下，这意味着市场上的商品供应量就多；反之，则较少。第二，生产力发展水平的高低直接影响商品率的高低。一些产品的生产既包括自给自足的部分，也包括面向市场的部分。在自给自足部分保持不变的情况下，随着生产力的提高，产品总量增加，可以用于市场交易的商品比例也会随之提高。第三，生产力发展水平的高低直接影响商品流向。经济发展不平衡性是一个普遍性的问题。有些地区生产力发展水平较高，生产出的产品就多，除满足本地区需要外，还可向其他地区输出产品；而生产力落后地区，其产品供应量较少，就需要从其他富裕产区购进商品。因此，商品总是从产区流向销区，从高产区流向低产区。

生产力发展水平决定商品需求主要体现在以下两个方面：第一，生产力发展水平决定着商品购买力水平。商品需求可分为潜在需求和现实需求，潜在需求是指消费者有意向购买商品，而现实需求是指消费者基于其支付能力实际购买商品的意向，潜在需求需要通过商品购买力来转化为现实需求。消费者的购买力基于其货币支付能力，而这种支付能力最终是由生产力发展水平所决定的。第二，生产力发展水平决定着商品需求结构。消费者需求分为三个层次：生存需求、发展需求和享受需求。收入较低时，货币购买力主要用于基本生存商品；收入提高时，可购买教育和文化等发展商品；收入进一步增加时，会购买奢侈品等享受商品。这表明，商品需求结构最终由社会生产力发展水平以及由此影响的消费者的货币支付能力所决定。

（二）产业结构

产业结构是贸易活动最直接的影响因素，它不仅反映了经济发展的成果，同时也是反映经济发展阶段的标志。在经济发展的不同阶段，三大产业在国民经济中所占的比重各不相同，贸易的形式、内容、深度、广度、组织及结构等方面在不同阶段也存在着巨大差别。从历史来看，在经济发展的初级阶段，农业人口占有着绝对优势，农业居于整个经济体系的核心位置，农业生产以自给自足和半自给自足的方式为主，商品化程度低，基本属于小商品生产范畴。这就造成了社会贸易规模较小、交易产品种类较少、经营范畴较窄的局面。到了工业化时代，第二产业在国民经济中所占的比重显著提高，同时第三产业也得到了相应的增长。伴随着小生产的分化和瓦解，商品经济开始在全国范围内流行，逐渐形成全国统一大市场，商品流通的范围与规模得到了前所未有的发展，商品流通的内容与结构发生了深刻的变化，工业品比例极大提高。与此同时，科学技术的迅猛发展使得高科技产品的比重大幅攀升。在工业化进程之后，产业结构仍在不断的调整和升级，对贸易运行产生了更加深远的影响：第一，贸易经营的内容出现了巨大的转变。经过一定阶段的发展，传统贸易在贸易总体中所占据的比重相对稳定，但是随着人们生活水平的不断提高，无形产品所占比例会显著增加。第二，那些原本致力于贸易服务的特定行业迅速崛起，逐渐成为支撑经济发展的重要支柱，例如金融业、保险业、交通运输业、信息服务业和咨询服务业等。第三，贸易经营的方式与策略都发生了重大变化。例如，自 20 世纪 30 年代后，西方国家的零售业态逐渐呈现多样化，出现了多种大规模的店式零售业态，如超级市场、连锁商店、购物中心等，同时无店式零售业态也相继涌现，如流动售货亭、邮购商店、电视商场、电话购物等，以满足消费者对不同类型商品的需求。

（三）分配方面

分配方面的因素与条件主要包括产品的分配方式、分配政策等。分配对贸易的影响主要表现在分配方式、分配政策对商品供求规模和结构起一定的决定作用，如国民收入中积累与消费的比例在一定程度上决定着生产资料和消费资料的商品供求。此外，公平与效率是人类文明和社会发展所追求的两大目标，也是我们面临的分配难题，两者之间的关系一旦处理不当，便有可能对社会稳定造成威胁，进而对贸易活动产生负面影响。

（四）市场方面

市场方面的因素与条件主要包括统一市场的形成状况、市场的发达程度、市场体系的完善状况、市场规则的健全状况等。市场是贸易主体活动的"舞台"，贸易运行必须以现实市场为基础，以市场发展为主导。统一市场是商品和要素能够自由流通的市场，其形成状况直接影响着贸易的规模、结构和空间范围。市场的发达程度对贸易有重大影响，一般而言，市场发达程度越高，贸易规模就越大，贸易结构也就越合理；反之，市场发达程度越低，贸易规模就越小，贸易结构也就越不合理。市场体系是由各个相互关联、相互影响、相互作用的子系统市场构成的一个有机整体，从表象看，市场体系也是市场上各种错综复杂的交换行为、交换活动互相制约而形成的一个整体和系统。贸易的发展必须依赖于完善的市场体系。市场规则是维持市场秩序、规范贸易行为的重要保证。

（五）金融方面

金融方面的因素和条件主要包括金融业、信用制度和货币方面的因素与条件等。先进发达的金融业及信用制度能够为贸易发展提供坚实稳固的基础，更加有利于贸易的发展。在贸易活动中，资金的融通和风险的规避是关键。金融市场和金融机构的发达，可以提供更为丰富和灵活的资金融通方式，如贸易融资、信用证、保理等，帮助贸易企业解决资金问题，进而促进贸易的发展。货币方面的因素与条件主要包括货币发行量（包括流通中的货币量）、货币流通速度和币值稳定程度等几个方面。货币因素或货币流通状况对贸易运行有着至关重要的影响。当货币发行量超过商品流通所需的货币量时，货币贬值、商品价格上涨，从而商品的流通速度将会受到影响，严重时可能还会引起消费者的恐慌和抢购，对市场形势和流通秩序产生更糟糕的后果。货币流通速度通过影响货币量来影响商品流通和贸易运行。当货币流通速度快时，流通所需的货币量就较小；而当货币流通速度慢时，流通所需的货币量就较大。同时，若货币在流通的各个环节发生沉淀，则会导致超经济发行情况的发生。通常来说，如果货币币值稳定，货币流通速度和商品流通速度都会加快，进而扩大流通规模，促进贸易发展。相反，如果货币币值波动较大，货币流通速度异常，那么商品流通和贸易发展就会受到限制。

（六）贸易物质技术设施

贸易物质技术设施方面的因素和条件主要包括交通运输、邮电通信、仓储设施等。交通运输业的发达程度及对经济发展需要的满足程度直接影响着商品实体的运动速度、地域范围及商品的完好程度等，从而对贸易产生影响。随着贸易的发展，信息沟通在贸易中的地位日益重要。邮电通信的发展状况直接影响着商情信息传递的速度、完整性、准确性和及时性，从而也对贸易有着重要的影响。仓储设施是贸易运行必不可少的物质条件，起着重要的中转和储存作用，其发展状况直接影响贸易的运行。

除了上述 6 个方面的因素和条件外，经济体制和经济政策等方面的因素和条件也对贸易产生影响。比如，与计划经济体制相比，在市场经济体制下，贸易规模、贸易结构和贸易组织方式等都发生了深刻的质的变化。

上述因素与条件，构成经济环境的主要组成部分，它们共同影响和制约着贸易运行。

二、贸易运行的政治环境

贸易的政治环境是指制约贸易的政治因素和条件。国家的政治制度、政治体制、政治局势体现了国家的性质，制约着贸易的方向。贸易的政治环境主要包括三个方面的内容。

（一）政治制度

政治制度通常是指国家政权的组织形式以及与之相关的制度，即通常所说的政体，它包括国家的统治形式、管理形式以及人民行使政治权利的制度。一国的政治制度决定该国的社会性质、市场性质和贸易活动的性质。政府从本国的政治制度出发，为发展本国经济制定的各项方针政策，奠定了国内市场运行的基础，规定了贸易活动的基本方向和根本任务。我国是人民民主专政的社会主义国家，即无产阶级专政，不论是在领导力量、阶级基础上，还是从其所维护的经济制度方面，都与无产阶级专政相一致，从而从根本上决定了我国贸易的性质与方向。

（二）政治体制

政治体制对贸易产生的影响主要有以下几个方面：一是在决策权力的集中程度方面，当决策权过于集中时，贸易部门的活力会降低；相反，如果决策权适当分散，则贸易部门的活力会增强。过去，由于国家和政府直接对贸易企业进行管理，限制了贸易企业的自主决策权，使贸易处于高度集中的行政管理模式中。但是，目前政府通过转变自身职能、政企分开、加强法制建设等政治体制改革措施，使得贸易部门的活力明显得到加强。二是在政府领导人的施政思想方面，当政府领导人出现更替后，现任领导人与前任领导人的施政理念往往存在差异，这些不同的施政理念会通过具体的政策措施影响到经济运行，包括贸易的运行。此外，即便是同一届政府执政期间，由于形势的变化，政府可能会调整施政方针，从而对包括贸易运行在内的经济运行产生影响。三是在政府机构设置方面，政府机构的设立、合并或撤销，尤其是对贸易运行有重大影响的机构，将会对贸易运行的某些方面产生影响。例如，国家经济贸易委员会的设立与撤销、商务部的设立等都会对贸易产生一定影响。

（三）政治局势

政治局势是指一定时期内各种政治力量的组合分化、政治关系的调整以及政治经济关系的综合作用所形成的政治态势和政治形势的总和。政治局势是由多种因素相互影响、相互作用而形成的，具有复杂性和多变性，其任何变化都会对整个社会的经济生活，尤其是对贸易产生深远影响。政治局势稳定，有利于社会安定和人心稳定，有利于工农业生产的发展和市场繁荣，有利于国家和企业长期战略目标的实现，是保证贸易健康运行和稳定发展的基本条件。如果政治局势不稳定，将不可避免地影响经济建设和贸易，进而导致社会经济低迷、市场活力不足和混乱。例如，1991年苏联解体，政治前途的不稳定导致了经济的动荡，进而带来了飙升的失业率和难以遏制的恶性通货膨胀。因此，政治局势对社会经济生活的繁荣与稳定起着决定性作用，也是影响贸易的最现实的政治条件。

三、贸易运行的法律环境

法律环境是指那些对贸易运行产生影响和制约的法律要素和条件，包括法律体系、法规体系、经济立法和经济司法。法律是国家通过强制力保证实施的行为规范，是确保社会有序运作的根本保证。在市场经济体系中，贸易的进行和各个环节都必须遵循法律规范，因此，贸易活动不可避免地会受到法律环境的影响和制约。

法律法规对贸易运行的影响主要体现在其对各经济行为主体利益关系的调控上，同时也与政治体制、经济体制有着紧密的联系。从经济主体来看，法律法规调整政府机构、企业、个人之间的经济关系；从经济客体来看，受法律法规调整的客体包括生产资料、消费品、专利权、著作权等；从调整的内容来看，法律法规调整了工业、农业、商业服务业、财政金融、自然资源、环境保护、科技开发、知识产权等方面的经济关系。贸易中各行为主体以及经济运行各环节，无不受到法律法规的约束或影响。

国家通过立法和执法来对贸易的诸要素（商品、货币、交换、价格等）及贸易过程进行干预，以规范贸易主体的行为，建立并维护正常的贸易秩序。贸易法规的健全与否直接关系到贸易活动是否拥有完整、严密、科学、合理的行为规范。从法治视角来看，法规的存在能否保障贸易的健康发展，关键在于有关法律部门能否严格执法，贸易部门与其他相关部门及其人员能否严格遵守法律、依法办事，这对于贸易的正常、健康发展会产生重要的影响。为维护贸易的正常秩序，促进保障贸易的健康发展，必须要加强经济立法，使之适应贸易不断发展的需要，使贸易有法可依，有章可循。

四、贸易运行的社会文化环境

社会文化环境因素包括文化教育、价值观、社会风俗、宗教信仰、社会时尚等。这些因素会直接或间接地影响生产和消费，进而影响贸易规模和贸易结构。贸易的社会文化环境主要包括以下几个方面的内容。

（一）文化教育

文化教育指人们的文化水平或受教育程度，对贸易部门的经营结构和经营方式有着显著影响。不同文化水平或教育背景的消费者在消费需求、行为、习惯和方式上存在显著差异。在其他条件相同的情况下，文化或教育水平较高的消费者倾向于对教育、娱乐、健康和社交等精神产品有更大的需求。在消费行为上，文化或教育水平较高的消费者表现出更高的理性，在选择上更加独立和具有判断力，更愿意尝试新产品，而文化或教育水平较低的消费者则在消费时较为缺乏理性。从消费方式看，文化水平较高的消费者，与文化水平低者相比，他们更加倾向于选择科学、合理、健康和进步的消费方式。不同文化水平消费者群之间的消费差异，要求贸易部门根据他们之间的不同的需求特点去组织经营活动。

（二）价值观

价值观代表一个人对周围事物的是非、善恶和重要性的判断和评价。不同的价值观会导致人们在商品价值认知和消费行为上存在差异。例如，有些人崇尚节俭，认为节约和简朴是美德，他们倾向于储蓄，消费时更偏好购买经济实惠和基本生活所需的商品；而另一些人在追求高品质生活和高消费水平的影响下，会将购买力集中在中高端商品以及旅游、休闲等社会化消费上。这种差别必然会对贸易部门的经营结构产生影响。

（三）其他社会文化因素

其他社会文化因素主要包括社会风俗、宗教信仰、社会时尚等，对贸易活动也有较大影响。例如，不同民族的风俗习惯和宗教信仰中的文化偏好及规定，都会限制消费者的购买需求和生活模式。同时，随着社会时尚的变迁，消费需求的结构也会发生相应的变化。这些因素势必会影响贸易部门的经营活动。

五、贸易运行的自然环境

贸易的自然环境是指影响和制约贸易发展的自然资源、气候条件、地理位置等环境因素。对于当代贸易而言，自然环境的变化可以直接或间接地影响贸易活动。随着全球工业化、城镇化进程的快速发展，自然资源的过度开发导致资源日益匮乏，能源成本不断提高，环境状况日益恶化，政府对自然资源管理和生态治理的干预也日益增强。环境变化给部分企业带来了挑战，但同时也为另一些企业提供了机遇，从而会在贸易的内容、方向等方面影响贸易。自然环境对贸易活动的影响和制约作用主要表现在以下几个方面。

第一，自然环境制约和影响着贸易网点的地区布局和贸易资源配置状况。不同区域由于自然资源、人口分布、交通状况的差异，会直接影响贸易区域的规划和贸易点的建立，以及贸易企业在人力、资金和技术设施方面的配置。例如，城市和乡村、平原与山区，在贸易网点设置和贸易资源配置上，差别很大。

第二，自然环境制约和影响着贸易结构和规模。各地区自然资源条件的差异，导致工农业的生产结构和产品规模存在显著不同，加之居民的消费习惯和需求也不尽相同，这些因素共同影响商品的流向和地区间的贸易交流，进而对各地区贸易部门的经营结构和规模产生显著影响。例如粮产区、棉产区、湖区、牧区，商品交流的内容大不相同，某种商品的主产区与次要产区，商品规模各不相同，其贸易结构和规模存在较大差异。

第三，自然地理环境影响和制约着贸易级差收益。贸易级差收益指不同地区的贸易部门之间，在组织商品流通过程中，耗费和占用同样数量的劳动，付出同样的经营努力所取得的经济收益上的差别。自然地理环境是造成这种收益差异的关键因素之一。在其他条件相等的情况下，地理位置优越、资源丰富、交通便利的地区，其贸易部门往往能够获得更高的贸易级差收益；相反，如果地理位置不利，资源匮乏，交通不便，贸易级差收益则相对较低。

六、贸易运行的科技环境

科技环境对贸易的影响主要体现在推动贸易生产力的发展、提高贸易劳动效率等方面。当今世界的科学技术在更大的范围内以更快的速度转化为生产力。在国内，科学技术的发展与应用对贸易生产力的提高有着显著的促进作用。如现代电子信息技术的发展，使贸易的销售方式从手工为主的传统方式向自选式、自动式方向发展，使商品的贸易经营形式从独立经营的方式向连锁经营的方式发展，为贸易管理水平的大幅度提升创造了条件。运输、保管、加工、通信技术的发展，使贸易突破了时空限制且不断扩大。

科技进步为贸易创造了更广泛的消费需求，同时需求的多样化、复杂化也促进了贸易的发展。品种多样的商品可以更好地满足消费者的差异化需求，消费者拥有更多的选择余地，多样化的选择又进一步推动了贸易的发展。科技进步扩大了贸易的地域范围，先进的交通运输工具和通信手段不断地超越地域限制，加强了地区间、国家间的紧密联系。科技进步不断推动着贸易方式朝着现代化方向发展，甚至产生革命性的变化。贸易方式因贸易物质装备水平的提高及先进科技手段的应用发生了系列变革，新的交易形式持续涌现，新的交易组织应运而生。自第二次世界大战以来，电子计算机技术的普及应用、机械化及自动化技术的创新发展为连锁企业高效、低成本的物流配送系统和信息网络系统提供了技术支撑，为连锁经营的快速发展提供了保障。在网络技术日新月异的 21 世纪，随着互联网的广泛普及，一种新型的商务运营模式——网络贸易应运而生并迅速崛起。该模式使得消费者网上购物、商户间的网上交易、在线电子支付及现代物流配送都成为可能。

七、贸易运行的国际环境

随着全球经济一体化的步伐加速，生产和贸易国际化的趋势日益凸显，越来越多的产品逐渐成为全球性产品，在全球范围内进行生产、贸易和消费。国际经济环境已成为国内贸易日益重要的外部制约和影响因素。原因主要有以下两个方面：一是国际市场供需状况和价格水平的变动会影响国内市场商品的供需和价格走势。随着进出口业务在市场交易中所占比例的不断提高，国际市场与国内市场的关联程度也日益加深。国际市场上的供求和价格变动会迅速地对国内市场产生影响。二是国际贸易结构的变化会影响国内贸易结构的变化，从而对国内的经济发展和贸易产生一定的影响。

第三节　贸易运行机制

一、贸易运行机制的含义

"机制"指的是有机体的构造、功能和相互关系，任何有机体都是一个系统，因而机制实际上就是系统内部各个组成部分相互依赖、相互协调并按一定方式运行的一种自我调节、自我应变的功能；而贸易是指社会经济活动中人们所从事的各种商品交换活动，它是一个复杂的以交换为中心的经济有机体系统。贸易运动依赖于内部结构各层次、各要素、各环节之间的相互配合与灵活变通。贸易主体的经济行为是相互影响、相互制约的，这些经济行为的正常、合理运行需要一定的机制来发挥作用，而这个机制就是贸易运行机制。因而，贸易运行机制指的就是贸易活动中各要素之间相互联系、相互作用的制约关系及其活动功能。

由于贸易主体是贸易运行的组织者和决定力量，因此贸易运行机制可被视为贸易主体的经营机制。一个完善的贸易主体经营机制应当包括动力机制、决策机制、调节机制和约束机制这四个部分。

(一)动力机制

贸易运行的动力机制指的是贸易活动发展的基本要素所构成的动力系统及其作用机理。马克思说："商品不能自己到市场去，不能自己去交换。因此，我们必须找寻它的监护人，商品占有者。"那么为什么贸易主体愿意成为它的监护人呢？这就是动力机制作用的结果。

根据动力机制的来源，它可以分为原动力机制、后发力机制、系统外引力机制三种。原动力指的是贸易主体为追求最大的经济利益而产生的激励力量，若没有经济利益，贸易运行也就没有启动力量。原动力机制涉及经济行为的根本利益，即经济利益的分配问题，它决定着经济主体行为的基本方向。后发力指的是主体进入市场后，系统内部各主体在面对外部环境变化，尤其是激烈的竞争环境时，所展现出的激发力或激励力，它既是一种压力也是一种动力。后发力机制是贸易运行中产生的客观自发力量，其作用是逆向的，当面对巨大的竞争压力时，贸易主体只有积极作为，创造优势，才能生存和发展。系统外引力是一种游离于系统之外，但又要在系统内实现的力量，它是宏观调控背景下通过合理调整系统经济利益关系，激发经济主体做出符合宏观经济目标决策的力量。系统外引力机制是一种引诱力机制，是一种人为的自觉的力量，它既可以产生正向作用，也可以产生逆向作用。例如，鼓励高新技术产业发展的激励政策，能够产生正向促进作用，推动高新技术产品贸易的发展；而实施反商业贿赂法，则会产生逆向抑制作用，规范约束贸易主体的贸易行为。

(二)决策机制

贸易运行的决策机制指的是贸易主体对贸易活动作出抉择的机制，是贸易运行机制的枢纽，对贸易运行及其经济利益产生直接影响。决策机制包括决策点、决策权利的分配、权力的授予等内容。决策点是指决策者针对某一行动方案的要点、内容所作出的关键决定，其内容科学与否、正确与否直接关系到贸易运行的成败，它既可以存在于企业外部，也可存在于企业内部，可能存在多元决策点。正因如此，这就带来了企业内外决策权利的分配与授予问题。决策权力的分配指的是由谁作出决策。决策权力的授予指的是由谁发布决策，如战略性的决策权，即发展方向、人事决策(高层企业领导干部的任免)、财务开支标准等，被分配在企业的领导机关或行政部门，而一般经营性决策权则在企业内部，企业内部的贸易决策可以是高层决策，也可以是中层决策，还可以是基层决策。贸易决策时效性高、短期决策占比大、不确定性大、反馈周期短等特点要求决策机制要灵活、快速。

（三）调节机制

贸易运行的调节机制指的是贸易主体对内外部条件变化所采取的调整应变机制，以动力机制和决策机制为基础，贯穿整个经营过程的始终，可以分为外部调节机制和内部调节机制。

外部调节包含两方面的内容：一是市场机制自发的调节贸易主体的贸易活动，主要通过市场商品供求关系的变化及由供求引起的价格变化来实现。二是自觉的调节贸易主体的贸易活动并规范贸易主体的市场行为，主要通过国家或政府的各种经济、法律手段以及必要的行政干预来实现。内部调节机制指的是贸易主体在既定的外部力量作用下，自动地保持对外部环境信号的敏锐反应，并保持主体内部运转的协调及平衡。这种内部调节机制的效果，反映了主体内在的活力和运行效率。

（四）约束机制

贸易运行的约束机制指的是贸易主体根据贸易的客观规律及国家有关方针、政策、法规和道德准则来规范、约束自己的贸易行为。贸易主体行为包括贸易自然人行为和贸易企业行为，其中贸易企业行为是主要部分。企业行为是指企业经营者在一定的市场环境下对各种经济活动产生的理性反应，或是企业在一定的目标函数驱动下，对外部环境变化做出的有规律、合乎理性的反应。贸易运行主体目标是多元的、复杂的，它不会自动地与社会经济运行目标完全重合或吻合。其中，除了通过调节机制加以控制外，还必须让企业自动按社会经济运行目标的要求来约束自己的经营行为。贸易运行的约束机制主要有：

一是市场约束。贸易活动的核心目的是实现商品价值，即为卖而买，先买后卖，连续买卖，且要快买快卖以实现投资增值。因此，市场约束实质上是实现商品价值条件的约束，或是市场实现条件的约束。贸易主体的首要行为目标是追求利润最大化，其与市场条件密切相关，尤其是与市场竞争、市场风险等因素紧密结合的。贸易主体实现利润目标的最关键的环节在于商品销售，商品能否顺利售出直接关系着贸易主体的生存与发展。若商品价值无法顺利实现，则损失将由贸易主体自行承担，因此贸易主体必须以市场为依据，以市场为中心来开展经营活动。在市场约束下，贸易主体行为不能随心所欲，而是要自觉主动地服从市场信号，依据市场变化来确定贸易规模、贸易方向和贸易方式等。由于贸易主体行为受到市场约束，因而国家对贸易的控制和调节主要可通过市场来进行。

二是预算约束。所谓预算约束指的是以预期收入来控制支出，它并不是事后的结算，而是事前的行为约束。在预算约束下，贸易主体在经营过程中将会权衡应该经营哪些商品而不宜经营哪些商品、扩大经营规模还是维持现状或缩小经营规模、是否需要借贷资金且需要借贷多少资金及如何分配利润等问题，从而形成了对经营者的自我约束或自我控制机制。

三是法律约束。贸易企业越是独立自主经营，越要强化法律约束。强化法律约束的目的在于保护消费者权益，确保经济实体间的正常互动，以及对企业实施有效的财务控制。这主要是通过对企业加强财务核算或对会计、审计等加强法制建设，制定公司法、银行法、商业法等，使企业不能随意突破预算约束。通过制定经济法规，以补充或保证社会经济运行机制和贸易运行机制自身所无法解决的公共利益问题，例如环境保护、公共卫生等。

二、贸易运行机制的特点

贸易运行机制的特点，可以概括为如下六点。

（一）客观性

贸易运行机制是市场本身所固有的内在机制，并非外部力量所强加，它客观存在于一切商品经济社会中，无法创造或消灭。在某特定条件下，某种机制必然产生某种作用，而当不具备该条件时，机制的作用也无从显现，必须尊重贸易运行的规则。

（二）关联性

任何机制的作用都会引发其余机制的连锁反应，并要求其余机制加以配合。例如，供求关系的变化会导致价格的涨落，供大于求，价格下降，而供不应求，价格上升。价格的涨落会导致利润的增减，价高则利大，而价低则利小。利润的增减会导致投资活动的变化，利润大则投资增加，而利润小则投资减少。投资活动的变化会导致利率、工资的变化，而投资、利率、工资等变化又会导致供求发生变化，如此循环往复以至无穷。若某个机制发生停滞，势必会影响其余机制功能的发挥，从而引发整个贸易运行机制调节功能的紊乱。

（三）调节性

贸易运行机制通过市场上商品的供需变化和价格变动，使各种商品的生产自动与市场的需求进行对接，避免因供求脱节而导致商品价格的大幅度波动。贸易运行机制对社会生产和消费需求的调节主要依赖于市场价格和供求关系的自发变动。

（四）迂回性

贸易运行机制的作用效果并非完全直接，而是需要通过一个迂回、渐进的过程来实现。贸易运行机制发挥功能的过程，包括三个相互衔接的阶段，即市场竞争调节市场价格、市场价格调节供给和需求、供求变化引起新的竞争。只有经过这三个阶段，贸易运行机制的作用效果才能逐渐显现，因而具有迂回性。

（五）自发性

在贸易运行机制的运行过程中，大量的市场主体往往受到客观必然性的影响而盲目行动，无法预见自身活动的后果，因此这个过程具有自发性的特点。为弥补市场调节这一缺陷，必须要实施宏观调控。

（六）内在性

贸易运行机制是市场运行规律作用的内在机制，是客观的、内在的，并非来自外部力量。人们只能适应"机制"，因势利导，调整自身的行为。利用"机制"，为企业的发展目标服务。例如，供求变化引起价格涨落，是价格和供求之间相互联系相互制约作用的结果，是内在的机理所决定的，不为人们的意志所转移。

三、贸易运行机制的功能

贸易运行机制的功能，主要有以下几个方面：

（一）组合功能

贸易运行机制将各市场主体有机地联系和组合在一起，使它们的产、供、销活动相互衔接和协调一致，促进产销平衡，实现供求平衡，并确保市场稳定。

（二）激励功能

在贸易运行机制的背后，各经济当事人为了各自的物质利益，在市场上相互作用和相互制约，为了自己的物质利益而相互竞争，这种竞争的压力激励他们努力提高自身的生产经营能力和经济效益。

（三）促进功能

贸易运行机制能有效地促进商品生产者改进技术，改善管理，降低个别劳动时间从而获得超额利润。正是这种对超额利润的追求，促进社会技术不断进步，水平不断提高。

（四）导向功能

贸易运行机制通过价格变动反映市场的供求状况，指明企业的利益所在，从而引导企业在趋利避害中使自己的活动更加符合效益原则。

（五）分配功能

价格的变动直接影响到企业的利益大小。贸易运行机制通过价格的变化，引导社会价值的转移，使企业之间的利益进行再分配。

（六）经济功能

贸易运行机制激励每个生产者积极改进生产技术和经营管理，以降低生产成本，从而在竞争中占据优势地位。各个商品生产者的努力最终实现了社会劳动和其他资源的节约。同时，在竞争中，优胜劣汰的法则使规模小、效益差的企业不断被淘汰，实现资源的集中使用，形成规模经济，这也可以实现资源的经济使用。

（七）选择功能

通过市场竞争机制对企业的行为进行筛选，促进其不断优化。具备较高素质的企业在竞争中必然占据优势地位，从而获得更多的利益，而一些相对素质较低的企业则可能面临被淘汰的困境。这种优胜劣汰的自发选择，是一种无形的强大力量。

（八）调节功能

贸易运行机制通过价格和供求的相互作用、相互适应来执行调节的功能。贸易运行机制能够调节在一定时期内出现的总生产和总需求的矛盾，这是确保社会再生产顺利进行的重要条件。价格上涨刺激生产而抑制需求，而价格下跌则刺激消费者的需求而又抑制生产供应，进而使市场供应趋向平衡。

（九）配置功能

贸易运行机制能够有效地调节社会资源和劳动时间在产业部门之间的分配。例如，通过价格随着供求的变化围绕价值上下波动，引导社会资源向效益高、急需发展的产业和企业流动，使资源得到最佳配置。

（十）平衡功能

贸易运行机制在其运行中是一个独立系统，具有明显的自我平衡功能，即能够自动调节贸易的平衡状态。例如，当市场出现供过于求的情况时，价格会下跌，企业会减少生产，从而使得市场供需平衡。相反，当市场出现供不应求的情况时，价格会上涨，企业会增加生产，满足市场需求，从而使得贸易能够保持稳定和健康发展。

四、贸易运行机制实现的必要条件

在贸易运行机制作用的过程中，会产生一系列的问题。市场价格所体现的社会必要劳动量是通过货币量来衡量的。如果货币供应量与商品价值总量不匹配，就可能导致商品的价值与价格之间出现偏差。货币供应过剩会导致商品价格上涨，引发通货膨胀；而货币供应不足则会导致资金短缺，商品价格下降，销售受阻，进而破坏贸易机制的自我调节和平衡能力。贸易机制的自我调节和平衡功能建立在企业作为独立商品生产者和经营者的前提之上。然而，在激烈的市场竞争中，独立的企业可能形成垄断，垄断的出现又会限制贸易机制的正面作用。此外，贸易机制的自我平衡功能是通过无数次的商品交易得出的平均结果，这意味着它是一个长期自发波动的过程，具有一定的盲目性和可能导致资源浪费。

贸易运行的本质要求交易自由，不应该直接干预，而为了保证贸易运行本质要求的实现即自由贸易，客观上又需要加强国家的宏观调控。国家宏观调控主要通过以下几个方面进行。

（一）建立高效、畅通、有序的社会主义商品流通体系

在宏观经济调控下基本建立起以市场化、社会化、现代化、国际化为主要标志的高效、畅通、有序的社会主义商品流通体系，即建设大市场，发展大贸易，搞活大流通。

（二）建立合理的价格体系和灵活的价格管理办法

通过建立平等合理的比价体系与差价体系，可以使各个企业站在同一条起跑线上开展贸易竞争，同时，要赋予企业真正的定价自主权，以便企业能够灵活地利用价格策略在经营中赢得主动和胜利。

（三）为市场竞争创造良好的外部环境

社会主义市场经济关系的实质是等量劳动交换。这种等量劳动交换只有通过市场竞争才能确定，因而社会主义的等量劳动交换与等价交换是统一的。国家通过宏观调控，必须使一切贸易企业和其他企业在等量劳动交换原则下进行平等竞争，为市场竞争者创造良好的公开、公正、公平的市场环境，建立完善的市场法律体系，反对和打击不公平竞争。

第四节　贸易运行形式

贸易运行是指商品在生产之后，通过买卖的方式，从生产领域转移到消费领域的过程。在此过程中，贸易商不仅要实现商品到货币（W-G）和货币到商品（G-W）的价值形态变化和所有权转移，还要完成商品实体在空间位置上的移动，同时收集、传递和接收商品信息。因此，贸易运行过程是商流、物流和信息流的协同运动过程。

一、商流

（一）商流的含义

商流是指商品从生产领域向消费领域的运行过程中，一系列价值形态变化和所有权转移的过程。在贸易活动中，与商品价值运动相关的商流活动主要包括与收购和销售环节相关的活动，例如市场调研、广告宣传、公关活动、洽谈业务、查看货物、订购货物、签订

合同、结算货款、收取款项以及售后服务等。

（二）商流的特征

1. 商流的本质是商品价值流通

商流是通过商品买卖，实现商品转化为货币的过程，也是商品价值得以补偿的过程。马克思曾将这个过程比喻为"惊险的一跃"，意指与其他过程相比，商品转化为货币的过程更具挑战性、更为艰巨。

2. 商流集中体现商品交换关系

商流是商品所有权转移的过程，它集中反映了商品所有者和商品交换当事人的经济利益关系。在商品交换过程中，利益矛盾将在商流过程中显现出来。因此，正确处理商流过程中的经济关系是至关重要的任务。如果能够妥善处理这种利益关系，它可以成为推动商流的动力；否则，它可能会成为阻碍商流的阻力。

3. 商流的主要手段是商品购销

商流是通过商品采购和销售活动来实现的，这些活动包括采购洽谈、签订订购合同、商品促销宣传、货币结算等。因此，合理选择商品购销渠道和灵活采用购销方式对加快商流具有重要意义，是商流活动过程中需要认真探讨的重要课题。

4. 商流要以物流为支撑

商流可以与物流在时间和空间上同时进行，也可以与之分离进行，例如期货交易中商流与物流是分离运动的。然而，任何商流活动都必须以物流运动为基础，完全脱离物流的商流活动是不存在的。

二、物流

（一）物流的含义

物流这一概念最初源自国外，其早期应用主要在军事领域，特别是军事后勤保障方面。它最初的目的是确保军队能够及时、准确地获得所需的粮食、服装、武器等物资和人员。第二次世界大战之后，物流的概念和实践逐渐被企业界采纳并广泛应用。在日本，物流被定义为物资从供给者到需求者的物理移动，这一过程不仅涉及物资的移动，还包括了包装、装卸、储存、库存管理、流通加工、运输和配送等一系列活动，旨在创造时间价值和场所价值。中国于20世纪80年代初引入了"物流"这一概念，当时将其解释为物质资料或商品的实体运动过程，与商品的价值运动过程（即"商流"）相对应。

物流是指物质实体从供应者向需求者的空间位移，由一系列创造时间和空间效用的经济活动所组成。"物"指一切有经济意义的物质实体，包括一切累积的社会劳动产品和用于社会生产、流通、消费的各种资源。"流"指物质实体的定向移动，既包含其空间位移，又包含其时间延续。

（二）物流的活动要素

物流的活动要素是指与物流有关的各种作业活动，包括包装、装卸、运输、储存、流通加工、配送及信息等。

1. 运输

运输是指利用设备或工具，在不同地域范围内（如两个城市、两个工厂之间），以实现人和物的空间位移为目的的物流活动，是物流的基本活动要素。运输承担了改变物品空间状态的主要任务，是改变物品空间状态的主要手段。

运输的实现方式主要有五种：铁路运输、公路运输、水路运输、航空运输和管道运输。每种方式都有其独特的特点和适用范围。公路运输相对灵活方便，容易到达偏远地区，但行驶过程中可能会比较颠簸。水运和铁路运输的覆盖范围较大，运费相对较低，适合运输重量大、体积大的货物。航空运输则以其速度优势在运输重量轻、价值高的货物中占据着重要地位。此外，联合运输也是运输的一种重要形式。它是指一次委托，由两家以上运输企业或使用两种以上运输方式共同将一批物品运送到目的地的运输方式。联合运输使得货主能够按照统一的运输规章制度使用同一个运输凭证，享受不同运输方式的综合优势，有利于降低运输成本、提高运输效率。这种运输方式综合了不同运输方式的优点，为货主提供了更加便捷、高效的物流服务。

2. 仓储

仓储是指对物品进行保存、管理及控制其数量和质量的经营活动。在现代物流功能体系中，仓储是一个不可或缺的子系统，起着缓冲、调节和平衡的作用。它与运输共同构成了物流的两大支柱，其中物流的时间调节功能主要是通过仓储来实现的。

仓储的作业流程主要包括入库、保管和出库三个阶段。为了在物流功能体系中高效地发挥仓储的作用，必须解决好以下三个关键问题：

(1)库存量的控制。库存量过多会导致流动资金的大量占用，同时还需要支付高额的仓储费和管理费等费用。然而，如果库存量过少，则可能会带来较大的缺货风险，导致缺货成本的增加。因此，库存量的控制是至关重要的。

(2)仓库的布局规划。在仓库作业区域内，应对每一项库存物资的存放地点和位置进行合理的安排。通常，根据物资的自然属性，可以将其划分为不同的保管区域，例如金属材料保管区、非金属材料保管区和机电产品保管区等。此外，对于存放在同一库房的物质品种，需要考虑它们之间的兼容性。例如，粉尘材料不能与精密仪器仪表混存，化学危险品不能与一般物资混存，大多数化学危险品之间也不能互相混存。因此，在安排库存物资时，需要充分了解各种物资的性质和特点，以确保它们的安全和有效存储。

(3)保管方法的科学合理。物资的物理和化学性质是决定合理保管方式的主要依据。一般来说，对于那些对风吹、日晒、雨淋及温度变化具有抗性的物资，如生铁锭块、毛坯、钢轨、铸铁管和原木等，可以存放在露天货场。然而，对于那些容易受这些因素影响的物资，如汽油、炸药、压缩气体、腐蚀性物品和放射性物品等，应将其存放在专业的库房进行保管。

3. 装卸搬运

装卸搬运是指将物品放置在指定地点的运输设备中，或者从运输设备中取出物品。装卸是一种主要涉及垂直方向运动的活动，例如将物品装载到卡车上或从卡车上卸下。搬运则是指在同一场所内，对物品进行以水平移动为主的物流作业，例如将物品从一个地方移动到另一个地方。装卸搬运是物流过程中不可或缺的一环，它涉及商品的运输、储存、保管和配送等各个环节。装卸搬运作业是多维度和动态的。为了推动物流现代化进程，实现装卸搬运的机械化、自动化、信息化、智能化至关重要。

4. 包装

包装是指为了在流通过程中保护产品、方便储运、促进销售，按照一定的技术方法，将容器、材料和辅助物等组合而成的总称。同时，它也指为了达到上述目的而进行的操作活动，包括施加一定技术方法的容器、材料和辅助物的选择和使用。商品包装既是生产过程的最终步骤，也是物流活动的起始环节。在物流过程中，包装包括换装、分装和再包装等活动，以确保物品能够适应不同的运输和储存需求。

根据功能的不同，包装可以分为商业包装和工业包装。商业包装，也被称为"销售包装""零售包装"或"逐个包装"，主要目的是吸引顾客的注意力，同时便于消费者识别和携带。一位专门研究市场销售的专家曾经说过："在通往市场的道路上，包装是最重要的一条。包装对商品整体形象的促进作用并不亚于广告。"为了符合国际市场的总体要求，商品包装的名称应该易于记忆，印刷简洁明了，体现信誉，外形醒目，颜色令人愉悦，具有地区标志和环保意识。工业包装也被称为"运输包装"，其主要目的是在运输、保管和装卸搬运过程中保护商品不散包、不破损、不受潮、不污染、不变质。工业包装不仅可以保护商品在运输过程中免受损伤，还可以将商品集合成一定的大单位，便于装卸搬运和运输作业的进行。这是从物流需求的角度所进行的包装，关系到整个物流效率的提高和成本的降低。

为推进物流现代化进程，必须对包装实施标准化管理，使用统一的材料、统一的规格、统一的标准，以确保运输工具能够被科学高效地使用。

5. 流通加工

流通加工是指物品在从生产地到使用地的过程中，为了满足特定需求，进行的包装、分割、计量、分拣、刷标志、组装等简单作业的总称。这些作业活动主要在流通环节进行，旨在弥补生产过程中加工程度的不足，促进销售，满足客户需求，衔接产需，以及方便物流作业的进行。流通加工是对产品在流通领域进行的辅助性加工活动，与生产阶段的加工活动相对。它不仅完善了商品的使用价值，提高了商品的附加价值，也可以视为加工活动在流通领域的延伸，进一步扩大了物流功能。流通加工活动能够适应不同客户的需求，提高商品的个性化程度，同时也能提高商品的附加值和竞争力。通过流通加工，可以更好地满足客户的特定需求，提高客户满意度，增加商品的市场竞争力。

流通加工的实施能够调和大规模生产与小规模需求之间的差异，以及单一规格生产与多样化消费需求之间的冲突。例如，配送食品为主的配送中心，设有鱼、肉等生鲜食品的切分、清洗、分装等小包装生产加工流水线，并在流通过程的储存、运输等环节进行温度管理，建立冷藏、冷冻链供货系统。

6. 配送

配送是指在经济合理区域范围内，根据客户要求，对物品进行拣选、加工、包装、分割、组配等作业，并按时送达指定地点的物流活动。配送是专门指短距离、小批量、面向终端用户的运输活动，更加注重服务性和时效性。配送服务的辐射范围通常在几十千米以内。相比之下，运输通常是在干线输送或直达送货，批量较大，品种相对单一；而配送则处于支线的"二次运输"地位，其特点是小批量、多品种，提供的是"门到门"的服务。

配送在物流功能体系中具有至关重要的地位。整个物流系统的意义和价值的体现，最终完全依赖于其终端——配送功能的价值实现程度。由于物流的最终目的是为满足用户对所需货物的要求，其中包括对货物的品种、数量、质量、供应时间及送达方式等方面，而配送恰恰能体现物流的最终效果。

配送服务根据组织者可以分为以下几种类型：一是企业内部配送。在大型生产企业中，为了满足各分厂或生产基地的生产需求，企业总部会负责统一采购原材料或零部件，并统一储存，随后根据各分厂或生产基地的需求进行配送。此外，连锁零售企业也常常通过区域内的配送中心来完成配送任务，这种方式有助于为各连锁零售店提供统一标准的商品，满足消费者的需求。二是企业之间的配送。这种配送主要发生在产业关联性较大的上下游企业之间，例如汽车零部件生产商与汽车生产商之间。上游企业通常会委托专业的物流配送企业来完成对下游企业的配送任务，以确保供应链的顺畅运转。三是面向消费者的配送。例如，为各居民提供纯净水、牛奶和报纸等日用消费品的配送。配送活动主要包括集货、分拣、配货、配装、配送运输和送达等环节。为了提高配送效率、降低配送成本，合理的车辆配置和科学的路线选择具有决定性的影响。

三、信息流

(一)贸易信息流的含义

贸易信息流是指反映市场经济活动，在一定时间和条件下，同贸易活动有关的各种信息、情报和资料。贸易信息由信息源发出，经过贸易渠道的传递，直到被贸易主体吸收和反馈，在整个贸易活动过程中起到贯穿作用。在贸易运行过程中，贸易主体需要不断从外部获取各种信息，并对其进行加工、整理和分析，形成决策信息。同时，在商流、物流过程中，贸易主体也不断向外部反馈各种信息。

(二)贸易信息流的内容

贸易信息在内容上可以分为商流信息和物流信息。商流信息主要源自商品交易活动，主要包括市场信息和交易信息。市场信息涵盖了关于市场状况的各种信息，如供求变动、价格变动、生产者动态、消费者需求、市场竞争态势等，市场是买方市场还是卖方市场、是完全竞争市场还是垄断市场等。交易信息则是在买卖双方的交易活动中产生的，包括商品特性、价格设定、合同细节、促销策略、金融条件以及结算方式等。物流信息主要涵盖了商品运输、仓储、出库、入库等方面的信息。这些信息包括运输工具选择、运输路线规划、运输里程计算、产品库存数量监控、仓库设施管理、配送安排以及物流费用统计等。例如，关于商品的运输信息可能包括运输工具、运输时间、运输距离和运输成本等信息。仓库管理信息可能包括库存数量、库存地点、库存时间等信息。

贸易信息流的运行一般经过信息收集、加工、存储、传递、应用等环节。其具体包括：

(1)贸易信息的收集。贸易信息的收集是贸易信息流运行的起点，对贸易决策产生重要影响。在收集贸易信息时，应具备针对性，并遵循真实、可靠的原则和系统连续的原则。为了确保信息的准确性和可靠性，应采用多种手段和途径进行信息收集活动，以便对不同的信息进行全面的分析和评估。

(2)贸易信息的储存。收集得到的贸易信息中，有些具有保留价值，虽然已经使用过，但仍然需要保存，有些信息则需要后续使用。因此，需要进行信息储存以备后用。贸易信息的储存是将收集并加工的有价值、系统化的信息资料存入资料库或数据库的活动。通过信息的储存和积累，可以形成系统化的动态信息，从而更有利于贸易主体进行科学决策。

（3）贸易信息的加工。收集得到的信息往往较为零散、孤立且形式多样，因此需要进行一定的加工程序。具体而言，这包括筛选、分类、比较、计算、分析、判断以及编写等步骤，以确保信息真实可靠、适用且系统化。通过这些处理程序，可以将原始信息转化为更具价值和可用的形态，为贸易决策提供更加全面的依据。

（4）贸易信息的传递。贸易信息传递是指贸易信息从信息源发出，经过贸易渠道等传递给贸易主体的过程。在传递贸易信息时，应追求迅速、准确、安全和经济的目标。贸易信息的传递有多种方式和途径，例如单向传递和双向传递、直接传递和间接传递、时间传递和空间传递等。这些不同的传递方式和途径可以根据具体情况选择使用，以便更有效地将贸易信息传递给相关方。

（5）贸易信息的应用。贸易信息的应用是信息流动的最终目标，只有通过使用才能实现信息的经济效益和社会效益。贸易信息的价值不仅在于收集和加工，更在于如何被有效地利用。

（三）贸易信息流的特征

（1）信息流是商流和物流的体现和反映。商流和物流的变动和流动必然伴随着相关的贸易信息的流动。没有商流和物流，就没有反映它们运动的贸易信息流。

（2）贸易信息流在引导、协调和控制商流和物流运动中起到关键作用。贸易信息流通过信息的反馈机制，实现对商流和物流的引导、协调和控制。例如，贸易企业根据消费者的需求变化调整营销策略，这将影响商流和物流的运动方向。在网络时代，信息流对商流和物流的影响变得越来越显著。

（3）贸易信息流具有独立的运行规律。贸易信息流的运行方向和时间与商流和物流存在明显的不一致性。有些信息流可能在商流、物流之前运行，而有些信息流可能滞后于商流。

第五节   贸易运行渠道

一、贸易运行渠道的含义

渠道一词令人联想起水流的通道，而贸易运行渠道则是商品从生产领域转移到消费领域所经过的环节和途径的统称。一个完整的贸易渠道往往是贸易各环节一系列自愿让渡商品行为所形成的通道、路线和过程。贸易渠道的基本职能是对商品从生产者到消费者所必须完成的工作进行合理组织，其目的在于消除商品提供者与使用者之间的分离，调节好供求的时空以及结构矛盾。从概念上讲，贸易渠道与流通渠道存在细微差别，前者强调交易者的行为后果，而后者强调商品运转的过程。

贸易渠道可以从以下三个方面来理解：首先，贸易渠道是由一系列企业组织构成的，这些组织在贸易过程中各自发挥特定的功能。通常，这些组织从起点到终点相互关联，形成一个连续的流程。在贸易渠道中，主要的参与者包括生产者、中间商（如批发商和零售商）以及最终的用户或消费者。这些参与者被统称为渠道成员。其次，商品在到达下一个经济组织环节时，通常会发生商品所有权的变更。这种变更使得商品从上一个环节转移到下一个环节，实现了商品所有权的转移。在这个过程中，渠道成员作为商品的"监护人"，扮演着重要角色。这种所有权转移是实现贸易的必要条件，也是贸易渠道的核心。最后，与商品所有权相关的转移不仅包括商品价值形态的转移，还包括商品实物形态的转移。这些转移是由贸易双方商品所有权转移引起的。例如，当商店出售实物商品时，交易完成后，其实物形态通常也会发生空间转移。然而，对于一些特殊商品，如不动产等，其所有权转移可能不会引起实物的空间转移。

参与贸易活动的商业组织本身就是渠道中的重要成员。在现代市场经济条件下，这些渠道成员组织商品的流通，根据消费需求和商品生产的特点来选择合理的贸易渠道。随着社会分工的不断细化，渠道成员的分工也成为社会分工的一部分，并且这种分工的细化也与整个社会的分工相配合。由于这种分工，商业组织内部更加专业化，使得在买方市场条件下，接近最终消费者末端的商业组织（如大型零售商）逐渐具备了对渠道系统的控制力，而处于中间的渠道成员（如批发商等）对流通效率的影响及在流通中的地位也日益显现出其重要性。因此，以商业渠道为主，有利于生产部门集中精力发展生产，同时也有利于合理地组织商品流通，减少流通过程中的劳动消耗，节省流通费用。从这个意义上来说，商业是贸易活动的主渠道。

二、贸易运行渠道的构成要素

贸易运行渠道主要由以下一系列要素构成：

（一）商品

如果缺乏商品的运行，贸易运行渠道的概念就无法存在。商品运行构成贸易运行渠道的物质基础。商品不仅包括有形的物质产品，如生产资料、消费资料等，而且还包括无形产品，如信息、技术等。一旦商品生产出来，它总是遵循生产与消费之间的内在联系，沿着一定的路径不断向消费领域转移。只有当商品完成这种转移，其使用价值和价值才能得以实现。

（二）贸易主体

商品从生产领域向消费领域的转移并非自动进行，而是需要某种社会力量来推动，这种社会力量就是贸易主体。贸易主体是指参与商品交换的买卖者，既包括买者，也包括卖者，还包括又买又卖者。既包括各种类型的商业企业和商人，也包括从事商品交换的生产企业和生产者，还包括兼营贸易的其他组织和个人。如果没有上述流通当事人的参与，商品不可能发生运动，因此也就不存在贸易运行渠道。

（三）贸易组织形式

贸易主体在推动商品运行时，总是要采取一定的组织形式，形成一系列经营环节承担实现商品的物质形态和价值形态变化的经济职能。各种贸易组织以不同的经营规模和经营方式相互关联，形成了多层次、有主有从、纵横交错的蛛网状贸易体系，共同推动商品从生产领域向消费领域的转移。

（四）商品运行路线

商品运行路线是商品按其合理流向从生产领域向消费领域转移所经历的路径。商品的流向总是从生产领域流向消费领域，从产地流向销地。然而，在商品贸易实践中，由于商品种类繁多，产销关系复杂，因而各类商品的流向呈现出多样化的状态，它们运行的路径构成贸易运行渠道的具体形式。

三、贸易运行渠道的类型

现阶段的贸易渠道大致可分为三类。

（一）产销合一的渠道

产销合一的渠道又称产销直接联系的渠道，形式是：生产者—消费者。这是指商品直接从生产者手中流通到消费者手中的形式。它是一种最简单又最短的贸易渠道。在商品经济不发达的阶段，是一种普遍存在的形式。在现代市场经济条件下，便成为专业化分工程度最低，处于次要地位的一种贸易渠道形式。采取这种贸易渠道的企业通常利用人员推销、通信销售、电话销售、家庭访问等方式，直接向消费者或用户销售其产品。在我国，产销直接联系的渠道包括农村集市贸易、城市农贸市场、生产单位的自销门市部或销售机构和某些大型专用设备的定点供应等。现代大流通、大贸易、大市场并不排斥传统的产销合一渠道，相反，一些具有规模生产优势和市场集中度优势的大企业都采取产销合一的渠道，自建销售网络和营销渠道，利于降低流通成本。

（二）产销分离的渠道

产销分离的渠道又称商业渠道，其形式主要有：生产者—零售商—消费者、生产者—批发商—零售商—消费者、生产者—产地批发商—销地批发商—零售商—消费者等。这是指由专职的中间商来组织商品流通的渠道。当商品被生产出来后，中间经销商会进行收购，然后经过运输、储存、加工、编配等环节，再通过批发商业和零售商业转手给最终消费者。这是商品流通中的主渠道，也是商品流通专业化程度最高的一种渠道。这种渠道形式广泛应用于一般消费品和工业品的流通运行之中。

（三）产销结合的渠道

产销结合的渠道是指贸易活动中由生产者通过专设的销售机构、代理商或联营形式销售商品的渠道。形式是：生产企业的销售机构、代理商或联营商——消费者。其特点是生产者或生产企业直接参与商品销售，但在社会化大生产专业分工越来越细的情况下，生产者或企业通常不会专门从事商品销售，而是通过其专门的销售机构或代理商或以联营的形式来进行。

如果按商品流通过程中所经过的不同环节，即按层次划分，贸易渠道又可分为：

（1）直接渠道，即产销直接见面，没有中间商插手。例如，农户生产多余的产品、鲜活易腐商品、高科技产品，比较适合选择这种形式。

（2）间接渠道，即商品经过不同的环节或层次，形成较复杂的各种类型的间接渠道。例如，生产者—批发商—零售商—消费者，这要经过两道中间环节；生产者—产地批发商—销地批发商—零售商—消费者，这要经过三道中间环节。无论何种贸易渠道，都起始于生产者，终止于消费者，并广泛应用于一般消费品和工业品的流通。间接流通渠道与发达的商品流通形式相对应。

四、贸易运行渠道建设与管理

（一）贸易运行渠道的选择

1. 贸易渠道成员选择的途径

对贸易渠道的设计，最先表现为对贸易渠道成员的选择。生产者可以通过多种途径寻找能够承担渠道职责的渠道成员。其中，发布招商广告、举办产品展示会和订货会、利用专业网站发布信息、通过同行朋友介绍、媒体广告或专业杂志广告等渠道刊登经销商信息，以及在销售现场或专业性批发市场进行调研等，都是有效的途径。这些方法可以帮助生产者寻找到潜在的渠道成员，并通过进一步的接触获得更多渠道成员的信息。

2. 贸易渠道成员选择的标准

生产者需要遵循一定的标准，以筛选出具有长期合作意愿的潜在渠道成员，并通过缩小范围来最终确定合格的渠道成员。当然，对于不同产品，企业所处的不同历史发展阶段，选择渠道成员当然会有不同的标准，如经销电脑的渠道成员需要具备一定的专业知识而经销饮料的渠道成员则需要具有广泛的市场网络。但是总体而言，选择渠道成员要遵循以下三个标准：

一是渠道成员综合实力的大小。渠道成员的综合实力可以通过多个指标进行评估，包括开业时间、发展历程及经营表现、资金实力和财务状况、综合服务能力、产品销售和市场推广能力、经营机制和管理水平，以及渠道中间商的信誉度等。通过这些标准，我们可以了解渠道成员在其他产品销售中的业绩水平和品牌推广能力，以及中间商的信誉程度，从而选择合适的渠道成员。

二是渠道成员的预期合作程度。渠道成员的成功合作决定了企业产品的拓展速度和广度，合作态度决定了渠道的效率和效果。渠道成员的合作程度取决于渠道中间商的价值观、对生产企业的战略目标和经营理念的认同程度，以及合作精神和企业文化。当渠道中间商的价值观与生产企业的价值观相同时，可以减少合作中的摩擦，对产品的推广具有积极意义。

三是渠道成员的市场及产品的覆盖面。渠道中间商的地理位置、经营范围和业种业态、经营的产品结构和专业知识等因素，决定了其是否有能力将生产者的产品顺利送达目标客户手中。通常，理想的渠道中间商应位于目标客户集中的区域，以便更方便地送达产品。此外，渠道中间商的经营范围、业种业态以及所经营产品结构和专业知识应与生产商的生产定位和产品特点相匹配。这样的渠道成员能够利用其经验与能力，助力生产商的产品流通，实现更高效的运营。

（二）贸易运行渠道的建设

贸易渠道的建设包括三种形式：新建、修正和重建。

当企业要新建贸易渠道时，最开始的工作是要进行贸易渠道的设计，以确定企业所希望采用的渠道方案。其贸易渠道的设计程序是：（1）制定渠道目标；（2）制定各种可供选择的渠道方案，要综合考虑渠道的直接性程度、产品与市场因素、中间商的类型、中间商的数量、渠道数量及有关的法律问题；（3）各种渠道方案的比较和评价；（4）渠道方案的选择和确定。

当企业发现现有贸易渠道存在问题，无法满足企业的发展需求时，需要对现有贸易渠道进行调整。以下是实施步骤：（1）对现有贸易渠道及其成员进行评估，以找出导致渠道无效或低效的原因，可能涉及对渠道成员的绩效评估、渠道流程的效率评估等；（2）考察可供选择的渠道和渠道成员，以评估它们对企业产品流通职能的承担程度，可能涉及对潜在渠道成员的背景、经验和能力的调查，以及对新渠道的适用性和可行性研究；（3）根据评估结果，进行小幅或大幅的贸易渠道调整。如果环境变化较小，企业可以通过逐步小幅调整来适应变化，并保持贸易渠道的长期运行。然而，如果环境发生较大的变化，小幅调整可能不足以使现有渠道适应新的环境，需要进行更大范围或彻底的调整。总之，对贸易渠道的调整是一个持续的过程，需要企业根据市场变化和需求进行不断优化和更新。

（三）贸易运行渠道的冲突

1. 贸易渠道冲突的定义

贸易渠道的冲突是指渠道成员之间相互干涉，导致妨碍对方行动、损害对方利益的行为发生，阻碍渠道成员的目标实现，进而引发种种矛盾和纠纷。

2. 贸易渠道冲突的种类

渠道冲突可以分为水平渠道冲突、垂直渠道冲突和多渠道冲突三种不同的类别。水平渠道冲突，指在同一渠道模式中，处于同一流通阶段的流通主体之间的冲突，如经销同种产品的批发商之间的冲突、经销同种产品的零售商之间的冲突等；垂直渠道冲突，指在同一渠道中不同层次企业之间的冲突。这种冲突较之水平渠道冲突更为常见，如生产商和批发商之间的冲突、批发商与零售商之间的冲突等；多渠道冲突是指随着顾客细分市场和可利用的渠道不断增加，越来越多的企业采用多渠道营销系统即运用渠道组合、整合，随即产生了不同渠道之间的冲突。其含义是在生产企业建立多渠道营销系统后，产品通过不同的渠道进入同一市场时所产生的流通主体之间的冲突，如电子商务的网上销售对传统的店铺销售产生冲击，进而引发多渠道冲突。

3. 渠道冲突产生的原因

虽然共同的目标是渠道成员合作的基础，但由于每个成员都是独立的经济实体，他们各自有着自己的目标、动机和经济利益，因此完全达成一致的目标认识是相当困难的。

交易条件是渠道成员之间相互关系的根本所在。由于成员之间本质上是一种交易关系，交易条件反映了他们之间的利益和风险的分配。在其他条件不变的情况下，利益和风险的分配具有相互排斥的特点。每个成员都希望获得更多的利益，而承担更少的风险。因此，在渠道成员的交易中，提供较为优惠的交易条件时，对方就愿意接受，反之则容易产生冲突。贸易渠道所处的环境是不断变化的。根据环境的变化，对渠道的目标、运行方法、组织结构等做出相应调整，是保持渠道具有活力和持续成功的条件。但是，如何判断环境的变化，以及做出什么样的调整决策，会在渠道成员之间产生差异。当这种差异较小时，成员通常可以容忍；而当差异较大时，就会产生冲突。例如，如果某一成员零售商店附近出现了新的竞争性商店，而主导者未能及时调整供给商品的种类，推出新的促销计划，成员就可能会产生强烈的不满。

4. 渠道冲突的后果

多数情况下渠道冲突对于渠道效率具有负面影响，甚至会造成渠道的解体。但是从某种程度上说，渠道冲突又具有一定的积极意义。

渠道冲突的不利影响主要表现为影响渠道成员之间的合作关系，损害渠道成员之间利益；降低整个渠道的绩效，影响渠道的效率；破坏渠道的规则体系，对渠道中的其他成员起到了不好的示范作用；影响产品在目标客户心目中的地位，损害产品多年树立起来的品牌形象。

渠道冲突的积极意义主要表现为使渠道管理更科学规范，通过渠道冲突，渠道中的问题和矛盾得到暴露，从而使得渠道主导者能进一步优化渠道体系，健全渠道管理；使渠道的沟通更加频繁和有效，通过冲突使渠道成员能更加深入地进行沟通，进而相互理解并达成共识。

（四）贸易运行渠道的管理

贸易渠道由不同的经济实体组成，因此对渠道的管理不同于组织内部的管理，具有明显的特殊性。减少和解决冲突，提高成员的经营积极性，推动渠道的高效整体运作是渠道管理的主要目标。贸易渠道的管理主要依赖于主导者，同时还需要渠道成员的配合和支持。最基本的渠道管理的方法有以下四种：

1. 确立共同目标

共同目标是将渠道成员结合在一起的基础，也是解决渠道冲突、实现有效渠道管理的重要内容和手段。每个渠道成员都有自己的目标，例如生存和发展的需求、稳定的货源和市场占有率、收益率和客户满意度的提高等。在这些目标中，总存在一些具有共同性的内容。当渠道面临外部威胁时，如出现强大的竞争渠道或市场发生急剧变化，这些共同目标的重要性就会凸显。这使得成员们明白，只有维护共同目标并紧密合作，才能战胜威胁，并在实现共同目标的同时更有效地实现自己的目标。

2. 沟通和协商

贸易渠道由各自独立的经济组织构成，因此沟通和协商成为进行渠道管理、调节成员间相互关系最基本的方法。当发生矛盾和冲突时，渠道成员应将问题公开化，通过共同研究和沟通，寻求各方都能接受的解决方案来化解分歧。通过充分的交流，冲突各方能够达成一定的妥协，从而使渠道冲突和矛盾得到有效缓解。

3. 激励和惩罚

渠道成员之所以愿意加入贸易渠道，是由于具有某种利益的诉求，所以在经济利益上的激励和惩罚，是一种行之有效的管理方法。对于销售成绩优秀的成员，给予更加优惠的交易条件，使之努力得到经济上的报酬，报酬又推动成员进一步努力。如此循环往复，形成努力与报酬的相互推动。对那些不努力而造成销售业绩下降，有意制造摩擦和冲突的成员，进行必要的经济惩罚，是维护渠道整体利益的必要措施。惩罚的目的是促使不良成员纠正其行为，与其他成员协调一致共同努力。要做出激励或惩罚的决策，需要对渠道成员的业绩进行定期的评价，以作为奖惩的依据。

4. 渠道的调控

贸易渠道所处的环境不断变化。当消费者购买模式改变、市场扩大、产品成熟或衰退、新的竞争者加入等情况出现时，渠道调整成为必要。为适应环境变化，可以采取以下三种方法：一是调整某些渠道成员，二是调整某些产品销售渠道，三是调整整个渠道类型。这意味着原有渠道的解体和重组。在渠道冲突发展到无法解决、造成极大混乱的情况下，不得不采取第三种调控方法。

渠道冲突是无法完全避免的，只要建立贸易渠道，就会或多或少地发生渠道冲突。上述解决渠道冲突的各种手段并不能从根本上杜绝其发生。但是，渠道成员可以采取一些具体措施来减轻或消除部分渠道冲突，从而使渠道冲突控制在系统可承受的范围之内。

第六节 贸易运行规律

一、供求规律

(一)供求既是贸易运行的起点，也是贸易运行的终点

市场需求是贸易运行的动力，商品供给是贸易运行的基础。从这个角度来看，商品供求是贸易运行的起点，而供给和需求的结合使得贸易活动得以完成，抵达贸易运行的终点。这里所说的终点，并不是指贸易的终结，而是指某种商品一次交易的完成或一次交换关系的实现，供求双方分别达到自己的目的。通过市场交易，商品供给者将某种商品出售给需求者，获得商品的价值，而商品需求者购买供给者提供的某种商品，获得商品的使用价值。如此，商品的价值和使用价值都得以实现，商品的供给者和需求者都如愿以偿地得到满足。因此，商品的供给和需求是贸易运行的终点。

(二)供求规律对整个贸易活动的运行产生制约作用

供求关系是贸易运行过程中最重要的经济关系。供求双方的出发点和目的是实现商品和货币的转换，即供求的互相结合，使市场商品的供给量与购买力相适应。供给与需求之间的这种不断趋于平衡的本质联系及其发展即为供求规律。供求规律贯穿于贸易运行的全过程，并对整个贸易运行产生影响和制约作用。

1. 供求规律影响和决定着贸易运行的状态良好与否

贸易运行良好的主要标志是在贸易运行的全过程中，贸易的主客体和贸易的环境能够相互协调，以最低的交易费用完成贸易并推动生产和消费的发展。贸易运行良好所需的一个前提条件是商品的生产供给和市场的消费需求能够相适应且基本均衡。在贸易运行的过程中，如果供求能够达到平衡，经营者就能够较为顺利地开展购销调存活动，协调不同地区、不同部门的商品余缺，实现购销两旺、市场繁荣、物价稳定，促进贸易过程的良性运行。相反，如果供求失衡，不论是供大于求，还是供小于求，都会阻碍和制约贸易的运行。

2. 供求规律影响和决定着贸易运行的速度快慢

贸易运行速度的快慢取决于商品的购买时间和售卖时间，而商品的购买时间和售卖时间又取决于商品的供求情况。如果供求平衡，那么经营者既可以在最短的时间内找到货源，又可以即刻进行销售，甚至不需要经过商品储存阶段，这样销售时间可以大幅度缩短，即商品在贸易过程中所停滞的时间得到明显缩短，如此贸易运行速度能够得到极大提

升；如果供过于求，那么商品售卖时间将会延长，库存时间也相应延长；如果供不应求，那么组织商品的时间将会延长。商品在贸易过程中停留过久，无疑会使贸易运行速度大大减慢。由此可见，供求规律影响和决定着贸易运行的速度快慢。

3. 供求规律影响和决定着贸易运行的效益高低

在贸易运行的过程中，供求关系的变化直接或间接地影响着贸易效益的高低，主要体现在市场价格的波动、经营者的策略和措施及市场的稳定性。供求失衡会导致市场价格波动，从而带来经营者利润水平的变化，直接影响着贸易运行的效益。此外，在贸易运行中，经营者需要合理控制库存，采取适宜的采购措施，避免商品库存积压或短缺，有效降低管理和采购成本，从而提高贸易效益。与此同时，供求规律还决定了贸易运行的稳定性。如果供求关系不平衡，市场波动就会加大，贸易风险也会相应增加，这会对贸易运行的稳定性产生不利影响；而如果供求关系平衡，市场波动就会减少，贸易风险也会相应降低，这将有利于贸易运行的稳定和发展，带来贸易效益的提高。因此，在贸易运行中，供求规律的影响和决定作用是不容忽视的。经营者需要密切关注市场供求关系的变化，并根据实际情况调整经营策略和贸易方向，以提高贸易运行的稳定性，获取更高的贸易效益。

(三) 顺应供求规律，保障贸易良性运行

在现实的经济生活中，必须尊重供求规律的作用，并应用供求规律协调贸易经济的发展。就作为市场主体的企业而言，应该注重市场调研，关注市场信息，使生产活动以市场为导向，使供给与需求紧密结合。就作为具有宏观调控职能的国家而言，应根据供求规律的要求，制订国民经济计划，安排好国民经济的各种重大比例关系尤其是使产业结构趋于协调，使社会总供给和社会总需求基本平衡或大体平衡。政府对供需的调节主要通过财政政策、货币政策调节市场需求，通过产业政策调节市场供给来实现，具体的方式包括利用法律手段、税收、价格、资金、利率、外汇等经济手段，一些必要的政府命令、指示、规定等行政手段，制定产业组织政策、产业结构政策、产业布局政策。

二、价值规律

(一) 价值规律对整个贸易活动的运行产生制约作用

1. 价值规律是贸易活动的基本规律

贸易企业的最终目标是及时实现商品中所包含的价值，尽可能多地获取利润。如果贸易企业能够成功且快速地实现这一目标，则将极大地激励贸易经营者，从而进一步扩大贸易经营的规模，拓宽贸易经营的范围，提高自我发展及自我完善的能力。然而，商品经营者只有在商品个别价值小于等于社会价值，并按社会价值出售时才能够获得利润。只有这样，经营者才会从对经济利润的追求和满足中激发出扩大贸易规模、增加经营品种的积极性、主动性和创造性，即价值规律是贸易活动扩展的基础。

2. 价值规律是贸易成交的基本依据

在现实的贸易活动中，买卖双方会自觉或不自觉地运用价值规律进行核算或比较，只有当双方都认为自己有利可图时，买卖才会成交。在实际交易中，买方和卖方都会有意识地或无意识地利用市场的价值规律来计算和对比，并使交易在各自有利的情况下达成。国内各地区之间的贸易以及国际贸易都是如此。价值规律是贸易关系能否实现，买卖能否成功的内在依据。

3. 价值规律对贸易活动产生调节作用

价值规律要求商品交换必须遵循价值量相等的原则，即商品的价格要符合其价值，通过商品市场价格围绕价值上下波动而实现。商品市场价格的波动，必然会影响商品的供求关系。价值决定法则不仅要求单位商品所耗费的劳动时间符合社会必要劳动时间，而且要求该商品所耗费的劳动时间总量符合社会必要劳动时间总量的要求。当某种商品的产量超出社会需求时，超出社会需求的部分无法被社会所承认，也就不能形成价值。因而，商品只能以低于其价值的价格在市场上出售。价格下降的结果是限制生产，鼓励消费，扩大商品销路。相反，当某种商品的产量未达到社会需求时，商品必然以高于其价值的价格在市场上出售。价格上升的结果是刺激生产，限制消费，减少商品交易。价值规律就是这样通过价格与价值的背离，自发调整供求、购销、买卖活动，从而对社会商品的贸易活动产生调节作用。

(二) 价值规律要求贸易运行活动降低成本

价值规律要求贸易企业或个体商品经营者，尽可能地减少贸易活动中的物化劳动和活劳动消耗，使支出的贸易活动费用最少而经营的商品却最多，以降低成本、增加贸易利润，提高贸易经济效益。首先，要加强经营管理，降低贸易成本。贸易活动不可避免地需要耗费一定的劳动和支出一定的费用，如果这些耗费和支出过多，无疑会增加成本，减少利润，降低效益。因此，运用价值规律，提高贸易经济效益，必须改善贸易企业的经营管理，加强经济核算，努力降低和减少贸易活动过程中的各种消耗，如降低活劳动消耗、降低物化劳动消耗、减少商品在贸易过程中的损耗等。其次，要加快流通速度，节省流通时间。在商品流通过程中，商品滞留时间过长，将引发一系列不利影响，包括仓储费用的增加、商品损耗的扩大、劳动时间的浪费、贸易成本的上升以及资金周转的减缓，最终导致经济效益的降低。因此，必须适当增加流通渠道，减少流通环节，加强市场调查，增加销售网点等，以加速流通、节省流通时间。最后要建立由市场形成价格的机制。价值规律对贸易活动的调节是通过价格的波动来实现的，价格是贸易的灵魂，价格机制不合理、不建全，贸易经济就不能正常运转。因此，要深化价格体制的改革，放开竞争性商品的价格调整好价格结构，理顺各种价格关系，消除价格保护和价格封锁，完善价格调控体系，真正建立起以市场形成价格的机制。

三、竞争规律

(一) 贸易运行中处处有竞争

商品的使用价值和价值既相互统一，又相互对立。买方需要对商品价值进行支付，获得使用价值，而卖方是将货物的使用价值让渡出去，从而获得价值。买方和卖方在交易中都以利益最大化为原则进行贸易博弈。买方力求以最少的价值换取最多的使用价值，而卖方则力求以最少的使用价值换取最多的价值，买卖双方在争夺最大利益的过程中不可避免地会发生激烈的竞争。除了买者与卖者之间存在竞争，卖者群体内部也充满了竞争。例如，在同一个市场上，供给相同产品的卖方都力图获得最优惠的进货条件，寻求最理想的目标买方，因此卖方之间及买方之间也存在着激烈的博弈和竞争，但在不同的市场形势下，竞争的重点存在差异。

　　由于各个商业企业在技术条件、经营管理水平及职工素质方面有所不同，因此企业的劳动生产率存在着差异，流通商品所需要的个别劳动时间及其形成的个别价值也不一样。若某企业的条件达到社会平均条件，即中等水平，则该企业流通商品的个别价值与社会价值相等；若条件未达到中等水平，则该企业流通商品的个别价值就会高于社会价值。在市场中，贸易双方均依据商品的社会价值所决定的价格进行交易。如此，个别价值低于社会价值的商品交易能够获得超额利润，该企业就能够在竞争中成为优胜者。然而，个别价值高于社会价值的商品交易则会给企业带来亏损，成为竞争中的失败者。由此可见，个体价值和社会价值之间的差异或矛盾决定了贸易经济运行过程中必然会出现优胜劣汰的现象。

　　(二)竞争是贸易运行活力的催生剂

　　1. 竞争规律促使贸易企业增加商品品种，优化商品结构，增强竞争实力

　　竞争规律推动贸易企业不断丰富商品种类，改善商品结构，以提高其市场竞争力。俗话说：要想卖钱就得货物全。在贸易竞争中，如果企业拥有的商品品种繁多、规格齐全、结构合理，并且适应需求，将有助于吸引大量顾客，实现快速采购和销售，加快货物进出速度，降低资金占用，加速资金周转，提高经济效益，并增强企业活力。这些优势可以帮助贸易企业抢占先机，取得竞争优势。相反，如果商品品种稀少，结构不合理，其结果必然是被动或失败。面对竞争压力，贸易企业会不断追求经营创新，积极拓展新的进货渠道，增添新的经营品种，时刻关注市场上的新产品信息，及时与生产厂商建立合作关系，争取优先获得新产品货源，以便其能以多样化的产品种类、新颖的产品式样及优秀的产品结构获得竞争的主动权。

　　2. 竞争规律促使贸易企业提高服务质量

　　在买方市场中，顾客是上帝，贸易企业的服务质量直接关系到企业之间的竞争胜负。高质量的服务可以提高企业的竞争能力，而低质量的服务则会导致企业失去竞争优势。美国的一项调查表明，顾客对自己购买的商品或服务感到不满时，尽管96%的人不会直接向商店抱怨，但其中65%的人会选择永远不再光顾该商店。除此之外，这65%的人会将该店的负面口碑传播给至少10个人，从而导致顾客数量减少，销售额也随之下降。目前，我国众多的贸易企业都已意识到顾客是企业及员工生存与发展的根本，因而为顾客提供高质量的服务，赢得顾客的认可与信赖是企业生存与发展的关键。所以，为了在竞争中取得优势，许多企业都纷纷采取了以客户为中心的战略，想顾客之所想，供顾客之所需，急顾客之所急，并且对服务的内容进行持续的优化，从而提高服务质量。

　　3. 竞争规律推动贸易企业进行自我改造、自我完善、自我发展

　　显而易见，竞争中实力雄厚的一方必然掌握胜利的主动权，而实力薄弱的一方则难免遭受失败。因此，在竞争规律的驱动下，贸易企业必须注重自身的积累、自我完善与自我发展。例如，近年来，国内一些贸易商把重点放在通过资本市场进行并购，扩大经营规模，扩大营业网点，以应对国外贸易公司的竞争上了。

　　4. 竞争规律促进贸易经济领域的资源优化配置

　　在资金、人力、技术和自然条件既定的情况下，贸易部门为实现盈利最大化的目标，必须在众多投资机会中做出明智选择，明确最有利的投资方向和最高效的资源配置方式。

这种对资源进行有效分配的过程将激励表现优异的企业继续进步，同时促使表现不佳的企业退出市场。通过资金和人才等关键要素的重新分配，贸易领域内的资源将得到更合理的利用。

5. 竞争规律促使贸易企业树立良好的公众形象

随着竞争的深入，竞争方式也在不断地发生变化。一种观点认为，第一代竞争形式是商品间的竞争，重点在于质量，以质取胜。第二代竞争方式则以销售为主，通过广告宣传、人员推销、网络建设、售后服务等手段来获取企业竞争优势。而当下的竞争方式已经进入第三代，即企业形象的竞争，通过塑造良好的形象赢得社会公众的认同与信赖。当然，企业形象之争并不能完全替代商品与销售的竞争，而应以此为基础向纵深发展。实践已经证明且将继续证明，企业形象在竞争中起着决定性的作用，是竞争胜负的关键所在。

【案例】

沃尔玛与宝洁的合作

宝洁公司作为一家强大的日用品生产制造商，始创于1837年。是世界上著名的日用消费品公司之一。每天，在世界各地的全球160多个国家和地区，超过30亿人次使用宝洁公司的产品，而沃尔玛在与宝洁公司合作之前的经营业绩已经达到一定的规模。从1962年山姆·沃尔顿在阿肯色州罗杰斯城开办第一家沃尔玛百货商店开始，沃尔玛的经营业绩就一直让其他的竞争者艳羡，也吸引了众多制造商的眼光。

20世纪80年代，美国快速消费品行业屡屡发生渠道冲突事件，这其中，影响最大的就是沃尔玛与宝洁的渠道纷争。沃尔玛是美国最大的连锁零售企业，宝洁是全球最大的日化用品制造商，两强相争，使这个起因于进货折扣的冲突，成为美国历史上最著名的渠道冲突事件。

众所周知，沃尔玛的成功得益于对其创始人山姆·沃尔顿先生经营理念的执著秉持：降低毛利率，低价、再低价，以尽可能低的价格大量销售商品。因此，沃尔玛在处理与供应商的关系方面，绝对站在消费者采购代理的立场上，凭借其强大的销售网络，对每一个加盟的供应商都很苛刻，认真做好每一项产品的讨价还价工作。在低价策略促成沃尔玛飞速发展的同时，也使得制造商们陷入了挥之不去的梦魇，因为沃尔玛的低价是建立在不断压低进货折扣的基础上的。在同制造商的价格谈判中，凭借所占有的市场份额，沃尔玛咄咄逼人、不依不饶甚至经常蛮不讲理地以下架退货相威胁，这种强势策略引发了制造商、批发商和其他零售企业的强烈不满，可总惮于沃尔玛庞大的实力，谁也不愿意真正开罪于它，一些联合性的抵制行动最终也因抵制联盟内部的利益分歧而不了了之，直到沃尔玛把宝洁视为最重要的降价对象，并强硬地要求宝洁公司降低折扣时冲突终于激化了。

沃尔玛声称，任何一个企业都必须接受它的价格政策，宝洁也不能例外。围绕着零售价格及进货折扣，沃尔玛与宝洁展开了数轮控制与反控制的交锋。宝洁公司认定没有自己的产品，沃尔玛会经营不下去，而沃尔玛却表示：会将与宝洁公司形成竞争的产品摆在其邻近货架上，且每样商品都会比宝洁公司的产品便宜一点点，从而对顾客的购物选择产生影响。在 20 世纪 80 年代中期，二者之间相互的威胁与抨击——清退下架、停止供货、口水战以及笔墨官司从未间断，两强的争斗也进入了白热化阶段。然而，争执并没有给任何一方带来利益，而是促成了各自的反思，冲突也由此开始出现戏剧性的转机。

　　面对如此强硬的合作伙伴，宝洁公司面临重要抉择。合作是大势所趋，要想进一步发展自己的业务，宝洁公司必须拿下这个初具规模且前景无限的零售商。在这样的僵局之下，宝洁公司率先行动，主动出击。1987 年，在本顿维尔，宝洁的高层管理人员与沃尔玛进行了为期两天的坦诚交流，最终确定建立一种全新的"供应商—零售商"关系，把产销间一种根本的敌对关系转变成双方均能获利的合作伙伴关系。这种合作关系被称为"沃尔玛—宝洁"协同商务模式，这既是协同商务流程革命的开始，也是美国快速消费品业产销关系缓和的拐点。

　　随着宝洁与沃尔玛的供应链协同管理模式的确立，美国零售商和供应商的目光开始转向如何加强供应链管理以降低综合运营成本，以及提高顾客的满意度而不再仅仅盯住渠道控制权。

【思考题】

1. 贸易运行过程中必要的贸易要素有哪些？它们对贸易活动产生了哪些作用？
2. 贸易运行的经济环境和社会环境包括哪些方面？
3. 什么是贸易运行机制？有何特点？
4. 贸易运行形式有哪些？
5. 什么是贸易运行渠道？其构成要素有哪些？
6. 贸易运行过程中存在哪些规律？

第三章 贸易行业

【学习目标】了解贸易行业的定义及分类,明确商品贸易的类型及发展特征,掌握资本贸易、劳动力贸易、房地产贸易、技术贸易、信息贸易、数据贸易的特征,熟悉服务贸易的内涵及特征并了解其分类和发展,了解期货和期权贸易的特征。

产业和行业都是社会化分工的产物,是社会生产力不断发展的必然结果。二者是两个密切相关的概念,产业更侧重于经济活动的性质和类别,行业则更侧重于产品或服务的生产过程和技术特点,强调企业或组织在生产要素、经营模式等方面的差异,从层次上看,产业体现的是生产力,行业体现的是生产要素。将国民经济划分为产业和行业,对分析和研究国民经济以及制定相关政策具有重要意义。

三次产业的划分最早可以追溯到1935年,由新西兰经济学家费希尔提出,其按照人类经济活动在世界经济发展史上的三阶段顺序将产业划分为:在初级阶段人类主要活动中的农业和畜牧业属于第一产业,第一产业的属性是取自自然界;始于英国工业革命、以机器大工业的迅速发展为标志的第二阶段中的产业属于第二产业,第二产业是加工取自自然的生产物;始于20世纪初的第三发展阶段中的产业属于第三产业,第三产业为生产和消费提供各种服务,包括除第一、第二产业的其余全部经济活动。这一产业分类方法被提出后,得到广泛的认同,至今仍被沿用。第三产业的范围十分广泛,根据其服务对象层次的不同,可分为如下四个层次:第一层次是流通部门,包括交通运输业、邮电通信业、商业饮食业、物资代销和仓储业。第二层次是为生产和生活服务的部门,包括金融业、地质普查业、房地产、公用事业、居民服务业、旅游业、咨询信息服务业和各类技术服务业等。第三层次是为提高科学文化水平和居民素质服务的部门,包括教育、文化、广播电视事业,科学研究事业,卫生、体育和社会福利事业等。第四层次是为社会公共需要服务的部门,包括国家机关、政党机关、社会团体以及军队和警察等。国内的社会经济分类统计只使用以上的前三层次,第四层次只有在国际经济组织在对国家进行比较时才使用。我国对于三次产业的划分始于1985年,国家统计局发布的《关于建立第三产业统计的报告》首次规定了我国三次产业的划分范围,三次产业的划分大致按照国民经济行业分类门类的顺序依次归类。2002年、2011年国家统计局修订了《国民经济行业分类》(GB/T 4754—2002、GB/T 4754—2011)后,制定了第二版、第三版《三次产业划分规定》,2018年国家统计局又根据新颁布的《国民经济行业分类》(GB/T 4754—2017)对《三次产业划分规定》进行了新修订。在第四版《三次产业划分规定》①中，第一产业是指农、林、牧、渔业(不含农、林、牧、渔专业及辅助性活动)。第二产业是指采矿业(不含开采专业及辅助性活动)，制造业(不含金属制品、机械和设备修理业)，电力、热力、燃气及水生产和供应业，建筑业。第三产业即服务业，是指除第一产业、第二产业以外的其他行业。第三产业包括：批发和零售业，交通运输、仓储和邮政业，住宿和餐饮业，信息传输、软件和信息技术服务业，金融业，房地产业，租赁和商务服务业，科学研究和技术服务业，水利、环境和公共设施管理业，居民服务、修理和其他服务业，教育、卫生和社会工作，文化、体育和娱乐业，公共管理、社会保障和社会组织，国际组织，以及农、林、牧、渔业中的农、林、牧、渔专业及辅助性活动，采矿业中的开采专业及辅助性活动，制造业中的金属制品、机械和设备修理业。

第三产业中涉及了大量商品和服务的流通与经营活动，因而贸易产业是第三产业中的重要部门。根据所经营商品对象的不同，贸易产业可以进一步细分行业。贸易行业是指主要经营品种范围基本相同的商品经营者形成的以专业化经营为特征的贸易主体群体。贸易行业是贸易产业内部的分工，其出现是社会分工在贸易领域不断深化的结果。

贸易行业可以根据不同的分类方式分为不同的类型。

(1)按照贸易客体的形态划分：贸易可分为有形贸易和无形贸易。有形贸易的贸易客体具有实体形态，如货物、机械等；无形贸易则指的是贸易客体是非物质形态的贸易，如服务、知识产权等。

(2)按照贸易的实际交换时间和方式，贸易可分为现货贸易和期货贸易。

(3)按照贸易方式：贸易行业可以分为一般贸易、加工贸易、转口贸易、边境贸易等。

(4)按照贸易的空间范围：贸易可以分为地方贸易、国内贸易和国际贸易。

(5)按照商业模式分类：贸易行业可以分为 B2B 贸易和 B2C 贸易等。B2B 是指企业之间的贸易，B2C 是指企业与消费者之间的贸易。

(6)按照产品序列标准，贸易可划分为初级产品贸易、中间产品贸易和最终产品贸易。

(7)按照贸易环节的功能标准，可把贸易划分为批发贸易和零售贸易。

(8)按照贸易对象的属性划分，贸易可分为商品贸易、生产要素贸易(资本贸易、劳动力贸易、房地产贸易、技术贸易、信息贸易、数据贸易等)、服务贸易。

本教材主要按照贸易对象属性对贸易进行分类，即从贸易对象的视角，将其划分为商品贸易、生产要素贸易、服务贸易。除了上述三种传统的贸易形式，现代贸易还包括期货贸易和期权贸易等，它们也在本章的讨论之内。期货贸易是商品贸易、生产要素贸易不断深化和发展的产物，但与二者不同，因而本章将其单独进行讨论，在第九章将进行更全面深入的讨论。

---

① 与前一版相比，比较特殊的是，将 A 门类"农、林、牧、渔业"中的大类"05 农、林、牧、渔专业及辅助性活动"，B 门类"采矿业"中的大类"11 开采专业及辅助性活动"，C 门类"制造业"中的大类"43 金属制品、机械和设备修理业"等三个大类界定为第三产业。

第一节　商品贸易

一、商品贸易的类型

(一)按商品来源分类

1. 农产品贸易

农产品包括了农、林、牧、渔业生产的产品及其副产品,其作为人们生活的基本资料,关系着一国粮食安全问题,使其作为商品具备经济性的同时拥有政治性。因此,我国作为传统意义上的农业大国,农产品贸易不仅关系着农业对国民经济基础作用的发挥、城乡贫富差距的收敛,还关系着"双循环"新发展格局的构建。

农产品的自然属性,使得农产品贸易不同于工业品贸易,主要具有以下特点:

(1)具有季节性和周期性

农产品的生产会受自然条件的制约,在一年中,会受季节影响,其供给有明显的旺季、淡季之分;在数年中,受每年气候、自然灾害等的影响,其供给有丰产、平产、歉产之分。因此,农产品贸易应把握好不同农产品的季节性特征等生产规律,对农产品采取及时的经营策略,组织好农产品贸易工作,保证农产品的供应稳定。

(2)受自然风险和市场风险双重约束

农产品不同于工业品,农产品的生产是有生命的动植物的生长、发育、成熟、收获与储运的全过程,这个过程会受干旱、洪水、虫灾等自然灾害的威胁,因而造成农产品贸易的自然风险,农产品还会因供求关系变化而造成市场风险,两种风险交织,形成互为因果的双重风险。当自然风险小时,农产品因丰收质优量大,价格相应走低,市场风险变大;反之,发生自然灾害时,农产品因歉收量少,价格上扬,此时市场风险相对变小。因此,应建立自然灾害预警机制,及时获取相关气象等信息,提前采取措施,减少自然灾害对农产品贸易的影响,同时,深入了解市场需求和趋势,调整经营策略,降低市场风险。

(3)在流通上表现为"分散—集中—分散"

目前,我国农产品生产点多面广,农户"分散"生产,再由经营者收购、储藏、运输、加工等环节"集中",贸易方向表现为从农村到城市,再经批发、零售环节,最终"分散"到消费者。因此,收购网点的设置、人员配备、商品物流方式即商品运输和集散、转运以及储存设施都必须适应这一特点。

(4)应保持供求平衡的基本稳定性

由于农产品受自然风险和市场风险双重风险的约束,同时在供给上具有季节性、周期性的特点,使其不能像工业品那样均衡生产,而农产品供求平衡且基本稳定,是保证社会稳定和经济发展的基础,因此,农产品贸易既要发挥市场机制的调节作用,又要加强宏观调控,还可以通过国际农产品贸易进行余缺调剂农产品的丰歉,须贯彻统筹兼顾、全面安排、留有余地、以丰补歉的原则,以实现市场繁荣和社会稳定两个目标。

2. 工业品贸易

我国统计局工业司编写的《主要工业行业年度经济运行报告》中的主要工业行业包括

煤炭、农产品加工、食品、冷冻冷藏食品、酒业、轻工业、纺织、石化、化学制药、建材、水泥、钢铁、有色、机械、汽车、船舶、电子信息、电力业，共18个主要行业。工业品贸易包括了工业消费品贸易和生产资料工业品贸易。工业品贸易主要有以下特点。

（1）工业品贸易具有多向性。工业品生产具有较大的集中性，主要集中在大中城市；工业品消费具有分散性，遍布城乡各个角落。工业品生产与消费的特点就决定了工业品具有从集中到分散，从城市到乡村的多向性特征。

（2）工业品贸易具有相关性。消费者对工业品的需求具有多样性、多变性，且很多商品的消费必须相互配套，形成合理结构，以满足消费者需求。这就决定了工业品贸易应力求品种、规格、花色、档次齐全，且从收购、运输、销售、服务各方面做到结构合理化、系列化、配套化。

（3）工业品贸易具有购销差异性。同农业生产相反，工业品生产受自然条件影响小，生产周期短，均衡、批量生产，具有相对稳定性，而消费则受各种因素的影响，制约性较大，选择性强，弹性较大。因此，工业品贸易应注意产需衔接，调节供求促进平衡。

（4）工业品贸易具有替代性。由于工业品品种繁多，新旧产品不断交替更迭，一物多用，不少商品具有同一或相近的使用价值，如洗衣粉与洗衣液、布鞋与皮鞋等，既具有替代性，又具有互补性，既有同向发展的可能，也有逆向发展的因素。因此，应利用这些特点，安排和组织好替代工业品的贸易。

（二）按商品最终用途分类

1. 生产资料贸易

生产资料是用于生产性消费的物质资料，包括了劳动资料和劳动对象。生产资料贸易主要在生产性企业之间进行，其特点如下：

（1）生产资料贸易具有生产性。生产资料是生产消费资料的劳动产品，其贸易对象主要是生产企业，因此，生产资料贸易是生产的继续，消费过程和生产过程同时发生，具有生产性。

（2）生产资料贸易具有相对稳定性。这是由生产资料本身具有技术性、配套性、专用性较强的特点决定的。生产资料在选用上比较严格，选择性小，因此，生产资料在贸易方向、规模和结构等方面相对稳定，产销关系较为固定，需求价格缺乏弹性，具有相对稳定性。

（3）生产性贸易具有批量性。由于生产资料的需求者一般是具有一定规模的企业，要进行相对稳定的批量生产，因此，生产资料贸易频率小、需求量大、成批交易，相对集中，具有批量性特点。

（4）生产性贸易具有技术性。各种生产资料都有特定的用途，都有不同的技术要求，对于产品的品种、规格、质量都有严格的规定，结构复杂，性能不一。这就要求从事生产资料贸易的人员应具有一定的技术知识，且懂得生产资料的使用、维护和维修，以提高市场竞争能力。

2. 生活资料贸易

生活资料，亦称消费资料、消费品，是用来满足人们物质、文化生活所需要的商品。生活资料贸易即是为满足各种消费需求所进行的贸易活动，其具体表现为如下特点：

(1)生活资料贸易主体的范围广泛。生活资料贸易范围遍及城乡各地，零售贸易涉及每个家庭和每个消费者，批发贸易则涉及所有消费品生产者和消费品经营者。

(2)生活资料贸易具有差异性和多样性。生活资料的消费是从具体的消费者自身的条件出发的，而消费者的购买力水平、消费习惯、消费偏好等差异很大，这就要求生活资料的供应者提供品种多、花色样式齐全的商品，以满足各层次消费的需求。同时消费需求总量、结构、层次等具有明显的多变性，其贸易提供的商品也应不断更新，以适应这些变化。

(3)生活资料贸易具有直接性。生活资料是连接生产和消费的重要纽带，生活资料是消费者现实的消费对象，直接影响消费者的消费方式。因此，生活资料贸易可以通过各种有效的商业宣传，正确引导消费、指导消费，培养消费者合理、健康的消费习惯和方式。

二、商品贸易的特征

商品贸易的发展水平与市场经济发展程度成正相关的关系。随着社会生产力的发展、科学技术的进步、社会分工的深化和市场经济的发展，商品贸易呈现以下特征。

（一）商品贸易规模不断扩大

这主要表现为商品交易数量的增加、商品范围的扩大和市场主体的增加。规模扩大的原因主要是社会生产力的发展和人们消费需求的增加。商品范围的扩大表现在两个方面，纵向表现为商品的种类增加，横向表现为同种商品的品种不断增加。

（二）商品贸易结构不断优化

一是消费结构的不断升级。随着科学技术的进步、产业结构的调整与优化和消费者对高品质商品的需求快速增加，商品贸易的消费结构不断高级化。在生活资料方面，表现为技术含量低的产品比重下降、基础生活必需品的比重下降、传统消费品的比重下降，而高科技类产品、休闲类产品、耐用消费品等的比重增加。生产资料方面，传统原材料产品比重下降、中间产品和制成品的比重上升。

二是城乡结构不断优化。随着农民收入稳步提升，乡村流通基础设施日益完善，乡村消费品零售额增速持续快于城市，城乡消费差距继续缩小。

三是区域发展更趋协调。随着中西部地区经济加快发展，流通体系不断健全，商品贸易市场持续保持较快增长，与东部地区差距逐步缩小。

（三）商品贸易业态、模式不断创新

随着科学技术的发展和消费者需求的变化，商品贸易的业态和商业模式在不断演变和创新。线上销售、无人超市、社交电商等新型业态不断涌现，订阅模式、共享经济等新商业模式层出不穷。近年来"三新"经济（"三新"是指新产业、新业态、新商业模式）发展迅速，国务院于2018年印发了《新产业新业态新商业模式统计分类（2018）》，科学界定了"三新"活动范围。

（四）商品贸易效率不断提升

这主要表现为流通成本的降低和流通效率的提升。随着物流信息化、标准化、集约化水平不断提升，智慧物流、冷链物流、多式联运等先进模式加快应用，流通成本呈现持续下降趋势。信息技术日新月异，基础设施不断完善，经营模式不断创新，都推动着物流配送效率进一步提升，提高了流通效率。

（五）商品贸易呈现商流、物流、信息流分离态势

这主要是指商流、物流、信息流功能分开和机构独立化。商品贸易的商流、物流、信息流分离，是市场经济发展的必然结果。在物物交换条件下，商流、物流、信息流通常是合为一体的，由生产者来承担；随着商品经济的发展，商品贸易规模扩大，社会化、专业化程度提高，商流、物流、信息流的分离成为必然，相应地细分出一系列新的贸易行业。

第二节 生产要素贸易

生产要素不仅参与经济活动的生产环节，而且参与流通与分配环节，它是物质资料生产所必备的基本因素或条件，是国民经济运行及市场主体生产经营过程中所必须具备的基本要素，即一切生产投入品，包括资本、劳动、土地（房地产）、技术、信息、数据等。

一、资本贸易

（一）资本贸易的含义

现代市场经济是货币信用经济，资源的配置主要依赖货币信用手段进行，资金是资源中的资源，有了资金便可以调动其他任何资源，因而资本贸易是生产要素贸易之首，是最国际化、最现代化的起主导作用的贸易方式。

资本贸易是货币在流通中买卖、存放，或借贷贵金属、货币、外汇、有价证券所形成的贸易。参与资本贸易的有企业、金融机构、居民个人，其中专门从事资本贸易的市场主体有商业银行、保险公司、券商、证券交易所、期货交易所、期货经纪公司、基金管理公司、信托公司、非银行金融机构等。

（二）资本贸易的内容

资本贸易的主要内容有：资金的借贷和证券资本的买卖、外汇的买卖。证券资本的买卖可分为股票的买卖和债券的买卖。除此之外，各种基金以及金融衍生品的交易与买卖、金融期权的买卖都属于资本贸易。

1. 资金的借贷

资金的借贷是货币持有者将约定数额的资金按约定的利率暂时借出，借款者在约定期限内，按约定的条件还本付息的信用活动。

现代的资金借贷主要发生在投资者与银行、货币持有者之间。银行起一个中间人的作用，以较低利率把持有者的闲散货币集中起来，然后以较高利率贷给投资者。投资者将通过借贷取得的货币支配权可投资于工商等业务，在一定期限内还本付息。银行则通过经营货币获取利差。持有者通过储蓄投资取得利息收入。利率则是货币这种特殊商品借贷的价格或费用，它体现为一定期限内利息和投资货币额的比率。居民手持的用于流通的货币只是过去劳动的一般体现，仅仅是货币而不是资本。只有当投资者通过资金借贷业务取得这些货币并用于投资时，货币资本化了，它才能够完成资本的职能，获取一定的利润。在商品经济发展过程中，资本处于不断流动的状态，流动的目的是尽量使资本增殖。哪里的条件使资本增殖，哪里利润高，资本就会向哪里流动。当国外投资的预期利润比国内高时，

投资者就会通过各种灵活多样的方式使资本流向国外。

资金的借贷种类很多：

（1）按贷款期限，可分为短期贷款（不超过1年）、中期贷款（1年以上，一般2～5年）、长期贷款（5年以上，10～20年甚至更长）。

（2）按贷款的利率，可分为无息贷款、低息贷款、中息贷款和高息贷款。

（3）按借款和还款的方法，可分为统借统还贷款、统借自还贷款和自借自还贷款等。

2. 证券资本的买卖

证券一般可理解为虚拟资本的一种形式（虚拟资本是独立于实际资本之外的一种资本存在形式，本身不能在生产过程中发挥作用），这类证券本身没有价值，但由于它代表着一定量的财产权利，持有者可凭其直接取得一定量的货币，或是取得利息、股息等收入，因而可以在证券市场上买卖和流通，客观上具有了交易价格。

（1）股票的买卖

股票是一种有价证券，代表着股东对股份公司的所有权。这种所有权主要体现为股东拥有股份资本所有权，同时也表征了股东应享有的各种综合权利，比如股东凭借股票可以收取股息或分享红利、参加股东大会等，当然，也要承担相应的责任与风险。同时，股票也是资本证券，发行股票是股份公司筹措自有资本的手段。股票的市场价格是市场转让股票的即时价格，也是股票的持有者和购买者在股票交易市场中买卖时形成的股票成交价格。股票的市场价格总是处于不断变化中，其价格高低由股票的内在价值和外在的供求关系所决定，同时也会受到市场环境、投机炒作等因素的影响。

依据不同的分类方法，股票的种类可分为：记名股票与不记名股票；有面额股票与无面额股票；普通股与优先股等。

（2）债券的买卖

债券是国家及地方政府或者金融机构、公司等直接向社会借债筹措资金时，向投资者发行的承诺按一定利率支付利息并按约定条件偿还本金的债权债务凭证。债券的本质是债的证明书，是具有法律效力的表明债券购买者与发行者之间具有债权债务关系的一种金融契约。债券跟股票一样，都属于有价证券、资本证券，是资本市场中一种重要的融资手段和金融工具。

根据发行主体的不同，债券可分为政府债券、金融债券和公司债券。

政府债券：政府债券的发行主体是政府，中央政府发行的债券称为"国债"。政府债券的主要用途是解决由政府投资的公共设施或重点建设项目的资金需要和弥补国家财政赤字。

金融债券：金融债券的发行主体是银行或非银行金融机构。

公司债券：公司债券是公司依照法定程序发行、约定在一定期限还本付息的有价证券。公司债券的发行主体是股份公司，但有些国家也允许非股份制企业发行债券，归类时，可将公司债券和企业发行的债券合在一起，称为"公司（企业）债券"。

3. 外汇的买卖

国际货币基金组织（IMF）对外汇做的解释是：外汇是货币行政当局（中央银行、货币机构、外汇平准基金及财政部）以银行存款、财政部库券、长期与短期政府债券等形式所持有的在国际收支逆差时可使用的债权。广义的静态外汇泛指一切以外国货币表示的资产，如外国货币、外币有价证券、外币支付凭证等。在外汇市场上，一国货币以一定兑换率换取另一种货币的买卖，称作外汇交易。

按交易主体划分，外汇交易可划分为外汇批发交易和外汇零售交易。外汇批发交易是指银行同业之间的外汇交易，包括同一外汇市场和不同外汇市场上各个银行之间的外汇交易、中央银行和商业银行之间的外汇交易和各国中央银行之间的外汇交易。

按交割时间划分，可分为即期外汇交易和远期外汇交易。即期外汇交易又称现汇交易，是指外汇买卖成交后，在两个营业日内办理交割的外汇业务，主要作用是在短时期内实现不同货币的交易和结算，完成国际购买力的转移。远期外汇交易又称期汇交易，是指外汇交易时，买卖双方根据买卖数量、价格、币种等签订合同，然后在约定的将来某个时间，按照合同规定的汇率和金额进行交割。远期外汇交易能规避汇率变动的风险，确定进出口贸易和国际借贷的成本，进行外汇投资等。

(三)资本贸易的功能

资本贸易能有效组织资金的横向流动，调节资金的供求，实现资金的融通，提高资金使用效率。其功能主要有：

1. 融资功能。资本贸易可通过多种渠道、多种形式筹集资金和融资。通过各种金融工具的买卖，为资金供需双方提供各种各样的投融资和筹资选择，适应不同需要。因此，资本贸易通过其特有的融资方式，解决资金供求的矛盾，实现资金融通。

2. 优化资源配置功能。资本贸易通过价格机制和利率机制的影响，使资金流向经营好、收益高的企业或部门，从而优化了资源配置，减少资源浪费，促进经济的发展。

3. 竞争功能。资本贸易的各方都有各自独立的经济利益，为实现自身利益的最大化，他们必须注意市场动向，关注市场的行情，做出正确的融资决策，在竞争中求得自身的生存和发展。

4. 分散风险功能。资本贸易可以通过多种证券组合的方式，为投资者分散风险，提高投资的安全性和营利性。同时，资本贸易还可以通过期货交易和期权交易等各种交易手段为投资者提供方便，回避风险。此外，资本贸易依靠其完善的制度和法规，还可以规范各投资者的交易行为，防止各种不良行为的发生。

二、劳动力贸易

(一)劳动力贸易概述

劳动力贸易是指劳动力市场上的劳动的有偿转让和流动。劳动力贸易的对象是劳动者的劳动能力，包括体力和智力两个方面。劳动力商品与其他商品一样，具有价值和使用价值两重性，劳动力的价值是由劳动力再生产费用构成的，它包括衣、食、住、用、行以及学习、娱乐等费用；劳动力的使用价值最大特点是能够创造出超出自身价值更大的价值，它是剩余价值的源泉。

劳动力只能被租借或使用，劳动者本人不能被出卖和购买。在国际劳工组织 1944 年《费城宣言》的 4 条原则中，"劳工不是商品"被列为第一条原则。劳动者本人非商品化，保护了劳动者的"人权"，也使得劳动力的流动更加自由。

　　劳动力贸易包括简单劳动力贸易和复杂劳动力贸易。劳动力作为商品让渡，只是让渡其使用权而不是所有权。劳动者作为经济人在劳动力贸易中受价格信号指导。但作为社会人还接受职业兴趣、工作环境、自我价值实现、人际关系等非经济信号的指导，这些特点使劳动力贸易的运行状况不很明晰，运行轨迹往往非规则化，流动的频率很低。

　　在市场经济中，劳动力的供求是由市场机制决定的。从劳动力供给来看，由于各国劳动力资源的情况有很大差别，劳动力供给最终要受其资源的限制。从劳动力需求来看，企业使用的劳动力数量取决于每增加一个劳动力可能给企业带来的收益，即边际收益的大小，只有当边际收益大于或等于边际成本时，企业才会增雇劳动力。当然，在实际劳动力需求方面，也会出现一些特例使企业难以按照以上原则增加、减少雇佣劳动者人数。

　　劳动力在市场上往往处于不利地位。之所以劳动力会处于不利地位，是因为劳动力的雇佣方在资本、信息、技术等要素方面具有优势，使他们往往具有更强的议价能力。劳动力市场存在着与劳动者的劳动生产率无关的因素影响着雇佣决策，当这些非经济的个人特征因素影响或左右了雇佣决策，劳动力市场歧视就产生了。公共服务和社会保障制度是发挥政府作用、弥补市场"失灵"，为劳动者提供基本的就业和生活条件的重要保障。

　　(二)劳动力贸易的发展现状

　　1. 劳动力市场不断发展

　　全国各地大中小城市都普遍建立了劳动力交易市场，包括各类人才交流中心、企业劳动者招聘中心，各类规模不一的人才交流会、人才供求洽谈会等十分普及。各级劳动部门所属的职业介绍所构成了就业市场上的经营主体。各种类型的就业培训中心、职业学校也遍及城镇，以及义务教育的普及，为活跃就业市场和提高劳动者素质创造了条件。

　　2. 劳动力市场中介服务组织十分活跃

　　以各类劳动服务公司为代表的劳务贸易的组织机构已分布在全国各个城镇，并逐步向乡村延伸，形成了一个组织和管理社会劳动力的网络。各种劳动力的中介服务机构不断出现，如技术咨询公司、信息交流中心、猎头公司等。

　　3. 劳动力大规模跨区域流动已成定势

　　由于区域经济发展水平的差异和劳动力供求的空间差异，我国农村劳动力跨省、跨市、跨县、跨乡流动就业的规模不断扩大。此外，各类各层次的专业技术人员的跨区域流动也具有一定的规模。

　　4. 地区间、单位之间劳动力合作贸易日益受到重视

　　在我国许多城市，涌现了不同类型的专业劳务合作公司，各地区之间各种形式的劳务合作已十分普遍，同时校企联合、定向培养、供求结合、按订单安排职业技术人才的劳动力输出方式也十分通行，总之形成了多层次、多渠道的劳务合作形式和劳动力市场的多渠道流动格局。

　　尽管如此，我国劳动力市场的发展还存在一些问题。例如，我国劳动力贸易在各地区、各行业之间发展很不平衡。体制机制的不完善给劳动力流动带来了障碍，影响了劳动力贸易的发展。特别是劳动力市场的法规建设与管理滞后，劳动者的社会保障机制还不健全，劳动者的合法权益得不到有效保障，特别是数量巨大的进城务工人员的就业权、收入权、健康权、安全权还不同程度受到损害。

三、房地产贸易

(一) 房地产贸易概述

房地产贸易包括房产贸易和土地贸易，房产贸易和土地贸易各具有相对独立的内容，同时又密不可分。我国的房地产贸易是指房产的买卖、租赁、拍卖、抵押以及土地使用权的转让、租赁等贸易活动及其贸易关系的总和。

房产贸易的交易对象是房屋，无论作为消费资料还是生产资料，房屋都是商品。按用途不同，房屋可分为住宅、生产经营用房和非生产经营用房。我国目前房产贸易的经营对象主要是写字楼和住宅。房产贸易的基本前提是房产产权明确、房产的商品化。

土地贸易的交易对象可以是土地的所有权，也可以是其使用权。在我国，土地所有权都属于国家，进入市场贸易的主要是国有土地的使用权。就整个社会而言，由于土地的供给数量固定不变，土地的租金和地价主要取决于土地的需求。需求越大，地租越高，地价也随之上涨。但就单个土地的使用者而言，都可以在既定地租的条件下租用任何数量的土地，土地肥力不同以及交通便利程度的差异，形成了两种形态的级差地租。

房产贸易和土地贸易是紧密相连的，交易对象可以是房产的所有权，也可以是其使用权。房产贸易和土地贸易一起，构成完整的房地产贸易。

(二) 房地产贸易的特点

1. 贸易对象具有特殊性

房地产贸易的交易对象是房产和土地，它的特殊性体现在其具有不可移动、不可替代、价值大的特点。土地是固定的，不能移动，使得每块土地都受制于所在地的社会经济条件，土地的贸易通过土地所有权或使用权的转换来实现。房屋具有固定性，它必须建造在土地上，不能进行运输，不能易位。因此，房屋的贸易通过买卖房屋所有权或使用权来实现。所以说，房地产商品的交换只有商流，没有物流，商流可以多次进行，而物流为零。其不可移动的属性也造成了房地产贸易具有明显的地域性特点，市场分割较为明显，不同地区的房价、供求关系、政策环境等都存在差异。其特殊性也体现在房地产有时不仅仅是耐用消费品被交易，其投资属性使其也是一项资本品。

2. 贸易形式具有多样性

房地产使用期限长、价值大、价格高，并含各种税费，实物形态大、位置固定等特点，以及人们对房地产多样的需求，决定了房地产贸易形式的多样性。房地产贸易的主要形式有：土地买卖，土地使用权出让、转让及出租，房屋的买卖、租赁和调换。此外，还有房地产抵押、典当、信托等贸易形式。

3. 多种经济成分和多种经营方式并存，公有制经济居主导地位

全民所有制房地产企业资产多、经营范围广、能力强，实力远非其他经济成分房地产企业所能比拟。尤其是地产业，国家把城市土地的支配权交给地方政府或它们委托的代理单位，因而只有它们才有权将土地使用权转让、租借给企业或个人使用。集体的房地产企业资金来源广、经营灵活、应变能力强，是房地产交易活动的重要参加者。民营经济是房地产贸易不可缺少的组成部分，近年来一大批民营房地产商人迅速崛起，已成为我国房地产贸易市场的新生力军。同时，我国的房地产贸易领域也有外资进入投资。

4. 具有高度关联性和预警性

房地产贸易横跨生产、流通和消费各环节，与众多产业紧密相关，联系着国民经济的方方面面，各行各业的再生产和扩大再生产都与房地产贸易发展高度关联。这种高度关联性使其也具有预警性，"社会经济的晴雨表"是对其预警性生动形象的表述。在国民经济走向繁荣发展之前，它往往会率先超前发展；国民经济发生衰退和萧条之前，它往往最先受到冲击。因此，它具有明显的预警作用。

四、技术贸易

(一)技术贸易的含义

技术指为社会生产和人类物质文化生活需要服务的、供人类利用和改造自然的物质手段、精神手段和信息手段。技术贸易是一种有偿的技术转让，即拥有技术的一方通过贸易方式，把技术使用权让渡给另一方。在技术贸易中，可采用的方式有多种，但主要是通过许可证贸易方式。此外，还有技术咨询、技术服务与协作、工程承包以及含有技术转让内容的几种经济合作方式，如补偿贸易方式、合营方式、合作生产与合作开发方式等。

(二)技术贸易的作用

1. 技术贸易可以促进生产与科研的紧密结合。如果没有发达的技术贸易，科研成果就不能及时被生产部门了解，就很难转化为生产力。我国科研成果转化为生产力的比例低，同我国长期没有技术市场有直接关系。

2. 技术贸易可以增强科研单位的发展能力。如果不把科研成果当成商品，不实行有偿转让，科研投入不能收回，科研人员的劳动得不到承认，不仅造成科研经费不足，而且会影响科研人员的积极性、创造性。

3. 技术贸易可以推动科技成果的转移。通过技术贸易，可以使企业及时找到所需技术，促进企业生产的发展，提高企业技术资质和经济效益，提高产品的科技含量，提高产品的市场竞争力。

4. 技术贸易可以促进技术推广和应用。在社会主义市场经济条件下，技术成果、发明创造，凝结着劳动并具有商品属性。通过技术市场，可以使技术转化为现实生产力，促进技术的应用和推广，这不仅是技术革命的需要，也是完善市场体系的一个重要方面。

(三)技术贸易的特点

技术贸易与一般货物贸易同为商品贸易，两者相比，技术贸易具有的自身特点主要表现在以下几个方面。

1. 技术贸易的标的是技术

技术作价进行贸易，即为商品，作为商品的技术是一种非常特殊的商品：它没有固定形状，无法"称量"，不能在贸易之前对它进行周密的"质量"检验；它可以多次进行贸易，不需要多次"再生产"。在实际业务中，所交易的主要是技术知识，有时也包括实施技术的手段——机器设备、检测仪器等。前者即所谓的"软件技术"，后者为"硬件技术"，两者可结合在一起买卖。但是技术贸易必须含有无形的技术知识的成分，单纯机器设备的买卖是一般货物买卖，不属于技术贸易。

2. 技术贸易所转让的只是技术的使用权

在技术贸易中，技术受让方从供方转让某项技术后，并没有取得该技术的所有权，而只是取得在一定期限内该技术的使用权，通常不发生技术所有权的转让。

3. 技术贸易双方既是合作者，往往又是竞争对手

技术贸易通常不是简单的一次性买卖，贸易双方要在相当长一段时间内进行合作。因为一项技术贸易合同的签订与执行，其周期少则 3~5 年，长则 10 余年，在此期间，技术受让方希望从供方那里获得先进的技术，以提高自己的生产能力和水平来满足需要；而技术供方则想通过转让技术获取更多的利益，并设法阻止受让方增强竞争力，以免受让方抢夺自己的生意。所以，这样就构成了技术贸易双方的竞争关系。

4. 技术贸易的作价方法特殊

一般商品的作价大多是以成本为基础加适当的利润，但技术贸易的作价却比较困难，因为技术贸易作价不能与其他资产相比较，也不能找出有意义的相关物价指数来计算出它的现行市场价值。而单纯地按成本计价，则往往会低估其真实价值。在实践中，一般对技术商品采取不同方法来重估其价值，并考虑各种相关因素来确定其价格。对企业外购的技术商品，按购入成本和该项技术商品的获利能力来估计其价值。企业自创或自身拥有的技术商品，按自创所耗费的实际成本及其具有的获利能力来估计其价值。企业自创或自身拥有但未单独计算成本的技术商品，按该商品的获利能力来估计其价值。

5. 技术贸易涉及的问题多而且复杂，贸易难度大

技术贸易涉及技术风险，产权保护，报酬的确定，支付方式，贸易双方的权利、义务与责任，限制与反限制，涉及投资、劳动管理、土地使用、工程建设等问题，还涉及多种法律(如专利法、商标法、所得税法等)。而且技术贸易既关系着企业的利益，又与国家的战略部署和国民经济的发展有着密切的关系，因而政府要严加控制。由于受多种问题困扰，技术贸易往往是一个复杂的过程。

五、信息贸易

(一)信息贸易的含义

信息是指信息工作者根据贸易经营管理的要求，进行有目的的收集、加工、处理、传递、贮存等一系列劳动所获得的创造性成果，凝结着人类一般劳动。信息贸易则是指将这些创造性信息成果及其服务作为贸易对象的一系列贸易活动。信息的使用价值最终表现为通过信息的使用，可以提高企业的经济效益，而且所提高的经济效益要大于信息成本的价值。

(二)信息贸易的特点

1. 信息贸易的对象是一种特殊产品——知识型产品。它不像一般商品那样在购买后即可发挥效用，而是需要接受信息商品的人将它"物化"后才能发挥效用，而且效用的发挥不仅取决于商品本身，更重要的是取决于使用者具备的主客观条件。

2. 信息的寿命消耗形式是无形磨损。一般商品的寿命消耗有两种形式，即有形磨损和无形磨损，而信息的寿命消耗完全是一种无形磨损，受时间的影响极大。随着市场经济的发展、科技水平及生产力水平的提高，产品寿命不断缩短，加之人们消费结构变化的加快，使信息的形成速度更快、数量更大，信息贸易的贸易量加大，贸易速度加快。

3. 信息贸易的产品具有售出不缺少、存留不重叠的特点。同一种信息产品可以多次出售，可以卖给不同使用者，但信息商品出售次数的多少，将直接影响信息贸易价格的高低。信息的出售次数越多，成本越低，从而价格也越低；相反，信息的出售次数越少，成本越高，相应价格也越高。

4. 信息生产具有不重复性。一般商品的生产是重复的，可以千家万户同时制造同一种商品，而信息成果在一定范围和区域内是独一无二的。由于信息生产的不重复性，贸易中不会出现完全相同的信息，因而不可能形成信息的统一的社会必要劳动时间，信息价格只能按生产它所花费的个别劳动时间确定。

六、数据贸易

（一）数据贸易的含义

数据要素是面向数字经济，在讨论生产力和生产关系的语境中对"数据"的指代，是对数据推动生产力发展这一价值的强调，指的是根据特定生产需求汇聚、整理、加工而成的计算机数据及其衍生形态。投入生产的原始数据集、标准化数据集、各类数据产品及以数据为基础产生的系统、信息和知识均可纳入数据要素讨论的范畴。数据贸易则是以数据要素产品或服务作为标的物进行交换的经济活动，包括对元数据的贸易，对经过处理、整理的数据的贸易，基于数据的服务和解决方案的贸易等，如数据集的买卖、数据分析报告的出售、云计算服务、大数据分析服务等。

（二）数据贸易的特征

1. 数据要素主要通过三种途径释放价值

数据要素价值释放的途径可以概括为三次价值。一次价值是业务贯通，通过数据支撑业务系统运转，实现线下与线上、业务与业务之间的贯通。二次价值是数智决策，通过数据的加工、分析、建模来挖掘信息和规律，辅助企业经营和业务执行的自动化、智能化决策。三次价值是流通赋能，打破数据壁垒，使优质数据在跨机构、跨行业的新业务、新场景中汇聚融合，让高价值的数据惠及各行各业。

2. 数据要素市场存在开放、共享、交易三种流通形式

当前，以公共数据为主的数据开放持续推进，成为数据要素资源供给的关键渠道。政府间跨部门、跨层级、跨地区数据共享不断完善的同时，政府与企业之间的数据共享、互利互惠也在加速探索。数据交易正在成为数据要素市场最主要的流通形式，场外数据交易已初具规模，以数据交易机构为中介的场内交易重启探索热潮。

3. 数据要素市场的经营运行涌现出三种新模式

一是从自行管理运维到委托运营的机制创新模式，尤其是公共数据授权运营成为释放公共数据价值的重要探索方向；二是从供需直接对接到多元数商参与的主体创新模式，数商、数字经济中介、数字经纪人等角色有利于激发其专业、独特的功能，活跃数据要素市场；三是从分散对接到统一数据空间的设施创新模式，在垂直领域探索工业数据空间，为数据共享交易提供新的基础设施。

4. 数据要素市场培育存在四大障碍，需要鼓励积极探索

在数据要素市场培育的过程中，存在权利归属难以界定、估值定价缺乏依据、流通规

则尚不完善、流通技术仍未成熟四大障碍。需要深入分析障碍的成因与特点，鼓励各主体分场景、分层次进行细化的理论和实践探索，推动数据产权制度、数据估值定价体系、数据流通规则体系、数据流通技术体系的建立与完善。

(三)我国数据贸易发展现状

当今世界人类已经进入大数据驱动经济发展的信息时代，数据已成为数字经济时代的基础性战略资源、重要生产力和关键生产要素。自党的十九届四中全会决定增列数据作为生产要素以来，我国围绕数据基础制度构建、数字中国建设等先后出台了一系列重要政策文件，正努力加快推动数据资产化、释放数据要素价值、增强经济发展新动能。除了开展政策创新，一些地方从发挥数据要素作用出发，围绕强化供给体系、推动定价体系、健全交易体系等先行先试，探索建设数据交易场所，积极推进数据资产化，推动数据红利有效释放。例如，2023 年 2 月，贵阳大数据交易所以数据产品开发成本为基准，综合引入数据成本、数据质量、隐私含量等多重客观因素，结合数据产品预估的商业模式、市场规模，研发上线"数据产品交易价格计算器"；福建大数据交易所截至 2023 年 5 月，已对接全省近 7 万个数据资源目录、近千亿条政务数据，汇聚 460 多个公共数据目录，上架 50 余款公共数据产品、200 多款社会数据产品；2023 年 9 月，上海数据交易所在既有数据交易大厅基础上，上线以数据需方为主导，由数据供方及数据商认领需求并提供相应数据服务的需求大厅，累计挂牌数据产品近 1500 个，8 月交易额已超 1 亿元，数据交易生态日益活跃。

第三节　服 务 贸 易

一、服务贸易及其类型

(一)服务贸易的含义及特征

服务贸易有广义与狭义之分，广义的服务贸易泛指以提供直接服务活动形式而不是提供实物商品来满足他人的某种需要而取得报酬的活动。提供的这些服务项目，既有生产性服务，也有生活性服务；既有与人们物质需要相关的服务，也有与人们精神需要相关的服务。狭义的服务贸易特指国际贸易结构中的服务贸易，是指一个国家或一个地区以提供直接服务活动形式满足另一国或者地区某种需要以取得报酬的活动。广义的服务贸易是由广义服务产业产出的各种服务产品供给与服务需求形成的。狭义服务贸易的则指的是国际贸易中相对于货物贸易的一个概念。服务贸易一般情况下都是指广义含义。

服务贸易具有以下特征：

1. 服务贸易具有无形性

服务贸易的标的是一种看不见、摸不着的生产和消费。作为一种无形产品，大多数的服务产品不能储存、不能运输、不能被包装、不能被反复转让。服务贸易的无形性使得服务不能像货物贸易那样，货物作为生产要素移动的替代物在市场上流通，因此服务贸易的过程会涉及生产要素的移动，即服务提供者及其他服务贸易要素的流动。

2. 服务贸易过程具有不可分离性

服务贸易过程中服务生产和消费同时进行。服务价值的形成和使用价值的创造过程，与服务价值的实现和使用价值的让渡过程，以及服务使用价值的消费过程往往是在同一时间和地点完成的。在服务再生产过程中，服务交易具有决定性意义，服务交易的完成必需两个主体处于同一时间和同一地点。

3. 服务贸易过程中的服务具有不可储存性

服务的不可存储性是服务区别于商品的重要特征。商品可以在被生产出来之后和进入消费之前这段时间处于库存状态，这不一定会给商品所有者造成损失，而服务一般不能像商品那样在时间上储存或者在空间上转移。服务的不可储存性决定了服务所有权的不可转让性，即服务的生产和消费过程中不涉及任何东西的所有权的转移。既然服务是无形的且不可储存，服务产品在交易完成后便消失了，消费者并没有实质性地拥有服务产品。

4. 服务贸易过程中的服务具有异质性

服务的异质性是指服务的构成成分及质量水平经常变化，难以统一认定的特性。其异质性既由服务人员素质的差异所决定，也受顾客本身的个性特色的影响。服务的主体和对象均是人，人是服务的中心，而人又具有个性，涉及服务提供方和接受服务的顾客两个方面。商品的消费效果和品质通常是均质的，如同一品牌或厂家生产的服装、家电产品的质量和消费效果基本上没有太大差别，而同一种服务的消费效果和品质则往往存在着显著的差别。

(二)服务贸易的类型

服务贯穿了社会经济生活的方方面面，相应地，服务贸易也体现出多样性和复杂性。经济学家和国际经济组织为了分析方便和研究的需要，从不同的角度对服务贸易进行了划分，但并未形成统一的分类标准。以下为几种代表性的分类方法。

1. 以商品为核心来划分

1988年6月GATT乌拉圭回合服务贸易谈判期间，谈判小组提出依据服务在商品中的属性为标准来划分，将其分为4类。

(1)以商品形式存在的服务：指以商品或实物形式体现的服务，如电影、电视、书籍、计算机以及专用数据处理与传输装置等。

(2)对商品实物具有补充作用的服务：指对商品价值的实现具有补充、辅助功能的服务，如商品储运、财务管理、广告宣传等。

(3)对商品实物形态具有替代功能的服务：指伴随有形商品的移动，但又不是一般的商品贸易，不像商品贸易实现了商品所有权的转移，只是向服务消费者提供服务，如技术贸易中的特许经营、设备和金融租赁及设备的维修等。

(4)具有商品属性却与其他商品无关联的服务：指具有商品属性，其销售并不需要其他商品补充就能实现的服务，如通信、数据处理、旅游、旅馆和饭店服务等。

依据服务在商品中的属性为标准来划分服务，将服务与商品联系起来，意味着从理论上承认无形服务与有形商品一样，既存在使用价值也存在价值，服务的无形可以在一定形式下以商品形式体现。

2. 国际货币基金组织的分类

1993年9月，国际货币基金组织(IMF)修改了沿用16年之久的《国际收支手册》

(*Balance of Payment Manual*,BPM)第 4 版,并在此基础上形成了 BPM 的第 5 版,BPM5 逐渐成为世界各国编制国际收支统计的范本,并以此为基础建立相应的服务贸易统计。

国际货币基金组织按照国际收支统计将服务贸易分为 4 类。

(1)民间服务(商业性服务):指 1977 年国际货币基金组织编制的《国际收支手册》中的货运、客运、港口服务、旅游、其他民间服务和收益等。

(2)投资收益:国与国之间因资本的借贷或投资等所产生的利息、股息、利润的汇出或汇回所产生的收入和支出。

(3)其他政府服务和收益:指不列入上述各项的涉及政府的服务和收益。

(4)不偿还的转移:指单方面的(或片面的)、无对等的收支,即资金在国家间移动后,并不产生归还或偿还的问题。因此,不偿还的转移又称单方面转移,一般指单方面的汇款、年金、赠予等。根据单方面转移的不同接受对象,它又分为私人转移与政府转移两大类。政府转移主要指政府间的无偿经济技术或军事援助、战争赔款、外债的自愿减免、政府对国际机构缴纳的行政费用及赠予等收入与支出。私人转移主要指以下几类:汇款(包括侨民汇款、慈善性质汇款、财产继承款等);年金(从外国取得或对外国支付的养老金、奖金等);赠予(教会、教育基金、慈善团体对国外的赠予,以及政府无偿援助等)。

3. 按《服务贸易总协定》的分类

各国已经普遍接受 WTO 对于服务贸易的分类,采用《服务贸易总协定》项下的分类已成为一种惯例。乌拉圭回合服务贸易谈判小组在对以商品为中心的服务贸易分类的基础上,结合服务贸易统计和服务贸易部门开放的要求,在征求各谈判方的提案和意见的基础上,提出了以部门为中心的服务贸易分类方法,将服务贸易分为 12 类。

(1)商业性服务是指在商业活动中涉及的服务交换活动,包括个人消费的服务以及企业和政府消费的服务。

(2)通信服务主要指所有有关信息产品、操作、储存设备和软件功能等服务。

(3)建筑服务主要指工程建筑从设计、选址到施工的整个服务过程。

(4)销售服务指产品销售过程中的服务交换。其主要包括商业销售,主要指批发业务;零售服务;与销售有关的代理费用及佣金等;特许经营服务;其他销售服务。

(5)教育服务指各国间在高等教育、中等教育、初等教育、学前教育、继续教育、特殊教育和其他教育中的服务交往,如互派留学生、访问学者等。

(6)环境服务指污水处理服务、废物处理服务、卫生及相似服务等。

(7)金融服务主要指银行业和保险业及相关的金融服务活动。

(8)健康及社会服务主要指医疗服务、其他与人类健康相关的服务;社会服务等。

(9)旅游及相关服务指旅馆、饭店提供的住宿、餐饮服务、膳食服务及相关服务;旅行社及导游服务。

(10)文化、娱乐及体育服务指不包括广播、电影、电视在内的一切文化、娱乐、新闻、图书馆、体育服务,如文化交流、文艺演出等。

(11)交通运输服务主要包括货物运输服务,如航空运输、海洋运输、铁路运输、管道运输、内河和沿海运输、公路运输服务,也包括航天发射以及运输服务,如卫星发射等;客运服务;船舶服务(包括船员雇用);附属于交通运输的服务,主要指报关、货物装卸、仓储、港口服务、起航前查验服务等。

(12)其他服务。

4. 以生产要素密集度为标准划分

按服务贸易中对资本、技术、劳动力投入要求的密集度，将服务贸易分为三类。资本密集型服务(空运、通信、工程建设服务等)；技术与知识密集型服务(银行、金融、法律、会计、审计、信息服务等)；劳动密集型服务(旅游、建筑、维修、消费服务等)。

5. 按照服务提供方式的国际服务贸易分类

按照《服务贸易协定》的相关内容，国际服务贸易有以下四种提供方式。

(1)跨境交付。这是指服务的提供者在一成员方的领土内，向另一成员方领土内的消费者提供服务的方式，如在中国境内通过电信、邮政、计算机网络等手段实现对境外的外国消费者的服务。

(2)境外消费。这是指服务提供者在一成员方的领土内，向来自另一成员方的消费者提供服务的方式，如中国公民在其他国家短期居留期间，享受国外的医疗服务。

(3)商业存在。这是指一成员方的服务提供者在另一成员方领土内设立商业机构，在后者领土内为消费者提供服务的方式，如外国服务类企业在中国设立公司为中国企业或个人提供服务。

(4)自然人流动。这是指一成员方的服务提供者以自然人的身份进入另一成员方的领土内提供服务的方式，如某外国律师作为外国律师事务所的驻华代表到中国境内为消费者提供服务。

二、当代世界服务贸易的发展特点

(一)科技革命和专业化程度提高，促使服务贸易加速发展

1980—2023 年，世界服务出口总额从 0.411 万亿美元扩大到 7.78 万亿美元，其间增长了近 19 倍①。推动这一发展的两个基本因素是服务外包和可贸易性的提高。前者主要是专业化、社会分工深化，推动制度安排的调整，进而产生了巨大的需求；后者主要是科学技术的作用，尤其是信息技术的导入，进而产生了巨大的供给。

(二)服务贸易结构进一步优化，技术、知识密集化趋势日益明显

服务贸易在交易内容日趋扩大、服务品种不断增加的同时，其结构和竞争格局也发生了很大变化，主要表现在：资本密集型、知识密集型服务贸易发展迅速，居服务贸易的主导地位，而传统服务贸易总体份额趋于下降。世界服务贸易正逐渐由传统的以自然资源或劳动密集型为基础的服务贸易，转向以知识、智力密集型或资本密集型为基础的现代服务贸易。

(三)发达国家在服务贸易中占主导地位，发展中国家地位不断上升

从国别构成看，发达国家占据国际服务贸易的绝对主导地位，占全球服务进出口总额的 75%以上，其中，美、英、德三国就占了全球服务贸易总额的 30%左右。1991 年以来，中国、印度和拉美一些新兴发展中国家服务贸易增长率都超过 10%，增长速度高于北美

① 数据来源：国际货币基金组织的《国际收支统计年鉴》。

和西欧发达国家。其中,中国、印度是新兴发展中国家的领军者,自 2011 年起进入全球服务贸易十强的行列。但与发达国家相比,在服务贸易整体规模方面还有相当大的差距。

(四)服务贸易全球化、自由化与贸易壁垒并存

各国产业结构的升级,必将不断推动服务贸易的发展,服务贸易的全球化、自由化是长期趋势。由于服务贸易的发展空间和盈利空间都很大,所以,在服务业具有较强垄断竞争力或相对竞争力的国家和地区,会通过世界贸易组织和区域性贸易组织,积极推动服务贸易的自由化和全球化。但是,与此同时,开放服务市场,意味着大量要素的跨国流动。一些敏感性领域,如金融、保险、通信以及航空运输等,往往关系到服务贸易输入国的主权和安全,各国必然对相应的服务进口进行限制。另外,为保护国内某些弱势服务产业,国际竞争力较弱的国家往往对本国服务市场开放施加诸多限制。

三、中国服务贸易的发展

(一)中国服务业部门的划分

改革开放以来,中国服务业的部门划分大致经历了以下 5 个阶段。

第一阶段:以 1984 年颁布的《国民经济行业分类和代码》为基础,中国 1993 年及以前的服务业统计核算的基本分类为交通运输、邮电通信业,商业、饮食业、物质供销和仓储业,金融保险业,房地产业,服务业(为窄口径服务业,包括居民服务业、咨询服务业、农林牧渔服务业、地质勘查业、水利管理业和综合技术服务业),公用事业,科教文卫体育福利事业,国家机关、政党机关和社会团体,其他行业 9 大分部门。

第二阶段:以 1994 年颁布的《国民经济行业分类和代码》为基础,中国 1994 年及以后的服务业统计核算包括 12 大类,即农林牧渔服务业、地质勘查业与水利管理业、交通运输仓储及邮电通信业、批发和零售贸易餐饮业、金融保险业、房地产业、社会服务业、卫生体育和社会福利业、教育文化艺术及广播电影电视业、科学研究和综合技术服务业、国家机关政党机关和社会团体以及其他行业。

第三阶段:2003 年 5 月,中国国家统计局根据《国民经济行业分类》(GB/T 4754—2002)出台新的三次产业划分方法。根据该规定,第三产业包括交通运输、仓储和邮政业,信息传输、计算机服务业和软件业,批发和零售业,住宿和餐饮业,金融业,房地产业,租赁和商务服务业,科学研究、技术服务和地质勘查业,水利、环境和公共设施管理业,居民服务和其他服务业,教育,卫生、社会保障和社会福利业,文化、体育和娱乐业,公共管理和社会组织,国际组织 15 大类。但农林牧渔服务业仍划归第一产业,建筑业归属第二产业。

第四阶段:2012 年,根据国家质量监督检验检疫总局和国家标准委颁布的《国民经济行业分类》(GB/T 4754—2011),中国国家统计局再次对 2003 年《三次产业划分规定》进行了修订。与 2003 年印发的《三次产业划分规定》相比,此次修订主要在以下方面作出调整:为了规范三次产业、服务业的口径、范围,推动我国服务业发展,将 A 门类"农、林、牧、渔业"中的"05 农、林、牧、渔服务业",B 门类"采矿业"中的"11 开采辅助活动",C 门类"制造业"中的"43 金属制品、机械和设备修理业"三个大类一并调入第三产业。鉴于目前服务业的口径、范围不统一,既不利于服务业统计和服务业核算,也不利于

贯彻执行国务院《关于加快发展服务业的若干意见》以及国务院办公厅转发国家统计局《关于加强和完善服务业统计工作的意见》，因此，此次修订三次产业划分规定时，明确第三产业即为服务业。

第五阶段：《国民经济行业分类》（GB/T 4754—2017）已于 2017 年 10 月 1 日正式实施，2017 年版《国民经济行业分类》中，国民经济行业门类仍保持 20 个，行业大类由 96 个增加至 97 个，即增加了"土地管理业"，行类中类由 432 个增加至 473 个，调整新增 41 个，行类小类由 1094 个增加至 1380 个，调整新增 286 个。

（二）中国服务贸易发展概况

总体来说，中国的服务业与服务贸易起步晚、基础差，但从增加值结构和就业结构来看，发展速度较快。

中华人民共和国成立后的 20 世纪五六十年代，国内服务业启动迅速，发展活跃。随着改革开放政策的实施，中国服务业空前繁荣，取得了长足的发展。中国过去处于主要依靠工业支撑经济增长的发展阶段，服务业难以成为经济增长的主要动力。但一直以来，中国服务业向着优质高效方向快速发展，到 2016 年，已经成为投资最多、纳税最多、吸纳就业最多的领域，是我国国民经济第一大产业。但中国目前还处于工业化阶段的中后期，服务业仍处于从属地位，与发达国家相比，其对国民经济发展的贡献率还不够高，中国服务贸易的发展仍存在问题。

1. 中国服务贸易发展的特点

（1）服务贸易增长速度快，规模居世界前列

近年来，中国服务贸易稳健发展，服务贸易规模迅速扩大。2012 年以来，我国对外服务贸易额逐年增长。2012 年我国对外服务贸易总额居世界第 4 位，自 2014 年起至 2021 年一直稳居世界第 2 位。2021 年，我国对外服务贸易总额达 8212 亿美元，占世界比重升至 7.2%，较 2012 年提升 1.8 个百分点①。

（2）以传统服务贸易为主，现代服务贸易加快发展

中国服务贸易主要集中在传统服务业上，传统服务业部门占中国对外服务贸易的比重较大，现代服务贸易比重较小。传统服务贸易中旅游、运输服务贸易一直居于主导地位，二者总和在 2005—2013 年占比均超 50%。随着中国服务贸易总量规模的快速增长，多数服务贸易部门的出口都呈现快速增长的势头，其中以计算机和信息服务出口为代表的新型服务贸易增速最快，有力地推动了中国服务出口的增长。

（3）服务贸易出口额占贸易出口额比重增加

随着改革开放的不断深入和产业结构的调整，服务贸易在对外贸易中的地位逐步提高，对经济发展的贡献逐步增大。这主要表现在：一方面，服务业占国内生产总值比重不断提高。1978 年，我国服务业的增加值为 872.5 亿元，占同期国内生产总值的比重仅为 23.9%；2023 年我国实现服务业增加值 68.8 万亿元，占同期国内生产总值的比重达到了 54.6%。另一方面，服务业就业人数大幅增长，占就业总人口比重不断提高。1978 年，我国服务业就业人数只有 2890 万人，占当年就业人口的比重仅为 12.2%，而 2023 年服务

---

① 来源：国家统计局。

业就业人数占全社会就业人数比重约48%。

2. 中国服务贸易存在的问题

（1）服务贸易整体竞争力不强，长期存在逆差

中国服务贸易虽然保持了较高的增长速度，但总体竞争力不强，中国大多数服务行业贸易竞争力较弱，服务贸易较货物贸易处于比较劣势地位。中国服务贸易长期存在逆差，进一步分析我国服务贸易逆差结构可以发现，逆差主要集中在运输业、保险业、旅游业、金融业和专利使用等方面，反映出中国仍然是技术稀缺的国家。

（2）服务贸易区域发展不平衡

由于服务贸易的特殊性，中国服务贸易主要集中在沿海发达地区，各地区发展非常不平衡。沿海发达地区由于优越的地理条件和较发达的现代服务业，在运输、保险、计算机及信息、咨询和广告宣传等领域较内陆地区具有明显的优势，是目前中国服务贸易主要的出口地区。

（3）服务贸易管理体制相对落后

中国服务贸易管理相对比较落后，相关的宏观管理机构、部门协调机制、政策环境、法律体系、统计制度等均亟待建立健全。由于历史原因，中国对服务业的定义、统计范畴以及划分标准与发达市场经济国家及国际惯例不完全一致，使统计数据尚有一定差距。在服务贸易统计上也存在着很大的困难，在缺少全面、准确数据的情况下，很难制定出有针对性的发展政策。

第四节　期货贸易

期货（Futures）贸易是现货贸易的延伸，其产生不是偶然的，是在现货远期合约交易发展的基础上，基于广大商品生产者、贸易商和加工商的广泛商业实践而产生的。最早期货贸易的概念源自美国芝加哥，1848年由82位商人发起并成功组建了第一家商品期货交易所——The Chicago Broad of Trade（芝加哥期货交易所），交易商们为了规避由于农产品价格的波动性带来的风险，开始使用远期合约进行交易，后续CBOT为了规范交易，于1865年推出了第一张期货合约（Futures Contract），这标志着美国现代期货市场的诞生。随着时间的推移，期货贸易不仅限于农产品，逐渐扩展到金融、能源、金属等多个领域，成为现代贸易体系的重要组成部分。

一、期货贸易的类型

期货与现货相对，意味着期货贸易的物流并非在当下发生，而是在未来的某一特定时间发生。期货贸易与商品贸易、生产要素贸易密切相关，它们相互补充、相互促进。期货市场为商品贸易、生产要素贸易提供了重要的支持和保障，而商品贸易、生产要素贸易的发展也推动了期货市场的繁荣和发展。期货贸易的类型都能与现货贸易的类型相对应，其范围会小于现货贸易的范围，主要有如下两种类型。

（一）商品期货贸易

与商品贸易的分类对应，商品期货贸易的对象可以再分为农产品和工业品，工业品可

细分为贵金属商品与非贵金属商品、能源化工商品。在我国场内交易上市的贵金属期货交易品种有黄金、白银；非贵金属期货贸易分为有色金属贸易和黑色金属贸易，在我国场内交易上市的有色金属期货交易品种包括铜、铝、锌、铅、镍、锡、工业硅、氧化铝、碳酸锂；黑色金属期货交易品种包括螺纹钢、热轧卷板、不锈钢、铁矿石、硅铁、锰硅、线材。能源化工期货交易品种包括原油、石油沥青、天然橡胶、纸浆、甲醇、纯碱、聚乙烯等23种。农产品期货交易品种包括白糖、棉花、玉米、玉米淀粉、菜籽粕、油菜籽、菜籽油、生猪、豆粕、豆油等26种。商品期货大多采用到期实物交割的方式。

（二）金融期货贸易

自20世纪70年代以来，期货市场上市的品种不断变化和发展，其中外汇、利率、股票、证券等金融期货发展迅速。在我国场内交易上市的金融期货交易品种有沪深300股指、中证500股指、中证1000股指、上证50股指、2年期国债、5年期国债、10年期国债、30年期国债。金融期货大多采用到期现金交割。

此外，除了这两种类型的期货，我国于2023年8月18日上市了我国首个服务类期货品种——集运指数（欧线）期货，该期货也是首个在商品期货交易所上市的指数类、现金交割的期货品种，采用"服务型指数、国际平台、人民币计价、现金交割"的设计方案。

二、期货贸易的特征

期货贸易与其他贸易相比除了在交易时间上的区别，还具有如下特征：

（一）期货贸易具有规范性

期货贸易的规范性主要体现在期货贸易的对象和期货贸易的方式上。期货贸易的对象是标准化期货合约，期货合约对于合约标的物的交易品种、交易单位、交割品级、交易时间、交割地点等都有明确的规定，这在一定程度上减少了现货贸易中贸易双方对于交易对象的价格、交货时间等的谈判所产生的交易成本。期货贸易的方式只能是通过期货交易所进行交易，而非贸易双方直接接触进行贸易。

（二）期货贸易具有投资性

现货贸易的发生主要是为了满足实际消费需求等，而期货贸易的目的是利用现货市场与期货市场的密切联系来实现套期保值、套利、投机，具有投资属性。同时，期货贸易具有高杠杆效应，即投资者可以通过较少的资金控制较大的资产。这种杠杆效应使得期货市场具有较高的投资回报，但同时也增加了投资风险。

（三）期货贸易的电子化程度高

现代期货贸易越来越依赖电子化交易。电子化期货交易平台提供快速下单功能、多种风险管理工具、便捷的资金管理功能、数据分析功能。投资者可以迅速输入买卖指令，实现交易；借助止损单、止盈单、限价单等控制风险、减少损失；随时查看账户余额和交易明细，并通过网上银行或第三方支付平台进行资金转账；利用交易数据通过技术分析、基本面分析等方法，投资者可以更好地判断市场走势，提高投资决策的科学性和准确性。在后疫情时代，交易所推出了一些电子化业务办理，2022年12月郑商所推行结算业务单据印章电子化。期货贸易的电子化提高了交易的效率和灵活性，同时降低了交易成本，也使得期货市场更加透明。

第五节 期权贸易

期权(Option)，是指赋予期权的购买方在规定期限按买卖双方约定的价格购买或出售一定数量某种标的资产权利的合约。期权贸易是期货贸易的进一步发展和深化。从时间上看，先有期货市场，之后才有期权交易的产生，期货市场的发育为期权贸易的产生和发展奠定了基础，同时期货市场发育的成熟和规则完备也为期权贸易的产生和发展创造了条件。

一、期权贸易类型

目前的期权市场是一个不成熟的市场，起步的时间比较晚，期权交易品种较少，在期货市场中有的交易品种，在期权市场并没有。按照期权合约的标的物可以将期权贸易分为商品期权、金融期权。

(一)商品期权贸易

商品期权的合约标的物是商品期货，期权合同实施时要求交易的不是商品期货合同所代表的商品，而是商品期货合同本身，商品期权的交割方式是实物交割。目前，我国上市的期权交易品种有：

有色金属：铜、铝、锌、工业硅、碳酸锂。

黑色金属：螺纹钢、铁矿石。

贵金属：黄金、白银。

能源化工：原油、天然橡胶、动力煤、PTA、甲醇、聚乙烯、聚氯乙烯、聚丙烯、乙二醇、苯乙烯、液化石油气、合成橡胶、对二甲苯、烧碱。

农产品：白糖、棉花、菜籽粕、菜籽油、玉米、黄大豆1号、黄大豆2号、豆粕、豆油、棕榈油、花生。

(二)金融期权贸易

金融期权的主要类型有股票期权、股票指数期权、外汇期权、利率期权等，在我国场内交易上市的品种主要是股指期权，包括沪深300股指、中证1000股指、上证50股指。金融期权交易多以现金形式进行交割。

二、期权贸易的特征

与其他贸易相比，期权贸易的特征如下：

(一)期权贸易的对象具有抽象性

期权贸易的交易对象是"权利"，即购买或者卖出商品期货合约或金融资产的权利，与其他贸易的贸易对象相比更具抽象性。在期权交易中，买方通过支付权利金获得一种权利，即在未来某一特定时间以特定价格买入或卖出商品期货或金融资产的权利。

(二)贸易方式

与大多数期货贸易的贸易方式一样，期权贸易不需要实物交割，即不存在物流的变动，买方可以选择行使权利或放弃行使权利。

（三）具有更高的交易灵活性

期权贸易具有更高的交易灵活性。买卖双方可以根据自身需求和风险偏好制定个性化的交易策略，例如买入看涨期权、卖出看跌期权等。此外，期权合约的到期日、行权价格等条款也可以根据需要进行定制。

（四）买卖双方权利义务不同

期权交易是权利的买卖，期权买方支付了期权费获得权利，卖方将权利出售给买方从而拥有了履约的义务。因此，期权的买方只有权利而不必承担履约义务，卖方只有履约义务而没有相应权利。

【案例】

国民经济行业分类

中华人民共和国国家标准规定了全社会经济活动的分类与代码。1984 年，由国家统计局、原国家标准局、原国家计委、财政部联合制定的《国民经济行业分类与代码》(GB 4754—84) 是国民经济行业分类国家标准的最初版本。1994 年、2002 年、2011 年和 2017 年，国民经济行业分类国家标准历经四次修订，并更名为《国民经济行业分类》。

现行《国民经济行业分类》(GB/T 4754—2017) 于 2017 年 6 月 30 日由原国家质检总局和国家标准委联合发布，并于 2017 年 10 月 1 日起实施。考虑到 2018 年《中华人民共和国宪法修正案》在"国家机构"中增设了监察委员会，为满足标准的时效性，国家标准委于 2019 年 3 月发布并实施了国民经济行业分类第 1 号修改单。

分类采用经济活动的同质性原则划分，每一个行业类别按照同一种经济活动的性质划分。分类共分为门类、大类、中类和小类四个层次，共包含门类 20 个，大类 97 个，中类 473 个和小类 1382 个。每个类别都按层次编制了代码。门类用一个英文大写字母表示(如 A、B、C、…)；大类用 2 位阿拉伯数字表示，中类用 3 位阿拉伯数字表示，前 2 位为大类代码，第 3 位为中类的本体码；小类用 4 位阿拉伯数字表示，前 3 位为中类代码，第 4 位为小类的本体码。

国民经济行业分类代码举例

代码				类别名称
门类	大类	中类	小类	
A				农、林、牧、渔业
	01			农业
		011		谷物种植
			0111	稻谷种植

代　码				类别名称
门类	大类	中类	小类	
			0112	小麦种植
			0113	玉米种植
			0119	其他谷物种植
……				……
B				采矿业
C				制造业
D				电力、热力、燃气及水生产和供应业
E				建筑业
F				批发和零售业
G				交通运输、仓储和邮政业
H				住宿和餐饮业
I				信息传输、软件和信息技术服务业
J				金融业
K				房地产业
L				租赁和商务服务业
M				科学研究和技术服务业
N				水利、环境和公共设施管理业
O				居民服务、修理和其他服务业
P				教育
Q				卫生和社会工作
R				文化、体育和娱乐业
S				公共管理、社会保障和社会组织
T				国际组织

　　新国民经济行业分类标准，为健全国家统计标准体系，观察新经济活动提供了最新分类标准，使得各项普查、常规统计调查、专项统计调查的调查范围和对象更加规范、准确。

　　新版《国民经济行业分类》新增了体现新经济发展特征的新行业活动，为及时、准确地反映我国经济新常态和产业结构转型升级涌现出来的新产业、新业态、新商业模式，监测经济增长动能转换进程，反映"中国制造 2025"战略和国家"互联网＋"行动计划实施情况等奠定了标准基础，并为派生性产业分类提供了可操作的基础行业分类。

（来源：国家统计局）

【思考题】

1. 贸易行业的定义是什么？它们是如何分类的？
2. 商品贸易的类型有哪些？当代商品贸易发展呈现出的特征是什么？
3. 农产品贸易和工业品贸易的特点是什么？
4. 生产资料贸易和生活资料贸易的特点是什么？
5. 资本贸易有哪些功能？
6. 房地产贸易的特点有哪些？
7. 技术贸易的作用和特点有哪些？
8. 信息贸易的特点有哪些？
9. 数据贸易的内涵是什么？数据贸易的特征有哪些？
10. 服务贸易的特征有哪些？
11. 期货贸易的特征有哪些？

第四章　贸易与市场

【学习目标】了解市场的含义、基本功能及类型；掌握市场机制的基本概念；了解市场价格机制、供求机制、竞争机制、风险机制、工资机制、利率机制及其发挥作用的具体表现；了解商品供给与需求的含义，理解商品供求关系与商品供求矛盾，掌握商品供求规律；掌握市场竞争的含义和作用、形式和内容以及市场竞争效应；熟悉垄断竞争市场与寡头垄断市场的特征、反垄断法的主要内容及反垄断法在贸易中的重要作用。

第一节　市场是贸易的载体

一、市场的含义

贸易作为商品交换发达的形式离不开市场。市场是交换的范畴，在经济学上有多种含义。

1. 市场是商品交换的场所，是指人们集中进行贸易活动的场所，也就是进行买卖的地方。如城乡集市、城市和乡镇的贸易街区作为交换的场所，它区别于生产场所和消费场所。在这里，市场是个地理空间概念，指的是具有特定经济内容的场所——从事买卖活动的地点。在古代，市场是没有固定地点的。有了经常交换以后，市场一般在人们经常接触、经常交往、经常聚集的地方形成。例如在中国古代有"市井"的提法，就是指人们经常在井边打水而碰了头，因而经常在那里进行交换活动。城乡分离以后，市场首先产生和发展于必须依靠和外地进行商品交换以及由商人的供应来满足统治者的奢侈性需要、一般居民的生活需要和手工业生产需要的城市，然后才扩及乡村。在城市，"市"是它的必然的组成部分，没有"市"而有城市是不可想象的。在乡村则是先有集市，后有集镇的市场。关于城市买卖的地点，古代都是依城市的布局而在划定的区间内进行的。在西方，古希腊、古罗马的市场都在城市国家的城内。到了中世纪，在古代城市衰落以后，市场多半在宗教寺院内或附近以及诸侯城堡之外。到了近代，整个城市到处都有买卖。在中国，早在春秋战国时就规定城市要依傍水边，比如河流交叉处。城要有一定规模，要依一定的规划布局。《考工记》就明确写道："左祖右社，面朝后市"，明确规定市场设在朝廷或官署的后面，成为城市的必要组成部分。经过春秋、战国、秦、汉、魏晋南北朝，到了隋、唐中叶，随着商品流通的发展，不仅京都和州有市，而且县也有市。在京都，市不在官署之后，而是移到官署之前，而且不止一个，有东市和西市。但在坊市制度中，市场是被封闭在固定范围内的。晚唐以后，贸易突破了这种局限，而在市的周围乃至城中的住宅区——

坊门之外。到了宋朝，封建社会发展到契约地主租佃制，以实物地租为主，有了广泛的独立的小农经济，有点剩余产品可卖，商品流通由此而扩大。在城中已经到处有买卖，有市街，有闹市，城与市相等，不可分清。其后，贸易已不是城所能局限，便突破了城而在城外也做起买卖。虽然政府又筑起外城把它包围起来，但商品流通的进一步扩大，还是突破了外城而在城外又发展起关厢的市街。宋朝以后，城市的格局中"市"大于"城"，"城"事实上成为"市"的一个组成部分。在乡村，古代没有市场。南北朝时才有草市，唐时除了江淮叫草市外，北方称为"集"，西南称为"场"，两广称为"墟"。宋时的乡村，在集市的基础上发展了集镇，类似城市的市区一样，是有市区范围、有固定贸易网的市场。以后，在商品经济发展的基础上，有的发达的工商市镇发展成为城市，如佛山、汉口和景德镇。综上所述，作为交换场所的市场有其发展过程，而在各国又有其特点。

2. **市场是流通领域**，即一切商品货币交换活动的总和。这是一个发展了的广义的、抽象的概念。在《资本论》中，马克思说："市场即流通领域。"在《资本论》第一稿中马克思更明确地提道："市场是流通领域本身的总表现，不同于生产领域。"有时，马克思也提到过市场是"交换领域"。这与说市场是流通领域是同一个意思。随着商品经济的不断发展，随着现代交通、通信技术的不断发展，商品交换的范围越来越大，参加商品交换的当事人越来越多，交换的商品越来越繁杂，贸易形式与贸易手段越来越先进，市场的内涵越来越丰富，超出了"商品交换的场所"的空间范畴。例如，由于现代交通、通信技术的发展，商业信用的发展，期票的使用等，买卖双方不一定需要具体的交换场所，而只需经过一定的形式(如函电、电话)，就商品数量、规格、价格、包装、付款方式、交货日期等进行磋商，交易就被确定下来了。尤其是生产要素(资金、技术、信息、劳动力等)作为商品进入市场贸易，使市场更加不局限于某个特定的场所了，不局限于钱货直接交易了。为了包含这些新的市场交易形式，市场概念应当予以扩展，即市场不仅是指商品交换的场所，而且是指整个流通领域。"流通是从总体上看的交换""流通是商品所有者的全部相互关系的总和"。从这个意义上讲，市场是交换关系的总和。

3. **市场即商品的"销路"**，这是从商品生产和商品供应的角度看的，是指商品的现实和潜在需求。商品生产和商品供应必须建立在市场需求的基础上。没有市场，就是商品没有"销路"，也就意味着生产者和经营者难以生存和发展。因而，总要有市场需求才能进行生产或经营，总是依据市场需求的规模和结构来确定生产或经营的规模与结构。在确定生产或经营时，先必须以市场需求为导向进行定位，确定目标市场。比如说在工业化过程中，工业要以农村为主要市场，重工业不仅要以轻工业为市场，而且要以重工业和农业为市场，说的都是指工业的发展要建立在农村市场需要的基础上，重工业的发展也不能离开农业生产的市场需要和重工业生产彼此的市场需要。就具体的商品来说，企业的生产或经营也都是如此。在确定生产或经营时，总要问市场在哪里，是当地市场抑或外地市场；是国内市场抑或是国外市场；是生产企业抑或个人消费者；是低收入者抑或是高收入者；是青年人抑或是儿童、老人、是男人抑或是女人。凡此种种，只有明确以后，才知道商品的销路在哪里，为谁生产或经营，按照什么需要来组织生产或经营。

4. **市场即交易的组织形态**，是指其作为固定的集中交易的流通服务组织，为分散的、没有固定供销关系的生产者和消费者、卖者和买者提供直接见面或受委托进行集散买卖的场所和其他为交易服务的条件，如批发市场、商品交易所等。它既区别于一定空间范围内供求交互作用的市场(如当地市场、区域市场、全国市场等)，又区别于人们集中交易的地点(如商业街、集市等)，还区别于流通领域这个全面的、综合的经济范畴。它是市场中特定的交易组织形式，也可称为"有组织的市场"。著名经济学家道格拉斯·诺思认为有组织的市场具有制度结构特征：(1)存在适度低费用的度量技术和度量衡标准；(2)集中大量的买者与卖者；(3)众多成员之间存在竞争；(4)交易主体拥有排他性的财产权利；(5)国家提供有效的法律规制；(6)人们拥有公平合法的交换观念。这种有组织的市场可大大降低交易费用，形成良好的市场秩序。

5. 市场是一种制度安排。新制度主义理论认为市场不是一种机制和工具，而是由具有人类社会行为性质的活动组成的交换过程，即社会成员之间自愿交易、自由协议的一种契约活动。在全部的复杂交换过程中，各种发挥作用的因素共同组成了一种规则——交换制度。市场的本质就是经济人——经济交换——交换过程的制度安排，是一种组织化、制度化的交换。从制度安排看市场交换过程意义重大，我们必须注意市场制度建设和制度创新，如产权制度、契约制度、货币制度、市场准入与退出制度、竞争制度、产品责任制度、道德制度等。

6. 市场是一种经济运行和调节的机制。萨缪尔森等人认为市场是买者和卖者相互作用并共同决定商品或劳务的价格和交易数量的机制。他们认为市场最关键的特征是买者和卖者汇集到一起，共同决定商品或劳务的结构以及成交的数量，因此市场是一种机制。

总之，市场是一个不断发展的概念。在市场经济条件下，不仅市场交换的客体极为广泛(既包括物质产品，也包括一切生产要素)，而且社会再生产各环节的经济活动都要通过市场并围绕市场这个中心来进行，市场成了社会资源配置的基础，成了一切经济活动的运转中心，成了一切商品货币关系的载体，即成了贸易运行的载体。要发展贸易，就必须先发展市场和完善市场。现代贸易经济学就是从这个广义的角度来研究市场的。

二、市场的基本功能

市场功能，是指市场在社会经济活动中所具有的功效的能动作用。只要有市场，市场功能就客观存在。在市场经济条件下，市场具有多种功能，这主要表现为：

1. 经济联系功能，即通过市场实现国家之间、地区之间、城乡之间、不同行业之间、不同经济成分之间、同一经济成分不同企业之间、生产和消费之间的经济的联系。市场是社会分工的产物，通过市场使专业分工不同的生产者、生产部门实现相互之间的经济联系。市场是实现各部门、各地区之间的经济联系的纽带。例如，由于自然条件、经济条件等的不同，各个国家或地区的经济发展必须根据扬长避短的原则发挥各自优势，这就表示必须通过市场沟通国家或地区之间的经济联系。

2. 价值实现功能。就是说，在商品经济条件下，无论是个别再生产，抑或是社会再生产，都只有通过市场才能实现。就个别再生产来说，一方面，商品的价值(不管包含剩余价值或剩余产品的价值与否)只有通过市场出售给消费者以后才能实现，另一方面所需的生产要素(不论是简单再生产还是靠已经实现的剩余价值或剩余产品的价值积累部分用于扩大再生产所提出的需要)，都只有向市场购买才能获得。就社会再生产来说，I部类和Ⅱ部类之间、I部类内部各部门之间和Ⅱ部类内部各部门之间，每一部分产品的价值按照它的结构(不变资本、可变资本和剩余价值，即 C+V+M)和它们的物质形式(生产资料和生活资料，严格说还有生产劳务和生活劳务)，都只有通过市场才能寻找到价值在量上的补偿和物质形态上的替换，各部类之间、各部门之间才能按比例发展，社会再生产才能实现。

3. 经济调节功能，即通过市场调节社会劳动总量在不同部门之间的分配比例，优化社会资源的配置。商品生产和商品消费在任何条件下总是存在着一定的矛盾，反映在市场上必然表现为供不应求或供过于求的矛盾运动。供求矛盾必然引起价格的变动，价格的变动又会改变供求状况。供求和价格相互作用，相互决定，这是供求规律的要求。供求关系不仅能够在价格的调节下趋于协调，而且社会资源的配置能够在市场机制调节下趋于优化。供不应求的商品的价格会上涨，利润会提高，就会刺激和诱导更多的人、财、物资源投入这种商品的生产；相反，对供大于求、价格下降的商品，生产资源投入就会自动减少。

4. 信息传导功能。市场能够通过交易活动或其他联系的形式和手段，把市场的供求变化、价格变动以及买方或卖方的生产、经营和消费有关情况这些信息传导给生产者、经营者和消费者，使他们能够依据这些信息来研究和判断，作出决策的选择。国家在宏观调控上也同样可以利用市场所传导的信息来作为决策的依据。市场的功能在不同的时间、地点、条件下会表现为相同的或相似的作用。例如，在实现生产商品化和社会化，实现工业化，建立发达的商品经济，向资本主义生产方式过渡的阶段，市场起着决定性作用，这是以前所不可比拟的。这时不仅要求有广阔的国内统一市场，而且要有更广阔的世界市场。又如市场在多民族国家的形成中，是中央集权的统一国家形成的基础。对于消除国内地方分割和驱逐外国侵略势力，维护民族利益起着前所未有的作用，因为对内和对外政治上的统一是统一市场所体现的共同利益、民族利益所提出来的，事实上共同市场不仅是内部各地区、各民族政治上紧密团结的基础，而且是文化上融合或趋同的基础。

5. 选择功能。市场是竞争的场所。马克思说：市场，"这个领域是一个竞争的领域"。市场是有限的，但市场的主体——卖者和买者，也就是商品的生产者、消费者和经营者都不是一个，为了实现他们各自的利益要求，必然要展开竞争。通过竞争，不同的市场主体在较量之后，就会显示优势和劣势。优胜劣败，适者生存，事实上就是通过市场对他们进行选择，鼓励先进，淘汰落后。要想在竞争中不被淘汰而战胜别人，就得把市场压力转化为内部动力，努力改进生产，改善经营管理，克服弱点，发扬优点。因此，市场选择功能在客观上推动着参与竞争的各个经济主体不断前进。

6. 导向功能。一切生产的目的，归根结底都是为了消费。任何生产存在和发展的依据，都是为了满足消费需要，否则就会失去生命力。一切社会进步，根本都在于节约时间，提高劳动效率，提高经济效益。在生产社会化条件下，时间节约必然要求经济按比例发展，要求生产的规模和结构适应消费需求规模的扩大和结构的变化。消费需求不仅是生产发展动力，而且规定了生产发展的方向。在商品经济条件下，消费需求的导向必然要通过市场需求的导向体现出来。市场需求的增长和结构的变化以及由此而引起的复杂的供求的变化，给个别生产和经营的发展，给新部门、新产品、新品种的确立，给社会生产结构的调整指明了方向。在市场调节中，价格更起到指示器、信号灯的作用。

三、市场类型

（一）按交换的客体分类

按交换的对象划分，市场可分为商品市场、服务市场与生产要素市场。商品市场上的交换对象都是一定时期经济活动的产出品。商品市场十分庞大，它包括消费品市场、生产资料市场，这些市场又可按商品性能、用途等分为不同的细分市场，如消费品市场还可分为家电市场、食品市场、服装市场、日用品市场等。

生产要素市场上的交换对象是经济活动的投入品，包括金融市场、劳动力市场、房地产市场、技术市场、信息市场、数据市场等。其中金融市场是生产要素市场的枢纽和血液，包括资本市场和货币市场。资本市场又可分为股票市场、债券市场、基金市场等。房地产市场又可分为土地市场与房产市场。服务市场上的交换对象是各种各样的服务，包括第三产业的各种服务，如批发零售服务、住宿餐饮服务、运输服务等。

（二）按交换的主体分类

按买卖的主体分类，市场可分为消费市场与组织市场，消费市场的购买者是个人，其购买的目的是为了满足自己物质生活消费与精神生活所需要的消费品。组织市场是指市场购买者是一定的社会组织，又可分为产业市场、中间商市场和政府市场。产业市场是指生产企业购买生产资料用于生产加工的产品制造。中间商市场指批发商与零售商或代理商购买商品后再转卖或租赁的市场。政府市场是指政府购买者购买商品以履行政府职能，包括为社会提供公共产品。

（三）按交换的空间范围分类

按交换的空间范围分类市场分为城乡市场、区际市场、国际市场。城乡市场，可以再分为城市市场与农村市场。城市市场是指在城市发生和完成的各种交换活动，购买者主要是城市居民。农村市场是指在农村发生和完成的各种交换活动，购买者主要是农民。区际市场是国内各地区之间发生的各种贸易活动的统称，包括行政区际和经济区际之间的贸易。国际市场是指商品贸易活动跨越国界以世界范围为交换空间的市场，可以再分为区域性国际市场和全球化国际市场（世界市场）。区域性国际市场是指一些国家联合为一体的跨区市场，如欧盟、北美自由贸易区等。全球化国际市场是指世界一体化的市场，贸易的范围是全球。和国内市场相比，国际市场上的交换涉及的是国家与国家之间的经济联系，国际市场的交换规模更大，容量更大，竞争更激烈，并且国际市场上的交易结算涉及不同国家的货币交换，影响因素更复杂，风险更大。

（四）按交换的时间界限和商品交割的程度分类

按此标准分类，市场可分为现货市场与期货市场。现货市场又可分为即期现货市场与远期现货市场，进行的都是现货贸易。即期现货交易的规则是钱货两清，基本上是一手钱一手货，商流物流同时完成。远期现货市场实行的是远期合同交易，交易规则是按合同签订成交在前，商品实物交割在后；或是商品实物交割在前，全部货款结清在后。至于期货市场，是指在期货交易所发生商品期货合约的买卖，交易双方是为了套期保值或投机牟利，绝大多数交易以对冲结束。

此外按交换时间分类，商品市场还可分为节日市场、假日市场、常年市场、季节性市场等。

（五）按交换的场所划分

按交换的场所划分市场可分为有形市场与无形市场。有形市场是指交换与贸易活动有固定的交易场所，如传统的集镇贸易、步行商业街、固定的批发交易市场、证券交易所大厅等。无形市场是指交换和贸易活动无固定的场所，交易双方通过电话、网络、信函等洽谈成交的市场，随着现代信息技术和网络技术的发展与电子商务、网上银行、电子货币的出现，无形市场的规模会进一步扩大。当然，无形市场的交换要运用有形的交易手段，如计算机设备等，只是没有固定的交换场所而已。

（六）按交易的管制程度划分

按交易的管制程度市场可分为自由交易的市场和有限制性交易的市场。自由交易的市场是交换对象自由流通、经营者自由出入、价格自由决定、信息公开透明的市场。当然自由交易也是在一定规制约束下的自由交易。限制性交易的市场是指政府有限度放开交易的市场，即政府对交易中某些方面采取禁止、限制的法规和政策的市场，包括对交换对象的限制对交换主体资格的限制，对交易行为的限制、对交易价格的限制等。凡是违反政府管制而违法违规进行交易的市场通称"黑市"，"黑市"又是与"黑经济"结合在一起的，应在取缔之列。

（七）按市场竞争程度划分

按市场竞争程度市场可分为完全竞争市场、垄断竞争市场、寡头垄断市场、完全垄断市场。在完全竞争市场，交换的商品具有同质性，买卖双方众多，竞争充分，厂商没有市场势力，只是价格的接受者。垄断竞争市场的厂商数量少于完全竞争市场的厂商数量，竞争程度也有所缓和，在现实中更为多见。寡头垄断市场的厂商数量仅有几个，互相之间的产量决策和定价决策等厂商行为相互影响，厂商的竞争策略也更多样，如我国目前的电信市场就仅有移动、电信、联通三家运营商。完全垄断市场的厂商只有一个，厂商根据利润最大化原则确定垄断价格和垄断产量，严重损害社会福利。

第二节　市　场　机　制

市场机制是指在市场经济中通过供求和价格变动、市场竞争、风险约束等途径，来调节经济运行和实现资源配置的作用过程。市场机制主要包括以下六个机制。

一、价格机制

价格机制是市场机制中的基本机制。所谓价格机制，是指在竞争过程中，与供求相互联系、相互制约的市场价格的形成和运行机制。价格机制是市场机制中最敏感、最有效的调节机制，价格的变动对整个社会经济活动有十分重要的影响。价格是市场调节的信号。市场主体中的供应方为了实现自身利益目标，需要作出生产什么、生产多少、如何生产以及为谁生产的决策；需求方，则需要作出购买什么、购买多少以及在何处购买的决策。所有这些决策的基本依据，就是市场价格信号。作为商品价值货币表现的价格，是最主要的市场信号，也是整个市场机制的核心部分，直接决定市场主体利益目标的实现程度。在商品经济条件下，一方面，任何商品生产者的产品都可能成为他人、社会的使用价值，而产品是否为社会所需要只有通过市场的检验才能确定；另一方面，每个生产者又是独立作出生产决策的。

价格机制对市场商品供求有明显的调节作用。一般来讲，一定的价格水平对商品供给与商品需求产生调节作用的方向是相反的。当某种商品供不应求时，市场价格上涨到商品价值之上，这一方面会刺激生产者扩大生产，增加供给量，另一方面又会导致消费萎缩，其结果是商品逐步供过于求。当商品价格处于低谷状态时，情况完全相反。商品生产者会因利润的约束而减少商品供给，而消费者则会形成购买冲动，又会造成商品需求的增加。这种调节作用广泛存在于商品供求关系的形成过程之中，尤其是在商品结构性供给与商品结构性需求关系的形成过程中，价格机制的这种调节作用表现得特别显著。

更广泛地说，价格机制的作用体现在：第一，价格机制调节生产。它体现在推动生产商品的劳动生产率的提高和资源耗费的节约；调节资源在社会各个生产部门的分配，协调社会各生产部门按比例发展。第二，价格机制调节消费。价格总水平的上升或下降调节市场的消费需求的规模；商品比价体系的变动，调节市场的消费需求方向和需求结构的变化。第三，价格机制是宏观经济的重要调控手段。一方面，价格总水平的变动是国家进行宏观经济调控的根据；另一方面，价格机制推动社会总供给与总需求的平衡。

二、供求机制

供求机制是调节市场供给与需求矛盾，使之趋于均衡的机制。供求机制是指商品的供求关系与价格、竞争等因素之间相互制约和联系而发挥作用的机制。供求关系受价格和竞争等因素的影响，而供求关系的变动，又能引起价格的变动和竞争的开展。

供求机制对社会经济的运行和发展具有重要功能。供求机制可以调节商品的价格，调节商品的生产与消费的方向和规模。供求结构的变化能调节生产结构和消费结构的变化。供求机制的直接作用表现在以下几个方面。第一，调节总量平衡。供不应求时，价格上涨，从而吸收更多的投资，供过于求时，一部分商品的价值得不到实现，迫使部分滞销企业压缩或退出生产。第二，调节结构平衡。供求机制通过"看不见的手"使生产资料和劳动力在不同部门之间合理转移，导致经济结构的平衡运动。第三，调节地区之间的平衡。它促使统一大市场的各个地区调剂余缺，互通有无，使总量平衡和结构平衡得到具体落实。第四，调节时间上的平衡，它促使部分劳动者从事跨季节、跨时令的生产经营活动（如温室种植、跨季节仓储等），在一定程度上满足了市场需求，缓解了供求矛盾。

三、竞争机制

竞争是指各种市场主体为了实现自身利益目标而发生的相互排斥甚至相互冲突的利益关系，是市场经济的内在动力。在市场经济中，"独立的商品生产者互相对立，他们不承认任何别的权威，只承认竞争的权威，只承认他们互相利益的压力加在他们身上的强制"。竞争可以发生在同类商品的卖者之间，也可以发生在买者之间，还可以发生在卖者和买者之间。就卖者即同类商品的不同生产者而言，竞争主要表现为在市场需求有限的条件下，尽量扩大自己的市场占有份额，这意味着将同行从市场交易中排斥出去。就买者即同类商品的不同购买者而言，竞争则主要表现为在商品供应数量有限的情况下，力争使自己的需要首先得到充分满足，而这意味着将其他购买者从市场交易中排斥出去。就卖者和买者的竞争而言，前者总是力求把商品卖得贵一点，后者则总是力求压低商品价格。这些竞争有利于合理地配置资源。除了上述发生在同一商品市场中的竞争之外，不同部门的生产者之间也存在竞争关系。这种竞争是由生产者争夺获利空间驱动的，通过社会资源在不同部门之间的转移来实现。而资源的转移，则是由不同部门的商品之间的比价变动引导的。如果某个部门的商品价格处于上涨态势，而其他部门的商品价格不变，那么原先用于其他部门的那部分社会资源，就会被其所有者投入商品价格上涨的生产部门，以便获得更大收益。

四、风险机制

市场经济参与者的决策是自主的，也是分散的。他们要对自身行为负责，不仅要获得由自身行为所产生的利益，而且要承担由自身行为所产生的风险。风险是指市场中存在的不确定因素使市场经济参与者面临受损的可能性。比如，生产商品，就会面临亏损乃至破产的风险；购买股票，就会面临股价下跌，投资受损失的风险。风险机制实际上包含了市场经济参与者的利益刺激和风险约束。追求自身利益最大化是市场经济参与者的内在动力，趋利避害也是市场经济参与者的一种本能。在正常情况下，获利大小与风险大小呈正相关关系，追求更大利益就必须承担更大的风险。

所以，风险的存在对于市场经济参与者具有双重意义。风险意味着损失的可能性，也意味着获取较高收益的可能性。市场风险及其机制的作用在于，一方面鼓励市场经济参与者甘愿冒更大风险去追求更大利益；另一方面强化市场经济参与者的自律意识，迫使其审慎决策，谨慎行事，改善经营管理，以规避风险。

五、工资机制

工资是劳动力价值的货币表现，即劳动力价格。劳动力价格随着劳动力供求关系的变化而变动。当扩大产品规模时，就业机会增加，劳动力需求上升，从而引起劳动力价格即工资的上涨。当劳动力价格上升到某一点时，一方面它会造成产品成本过高，另一方面它会导致劳动力需求下降，其结果是劳动力价格逐步下降，劳动力供求状况逐步走向平衡。当缩小产品规模时，情况相反。因此，工资机制起着自动调节劳动力供求关系的作用。

应该指出的是，市场体系范畴的各种因素均有自我调节能力。这是因为市场本身就是商品交换关系的总和，市场关系的范畴都是为了协调商品交换关系而产生的。从某种意义上讲，组成市场体系的各要素机制，如价格、利率、汇率等，都是为适应各经济主体的经济利益关系而产生、发展起来的，因此，都具有自我调节能力。

另外，价格、利率等要素机制并不是孤立的，而是相互联系、相互作用的，共同发挥着调节功能。如商品价格上升引起投资需求扩张和利率上涨，对劳动力的需求也会增加。当劳动力供给为一定量时，工资就会自动上升。利率与工资分别上升到一定幅度时，企业出于投入产出比率关系的考虑，在投资热情减弱或消失的同时，也会自动减少或停止对劳动力的招聘。

六、利率机制

利率本质上也是一种价格,即借贷资金的价格。在商品经济社会中,生产要素一般跟着货币走,货币资金是"第一推动力"。在一个完备的资金市场上,利率是浮动的,能反映资金的供求关系。因此,它对资金供求关系的调节是不言而喻的。当某种商品供不应求时,价格上涨,从而引起生产者对该产品的投资增加,而投资需求扩张会自动牵引利率上升,当利率上升到某一点时,生产者的投资热情 就会消失,生产规模也就下降,从而使资金供求达到平衡和协调。反之,当商品供过于求时,情况则相反。

第三节 市场供求与贸易

在商品经济条件下,生产者的生产目的不是为了满足自身的消费需要,而是为了交换。随着生产的不断进行,商品源源不断地涌进市场,所有待售商品形成商品供给。消费者手中持有一定量的货币,只能通过市场购买来获得自己需要的商品,进而形成商品需求。商品供给和商品需求是形成市场商品流通的两个基本条件,也是贸易赖以存在和发展的基础。

一、商品供给与商品需求

(一)商品供给

商品供给是指一定时期内已经存在于市场上的和能够提供给市场销售的商品总和。它既可以是待售的物质产品,也可以是非物质产品,如劳动力、资金、技术、信息、数据等。商品供给的形成要受多种因素的制约,主要取决于商品资源总量及其在市场供应量和非市场供应量之间的分配比例。物质产品作为商品,构成一般商品市场的供给,非物质产品作为商品,构成其他市场的特殊供给。本教材是从一般有形商品市场入手,其中又主要从消费品市场入手。

市场供给不是指单个商品的供给,要形成商品供给,就要有一定量的商品,才能满足一定量的社会需要。马克思指出:商品供给量,既可以用其使用价值数量 N(单位数量)表示,也可以用其市场价值量 NP(P 表示价格)表示,但是全部市场商品供给总量只能用其市场价值 NP 表示。

商品供给形成受多种因素的制约。我国商品市场供给状况主要取决于两个方面:一是取决于一定时期内的商品资源总量;二是取决于商品资源总量在市场供应和非市场供应量之间的分配比例。我国商品资源总量主要来源如下:

1. 生产部门的产品生产量。这是商品供给最主要、最基本的来源。生产部门提供的商品资源数量取决于生产力和生产的商品化程度,其中生产力包括生产规模、高新技术的市场化程度和供给创新能力等。只有生产不断发展,商品率不断提高,市场供给量才会相应增加。

2. 进口物资。在现代市场经济和开放式贸易存在的条件下,它是商品资源的重要来源。任何国家和地区的生产都不是该国家、该地区的商品供给的唯一来源，而只是主要来源。当本国所生产的产品不能满足或者不能适应本国的需要时，就要通过进口来增加商品资源，改善商品供给结构。国际分工形成以后，进口就不只是互通有无、长短相补的问题，而是怎样利用国际资源和国际市场获取比较利益的问题。一国参与国际分工的程度越深，其国内市场供给对进口商品的依赖就越大，进口商品在商品资源中成为重要的来源，而且越来越重要。

3. 国家财政拨出物资。这是指财政部门通过税收取得的实物和财政处理物资，投放市场形成的商品资源和商品供给，包括过去以农业税形式征收的粮食等实物投放市场形成商品供给，以及财政罚没物资作为商品资源供应市场。

4. 社会潜在物资。这主要是指机关、企事业单位、团体和居民等暂时不用或不适用的物资，以及废旧物资再生资源等。由于市场变化，一部分生产消费储存和生活消费储存的物资出现逆向运动，即重新投放市场，成为商品资源和商品供给的一个补充来源。废旧物资再生资源是指在生产和生活中已被消费的产品，作为废旧物资有一部分商品仍有残余的或其他用途的使用价值，可进入再生资源或旧货市场进行再流通、再使用，因而也可成为社会商品资源的一种补充，这也是发展循环经济、节约型经济的要求。由于生产与消费废弃物增多，废旧物资作为商品资源就会在量上有不断增长的趋势。

5. 国家储备物资。这是指国家为了保证国民经济的正常运行和应付重大的非常事件而必须储备的物资。这类物资一般不能动用，除非遇到重大灾害、战争或者国民经济发展出现大的波动时，为保障社会稳定、保障战争供给和国民经济协调发展才能动用。但是，由于产品的自然属性方面的原因，这类物资在储存一定期限之后需要更新。上述临时性动用的物资和经常性更新储备的物资中，有一部分可以投入市场，形成商品供给，是商品资源的补充来源。此外，还有接受国外援助等补充性来源。

6. 计划期初储备的物资。计划期初储备的物资是由计划前期结转下来的在本计划期内可以使用的物资。这些物资也是本计划期内社会商品资源的一项来源。

多种途径形成了商品供给，但国家在一定时期内所获得的社会商品资源总量并不能全都形成市场商品供给。其中大多数用来供应国内市场，其余则用于出口、拨付国家新增储备物资、拨付国家财政、外援以及其他用途。只有用来供应市场销售的这部分商品才形成市场商品供给，因而需要合理确定市场供应量和非市场供应量之间的分配比例。

(二) 商品需求

商品需求是指一定时期内用于到市场购买商品的货币支付能力。需求不等于需要，人的需要在任何经济形态下都会存在。人的需要又分为不同层次，且从低层次不断向高层次逐步上升。自然经济形态下，人的需要不必通过市场实现。但在市场经济条件下，人的消费需要的实现必须通过市场上的货币与商品的现实交换，即商品购买是前提。这首先要求人们拥有一定的货币购买力。但是具有足够的货币支付能力，没有需求欲望，也不能形成现实的购买力和商品需求。因此，商品需求的形成条件是，有货币支付能力，又有商品购买欲望。货币支付能力是产生市场需求的物质力，决定市场需求的量与质；商品购买欲望是产生市场需求的前提，是对市场需求的量和质作出最终决策的心理过程，受一系列复杂因素的制约。

　　一定时期内的市场商品需求量是有数量界限的，由于这个数量界限是由社会实际购买力决定的，市场商品需求量也叫社会商品购买力。商品购买力和货币购买力是两个不同的概念。商品购买力是指一定时期内能够用于市场购买商品的货币量，它所回答的是用于购买商品的货币有多少；而货币购买力是指单位货币购买商品的能力，即货币所包含的价值量，它所回答的是用于购买商品的单位货币能买到多少商品。货币升值，货币购买力就提高；货币贬值，货币购买力就下降。在纸币流通条件下，如果纸币发行量超过流通中所需要的金属货币量，纸币就要贬值。由于货币的价值直接关系到价格的涨落，因而货币购买力的升降关系到一定数量的货币所形成的购买力对商品供给的适应程度，因此，在货币购买力既定的情况下，商品购买力的大小取决于货币量的多少；在商品购买力既定的情况下，即在用于购买商品的货币量既定的情况下，它能够购买多少商品，则取决于货币购买力的高低。

　　市场商品需求可以分为消费需求、投资需求与出口需求，俗称经济增长的"三驾马车"。

　　1. 消费需求

　　根据购买对象和用途不同，消费需求可以分为居民消费和社会集团消费，其中居民消费占主要部分。

　　(1)居民消费品购买力，是指一定时期内城乡居民用于购买消费品的有支付能力的货币量，是居民消费水平高低的标志，它取决于居民货币收入总量和居民的货币支出结构。居民的货币收入分为基本货币收入和非基本货币收入。

　　我国实行按劳动分配为主、多种分配方式并存的分配制度，居民基本货币收入主要是按劳分配收入。此外，允许和鼓励居民的资本、技术等生产要素参与收益分配，因而其他多种形式的货币收入也会不断增加。

　　城市居民的基本货币收入包括企业职工的工资收入、经营管理者的货币收入、个体经营者收入和私营企业主收入等；乡村居民的基本货币收入包括农民的经营收入、出外打工的劳务收入、非农的个体经营收入等。城乡居民的非基本货币收入主要包括储蓄存款的利息收入、股息分红和购买债券的利息收入、房地产的买卖和租赁收入、社会福利和保障性收入等。居民购买力的大小不仅取决于居民的货币收入，还取决于居民的货币支出结构。居民的货币支出包括商品性支出、非商品性支出、储蓄和投资支出、手存现金等。其中的非商品性支出是居民的实际货币支出中不用来购买商品的支出，如缴纳赋税、捐纳和摊派、赡养和馈赠、支付贷款利息、保险费、罚款等。居民的货币收入中只有居民的商品性支出才能形成居民购买力。

　　(2)社会集团购买力，是指居民以外的企业、机关、部队、学校等社会团体的消费品购买力。社会集团购买力大致可以归纳为以下四类费用：①办公费用。这主要是购买文具纸张、书报杂志、家具设备等费用。②各种器材和维修工具购置费用。这主要是购买职工乘用的交通工具和油料、取暖设备和燃烧、零星维修器材及工具、日用电器和电信设备等费用。③科学研究和教学费用。这主要是购买各种仪器仪表、教学用具和设备、材料等费用。④职工劳保福利费用。这主要是指购买劳动保护用品、医疗器材、药品、食堂设备、文娱体育用品等费用。社会集团购买力的资金来源中，厂矿、企业是由本单位的经营收入形成，机关、团体、事业等单位则主要由国家财政拨款形成。社会集团购买力基本上属于管理费用支出，应根据勤俭节约的原则加以严格控制。

2. 投资需求

投资需求是指一定时期内国家、企业、居民个人、社会团体用于基础设施建设、公用事业和生产经营项目等方面的货币投入所形成的市场需求，投资需求的资金来源有国家财政预算拨款、各类金融机构的贷款、企业和个人的自有资金投入、国际组织援助、民间捐助等。

3. 出口需求

出口需求是指国家把一部分产品和劳务输出国外，以换取必要的外汇收入。

二、商品供求关系与商品供求矛盾

(一)商品供求关系

商品供给和商品需求是与市场相关联的经济范畴。供给离不开需求，没有需求，供给就失去意义；需求离不开供给，没有供给，需求就不能实现。在市场上，供求是形成商品流通的两个基本方面、基本条件。商品流通过程，是由许多次商品买卖行为联结而成。商品流通领域也是由无数次商品买卖行为有机组成。一切买卖行为，存在着一种内在有机的联系，即买卖双方，一边是商品供给，另一边是商品需求，二者之间，存在一定量的相适应的关系。这种关系的外观表现为使用价值和交换价值的关系，商品和货币的关系。单一的买卖行为是如此，整个商品流通领域也是如此。一切商品买卖行为的总和，构成整个市场的商品供求关系。

分析考察商品供求关系不能只停留在流通过程，因为流通过程只是商品供给与商品需求发生联系和实现结合的阶段，而商品供给与商品需求的形成则是由社会再生产过程中各种比例关系的运动决定的，特别是由生产与消费之间的比例关系决定的。因此，还必须从整个社会再生产过程来分析。从整个社会再生产过程而言，流通是联系生产和消费的中介；从循环往复的社会再生产过程来看，流通则是社会再生产的中心。在市场经济条件下，社会生产的现实状况通过商品供给去体现，而社会消费的现实要求则通过商品需求来体现。商品供求关系体现着生产和消费的关系。但是，生产和消费都是人类的社会活动，商品供求的形成都是生产者和消费者推动的结果，因此，商品供求关系又必然体现着生产者与消费者之间的关系，即人与人之间的关系。在商人没有介入交换的场合，生产者和消费者直接进行交换。在商人介入交换的情况下，生产者和消费者都通过商人来实现自己的交换目的，交换关系更趋复杂。在生产者面前，商人代表消费者及其需求；在消费者面前，商人代表生产者及其供给。

(二)商品供求矛盾

商品的供给和需求彼此之间内在的客观联系使之处于统一体中，形成商品流通领域中特有的矛盾。商品的供给和需求是矛盾统一体的对立面。两者相互依赖、相互制约、互为条件，彼此力求相适应，但两者又相互排斥、相互斗争、相互对立，彼此又常常不相适应，形成对立统一的辩证关系。

　　这种客观上必然存在的相适应和不相适应的状态，正是商品供求矛盾存在的统一和对立的两种形式。其统一是供求之间相适应，叫供求平衡；其对立是供求之间不相适应，叫供求不平衡。供求不平衡又可表现为两种根本不同的形式，一种是供过于求，另一种是供不应求。商品供给和商品需求是两个相互矛盾的因素，不是供大于求，就是求大于供，两者正好相等几乎是没有的事。供求不平衡是绝对的，平衡是相对的。只要商品供求矛盾过程一开始，不平衡就存在着，直到过程终结。相对平衡包含不平衡，只不过在平衡情况下供求大体相接近，不平衡不明显，矛盾没有暴露出来；而当其发展到不平衡时，矛盾便明朗化，才发展成为供过于求或供不应求。可见，在商品供求相适应时，就包含有不相适应的因素。平衡和不平衡只是绝对不平衡隐藏和暴露着的两种形态而已。商品供求矛盾表现为何种形态，是依影响供求双方形成和交互作用的因素为转移的。随着客观条件的变化，矛盾的形态也变化。它会从一种形态转化为另一种形态。商品供求矛盾是不断发展变化的。供求双方的矛盾斗争是其变化发展的动力。只要矛盾一旦产生，就存在着斗争，就不断发展变化，直到矛盾的解决。

　　商品的供求不平衡之所以是矛盾存在经常的、绝对的状态，平衡只是矛盾存在暂时的、相对的状态，是由于：(1)供求关系是生产和消费的关系在市场上的反映，产消之间在客观上就存在着矛盾。马克思说："如果从更广泛和更具体的意义上来理解需求和供给之间的关系，就要把生产和消费的关系包括在内。"显然，不弄清生产和消费的关系，是说不清作为这种关系在市场上反映的商品关系的。(2)供给和需求形成的条件不同。生产不等于供给，从消费不等于需求，从生产到供给，从消费到需求，各自要受一系列的条件所制约，因此，即使产消之间是一致的，在其形成供求关系的过程中，由于双方制约因素不同以及双方制约因素作用的力量不同，也会发生供求不平衡。(3)即使形成的供求关系是一致的，但在其实现过程中，也会受市场上种种客观条件和环境的制约，由于条件和环境的不协调和经常变动，作用的方向和程度也不一致。在实现过程中平衡也会变为不平衡。因此，经常发生的是不平衡，不平衡是绝对的。只有具备平衡所需要的条件时，不平衡才会转化为隐蔽状态的不平衡，即相对的平衡。平衡之所以是相对的，是因为形成平衡状态的条件不可能凝固不变。随着时间的推移，由于内在的原因和外在的影响，形成平衡的条件必然要发生变化，平衡就被破坏，隐藏在内部的不平衡因素就会滋长和强化，使平衡转化为不平衡。

　　供求不平衡有两种情况，一种是一般不平衡，另一种是严重不平衡。前者是贸易运行中的正常情况，是供求比例协调所允许的，而后者是供求矛盾恶化，会造成严重的供求比例失调，进而破坏贸易和整个社会经济的正常运行，甚至可能导致整个社会经济秩序混乱。所以，必须避免出现严重的供求不平衡，而其中的关键又在于控制不平衡发展的趋势和程度。这就要求在市场存在一般不平衡时，就不断地去克服不平衡，防止它发展为严重不平衡，促使它趋向于供求平衡。如果出现了严重的不平衡，就必须设法利用行政的、经济的和法律的调控手段迫使供求的严重不平衡回到一般不平衡。只有这样，才能保证贸易的迅速发展和促进市场不断繁荣。从不平衡到平衡，再从平衡到新的不平衡，即不平衡—平衡—不平衡，是商品供求矛盾运动的趋势。供求矛盾总是运动的、发展的，或者从不平衡向平衡转化，或者从平衡向不平衡转化。供求矛盾作为市场的基本矛盾也是推动市场不断发展的动力。我们应重视供求矛盾，顺势而为，在不断解决供求矛盾的过程中，推动市场的发展，以促进整个社会经济运行的良性循环。

三、商品供求规律

(一)商品供求规律的内容

商品的供给与需求均处于动态变化之中。尽管影响这种动态平衡的因素众多，但在市场环境下，商品价格无疑是一个核心的经济变量，它频繁地触发供求关系的变化。价格，作为供需双方互动的纽带，其任何调整都会直接关系到买卖双方的利益，进而引导商品供求关系的变动。反过来，供需的变化也会对价格产生影响，导致其波动。由此可见，供求与价格之间存在着深刻的内在联系。所谓的商品供求规律，实质上描述的是商品供求变化与价格变动之间的相互作用、相互影响及相互决定的关系，更简洁地说，就是供求变化与价格变动之间互为因果的规律。它的基本内容是：

1. 供求变动调节价格变动。供求对价格的调节作用具体表现在：商品供不应求，引起价格上涨；商品供大于求，引起价格下跌。

2. 价格变动调节供求变动。价格对供求的调节作用具体表现在：商品价格上涨，刺激供给增加和需求减少；商品价格下跌，导致供给减少和需求增加。

3. 供求和价格的相互作用引起对方的变化是反向的。供过于求时，价格下跌，刺激消费，使供过于求逐渐趋于平衡进而走到它的反面——供不应求。这样，价格不断围绕价值上下波动，由于价格的弹性不同，需求曲线与供给曲线的变化不同，供求和价格不断变动以相反的方向形成循环。

4. 种类不同的商品，由于价格的弹性不同，需求曲线与供给曲线的变化不同，其供求变化对于价格变化反应的灵敏程度不相同。以需求变化为例，奢侈品对于价格变化反应的灵敏程度较为剧烈，生活必需品对于价格变化反应的灵敏程度则较为平缓。

(二)商品供求规律的要求

商品供求规律是在流通环节中调节生产与消费之间矛盾的特有经济法则。作为市场的主要影响因素，供求动态与价格波动共同牵制着商品与货币的流通，从而主导市场走向。在策划和组织贸易活动时，我们必须严格遵循这一规律。例如，在确定商品价格时，我们既要考虑其价值基础，也要兼顾当前的市场供求状况。针对不同的商品市场供需情况，我们需要灵活地进行价格调整。如果商品销售不畅、库存积压，我们就应适度下调价格，以此激发消费者需求，提升销售量，并对生产形成一定的制约，减少市场供给；相反，在商品供不应求的情形下，我们则应适度上调价格，以刺激生产扩张，增加市场供给，同时在一定程度上抑制过度消费，减少市场需求。价格调整的幅度必须控制在生产者与消费者均可接受的范围内，以确保等价交换的公平原则，并遵循商品供求弹性的变化规律。唯有如此，商贸活动的流畅性才能得到加强，形成生产与消费、供给与需求之间的良性循环。因此，在我国新的贸易体制中，我们必须对商品供求规律的作用给予足够的重视。

第四节　市场竞争与贸易

贸易部门在组织商品购销业务活动中，必然要面对和伴随着激烈的市场竞争。商品贸易竞争是商品经营者之间在买卖商品过程中围绕着商品销售而展开的一系列的激烈争夺，包括卖者之间对买者的争夺，买者之间对卖者的争夺，买卖双方就商品质量、价格、数量、交货时间、交货地点、付款方式、违约责任等进行的讨价还价。不论商品贸易竞争的表现形式如何，其核心实质都是争夺商业利益，即通过争夺商品市场、商品价值的实现条件和有利的投资领域而获取更多的利润。

一、市场竞争的含义与作用

(一) 市场竞争的含义与必然性

市场竞争，是指经济主体为了获得有利的商品交换条件，谋取更多的经济利益，相互之间展开的市场较量与对抗。市场经济下的各种贸易活动都是在竞争中进行的。市场竞争是商品经济的必然产物，这是因为：

1. 商品内在的使用价值与价值之间的矛盾必然通过竞争来得到全面解决。竞争的必然性根源于商品的内在矛盾。一切商品对它的所有者而言是价值，对它的非所有者而言是使用价值，价值和使用价值是商品的内在矛盾。商品的内在的使用价值与价值的矛盾，要依赖商品交换来解决。在出现了货币以后，商品的内在矛盾外化为商品与货币的矛盾。所有的商品拥有者只有把自己的商品销售出去换成货币才能实现商品的价值；所有的需求者只有用货币才能换回自己所需的使用价值。这些矛盾的解决，只有通过买者之间、卖者之间、买者与卖者之间的竞争，实现商品和货币的全面转手后，才能得到全面解决。

2. 市场竞争源自价值规律的客观性。竞争可以带来市场活跃、商业繁荣，可以使消费者的需求得到更充分的满足。商品贸易企业积极参与竞争活动，会带来市场繁荣、贸易发达的生机勃勃的新局面。通过竞争，可以促使商品贸易企业不断加强经济核算，努力降低商品贸易费用，认真研究消费心理，自觉改进服务手段，提高服务质量，扩大服务领域，开拓新的品种，开辟新的市场，诱导新的需求，从而满足消费者日益增长的千差万别的需求。

3. 社会必要贸易时间只能通过竞争来确定。由于经营条件方面的差异，经营某种商品的个别劳动时间各不相同，但某种商品的社会必要贸易时间不能由个别贸易时间来确定，而应由该种商品的所有经营者通过竞争来确定。个别贸易时间低于社会必要贸易时间的经营者可以得到超额利润；反之，高于社会必要贸易时间的经营者则会减少利润或亏损。

4. 竞争源自经济利益的驱动性。任何贸易经营者的经营活动，都必然要追求自身利益的最大化。作为商品所有者，总是希望手中的商品能最大限度地转化为货币，并以最高的价格出售，力图最大限度地带来货币的增值。可见，最大限度地追求自身的物质利益，必然形成贸易经营者的内在动力，而这种买卖之间利益的差异性和对抗性，作为内在动力的推动决定了竞争的不可避免性。同时，任何一个商品经营者只有在市场环境中才能实现自身的物质利益。因此，通过市场环境才能实现自身的物质利益，必然又形成对商品经营者的外在压力，这种外在压力和市场环境密切相关，追求的期望值越大，其形成的外在压力就越大。

商品经营者的竞争力，正是来源于这种内在动力和外在压力。在追求最大经济利益的驱动下，商品经营者必然围绕着采购、销售环节积极地争夺市场、占领市场。一个真正具有生机和活力的经营者，在经营过程中应既具有最大限度地追求自身物质利益的内在动力，同时又具有在严峻的市场环境的外在压力下的应变能力，使自身利益最大限度地在市场环境中得到实现。以自身的经济实力在竞争中取胜，使自己在市场环境中处于有利的地位。

5. 贸易主体的经济利益需要通过竞争来实现。马克思指出："社会分工则使独立的商品生产者互相对立，他们不承认任何别的权威，只承认竞争的权威，只承认他们互相利益的压力加在他们身上的强制"。由于在市场经济条件下，贸易主体具有各自独立的经济利益，因而，为了获得和实现更大的经济利益，他们相互之间必然要争夺有利的购销条件等，从而形成市场竞争。市场竞争，究其实质是经济主体之间争夺经济利益的体现。不管人们喜不喜欢它，承不承认它，它总是以"权威"的身份客观存在。不仅如此，随着交换的不断发展，市场的不断扩大，市场竞争的内容、形式和激烈程度也随之不断发展。在市场经济条件下，市场竞争的内容和形式越来越复杂，竞争的程度越来越激烈，竞争的风险越来越大。

(二)市场竞争的作用

第一，市场竞争有利于激发经营主体的生机和活力。在市场经济条件下竞争机制的作用是：一是促进各个商品生产者、经营者之间的竞争，从而形成各市场竞争主体之间的竞争态势，使无情的优胜劣汰的市场竞争的外在压力转化为内在动力，迫使企业在市场经营活动中，充分发挥自己的优势，改善经营管理，不断提出新目标，开拓新领域，占领新市场，朝着新目标，求进步、求发展。二是在市场经济中，企业面临激烈的竞争，竞争者为了实现其自身的利益，必须对市场的趋势和竞争的态势保持高度的敏感性。竞争是全面的实力较量，这就从经济上强制企业要千方百计地改善经营管理，采用新的科学技术，提高劳动生产率，提高商品质量和服务水平，不断给企业注入新的活力，从而为整个社会经济的发展带来生机和活力。

第二，市场竞争有利于增强经营主体的生存和发展能力。在市场竞争中优胜劣汰，有利于鼓励先进、鞭策、淘汰落后，可以更好地调动人们的生产和经营积极性，在竞争中求生存、求效益、求发展，从而推动贸易领域经济效益的不断提高。同时，竞争环境又带来优秀商品贸易企业的不断壮大，实力增强，从而使社会劳动的分配趋于合理。商品贸易企业通过公平竞争，可以锻炼营销人才，积累经营管理经验，鼓励优秀的经营者锐意进取，大胆革新。提高商品贸易活动主体对供求关系的灵活适应性，以及识别、辨认风险，寻求发展时机的能力。那些缺乏竞争观念和竞争意识，对外界环境适应能力差、竞争力弱、反应迟钝的企业必然会在竞争中被无情地淘汰掉。只有增强竞争意识，创造竞争环境，才有利于全面提高我国商品贸易企业的总体素质。

第三，市场竞争有利于提高经营主体的经营管理水平。优胜劣汰的竞争规律使贸易企业具有外在压力，而促进贸易企业不断采用新技术，加强经济核算，改善经营管理，努力降低产品的个别劳动耗费量，使其保持在社会必要劳动消耗的水平之下，以取得市场竞争的有利地位。

第四，市场竞争有利于促进供求平衡。在现阶段，消费者的需要是通过市场购买来实现的，因此，企业要想生存发展，就必须生产出符合人民需要的产品，否则，就会因为货不对路而造成商品积压，最终导致企业破产而被淘汰。因此，市场竞争能够促使企业生产出适销对路的产品，减少供求差异，实现供求平衡。

第五，市场竞争有利于优化资源配置。资源的优化配置是指社会资源在不同用途和不同使用者之间的合理分配，以尽可能少的投入获得尽可能多的为社会所需要的产品和服务。在市场经济条件下，市场是有效配置资源的主要手段和方式。在竞争机制的作用下，社会资源必然从利润率低的部门向利润率高的部门流动和集中。在竞争过程中，规模适度、技术先进、管理严格的企业可以优先获得各种资源要素，选择最有利的投资方向，确立最有效的资源组合，获得更多的发展机会，从而达到资源的优化配置。

二、市场竞争的形式

(一)市场竞争的基本形式

市场竞争的核心机制体现于参与市场交易的买家、卖家以及买卖双方之间的角逐。卖家间的竞争，本质上是为了争夺具有优势的销售市场，从而能够迅速且以优势价格将商品推向市场，而市场占有率及市场份额则成为他们角逐的重心。市场上的买家不仅包含商品的终端消费者，还涵盖了采购生产资料的生产商和从事商品转售的经销商。买家间的竞争，主要在于争夺更有利的采购条件，以便能迅速获得各自所需的商品，因此，有利的采购条件自然成为他们的竞争核心。尤其在商品供应短缺的情境下，这种竞争更直观地转化为对货源的争夺。至于买卖双方之间的竞争，则主要体现在交易过程中为获取更有利的交易条件而进行的议价。自市场竞争现象出现以来，这三种基本竞争形式便已存在。然而，随着市场环境的不同，它们的主导地位也会发生变化。在卖方主导的市场中，商品供不应求，交易条件更偏向于卖家，这时买家间的竞争就成为市场的主导；相反，在买方市场中，商品供应过剩，交易条件更有利于买家，因此卖家间的竞争就上升为主要矛盾。而买卖双方之间的竞争，则在供需相对平衡的市场环境中最为激烈。

(二)市场竞争形式的扩展

随着贸易的发展和市场的扩大，市场竞争特别是卖者之间的竞争从形式到内容都趋于复杂。市场经济条件下，由竞争的三种基本形式引申出其他一些竞争形式，主要有：

第一，部门内部竞争和部门之间的竞争。部门内部的竞争，是指同一部门内部企业之间为争取更有利的生产条件和销售条件而展开的竞争。部门内部的竞争有其重要根源。由于部门内部商品的替代性强，部门内部竞争主要是部门各企业之间争夺市场份额的竞争，即争夺同类商品购买者的竞争。部门内部各企业之间商品的差异程度不同，其竞争的内容和激烈程度也有所不同。在共同的市场上，商品的差异程度较小，竞争越激烈，越直接，竞争主要集中在价格和服务上。商品的差异程度较大，竞争则主要侧重于商品本身，各贸易主体都力图增大本企业商品与其他企业商品的差异。部门之间的竞争对资源的合理配置有积极的作用。因为国民经济整体是由众多部门组成的。每个部门都要进行生产经营活动，必须从社会总资源中取得一定的人力、物力、财力，这是资源在各个部门之间的初次分配。同时，不同部门的利润率是不同的，在利润动机的驱动下，低利润率部门的企业必然要把资源转移到高利润率的部门中去，这就引起资源的流动，使资源在部门之间得到重新配置。资源的不断流动和重组有利于实现其配置的合理化。

第二，环节间竞争和环节内竞争。商品在市场流通的过程中，要经过若干次的交换转手才能从生产者手中到达消费者手中，商品每经过一次转手，就经过一个流通环节，由此产生了不同环节之间的竞争。商品流通环节，可以分为批发环节和零售环节。不同环节之间的竞争是商品流通过程中前后两个相关环节之间的竞争，包括批零竞争和批发内部各环节之间的竞争。环节间竞争的结果是通过协调机制，使各环节之间保持合理的比例。环节内部竞争是指同一流通环节内经营同类商品（或具有较强替代性的商品）的不同企业之间的竞争，包括批发环节的竞争、零售环节的竞争。环节内部竞争，一方面是争夺有利的销售市场，另一方面是争夺有利的购买条件。竞争的结果是优胜劣汰，优化环节内部结构，具有部门内竞争的效应。

第三，当地市场竞争和外地市场竞争，国内市场竞争和国际市场竞争。随着贸易规模和市场范围的不断扩大，市场竞争的范围也逐渐扩大，由当地市场竞争发展到外地市场竞争，从国内市场竞争走向国际市场竞争。这个过程与市场和贸易的发展过程是一致的。贸易企业能在更大范围内竞争中站住脚，说明该企业的竞争能力强。经济的发展必然是超越国界的，闭关锁国，孤立于国际市场竞争之外是不可能的，任何一个国家，特别是发展中国家必须积极参与国际竞争，在竞争中取得一席之地。新技术革命的兴起，国际分工的深化，使得国际市场的竞争日益激烈。国际市场竞争最直接地表现在国际货物贸易与服务贸易的竞争中。

第四，可将竞争分为价格竞争和非价格竞争。一是价格竞争。价格竞争，是指生产同类商品的不同企业通过降低商品价格来占有较大市场份额的竞争活动，即所谓"价格战"。价格竞争的基本前提，是企业具有自主决定价格的权力。价格竞争的特点，是既迅速，又猛烈。企业用"倾销"手段来打击竞争对手，就是采用这种竞争方式。在自由价格制度下，企业只要具备价格竞争的能力和条件，随时都可以采用这种竞争手段。二是非价格竞争。非价格竞争是指企业不变动产品价格，而是通过价格以外的其他方法和其他途径所进行的竞争活动。企业竞争的直接目的是扩大市场占有份额，而影响同类型企业市场占有率高低的不只是价格一个因素，还有许多非价格因素也在以不同的程度和不同的方式影响着商品的销售量。例如，产品的质量、规格品种、服务质量、销售方法、包装装潢、广告宣传等。又如，企业通过提高劳动生产率，降低成本，在价格不变的条件下，增加了利润，这也属于非价格竞争。

第五，商品竞争、投资竞争及生产经营条件的竞争。市场竞争直接地表现为以争取有利的交换条件为目标的商品竞争。商品竞争成为市场竞争的主要表现形式。商品竞争的内容是随贸易的发展而发展的。现代商品竞争的内容包括价格竞争和围绕整体产品的营销而进行的一系列非价格竞争。价格竞争，是指质量相同或相近的商品，以较其他竞争对手价格为低的价格出售，来吸引购买者，扩大商品销售的一种行为。非价格竞争包括品种质量竞争、服务竞争和促销竞争等，这些将在市场营销学中具体研究。价格竞争是一种古老的传统竞争方式，具有简便易行、见效迅速的特点。但是，这种竞争方式也有一定的缺点和局限性，具体表现在：(1)受贸易主体本身的经济实力和生产经营成本的限制；(2)易引发价格混战，损害贸易主体的经济利益，特别是在竞争双方势均力敌时，会使双方两败俱伤；(3)易使经营发生较大的波动，如降价时，销售额可能剧增，但价格恢复和提高时，销售额又明显减少，贸易主体降价竞争的初衷难以实现；(4)易损害贸易主体和商品的形象，在现代市场经济条件下，价格高低代表着商品的质量和性能，降价销售有可能事与愿违。因而，价格竞争在现代市场经济中已不是普遍的或重要的竞争方式，在国际市场中更不能随意低价倾销，否则会受到制裁。而非价格竞争是在商品销售价格基本不变的条件下进行的，其着眼点是开拓市场，符合贸易主体和社会公众的长远利益，促进了人才素质的竞争，能推动贸易主体经营方式的转变，使其素质和能力得到提高和增强。因此，第二次世界大战以后，非价格竞争成为市场竞争的一种普遍的、主导性的方式。

商品竞争力的高低，取决于生产企业生产条件的好坏以及贸易企业经营条件的优劣，因此商品竞争的基础和关键是投资的竞争、技术的竞争、信息的竞争和人才的竞争。市场上商品竞争越激烈，为争取有利的投资条件和生产经营条件而进行的竞争就越激烈。在现代市场经济中，随着资金含量、技术含量、信息含量在商品价值中比例的提高，投资条件和生产经营条件对商品的竞争力产生的影响越来越大，从而使得投资竞争和其他生产经营条件的竞争越来越成为市场竞争的关键。

三、市场竞争效应

竞争是一个优胜劣汰的过程，贸易领域的竞争必然带来贸易联合、贸易并购和贸易垄断，这些结果又使竞争在更高的层次和更广阔的领域以及更大的范围内展开，从而促使贸易向更高水平发展。

第一，贸易联合。这是指竞争双方或多方，基于发展和获取更多利益的考虑，以自愿、平等、互利为原则，实行贸易要素的合理组合，实行各种形式的联合，实现资源共享下的双赢或多赢。通常，贸易联合可以是以大型贸易企业为骨干，联合若干个规模不同的各类企业，形成一个企业群体；也可以是大型贸易企业通过自我增值、自我积累裂变出一批企业群，从而形成联合；还可以是中小企业之间、小型企业之间实行连锁经营而形成的联合。

联合可以体现在多个方面，包括但不限于资本融合、商品资源共享、设施互用、信息交流以及促销策略的联合。这种联合不仅可以在产品制造阶段进行，还可以在物流等其他环节展开。同时，它既可以围绕单一商品的生产与销售进行一体化合作，也可以涉及多种商品的综合性经营合作。不论采取何种合作模式，其实现都需通过构建相应的联合组织。联合组织的形式大体上可分为三种类型。首先，是法人型联合，也被称为紧密型联合。这种合作模式涉及企业通过共同投资或股权参与、公司合并等方式，形成一个新的企业实体，这个新实体具有独立资产，进行独立核算，自行承担盈亏，并能够独立承担经济法律责任。在这种组织框架下，成员单位的人、财、物以及业务活动都受到统一管理，参与合作的企业将不再保留原有的法人身份，而是转化为合作组织内部的业务单元。其次，是合作式联合，也被视作半紧密型联合。在此模式下，合作方会共同出资和经营，但所建立的组织并不具备法人资格，或者是共同投资于某个特定项目。在这种联合中，每个合作方仍保留其企业法人地位，根据出资比例或协议条款，以其自有或管理的资产承担相应的民事责任。最后，是契约式联合，也被称作松散型联合。此种类型的联合是基于协议和合同，在经营、销售、信息和服务等方面为彼此提供优惠、便利和协作。在这种联合形式中，各方依照合同约定独立运营，其权利和义务均由合同规定，并各自承担民事责任。

第二，贸易并购。贸易企业在资本市场与产权市场中，通过兼并或收购其他企业的产权，导致其他企业法人资格的丧失或法人实体的变更，这一行为被称作企业并购。这种整体式的企业交易方式是产权市场中的重要组成部分。企业并购不仅可以发生在相同所有制结构的企业之间，也能在不同所有制、不同部门、不同地区，甚至跨国企业间进行。此外，并购不仅限于贸易企业之间的整合，还可以是生产企业与贸易企业之间的结合。不论并购的类型和范围如何，所有的并购活动都必须遵守法律法规，维护社会公共利益，并遵循平等自愿、等价交换的原则。同时，并购应符合产业政策，有利于生产力的发展。并购通常通过购买股权、接收资产、吸引股份以及控股等多种形式实施。并购一般是"以优吞劣"的并购。

不论联合还是并购，都是竞争的直接结果，是竞争的一般趋势。联合的动机通常是为了避免在激烈的竞争中两败俱伤，或者是为了形成群体优势，取得规模效益，增强竞争实力。大型贸易企业之间的联合通常属于前一种动机，而中小型企业之间的联合则多属后一种动机。并购的动机来自企业对利润的追求。具体来讲，不同企业在不同条件下的并购动机是有所不同的。有的是为了减少投资成本，缩短投资产业的时间差；有的是为了实现规模效益；有的是为了增强企业对市场的控制力；还有的是为了减免税金或提高公司声誉，提高股票价格，等等。

第三，贸易垄断。通常情况下，企业间的竞争会催生联合与并购的行为，而这些联合与并购又进一步催生了更高级别的竞争，使得市场角逐变得更为激烈和紧张。当联合与并购进一步演变到能够操控生产与市场时，垄断就会出现。垄断的形成主要基于两点动机：一是为了避免实力相当的大型企业在激烈竞争中相互损耗；二是为了掌控生产与市场，从而攫取高额利润。然而，其根本目的还是在于追求利润，而前者只是达到这一目的的必要手段。垄断的崛起并不意味着竞争的消亡。在共同的市场环境下，无论是大型企业之间、企业集团内部，还是大企业与众多小企业之间，都存在着广泛的竞争。特别是在贸易行业，中小型企业数量上占据压倒性优势，因此竞争是不可避免的。一定程度的垄断不仅是必然的，而且是必要的，因为它有助于形成规模效应，提升资源的利用效率，增强产业集群的能力和产业集中度，进而提升一个国家在特定领域或行业的整体竞争力，最终推动经济与贸易的发展。

然而，如果经营过于集中，垄断过度，则可能会阻碍竞争的正常进行，对生产与贸易的发展产生不利影响，并难以满足和实现市场需求。因此，必须采取有效的经济、行政和法律措施来防范这种情况。此外，需要明确的是，此处所讨论的垄断是在市场竞争过程中，基于企业联合与兼并的基础上形成的，它依赖于规模经济的需求、资源的高效配置和资本的集中程度，并以大型产业组织为支撑。这种经济垄断与我国长期存在的、以行政权力为主要手段的经济垄断有本质区别。对于超出经济范畴的行政性垄断和官商勾结的市场独占行为，必须坚决反对和查处。同时，对于违反公开、公平竞争原则的企业间非法勾结所形成的垄断，也必须予以严肃纠正。

第五节　市场垄断与贸易

完全竞争市场和完全垄断市场是微观经济学理论分析中两种极端的市场结构，在现实经济生活中几乎不存在。现实经济生活中的市场结构比较接近垄断竞争和寡头垄断两种市场结构。其中，垄断竞争市场结构比较接近完全竞争市场结构，寡头垄断市场结构比较接近完全垄断市场结构。

在垄断竞争市场结构中，有许多企业生产和销售有差别的同种产品。垄断竞争市场是既有垄断又有竞争的市场，以竞争为主，同时存在垄断。它不同于完全竞争市场，也不同于完全垄断市场。在完全竞争和完全垄断市场条件下，行业的含义是很明确的，指生产同一种无差别的产品的企业的总和。但在垄断竞争市场，产品差别这一重要特点使得上述意义上的行业不存在。因此，在垄断竞争理论中，把市场上大量的生产非常接近、但有差异的产品的厂商的总和称为生产集团。在现实经济生活中，垄断竞争的市场结构在零售业和服务业中是很普遍的。

一、垄断竞争市场的特征

第一，在生产集团中有大量的企业生产有差别的同种产品，这些产品都是非常接近的替代品。一方面，由于市场上的每种产品之间存在差别，所以，每个企业对自己产品的价格具有一定的垄断力量。另一方面，由于有差别的产品相互之间有很强的替代性，所以，市场中又具有竞争的力量。这样，垄断因素和竞争因素并存就构成了垄断竞争市场的基本特征。这里所说的产品差别，不仅指同一种产品在质量、构造、外观、销售服务条件等方面的差别，还包括商标、广告方面的差别，以及以消费者的想象为基础的差别。

第二，一个生产集团中的企业数量非常多。每个企业都认为自己的行为对市场的影响很小，不会引起竞争对手的注意和反应，自己不会受到竞争对手的任何报复措施的影响，所以，它往往不会考虑其他企业的行为而自行其是。

第三，企业的生产规模较小，进入和退出一个生产集团比较容易。由于垄断竞争市场中企业的规模都不大，所以只要具备一定的实力，企业就可以自由进出该行业。阻碍新企业进入的主要障碍是现有企业已经建立起来的信誉。

二、寡头垄断市场的特征

寡头垄断市场，是指少数几个企业控制整个市场产品的生产和销售的市场结构。这是一种以垄断为主，同时存在竞争，更接近完全垄断的市场形态。它不同于完全垄断市场，也不同于完全竞争市场。它是一种较为普遍的市场结构，如美国的汽车业、电气设备业等，被几家企业所控制。

形成寡头垄断市场的主要原因有：行业中几家企业对生产所需的基本生产资源供给的

控制；某些产品的生产必须在相当大的生产规模上进行才能达到最好的经济效益；政府的扶植和支持等。与完全垄断市场形成的主要原因基本相同。寡头垄断市场的特征有以下几个：

第一，在一个行业中，只有少数几家企业生产经营。如在美国，汽车、香烟生产被几家公司控制。每一家企业都对整个市场的价格和产量具有控制力，因为每个企业的产量都会在全行业的总产量中占据一个较大的份额，每个企业产量和价格的变化都会对竞争对手乃至整个行业产量和价格的变化产生相当大的影响。

第二，企业之间存在着相互影响的复杂关系。每个寡头垄断企业在作出某个经济决策之前，必须考虑到：自己的行动对其他企业的影响以及其他企业可能作出的反应，然后再采取最有利的行动。动态地看，会形成连锁反应。所以可以说，有多少关于竞争对手反应方式的假定，就有多少个寡头垄断市场的模型，也就有多少种不同的结果。

第三，市场价格较为稳定，非价格竞争激烈。在寡头垄断市场上，不管产品有无差异，价格一旦确定就很难变动。这是因为，市场上的企业往往势均力敌，价格竞争往往导致一场毁灭性的价格战。在这种情况下，寡头垄断企业多采用非价格竞争手段，展开激烈的竞争。

第四，新企业进入行业非常困难。在寡头垄断市场上，不论是生产规模，还是资金、技术、信誉、原材料等方面，新企业都难以同现有企业抗衡。

寡头垄断市场可以按如下方式分类：

1. 按构成行业的寡头垄断企业数目，可以分为双头垄断市场、三头垄断市场和多头垄断市场。

2. 按产品特征分类，可以分为纯粹寡头垄断市场和差别寡头垄断市场两类。纯粹寡头垄断市场中，企业生产的产品没有差别，如钢筋、水泥等。差别寡头垄断市场中，企业的产品有差别，如汽车、冰箱等。

3. 按行动方式分类，可以分为非串谋性寡头垄断市场（独立行动寡头垄断市场）和串谋性寡头垄断市场。

三、反垄断法所包含的主要内容

（一）禁止行政垄断

从特点的角度上来分析[1]，行政性公司具有生产和行政双方面作用，凭借政府赋予的相关特权，使其能够轻松地在行业中占据垄断位置，并对其他正常的竞争行为予以掌控。部分地方政府为了能够保证这类企业的正常发展，避免使其遭受到更多的挑战，通常都会采取地方保护主义手段，尽量避免外地产品流入本地，在这种条件下形成了很多小"地方"市场现象。对于这些不正常的市场竞争行为，反垄断法则能够提供很好的解决手段，在一定程度上打破垄断现象，对行政垄断现象加以有效禁止和调控。

（二）严禁企业采取不正当行为来获取市场支配地位

在当今市场经济环境下，绝大多数企业的发展都受益于整体经济环境的影响，并且对

---

① 黄希仑. 论反垄断法与国际经济贸易［J］. 消费导刊，2015，0(7)：325-326.

市场经济的健康运行起到重要的反作用。如果我们不能对市场进行有效调控，那么将会出现大量大企业兼并小企业的现象，在这样的环境下企业的数量将会逐渐减少，而企业的规模将会呈现出不断扩大的趋势，最终形成垄断企业或行业垄断现象。反垄断法则能够禁止企业为获取市场支配地位而进行的不正当兼并行为，对其他企业起到一种很好的保护作用，促进各企业之间的公平竞争，进而维护市场的竞争秩序。例如，可口可乐收购汇源一案就曾受到反垄断法的影响而被迫取消，这对于我国国内企业而言就是一种对垄断行为的抗争，也是对市场自然发展的一种佐证。

四、反垄断法在贸易中的重要作用

（一）提升资源配置效率

反垄断法在国际经济贸易中的重要价值和地位是显而易见的，对于市场经济来说资源的优化配置是其关键。要想实现资源的合理配置必须要具备两个条件：首先商品可以自由的流通；其次则是市场主体应当具有平等的地位和绝对的独立自主性。试想在存在垄断现象的市场中，商品要想得到自由的流通，经营者想要保证自身的独立性将会变得多么艰难。为了保证市场能够处于一种有序的状态，不会受到垄断等不良市场行为的影响我们就要发挥出反垄断法在维持市场秩序、保证资源合理配置方面的重要作用，提升贸易的发展水平。

（二）维护消费者合法权益

对于企业来讲，经营发展是其发展过程中所必须要面对的问题，扩大市场份额，取得市场上的优势地位固然重要，但是我们更应当将注意力放在维护消费者合法权益方面。很多时候产品的生产都是根据消费者需求来进行的，如果我们不能够保证消费者的合法权益，那么将会极大地挫伤消费者的购买积极性，进而对整个市场造成一种负面的影响。市场上的竞争不仅能够促进企业技术的创新，同时也能够使企业关注到消费者满意度以及认可度等方面的因素，进而提升自身的售后服务效率，更好地满足消费者需求。消费者的权益之所以能够得到保障，产品售后服务质量之所以能够得到加强，在很大程度上是受到反垄断法的影响。在反垄断法的作用下，市场竞争行为得到约束，从而避免了一系列不规范、不合法的市场竞争行为，促使消费者权益得到保障。

（三）促进技术和经济的发展

从某种程度上来看，竞争的过程就是优胜劣汰的过程，所有企业为了能够提升自身竞争力，保证自身在市场竞争中占有一席之地都会进行大量投入。在这种市场经济环境中，企业也都会感受到自身的压力，通过对压力的转换来焕发出企业发展的活力，进而不断改进自身的生产工艺和技术，试图通过产品的创新以及质量的强化不断开发出适应市场、符合消费者需求的产品，促进相关技术和经济的发展。企业的不断创新和发展将会对社会形成一种重要的作用，进而推动社会以及整个行业的发展。但是竞争需要一定的约束和限制，这就是反垄断法的价值所在，在保证正常竞争的同时，也能够避免市场上的不规范操作，为企业间的正常竞争创造良好环境。

（四）实现经济民主

经济民主化的主要作用和目的在于维护广大中小企业的自身利益，为其发展提供一定的生存空间，保证市场具有足够的竞争性，进而保障消费者的利益。从某种程度上来说，经济民主化程度的高低在很大程度上体现着经济社会的发展水平，而反垄断法的重要作用之一就是促进经济民主化的发展，保证市场在充满竞争力的环境下能够不断进步和提升。在市场中，竞争是一种重要的调节机制，在很大程度上承担着改善市场运行和资源配置的作用，一旦市场中形成垄断，不仅会损害消费者权益，更会对市场造成破坏性的损害，影响到市场机制的正常运行。由于部分国家在市场制度建设上存在一定缺陷，使得其要想弥补不足，就需要通过反垄断法等相关法律来对环境予以维护。此外，很多大型跨国公司为了占领国外市场，都会采用各种方法和手段来实现外部的扩张和兼并，这种行为严重干扰到了东道国的市场秩序，甚至通过一系列的手段最终实现了行业的垄断，这些都是严重违反市场发展规律的现象。为了能够对跨国公司进行有效限制，避免出现大型跨国企业的垄断行为就需要反垄断法来发挥相应的约束和制约作用。

（五）维护国家经济安全

自从我国加入世界贸易组织以来，各大国际企业纷纷进入我国市场，在带来先进技术和管理经验的同时，开始逐渐占领市场。虽然这些跨国公司带动了我国经济的发展，同时也带来了技术和管理经验，但是从国内企业角度而言，跨国公司以这种方式进入无疑剥夺了国内企业的生存发展空间。受到历史客观因素的限制，我国国内企业相对于国外跨国公司来说存在很多方面的不足，无论是资金上还是在技术和管理经验上都存在很多不足，而跨国公司的进入又进一步对国内民族企业起到了一种打击和排挤作用，很多跨国公司都会通过并购等手段来侵占市场，严重影响到了我国经济的安全。反垄断法的实施在很大程度上为我国民族企业的发展提供了保护，反垄断法中对于跨国公司的垄断行为做出了相应的限制，使得我国国内民族企业始终存在一定的发展空间，能够在较长一段时间内获得生存和发展的机会，进而起到维护国家经济安全的作用。

【案例】

义乌国际商贸城

一天 86400 秒，义乌国际商贸城的车流量高达 88600 次，平均一秒钟就有一辆车进出。商机到处涌动，生意遍及全球。作为全球小商品贸易的"风向标"和"晴雨表"，今年以来，义乌外贸展现较强韧劲。据义乌海关统计，今年上半年义乌市进出口总额达 2689.7 亿元，居全省县（市、区）第一，同比增长 21%。其中出口 2374.1 亿元，同比增长 17.0%；进口 315.6 亿元，同比增长 63.4%。进出口增长的背后，离不开模式的转型升级。小规模、多品种的小商品拼箱出口，成为义乌外贸订单的新亮点。义乌创新推出市场采购贸易方式，通过实施分类通关改革，全面实行审单、放行自动化和无纸化报关，实现 24 小时全天候放行，出口商品平均通关时间缩短到 1 小时以内。此外，前不久，义乌还针对"小额小批量"产品，升级市场采购贸易方式，推出申报前检验监管模式，即市场采购出口单一商品符合货值不超过 1000 美元或是重量不超过 50 千克等条件的，可适用"小额小批量"，实施检验检疫自动审单、快速签发电子底账。目前，97.5% 以上的小额小批量法检商品可通过集中审单环节实现快速出单。

今年上半年，义乌通过市场采购贸易方式出口 1810.0 亿元，同比增长 19.1%，占义乌出口总值的 76.2%。

案例来源：杜羽丰，何贤君，等. 义乌外贸交出亮眼半年报［N］. 浙江日报，2023-08-03.

【思考题】

1. 如何理解市场的多重含义？市场有哪些基本功能？
2. 什么叫商品供给？什么叫商品需求？
3. 商品资源主要来源于哪几个方面？
4. 社会商品购买力分哪几个部分？居民消费品购买力受哪些因素影响？
5. 如何理解商品供求矛盾及供求关系？
6. 商品供求规律的内容是什么？
7. 什么是市场竞争？其产生的必然性是什么？它有什么作用？
8. 市场竞争有哪些形式？包括哪些内容？
9. 市场竞争的效应有哪些？
10. 反垄断法在贸易中有何重要作用？

第五章 空间贸易

【学习目标】掌握乡村内部贸易、农村集市贸易、城市内部贸易、城乡贸易、区际贸易、国际贸易的含义、特点与意义；了解农村市场与城市市场之间的差异；了解区域市场与统一市场的联系与区别；熟悉国际贸易的分类；掌握国际贸易与国内贸易的相同点与不同点。

第一节 乡村内部贸易

乡村包括农村和集镇，农村是以从事农业生产为主的劳动者的聚集地，而集镇通常以非农业人口为主，大多从事手工业和商业，是乡村商业贸易的中心，在一定的区域范围内具有一定的商业辐射能力。集镇是在集市的基础上发展而来的，集市在我国有着悠久的历史，它有利于互通有无、调剂余缺，发展农村多种经营，疏通农村商品流通渠道，活跃农村经济，满足乡村居民多方面的需求。

一、乡村内部贸易的含义

乡村内部贸易是指发生在乡村区域范围内的商品交换活动，其主体是乡村区域内的农民和手工业者，主要包括农民之间的农产品买卖、乡村小型企业之间的商品交换等，以农副产品、初级手工艺品等为主要交易对象，满足当地农民的生产和生活需求，促进农村经济的发展。

乡村内部贸易具有以下特点：一是地域性，乡村内部贸易通常是在地理位置相近的农村地区进行，以自然村或行政村为基本单位，方便周围农民参与交易活动，同时受到地方文化的影响，具有明显的地域特色；二是季节性，农业生产具有明显的季节性，不同季节的需求和供应情况不尽相同，例如春季是农资和农药的需求旺季，夏季是水果、蔬菜的供应旺季，季节性的需求和供给使得乡村内部贸易在相应季节内达到高峰期；三是直接交易，乡村内部贸易通常采取直接交易的方式，即买卖双方直接洽谈价格、质量等事宜，这种直接交易的方式可以减少中间环节和信息不对称的问题，提高交易效率。

二、乡村内部贸易的主要形式

农村集市贸易（也称乡土市场贸易）是乡村内部贸易的主要形式，指农村在固定地点进行的集中的初级贸易。这种贸易的参加者主要是农村集市所在地及其附近的农民、手工业者和其他乡村居民，他们之间的买卖活动是生产者向消费者的直接出售，是生产者之间的商品交换，是一种简单的商品流通。除此以外，参加者还有小商贩以及其他生产者和消费者。

（一）农村集市贸易的发展历史

集市贸易在我国起源久远，早在原始社会末期就已有雏形。当社会生产有了一定的分工后，生产者们为了补充自给自足的生活上的不同需要，"以其所有，易其所无"，便产生了称为市的交易场所。由于交换次数、交换规模和交换范围的逐渐扩大，原本偶然的交易场所慢慢形成了有固定时间和固定地点的集市。古代最初的集市只是定时为了交易而集合，交易完了便散去，为方便区域内交换者的往来，开市时间一般设在中午，即"日中为市"。① 到了汉朝，集市经营时间有了延长，经营名目有了增多，进而出现了早市、大市、夕市和夜市。农村集市最早称为"草市"，后来逐渐演变为"墟""集""场"等名称。在封建社会后期，随着农村商品经济的发展，农村集市中不仅出现了更多的插足于小生产者之间的小商贩，利用不同集市间的供求和价格的差异，或根据城市市场的需要进行贩运，并且出现了商业资本。与此同时，有的农村集市所在地出现了固定的商业街道，逐步发展成农村集镇（或称市镇），成为周围集市的中心。在私有制社会中，农村集市贸易是以个体生产者的广泛存在为基础的，因此它是生产力不发达、商业比较落后的情况下必然出现的贸易形式。

中华人民共和国成立后，农村集市贸易在社会主义公有制经济基础上得到了规范化的发展。例如，20 世纪 80 年代前的马路市场是在市场经济条件下，各种个体工商户和自销农副产品的农民在城区主次干道的人行道、慢车道、交叉路口等人流量较大的路边，自发形成的有组织的摊位。② 80 年代后出现了钢棚市场，能够遮风挡雨，不受天气影响稳定出摊。近年来，随着中国经济的快速发展和城市化进程的加速，一些新型的农贸市场不断涌现，例如星级文明规范市场、智慧农贸市场等，利用先进的信息化手段，在实现关注食品安全、保护消费者权益、方便消费购物的同时，提升了市场管理水平，为消费者提供更加便捷和舒适的购物环境，逐步向着现代化、规范化方向发展。

（二）农村集市贸易的新趋势

当前，农村集市贸易的发展呈现出以下新趋势。

一是规模、范围不断扩大。农村经济的发展以及城市化进程的加速改善了农村地区的交通、通讯等基础设施，提高了农业生产的专业化和规模化程度，提高了农产品的生产和流通效率，促进了农村集市贸易的规模和范围的不断扩大，农民在集市上出售的商品种类和数量不断增加，同时购买者的数量和消费需求也在不断增长。

二是形式、内容日趋丰富。生活水平的提高以及消费观念的转变，使得人们对农产品的品质和种类的要求越来越高，伴随着农业生产的发展以及农产品商品化程度的提升，农村集市贸易中除了传统的农副产品外，还出现了更多的加工食品、手工艺品、家居用品

---

① 刘振群. 从历史上看农村集市贸易[J]. 商业研究，1963(03)：49-58.

② 张学东. 农村集市贸易研究的二分与多维探讨——针对相关研究文献的述评[J]. 现代商贸工业，2008，20(13)：95-96.

等，以满足农民多元化的消费需求。

三是数字技术的创新加持。随着互联网的广泛普及，农村信息化水平得到了长足进步，在政府的统筹规划下，不断实现乡村地区的"村村通宽带"，努力推进"数字乡村建设"，为农村集市贸易带来了新的发展机遇。数字技术的应用拓展了农村集市贸易的交易方式和交易渠道，越来越多的农民借助移动支付、电商平台等现代化交易方式，进行农产品的销售和购买，不受地域和时间限制，为农村集市贸易提供了更广阔的流通渠道。同时，大数据、人工智能、物联网等技术手段，能够对农村集市贸易的数据进行采集、分析和利用，为农户和消费者提供更加精准的信息服务，将传统的农村集市贸易与现代化商业模式对接，推动农村经济的转型升级。

三、发展乡村内部贸易的意义

(一)促进了农村经济发展

乡村内部贸易为农民提供了销售农产品的渠道，增加了农民收入水平，与此同时，通过与其他农业生产者的交换，能够获得更多的商品和服务选择，从而提高了农村地区的消费水平和生活水平，促进了农村地区的经济发展。

(二)满足了农民生产和生活需求

乡村内部贸易通过促进农民与其他农民或乡村小型企业的交换活动，为其提供了农业生产所需要的各种生产资料，如种子、农药、肥料等，以及日常生活所需要的各种生活资料，如食品、衣物、日用品等，同时也为农民提供了销售农产品的渠道，获取了经济效益，从而满足了各自的生产和生活需要，提高了农民的生产和生活水平。

(三)推动了农村产业结构调整

随着市场的不断扩大和需求的不断升级，农民将逐步从传统的农产品种植向高质量、高附加值的农产品种植转型，提高了农产品的质量和附加值，与此同时农产品加工业、运输业、流通业等相关产业与农业发展相互促进，形成了完整的产业链条，推动了农村产业结构的多元化和高级化。

(四)促进了农村社会稳定

乡村内部贸易的发展一方面促进了农民之间的交流与合作，增进了彼此之间的信任与感情，并通过建立各种农民合作组织或协会等机构，提高了农民的组织化程度以及农村社会成员之间的凝聚力，减少了矛盾与冲突。另一方面，随着贸易规模和次数的增加，需要更多的人手来参与农资采购、农产品加工、物流配送等工作，从而为当地农民提供了更多的就业机会，增加了农民收入，从而有助于维护农村社会的和谐稳定。

第二节　城市内部贸易

城市内部贸易是指发生在城市内部的各种商品交换活动，包括消费者与消费者之间、消费者与零售商之间、零售商与批发商之间以及批发商与其他商业实体之间的交易。这种贸易活动通常是由城市内部的商业企业、个体经营者和消费者进行的。

一、城市内部贸易对城市经济发展的意义

（一）推动了城市经济增长

城市内部贸易是城市经济的重要组成部分，通过市场机制，城市内部贸易将对城市区域内的各种生产要素和资源进行更为合理的配置，大幅提升了城市内部的整体经济效率，促进了商品和服务的高效流通和交易，从而促进了城市经济的增长。与此同时，城市内部贸易的发展也能够带动物流业、金融业、信息服务业等相关产业的发展，并促进各个产业间的协同配合，使城市区域内部的产业链得以更加完善和优化，从而提高整体经济效益，推动城市经济增长。

（二）促进了城市产业升级

随着城市经济的发展和消费需求的变化，城市内部贸易的商品和服务种类也在不断升级和调整，这种升级和调整可以促进城市内各产业的升级和转型，提高城市的产业水平和竞争力。此外，在城市内部贸易的推动下，某些特定的产业会逐渐集聚在城市内的某些区域，形成产业集聚现象，产生集聚效应。这种产业集聚可以降低生产成本，提高生产效率，促进产业的升级和调整。同时，城市内部贸易的发展也推动了产业链的完善，使得城市内的各行业可以更加便捷地获取所需的原材料和零部件等资源，从而降低生产成本，提高生产效率。

（三）提高了城市居民生活水平

城市内部贸易的发展为城市居民提供了更多的商品和服务选择，满足了城市居民多样化、个性化的消费需求，并且随着城市内部贸易的繁荣发展，城市内的商业设施，包括购物中心、超市、便利店等，也会得到进一步的升级和完善。这些商业设施不仅在外观上呈现出现代化、智慧化、多元化趋势，更为城市居民提供了更高品质的服务，提升了消费体验和生活质量。

（四）推动了城市商业发展

在竞争激烈的市场环境下，为了获得更多的市场份额，商家需要不断提高产品质量和服务水平，不断推出新的产品和服务，从而激发商业活力，推动城市商业的进步和发展。此外，城市内部贸易的发展可以增加城市内的商业机会和就业机会，吸引更多的资金和人才进入城市，进一步推动城市商业的发展。

二、城市内部贸易的新趋势

当前，城市内部贸易的发展呈现出以下新趋势：

一是多元化和个性化。首先，城市内部贸易的多元化体现在参与者、交易方式和商品服务种类的多样性上。在参与者方面，传统的城市内部贸易主要由商业企业、个体经营者等构成，而随着互联网和移动互联网的普及，电子商务平台和社交媒体等新型交易模式逐渐崛起，吸引了更多的参与者。在交易方式上，现代城市内部贸易不仅包括传统的现金交易，还出现了移动支付、在线支付等新型支付方式。在商品和服务种类上，城市内部贸易的商品和服务日益丰富，包括食品、日用品、衣物、医疗用品等传统商品，也涵盖了文化娱乐、旅游、教育等服务领域。其次，城市内部贸易的个性化体现在消费者需求的变化和

升级上。随着社会经济的发展和消费者收入的提高，消费者对商品和服务的品质和特色要求越来越高。为了满足消费者的个性化需求，城市内部贸易需要不断创新和拓展商品和服务种类，提高商品和服务的品质和特色。例如，定制化的服装、鞋子等个性化商品，以及针对特定群体的专业服务等，都是满足消费者个性化需求的体现。

二是智能化和数字化。智能化指的是应用人工智能、物联网等技术，提高城市内部贸易的效率和便利性。例如，人工智能技术可以应用于商品推荐、客户服务等领域，提高消费者的购物体验。物联网技术可以应用于物流配送、库存管理等领域，提高商业企业的运营效率。智能化的城市内部贸易还可以通过智能支付、智能客服等应用，提高交易的便捷性和安全性。数字化指的是应用大数据、云计算等技术，促进城市内部贸易的信息共享和数据分析。大数据技术可以分析消费者的购买行为和喜好，为商业企业提供更加精准的市场营销策略。云计算技术可以应用于城市内部贸易的信息共享和数据分析，提高商业企业的信息化水平和决策效率。数字化技术还可以通过电子商务平台、移动支付等方式，拓展城市内部贸易的市场空间和交易方式。

三是专业化和精细化。在城市内部贸易中，商业企业或个体经营者需要不断提高自身的专业知识和技能，提供更加专业的商品或服务。例如，一些专门从事高端奢侈品销售的商业企业，需要具备专业的产品知识和销售技巧，以满足消费者对特定领域的需求。同时，专业化还可以通过品牌塑造、营销策略等方式，提高商业企业或个体经营者的市场竞争力。此外，在满足消费者个性化需求方面，商业企业或个体经营者需要不断提高自身的精细化管理水平，提供更加贴心、细致的商品或服务。例如，一些专门从事定制服装设计的商业企业，需要根据消费者的身材、喜好等个性化需求，提供定制化的服装设计方案。同时，精细化还可以通过提高商品品质、优化服务流程等方式，提高消费者的满意度和忠诚度。

四是国际化趋势。随着全球化的推进，城市内部贸易不再仅限于传统的商品和服务，还涉及了高科技产品、文化产品、金融服务等众多领域。同时，城市内部贸易中的跨国公司也逐渐增多，这些跨国公司通过全球采购、生产、销售等方式，将商品和服务销售到世界各地。除了传统的商业企业、个体经营者外，跨境电商、国际物流企业等新型参与者也逐渐加入城市内部贸易中，通过互联网和移动互联网等技术，与全球市场建立紧密的联系，为消费者提供了更加便捷的购物体验和更加丰富的商品选择。

第三节 城 乡 贸 易

一、城乡差别与农村市场特点

(一)城乡贸易与城乡差别

城乡贸易是我国空间贸易最基础的部分。城乡之间基于产业分工和广泛的经济联系，形成了互相需求、商品交换与市场互动的局面，进而产生了大量的贸易活动。改革开放以来，随着市场经济的快速发展，城市化进程不断加快，农村人口占总人口的比重从1978年的82.08%下降至2022年的34.78%。尽管农村人口比例有所下降，但仍有近5亿人生活在农村，而且1.3亿进城农民的根仍在农村，他们的老人和小孩仍留在农村，其中部分人在城市的职业并不稳定，一旦发生经济波动，他们就可能会回到农村。因此，要发展我国的城乡贸易，不能仅依赖城市经济和城市市场的发展，还必须推动农村商品经济和农村市场的进步。

我国城乡之间的差距问题依然严重，其中最明显的表现是城乡居民的收入差距。根据国家统计局公布的数据，2022年，全国农村居民人均可支配收入为20132.8元，而城镇居民人均可支配收入为49282.9元，城乡居民人均可支配收入比为2.45:1。尽管我国改革开放已经40多年，但城乡居民收入差距并未得到明显的改善，1978年城乡居民人均可支配收入比为2.56:1。而且，很可能这种显著的城乡人均收入差别还会持续较长时间。收入是购买力的基础，城乡人均收入的差别必然导致城乡人均购买力的差别，购买力的差别直接决定了我国农村市场与城市市场的诸多差异。

(二)我国农村市场特点

第一，作为产地市场，农村市场提供的主要是农产品。尽管部分发达地区乡镇工业兴起后也有一定量工业品输出，但就中国农村整体而言，工业品产出比重较低。

第二，作为生产资料销地市场，农村市场吸纳的既有农用生产资料，也有工业用生产资料，但主要是农用生产资料。

第三，作为生活资料销地市场，农村市场主要是工业品需求，其中以日用工业品为多，食品需求较少，但食品制成品消费也在不断增加。因农业生产区域专业化的发展，各地农村间的农产品相互需求已呈日趋兴盛之势。

第四，在商品需求层次上，农村市场的需求层次低于城市市场，不仅需求品种较简单，商品档次和价位也较低。中国奢侈品需求虽然增长很快，但其市场主要在城市。

第五，从市场体系看，农村市场相对简单，要素市场数量少，商品市场的经营方式也较传统，各种新兴业态比重低。

第六，在流通网络方面，农村市场和城市市场有着巨大差距，由于村落分散且人口密度低，不仅商业网点稀疏、规模小，而且提供的流通服务也很简单。

第七，各地农村市场发展程度差异大。东部沿海发达地区及内地中心城市的郊区，由于乡镇工业、现代农业和城乡一体化发展，乡村面貌已有很大改观，有的已演进为相当繁荣的现代市镇，城乡市场呈一体化发展。但是，在广大的中西部乡村地区，市场发育程度仍然十分落后，有些地区依旧保留着流动货担、定期赶集乃至以物易物的传统商业习俗。总体来说，我国城乡市场总体上仍存在较大差距，农村市场需要进一步的长期发展。

二、城乡贸易的作用

(一)促进城乡工农业生产发展

城乡商品交流对农村商品生产的发展起到了积极的推动作用，同时也为城市工业提供了源源不断的原材料和生产资料，满足了农业再生产和农村发展的需求。这种交流不仅促进了农业商品化和乡村工业的发展，还为城市工业的发展提供了有力支持。

(二)增加城乡居民就业

城乡贸易为城镇和农村剩余劳动力的转移提供了有利条件。自改革开放以来，活跃在全国各地的农民购销队伍对于乡镇企业的发展起到了不可或缺的作用。与此同时，农村和城镇专业市场的兴起，吸收了大量的农村和城镇剩余劳动力，有效地缓解了就业问题。

（三）促进农村技术进步和社会发展

城乡贸易可以促进农业技术的传播和交流。通过城乡贸易，城市和农村可以互通有无，交换各自所需的资源。在这个过程中，城市先进的农业技术可以传播到农村地区，为农村的农业生产提供技术支持。同时，农村地区的传统农业技术和经验也可以通过城乡贸易传播到城市地区，为城市的农业发展提供借鉴和参考。这种技术传播和交流的过程，可以推动农业技术的进步，提高农业生产效益。此外，城乡贸易的发展可以带动农村地区基础设施的建设和改善，如交通、通讯、水利等设施的完善。这些基础设施的改善可以提高农村地区的生活水平，促进农村社会的发展。同时，城乡贸易也可以促进农村地区的教育、文化、卫生等方面的发展，提高农村居民的文化素质和生活质量。

（四）增加农民收入和地方财政收入

城乡贸易的活跃对农村经济发展起到了积极作用，显著提高了农民收入，增加了地方财政收入。这些收益主要体现在以下几个方面：第一，城乡贸易活动拓宽了农产品销售市场，使农民能够更好地销售自己的产品，直接增加了他们的收入；第二，城乡贸易活动促进了农村社会分工的深化，与商品交易活动直接或间接相关的行业如运输、仓储、经纪人等得到了发展，为农村创造了更多的就业机会；第三，城乡贸易也推动了农村工业和专业市场的发展，为地方财政增加了收入。

三、城乡贸易的实现形式

城乡贸易是通过特定的组织形式和途径进行的，并借助一定的贸易主体来实施。随着生产力和商品经济的发展，城乡贸易的实现方式经历了一个不断演变和发展的过程。这种实现方式大致可以分为两种类型：集中化方式和非集中化方式。集中化方式是指通过某些特定的场所，将众多的客商吸引或组织在一起，以集中进行城乡商品交换的贸易方式。在当代中国，主要的集中化方式包括集贸市场、批发市场、商品交易会、期货市场等。近年来，网络交易平台也成为城乡贸易集中进行的重要方式。非集中化方式是指贸易当事人在时空上各自独立、分散进行城乡贸易活动的实现方式。这包括由各类产销组织、中介机构、商业公司以及独立商贩等分散进行的城乡商品交换活动。

（一）集贸市场

集贸市场，又称集市，是历史悠久的城乡贸易形式，也是古代商品交换的主要途径。集市的形成通常是自发性的，是一定区域内商品交换逐渐经常化的结果。根据集市地点的不同，有城乡集市之分。乡村集市是一定区域内农民和手工业者进行商品交换的场所，一般以间隔方式定期举行，例如每5天一次集市或每10天一次集市。在人口稠密和商品经济相对发达的农村集镇，也有常年开市的集市，但通常每日交易额较小。城市的集市一般为常市，每天都开放经营，参与集市交换的不仅有销售产品的农民、手工业者和制造厂商，还有购买产品的居民和机构，也有专门化的商业公司与职业商贩。在传统社会中，集市是城乡贸易的主要实现载体，是城乡居民贸易交往的基本途径。在我国现阶段，城乡集市仍是工业品下乡和农产品就地销售的重要途径，城市居民消费所需的蔬菜、水果、肉禽蛋、水产品乃至粮食、植物油等农产品，仍有相当部分直接购自集贸市场。然而，随着地区经济发达程度逐渐提高，集市在城乡贸易格局中的地位和作用趋于下降。

（二）批发市场

批发市场是进行集中批发交易的专业场所，是商品流通规模化、专业化和远程化发展的产物。批发市场主要以现货交易为主，同时也涉及部分远期合同交易。根据流通环节的不同，批发市场可以分为产地批发市场、中转地批发市场和销地批发市场。此外，根据批发商品的种类，批发市场还可以分为综合型批发市场和专业性批发市场。另外，根据市场的空间位置，批发市场可以分为城市批发市场和农村批发市场。改革开放以后，农村专业市场在农村迅速发展，成为一种独特的市场形式。它在促进城乡贸易方面发挥了重要作用，为我国农村经济的发展做出了巨大贡献。批发市场的客商主要包括生产商、加工用户、代理商和零售商等，他们通常具有一定的经营规模。

（三）商品交易会

商品交易会，又称贸易博览会，通常位于经济或交通中心城市，由行业组织定期举办。这些交易会通常有一定的会期，并主要进行批发交易。然而，一些交易会也兼有批发和零售交易的功能，但以批发为主。从整体上看，商品交易会对批发市场功能进行了扩展，其交易规模更大，辐射范围更广。与普通批发市场相比，商品交易会有几个显著的差异。首先，商品交易会通常间隔期间举行，这些间隔可能很长，例如一年或半年一次，例如中国糖酒交易会、钢材交易会等。国际上的某些交易会甚至几年才举行一次，而批发市场则经常是全年开放。其次，商品交易会的举办地点通常是不固定的，经常是几个中心城市轮流举办，并有规范的申请和审批程序。然而，也有一些交易会固定在某个城市，例如中国的山东寿光蔬菜博览会。相反，批发市场的位置一旦确定，通常不会改变。再次，商品交易会通常以远期契约交易为主，而现货交易的比重较低。相比之下，批发市场通常以现货交易为主，远期交易的比重不高。最后，商品交易会的规模更大，客商来源更广泛，商品组合的深度和品种更全面。然而，它们的服务功能相对较少，往往只提供简单的商品展示和签约服务。相比之下，批发市场虽然每日的平均交易规模较小，但全年的累计交易额往往较大。这些批发市场通常具备完善的条件和设施，能够为商品交易提供配套的专业服务，例如鉴定、代理、融资和物流等。

（四）期货市场

期货市场是具有固定交易场所和严格规范运行规则的特殊形式的批发市场。它的发展历史可以追溯到19世纪40年代的美国，经过一个多世纪的发展，如今已经遍布资本主义发达国家和主要的发展中国家。在我国，有上海、郑州、大连三个期货交易市场，但交易品种相较于欧美国家还是较少。期货市场的直接交易对象并不是现实的产品，而是标准化的远期商品合约。期货交易通常采用委托方式进行，除了少数大公司在期货市场拥有独立交易席位外，其他企业和个人只能委托场内的经纪公司代理交易。期货市场的参与者主要分为两类：一类是商品交易的实体商，如制造商、加工用户和中间商。他们参与期货交易的目的是为了规避市场风险、稳定销售收益或锁定经营成本。另一类是投机商，他们参与期货交易的目的是为了寻求投机获利，赚取合约买进卖出时的差价。投机商是期货交易风险的承担者，他们的参与使得实体商的现货交易风险得以转移。由于期货市场上存在大量买空卖空的投机交易，因此成交总额中很多并不代表真实的商品流转。根据国际经验，期货市场中只有约2%的交易额最终实现了实物交割。然而，尽管实际交割比例不高，但期货市场对整个社会的意义却十分重大。它具有转移风险和发现价格两大基本功能。

(五)网络交易平台

借助电子商务技术发展起来的网络贸易是中国近10年里发展最快的贸易方式。网络交易平台是一个由第三方提供的交易安全保障平台，众多客商在平台上开设自己的商店，客户通过交易平台找到自己所需要的产品，交易双方通过交易平台在网上进行交易。据统计，2020年全国网络市场交易规模91.4亿美元，比上年增长7.5%。目前，中国最具规模的网络交易平台有淘宝网、阿里巴巴、天猫、京东、拼多多等，仅淘宝网一家吸引入驻的商家就已超过2000万家。随着网上交易活动越来越兴旺，互联网与网络贸易正加速向农村和农业领域渗透，越来越多的经营农场、农业合作社乃至农民大户通过网络平台销售自己的产品，他们生产、生活所需的生产资料和消费品也渐次增多地购自网络平台。农产品电商在城乡贸易中发挥着越来越重要的作用，农民可以更方便地销售自己的农产品，而消费者也可以更方便地购买到新鲜的农产品，不仅有助于提高农产品的销售量和附加值，也促进了城乡经济的互动和发展。

第四节　区域市场与统一市场

一、区域市场的含义及特点

区域市场是指在一定的区域分工基础上，以地理空间为依托，以区域内中心城市为核心，以诸多城镇为节点，促进区域内资源配置，发展区域间生产和流通协作，调节区域内商品、劳务、金融、产权以及供求交易关系的市场空间组织形式。区域市场具有以下几个特点：

一是区域性。区域市场最显著的特点是其区域性。区域市场是一定区域内的经济体，由地理、政治、经济等因素所构成的一个相对独立的市场。它具有独特的区域特征和竞争优势，能够满足区域内消费者的需求和促进区域经济的发展。

二是多样性。区域市场的多样性表现在多个方面。首先，区域内的消费者需求和偏好各不相同，企业需要针对不同消费群体制定相应的营销策略。其次，区域内的产业结构和资源分布也各不相同，企业需要因地制宜地进行生产和经营活动。此外，区域内的文化、习俗和社会环境等也存在差异，企业需要尊重并适应当地的文化和习惯。

三是动态性。区域市场是一个动态的市场，不断受到外部因素的影响和冲击。这些因素包括政策调整、技术进步、市场需求变化、竞争格局变化等。企业需要及时掌握市场动态，调整经营策略和投资方向，以适应市场的变化和需求。

四是开放性。区域市场不是孤立存在的，它与外部市场和全球经济紧密相连。随着全球化的发展，区域市场逐渐实现开放和互联互通。企业需要关注全球市场的变化和发展趋势，拓展国际业务和合作，以实现自身的发展和壮大。

五是复杂性。区域市场具有一定的复杂性。在区域内，不同的产业、行业和企业之间存在竞争和合作关系，形成了复杂的产业链和价值链。同时，区域内的市场规则、法律法规和文化背景等方面也存在差异，这为企业提供了更多的机遇和挑战。

二、统一市场

(一)统一市场的含义

统一市场是指在全国范围内，适应商品经济发展的客观要求，各区域市场之间相互开放、紧密联系，市场准入和商品、要素流动没有地域之间的限制和封锁，各个区域市场融为一体，商品自由流通的国内市场。一国市场的性质、规模、结构和统一性不仅取决于商品经济的发展状况，还取决于一定的社会生产关系的性质。社会主义国内统一市场包含以下两方面的科学内涵：第一，市场经济的发展赋予市场以相应的性质，公有制为主体的所有制结构从根本上有别于资本主义国内市场，在此基础上形成宏观控制的商品流通体系。在这个体系中，市场调控目标高度统一，调控决策结构应该相互适应，调节的具体措施比较协调。它是国内统一市场社会属性的一个具体表现形式。第二，社会主义国内统一市场应是整体性大大强化的国内市场，市场上的地区封锁、部门分制的现象应完全消除，商品依据流通领域的经济规律和自然规律在全国范围内自由流通，这是市场发展过程中商品经济属性的具体表现。

(二)统一市场的目标

1. 提升经济效率

通过消除地区间的贸易壁垒和市场分割，国内统一市场可以促进资源在全国范围内的优化配置，提高生产效率和经济效益。这有助于减少浪费和提高国民经济的整体效益。

2. 促进经济增长

国内统一市场的建立可以扩大市场规模，增加企业销售机会和市场份额，从而刺激投资和经济增长。同时，消费者也可以从更多的选择中获益，提高生活水平。

3. 增强国际竞争力

一个统一的国内市场可以为企业提供更大的发展空间，使它们能够在全国范围内进行规模经营和科技创新，提高国际竞争力。同时，国家也可以更好地融入全球经济体系，增强整体竞争力。

4. 实现社会公正和平等

通过消除地区间的差异和不公平待遇，国内统一市场可以为所有人提供公平的竞争机会，减少贫困和不平等现象。统一市场可以促进就业机会的增加和收入水平的提高，推动社会公正和平等。

(三)建立统一市场的必要性

1. 生产社会化的客观要求

市场经济的一个重要特点就在于生产社会化。生产社会化不仅是指劳动者共同劳动范围和规模的扩大，劳动社会性质的增强，生产与销售分离程度的加深，同时还指原材料来源的社会性和市场的社会性不断增强。生产的间接性和社会化导致了远距离的原材料购买和产品销售，产生了两种远方市场，客观上要求扩宽商品流通的空间跨度，铲除地区间人为设置的贸易壁垒，使各个贸易空间融为一体，形成统一的国内市场，强化贸易的时空衔接功能。

2. 激发市场竞争活力

国内统一市场的建立，能刺激竞争，促进区域间商品贸易的平衡发展。在被分割的国内市场上，商品价值决定的范围被限制在狭小的区域市场。如果长期保持欠发达贸易空间的封闭性，商品生产者只能在落后的小范围市场上竞争，必然缺乏强烈的外部刺激，使本区域的商品经济活动陷入低水平循环。在一体化市场上，商品生产者竞争的范围扩大了，市场价值形成的范围也扩大了，这就造成一种巨大的压力，激发企业的创新精神，迫使企业降低成本、提高效率和改进质量，从而加速落后地区商品经济的繁荣，促进地区间商品经济的平衡发展。

3. 获取规模经济效益

规模经济是社会化大生产的必然结果，又是生产社会化进一步发展的有利杠杆。在实现规模经济的过程中，规模的增加取决于市场容量的扩展。在狭小的贸易空间中，企业实现规模经济终究要受到市场容量的限制。而统一市场的发展，最大限度地扩展了国内市场容量，为规模经济提供了良好的市场实现条件。

4. 发挥国家宏观调控作用

国内统一市场意味着国家对整个国内市场实施宏观调控的统一性，即消除了宏观调控的地区差别和各地区实施的市场宏观调控造成的地区分割，使国家的宏观调控作用发挥到最大限度。

三、区域市场与统一市场的关系

（一）区域市场是构成统一市场的基础单元

统一市场的形成是由各个区域市场的发育和成长所组成的。随着商品经济的不断发展，全国各个区域市场逐渐融合，形成了统一的国内市场。在这个历史过程中，区域市场始终是统一市场的基础，统一市场的形成必须建立在各个区域市场的基础之上，不可能跨越区域市场这一阶段。区域市场的健康发展为国内统一市场的形成提供了基础和支撑。各个区域市场在商品交换、要素流动以及制度规则等方面相互衔接和统一，共同构成了国内统一市场的整体框架。

（二）区域市场的差异性是统一市场的内在要求

尽管统一市场强调整体性和一致性，但并不意味着抹杀区域市场的差异性和特色。相反，区域市场的差异性恰恰是国内统一市场的内在要求。不同区域市场在经济发展水平、资源禀赋、产业结构等方面存在差异，这种差异性使得各个地区能够充分发挥自身的比较优势，实现资源的优化配置和经济的互补性发展。

（三）统一市场为区域市场提供发展机遇和空间

随着经济全球化和国内市场一体化进程的加速推进，区域市场的发展机遇和空间得到了极大的拓展。在国家宏观政策的引导下，区域市场可以借助国内统一市场的平台，加强与周边地区和市场之间的合作与交流，实现资源的跨区域配置和共享。这不仅可以促进区域市场的快速发展，也为国内统一市场的进一步壮大提供了有力支撑。

第五节 区际贸易

一、区际贸易的含义

区际贸易是指大国内部不同区域之间的商品和劳务交换活动。这里的区域更多地是指经济区域，而非行政区域。而且在市场经济中，经济区域是一个开放的体系，不同经济区域根据自身发展条件进行有效的分工协作与贸易往来。一方面，经济区域的形成具有层次性、系统性，小的经济区域是大的经济区域的有机组成部分，而后者又是更大经济区域的组成部分。国家经济是由不同层次、不同特点的经济区域有机结合而成的整体。另一方面，一个经济区域虽有一定的地理边界，区域内形成某些相对稳定的产销关系和具有相同商业特征的共同体市场，但该经济区域与相邻的乃至更远的经济区域之间的经济联系与贸易往来也是不断发展的，这种发展本身是各地扬长避短形成最具竞争力的优势产业的发展壮大过程，是市场经济发展所必需的国内统一市场的发育发展过程，也是一国内部各地经济融合生长与共同繁荣的过程。经济发展既要考虑经济区域内的相对共性，又要不以经济区域边界为限，强调国家整体经济的分工协作与共生共荣。

区际贸易往往通过批发贸易活动来实现，例如历史上的"北煤南运""南粮北调"，以及现在存在的省区之间各种产品在产地与销地之间的广泛贸易。近年来，国家加强了对以城市为中心的经济区域发展的指导，区域规划和政策已成为宏观调控的重要手段。除了实施"东部率先发展""加快西部开发""加快中部崛起""振兴东北老工业基地"等战略外，还先后批准了多个区域规划，如"上海浦东开发区""天津滨海新区""成渝城乡统筹改革实验区""武汉城市圈""长株潭城市群两型社会建设综合配套改革实验区"等。2008 年以来，又相继批准了广西北部湾经济区、江苏沿海经济带、辽宁沿海经济带、吉林图们江经济区、山东黄河三角洲、江西环鄱阳湖生态经济区、关中—天水经济区、安徽皖江城市带等区域规划。这些区域规划成为国家推进区域经济科学发展的新举措，也将给经济区域之间的贸易发展带来新的变化。

二、区际贸易发展的内在成因

区域间贸易的形成和发展，是建立在区域生产分工差异基础上的。随着各地区间产业分工的逐步深入与细化，区际贸易不断地向前发展。此外，还存在许多其他客观内在原因，进一步促进了区际贸易的发展。

（一）区域间互通有无、繁荣市场的需要

世界是丰富多彩的，因地理环境和生态环境方面有所不同，各个地区的资源物产也存在着较大差异。为解决这一矛盾，区际贸易应运而生。区际贸易是不同区域之间互通有无、繁荣市场、满足消费者需求的一种手段。例如，农区和牧区之间的产品交换、寒带地区与热带地区的产品贸易，都能够丰富各自的市场供应，满足消费者的需求。这种贸易模式有利于促进区域间的经济合作和交流，推动市场繁荣和发展。

（二）形成和发挥各地比较优势的必然要求

不同地区生产要素禀赋有差异，因而不同地区的产品竞争能力也有所不同。因此，在竞争过程中，各地都会自然地倾向于密集使用丰裕的生产要素进行生产，从而形成具有比较优势的产品和产业。发展区际贸易有利于促进区域之间的产业分工，挖掘各个地区的比较优势，促进社会资源的整体使用效率。对一个地区来说，其优势产业的形成与壮大，将直接关系到区域经济是否具备市场竞争力以及可持续发展的潜力。

（三）资本本性的市场扩张

商品资本的本性要求盈利，而盈利往往与产出规模相关。一般而言，生产和销售规模越大，其经济效益就越显著。在商业资本经营循环的全过程中，当地方市场得到满足后，必然要向邻近地区乃至更远的地方市场延伸，从而产生了发展跨区域贸易的需求。国际贸易本质上是区际贸易的延伸，是区际贸易跨越国别界限的体现。

（四）地区之间经济协调发展的条件

一国内部各区域间的经济发展因多种原因而不均衡。区域间的贸易往来可以改善贸易失衡。区际贸易不仅能够实现资源、产品的相互利用，而且能够进行先进技术与经验的交流，改变落后地区的生产能力，提高整体生产效率。贸易过程是一个互相学习、共同提高的过程，也是区域间经济逐步实现协调发展的过程。

三、区际贸易发展的层次性

区际贸易发展的层次性，是指区际贸易产生与运行的基本类型的差异性。

（一）资源型区际贸易

最初层次的区际贸易是由涉及贸易地区之间的自然条件或自然资源差异导致的，这种区际贸易可称为"资源型区际贸易"，如农区和牧区之间的产品交换等，其前提是两地自然条件及其物产的差异。

（二）分工型区际贸易

分工型区际贸易是较高层次的区际贸易，是由涉及贸易地区之间产业优势差异导致的。各地主导产业的形成与其要素禀赋的差异及产业发展战略选择相关。各地主导产业的形成与发展构成了各地之间的产业分工，这种由各地主导产业或优势产业不同而产生的区际贸易可称为"分工型区际贸易"，如湖南与广东两省间的农副产品与轻纺家电产品交换就属于这种类型的区际贸易。

（三）协作型区际贸易

协作型区际贸易通常发生在存在一定经济主次关系的地区之间。通常，较发达地区的企业处于协作的主导地位，参与协作的其他地区企业则根据其产品要求，为其提供原料、零部件、半成品或某些加工环节。产品的核心部件、关键工艺及最后的加工集成由主导地区完成。协作贸易是发达地区引领相对落后地区经济发展的有效方式。

（四）水平型区际贸易

水平型区际贸易是指在不同地区之间进行的同类产品的相互交换的贸易，类似于汽车等产品在不同城市之间的贸易。这种贸易通常发生在经济发展水平相对接近的地区，虽然涉及的产品相同，但各地区的产品品牌、品质、价格和市场定位存在差异，以满足不同层次、不同偏好的消费者需求，并在获取规模效益的同时实现更好的市场覆盖。

第六节 国际贸易

一、国际贸易的含义

国际贸易是指世界各经济体之间货物、服务和技术的交换活动，是各经济体之间分工的表现形式，反映了世界各经济体之间在经济上的相互依赖关系。如果从一个国家（地区）角度来看，国际贸易就是指该国家（地区）与其他国家（地区）之间的商品及非商品的交换活动，因此也称之为对外贸易。国际贸易从国际角度来看，是世界各国（地区）对外贸易的总和，因此又称为世界贸易。

要正确理解国际贸易的含义，需要注意以下几个方面：第一，国际贸易是一个历史范畴，它是人类社会发展到一定阶段的经济现象。国际贸易的发展与人类社会的进步密不可分，是随着经济的不断发展和技术的不断进步而逐渐形成的。第二，国际贸易主要关注的是整个世界范围内的交换活动。国际贸易不仅仅是各国之间的商品和服务的交换，它还涉及技术的转移、资金的流动、人员的交流等多个方面，是一个综合性的经济交流过程。第三，国际贸易的内涵在不断丰富和扩展。随着经济的发展和技术的进步，国际贸易所涵盖的商品和服务种类越来越多，包括原材料、半成品、制成品、服务等多种类型。同时，国际贸易的方式和手段也不断更新，如电子商务的兴起为国际贸易带来了新的机遇和挑战。第四，国际贸易是国内贸易的延伸。国际贸易已成为各国社会再生产不可缺少的条件。一个国家的经济发展离不开国际贸易的参与和贡献。通过国际贸易，各国可以发挥自身的比较优势，实现资源的优化配置，促进经济的繁荣和发展。第五，国际贸易不仅反映不同国家之间的经济联系和相互依赖关系，也反映各个区域集团、企业之间经济上的相互联系和相互依赖关系。国际贸易的开展不仅有助于加强国家之间的经济联系和合作，也有助于促进区域经济一体化和企业之间的协同发展。

二、国际贸易的分类

国际贸易按照不同的标准可以分为不同的种类。

（一）按商品移动方向可分为出口贸易、进口贸易、复出口、复进口和过境贸易

出口贸易是指将商品从本经济体销往其他经济体市场的贸易活动。进口贸易是指其他经济体的商品输入本经济体的贸易活动。复出口是指其他经济体的商品进口后，未经加工制造又出口。其往往与转口贸易有关，进口退货也属此列。复进口是指本经济体商品出口后，未经加工制造又输入本经济体内。复进口多为偶然、意外原因，如出口退货、盲目进口等。过境贸易是指对外贸易货物在运输途中，经过进出口经济体以外的其他经济体境内的情况。如 A 国经过 B 国国境向 C 国运送贸易商品，对于 B 国而言，这就是过境贸易。若过境贸易货物不存放于过境国海关保税仓库而是直接运出国境，即完全是为了运输需要的过境，称为直接过境贸易；若货物到达过境国后，先存放于过境国海关保税仓库，以后

未经加工又运往国外，则称为间接过境贸易。

（二）按贸易对象可分为直接贸易、间接贸易和转口贸易

直接贸易的交易对象只涉及商品生产者和消费者所在的经济体，即商品直接由生产该商品的经济体销往消费使用该商品的经济体，没有第三个经济体的中间商参与的贸易活动。

间接贸易的贸易对象除了商品生产者和消费者所在的经济体以外，还包括第三个经济体的中间商，即通过第三个经济体的中间商或更多中间环节，把商品从生产它的经济体运销到消费使用该商品的经济体的贸易活动。对于第三个经济体而言，这就是转口贸易。即使商品直接由生产它的经济体运到消费、使用它的经济体，只要两个经济体之间并未发生直接的交易关系，而是由第三个经济体的中间商（即转口商）分别与生产商品的经济体和消费商品的经济体发生交易关系，仍属转口贸易。从事转口贸易的多为地理位置优越、运输便利、信息灵通、贸易限制少的经济体，如新加坡、中国香港等。

（三）按贸易内容可分为有形贸易、无形贸易，或者可分为国际货物贸易、国际服务贸易和国际技术贸易

有形贸易即货物贸易，是指以有形的物质产品为交易对象的贸易，主要包括农产品、工业品贸易，也包括黄金、白银及各种货币与有价证券的交易。

无形贸易是指各种非物质形态商品的进出口，包括劳务、技术、信息、知识产权等的贸易。无形贸易并不等同于服务贸易，从严格意义上讲，无形贸易比服务贸易范围要广，除了服务贸易中的所有项目外，国际技术贸易、国际投资收支、侨民汇款等也包括在无形贸易之中。

国际技术贸易指以技术作为交易标的物，即不同经济体的技术提供方与技术接收方按商业条件签订技术许可或技术转让合同，进行跨越关境的有偿技术交易活动。

在国际贸易中，无形贸易是随着有形贸易的发展而发展的，先是围绕商品购销的各种服务，如运输、保险、金融、通信等服务大为增加，后来又有旅游服务、专利及技术转让、资本移动、劳务贸易等的发展，一个经济体在这些方面的支出为无形进口，在这些方面的收入为无形出口。有形贸易与无形贸易的主要区别是：有形商品的进出口经过海关手续，因而表现在海关统计上，是对外贸易收支平衡表中的重要项目；无形贸易则不经过海关手续，通常不显示在海关的贸易统计上，一般不列入对外贸易收支平衡表，但也是国际收支的组成部分。无形贸易有时需借助有形产品作为载体，有形贸易与无形贸易的边界已日渐模糊。

（四）按贸易参与经济体的发展水平可分为水平贸易、垂直贸易

经济发展水平相当的经济体之间的贸易，称为水平贸易，如发达经济体之间的贸易（北北贸易）和发展中经济体之间的贸易（南南贸易）就是水平贸易。垂直贸易是指经济发展水平不同经济体间开展的贸易活动，如发达经济体与发展中经济体之间的贸易（南北贸易）是垂直贸易。

（五）按结算关系可分为双边贸易、多边贸易

双边贸易是指两国之间彼此保持进出口收支平衡的贸易。双边贸易须通过两国政府签订协议，是在双边结算的基础上进行的贸易。这种贸易双方各以本国的出口支付从对方国

的进口，而不用对对方的出口支付从第三国的进口。双方的进出口额应基本平衡。由于进出口双方交换的商品和劳务价值基本平衡，解决或减少了支付困难，促进了国际贸易的发展。后来，随着各国逐渐放宽外汇管制，多边结算扩大，双边贸易的比重逐渐下降。

多边贸易是指多个国家政府之间在商定的贸易规则和调节机制下进行的贸易。同样，多个国家政府之间也需要通过签订贸易条约或协定来规定贸易规则和调节机制，而且这些贸易规则和调节机制也不适用于任何一个签约国与其他非签约国之间的贸易。例如，世界贸易组织中的国家所开展的贸易就属于多边贸易。

（六）按清偿工具可分为现汇贸易、易货贸易

现汇贸易是指用国际货币作为清偿工具的国际贸易。国际货物或服务的交易双方通过磋商谈判商定具体的交易条件，合同签订后按双方商定的国际货币结算。通常采用的国际主要货币有美元、欧元、英镑、日元等，是可以自由兑换的货币。近年来，一些国家在与中国的贸易中开始用人民币结算。

易货贸易是指国际货物买卖双方之间进行的货物等值或基本等值的直接交换，其特点是进口和出口直接关联，双方以货换货，进出基本平衡，不用现汇，解决了外汇匮乏国家开展对外贸易的困难。

三、国际贸易与国内贸易的差异

（一）各国语言和风俗习惯差异

世界处于多元文化之中，各国文化存在差异，从多方面影响国际贸易。在国际贸易中，使用双方都能顺畅理解的语言是必不可少的，否则交易往来将无法顺利进行。此外，各国之间的文化习俗、宗教信仰、民族特性、节假喜庆、收入水平和消费偏好都存在显著的差异，甚至对颜色、数字也有各自的忌讳和偏好。因此，不仅输往别国的商品质量要优良、价格要合理，而且规格、包装、商标以及使用说明书等细节问题也需要谨慎处理。因此，清晰了解各个国家的政治经济与文化特点，尊重彼此的文化差异，求同存异，对于从事国际贸易至关重要。

（二）价格形成和变动因素复杂

国际价值是由国际意义上的社会必要劳动时间所决定，其市场供求关系是在全球范围内形成的，不同于国内市场的商品价格决定条件。在国内市场具有优势的产品，在国际市场上未必具有竞争力。此外，国际市场价格波动较大，部分商品价格形成于完全竞争基础之上，而相当一部分商品价格由少数贸易大国或跨国企业主导，其战略意图与随机策略对国际价格波动具有决定性影响。国际贸易的长期趋势虽然可以被预测，但却很难准确地把握其变化的随机性和瞬时性，从而国际贸易往往呈现出更加复杂多变的特征。

（三）贸易环节多市场信息较难把握

国际贸易至少是在两个国家之间进行的，通常距离较远，从制造商到出口商、进口商，再到目的国的代理商、批发商和零售商等，中间环节较多。从理论上来看，中间环节的数量可能是原来的两倍以上。随着中间环节的增加，除了相邻环节外，参与者对前后各项环节的成本、收益、市场情况和供求动态的把握可能会变得更加模糊。不像在国内经营的每一个环节都能获得大致的平均利润，在国际贸易实务中，有时会看到某个环节获得暴

利而其他环节微利、保本甚至亏损的异常情况。信息不对称或某些环节的经营垄断，往往是造成企业利润不均衡的主要原因。多个中间环节的存在以及两国之间的遥远距离，使得人们在把握远方市场信息时存在种种困难，尤其是对于中小商人来说更是如此。

（四）国际贸易存在较大风险

国际贸易的风险主要有信用风险、商业风险、汇率风险、运输风险、价格风险、政治风险等，此外一国执政党、政局的变化及局部冲突、战乱都会增大国际贸易风险。如由于国际贸易诸多的复杂性，当事人很难掌握各个环节的成本、收益、行情和供求动态、汇率波动情况，国际市场的信息不对称或某些环节的经营垄断通常会造成贸易双方乃至国家的利益受损。又如，低价竞争是出口商常用的手段，可以在国际市场实现薄利多销，但如果大量出口造成进口国相关产业受到损害，进口国就可以实施贸易救济措施（反倾销、反补贴、保障措施），从而对出口商带来极大的不利影响，最终会影响国家的整体贸易利益。作为世界第一出口贸易大国的中国，目前是受到国外反倾销、反补贴指控最严重的国家，每年的涉案金额都在几十亿至百亿美元。自20世纪70年代以来，西方国家纷纷采用浮动汇率，国际金融市场动荡不安、瞬息万变，汇率成为贸易双方很难把握的东西。当以美元结算时，出口国货币贬值会导致用美元表示的出口商品价格下跌，有利于扩大出口，但也会导致用本国货币表示的进口商品价格提高，限制了进口。

（五）各国贸易政策和贸易战略多变

由于不同国家的制度、政策指导思想以及实际经济形势有所不同，其经济政策和贸易战略自然也存在差异。在相互联系、相互影响的全球经济体系中，一个国家尤其是贸易大国的政策措施的变动，往往会即时或长远地影响国际贸易。由于国家间竞争实力的变化以及经济运行中存在的随机因素，欧美强国的贸易政策也在不断地进行着调整。具体到某一特定商品的贸易事项上，其政策与策略的变化更为频繁，令人难以防备，难以准确把握。实际上，欧美国家在应对国内经济泡沫、向外转嫁经济危机时，往往会采取"相机调整"的方式。

（六）易受非经济因素影响

国际贸易往来不是单纯的经济事务，它受政治、体制、文化、宗教、意识形态等诸多非经济因素的影响。其中，政治因素的变化在这一过程中起着重要的作用。如果一国内部冲突频繁，其他国家往往不愿意与其进行贸易往来。革命、改良或政变都有可能使一国的对外基本政策和外贸战略发生重大变化，而这一改变可能使与之有贸易往来的国家遭受损失。即使是在政治相对稳定的西方国家，政党更替、国家领导人政治立场的转变，也会引起各国对外政策和贸易策略的调整。

四、国际贸易与区际贸易的相同点与不同点

一国的商品贸易是由国内区际贸易和国际贸易两部分共同构成的，国际贸易是区际贸易的延伸。国际贸易与区际贸易作为一种商品或生产要素的交换活动，其职能和运作方式在很多方面是一致的。但是，由于国际贸易是跨越国界的，所以它具备着许多不同于区际贸易的特征。

（一）国际贸易与区际贸易的相同点

国际贸易与区际贸易具有很多相同之处，主要有以下几个方面：

一是基本功能是一致的。虽然区际贸易与国际贸易在活动范围上存在差异，但二者同属贸易领域，在社会再生产过程中作为交换环节发挥着中介作用。区际贸易和国际贸易都是通过交换来实现企业生产的产品价值，并满足人们的消费需求。二是货物的移动方式具有同一性。虽然区际贸易与国际贸易在过程上有所不同，但是二者在商品贸易运动方式上是一致的，即货币转化为商品，再转化为货币。不论是对外贸易还是国内贸易，其目的都是通过交换获得更大的利润或经济利益。三是交易技术过程相似。作为一种商品的交换过程，不论是区域间的贸易还是国际间的贸易，都涵盖了交易准备、交易磋商、合同签订以及合同履行等关键环节。然而，相较于区际贸易而言，国际贸易的复杂性更高。

（二）国际贸易与区际贸易的不同点

1. 环境背景不同

区际贸易是在国内不同地区之间进行的贸易活动，由于各地区在社会文化背景和消费习惯上都比较一致，因此不存在语言和心理上的障碍。然而，国际贸易是在经济结构、发展水平、语言文化、风俗习惯、宗教信仰等方面存在明显差异的国家之间进行的商品交换，其难度和挑战也就相对更大。

2. 交易复杂程度不同

在区际贸易中，由于没有关税和统一的货币制度，这使得生产要素能够比较自由地流动，并且各个区域在地理空间上互相接近，通达程度更高，所以交易环节较少，不确定因素也较低。相比之下，国际贸易中的参与国在市场商业习惯、货物进出口管理体制以及保险制度等方面的显著差异会增加报关手续、收益结算、货物运输、货物保险等事项的复杂度和不确定因素。

3. 贸易障碍不同

在区际贸易中，货物的贸易相对自由，贸易障碍较少。然而，在国际贸易中，由于各国为保护本国生产和市场、争夺国外市场，常常采取关税和非关税壁垒来限制外国商品的进口和某些本国紧缺物资的出口，这给进出口商设置了贸易障碍。因此，进出口商不仅要关注出口商品的价格高低，还要研究如何打破进口国的贸易壁垒，实现货物的自由贸易。

4. 商业风险不同

国际贸易涉及进出口商之间的多个环节，包括接洽、报价、还价、确认订立合同、交货、支付货款等，这些环节需要经过一段较长的时间。在此期间，交易双方可能因经营状况发生变化而不能履约，例如经济危机或严重自然灾害导致出口厂商不能交货，或类似原因导致进口厂商不能付款。此外，进口商可能会以货样不符、交货推迟、单证不符等各种理由拒收货物，这些理由在货物遭到拒收前是无法确定的。如果货物被拒收，即使通过交涉可能会有所弥补，但出口商仍会面临较大的损失。因此，国际贸易存在商业风险，需要进出口商密切关注市场变化和对方情况，并采取相应的措施来降低风险。

5. 政治风险不同

由于每个国家的政治制度、政策指导思想以及现实的经济状况都不相同，所以其贸易管制政策也存在较大差异，且这些政策还会随着不同时期国内政治经济状况和国际政治经济形势的变化而变化。各国经济状况和国际政治经济形势的持续变动会使相关贸易国的贸易管制政策和措施随之不断调整，从而导致进出口商面临着许多国内贸易中不存在的政治风险。

【案例】

中国—东盟自由贸易区的发展历程

中国—东盟自由贸易区（China-ASEAN Free Trade Area，CAFTA）是世界上三大区域经济合作区之一（其他两个分别为欧盟和北美自由贸易区），它是由 11 个发展中国家组成的自由贸易区，同时也是目前世界上人口最多的自由贸易区。

1991 年中国与东盟创建对话伙伴关系，此后双方之间的贸易合作关系逐渐变得更加紧密，开始进入一个崭新的发展阶段。1993 年中国被东盟邀请参加了在印尼雅加达举行的第 29 届东盟部长会议。1997 年，中国对受金融危机打击的东盟各个国家给予了极大的支持，携手度过了金融危机阶段。由于双方在政治关系上比较良好，于是促进了双方经济发展上的合作。虽然经历了金融危机，但是 1999 年东盟各个国家的经济开始复苏并且慢慢地回升，与此同时中国始终保持经济快速增长，更是在 2001 年 11 月加入 WTO 后，经济情况更为乐观。双方都意识到建立自贸区的必要，以此来加快经济发展。

2002 年 11 月中国—东盟自由贸易区正式启动，同年成功签署了《中国—东盟自由贸易区框架协议》。2005 年 7 月 20 日，《货物贸易协议》降税计划开始实施，7000 种产品降低关税。2009 年 8 月 15 日，《中国—东盟自由贸易区投资协议》签署，标志主要谈判结束。2010 年 1 月 7 日，中国与东盟各个国家正式签约了两年 18 个合作项目。

数据显示，30 年来，中国-东盟贸易规模从 1991 年的不足 80 亿美元增长到 2020 年的 6846 亿美元，扩大 80 余倍。自 2009 年起，中国连续 12 年保持为东盟第一大贸易伙伴；2020 年，东盟首次成为中国最大的贸易伙伴。2021 年前 10 个月，中国—东盟贸易额已达 7033 亿美元，同比增长 30%，全年将再创历史新高。中国—东盟双向投资合作蓬勃发展，双方互为重要外资来源地。截至目前，中国与东盟累计双向投资总额约 3000 亿美元。双方共同努力，推动一大批造福国计民生、加速互联互通、综合效益好、带动作用大的合作项目落地，为促进地区经济社会繁荣发展作出了积极贡献。

（资料来源：中华人民共和国商务部）

【思考题】

1. 什么是乡村内部贸易？
2. 什么是农村集市贸易？其发展有什么新趋势？

3. 什么是城市内部贸易？其发展对城市经济有何意义？

4. 城乡贸易的实现形式有哪些？

5. 什么是区域市场？什么是统一市场？两者之间有何联系？

6. 区际贸易的成因有哪些？

7. 国际贸易和国内贸易有哪些差异？

8. 国际贸易与区际贸易的相同点和不同点有哪些？

第六章 贸易效率

【学习目标】掌握贸易效率的基本含义及评价指标体系；了解贸易效率评价的原则及方法；熟悉影响贸易效率的主要因素；了解提高贸易效率的基本途径。

第一节 贸易效率及其评价

一、贸易效率的含义

贸易效率指的是贸易实现过程中价值补偿的程度及利益实现的和谐程度，是贸易实现过程中所得与所耗的比较。提升贸易效率有助于减少企业的内部价值损耗，同时也能提升国民经济的运行质量。由于贸易行为发生于流通过程中，因此流通中的所占、所费与所得是考察贸易效率的基本对象。先从流通成本和流通费用谈起。流通成本和流通费用是衡量贸易效率的重要指标。

（一）流通成本与流通费用

1. 流通成本

流通成本是指流通主体为将产品从生产者转移给消费者所进行的资源总投入，表现为在不同流通阶段（运输、仓储、包装、加工、配送等）或在不同流通内容（商流、物流、资金流、信息流）上的费用支出总和。从外延来看，流通成本包括了流通主体的内部经营管理成本、该流通主体与其他流通主体间的交易成本以及支付的税收、工商管理费等外部成本。从流通过程看，流通成本可分为以下三种：

一是信息成本。流通企业作为流通过程的载体，承担着"买"和"卖"的任务，在个体有限理性和信息不对称的条件下，流通企业的首要成本是寻找上游卖家和下游买家所发生的信息搜寻成本，并且包括横向比较卖家售出价与买家购进价、纵向比较售出价与购进价的差额是否可以盈利的成本。例如，以大型零售业为典型业态的流通企业，在搜集消费需求信息、向生产者反馈信息、拉动生产按需组织生产等方面发挥着重要作用。在这一过程中，贸易企业付出了大量的劳动力进行搜寻，从而形成了信息成本。

二是物流成本。物流成本是在流通领域中，由于物流活动所消耗的各种资源、时间和精力等要素的综合体现。它反映了在产品空间位移（包括静止）过程中所耗费的各种劳动的货币表现，包括包装、装卸、搬运、运输、储存、流通加工、物流信息等环节所支出的人力、财力、物力的总和。

三是组织成本。组织成本是与流通企业直接相关的流通成本，即在日常经营管理中所产生的耗费。值得注意的是，随着流通企业规模的扩大，必然会产生组织成本，其中既包括流通企业内部的组织成本，也包括后向的纵向一体化的组织成本。

2. 流通费用

流通费用是指商品从生产者转移至消费者的流通过程中所产生的各种费用，包括销售费用、运输费用、仓储费用等。马克思将商品流通费用划分为生产性流通费用和纯粹流通费用。

生产性流通费用指的是与商品使用价值本身的运动有关的费用，它是生产过程在流通领域的延续，主要包括运输费用和保管费用。其中，运输费用是根据商品合理流向，选择适当的运输方式或运输工具，组织商品运输所支出的费用，可增加商品价值。马克思认为："物品的使用价值只是在物品的消费中实现，而物品的消费可以使物品的位置变化成为必要，从而使运输业的追加生产过程成为必要。"①因此，运输是一种生产性劳动，运输费用是一种生产性流通费用，它可以追加到所运输的产品中去。"在其他条件不变的情况下，由运输费用追加到商品价格中去的相对价值部分，和商品的体积和重量成正比"，而"运输费用追加到一个物品中去的相对价值部分和该物品的价值成反比"②。保管费用是商品在储存过程中所产生的费用。商品储存不仅需要消耗物质资料，如库房、货架等，还需要投入活劳动。由于保管费用与使用价值的保存有关，因此能够在一定程度上增加商品的价值，使得商品价格上涨。从单个资本家的角度来看，雇佣工人的保管劳动能够创造价值和使用价值，但是从社会的角度来看，由于保管费用只是用来维持原有的使用价值，并不创造新的使用价值，因而消耗在保管方面的费用只能从社会财富中扣除，属于生产中的"非生产费用"③。只有将商品的流通费用和保管费用控制在合理范围内，才能够获得社会的接受与认可。

纯粹流通费用指的是由商品价值变化引起的费用，包括买卖费用、簿记费用以及维持货币流通的费用。其中，买卖费用是进行买卖交易时所需的费用。从单个资本家的角度来看，商品和货币之间的转换需要经过找寻对象、谈判、签约等过程，这不仅耗时耗力，而且会直接花费成本，即"状态的变化花费时间和劳动力，但不是为了创造价值，而是为了使价值由一种形式转化为另一种形式"④。马克思认为，买卖交易虽然是资本家的一种主要职能，但这种职能是非生产性的，是不创造价值的。不管这种职能是作为"多数人的附带工作"还是作为"少数人的专门工作"，都不会改变它的性质。簿记费用是纯粹流通费用的一部分。"劳动时间除了耗费在实际的买卖上外，还耗费在簿记上；此外，簿记又耗费物化劳动，如钢笔、墨水、纸张、写字台、事务所费用。因此，在这种职能上，一方面耗费劳动力，另一方面耗费劳动资料"⑤。簿记不属于生产职能，簿记费用也就不是生产性费用。簿记费用不仅存在于商品生产过程中，而且存在于包括生产在内的任何社会化大生

① 马克思. 资本论. 第2卷. 北京：人民出版社，1975：168.
② 马克思. 资本论. 第2卷. 北京：人民出版社，1975：168-170.
③ 马克思. 资本论. 第2卷. 北京：人民出版社，1975：156.
④ 马克思. 资本论. 第2卷. 北京：人民出版社，1975：147.
⑤ 马克思. 资本论. 第2卷. 北京：人民出版社，1975：150.

产过程中。"过程越是按社会的规模进行，越是失去纯粹个人的性质，作为对过程的控制和观念总结的簿记就越是必要；因此，簿记对资本主义生产，比对手工业和农民的分散生产更为必要，对公有生产，比对资本主义生产更为必要。但是，簿记的费用随着生产的积聚而减少，簿记越是转化为社会的簿记，这种费用也就越少"。货币费用是执行流通手段、支付手段和准备金等职能的货币商品的费用。货币费用由两部分组成：一部分是留在流通领域的货币商品所占用的社会劳动，即"社会财富的一部分被束缚于这种非生产的形式"；另一部分是货币的补偿费用，即"货币的磨损，要求不断得到补偿，或要求把更多的产品形式的社会劳动，转化为更多的金和银。这种费用，随着商品生产，特别是随着资本主义生产的发展而增大。它是社会财富中必须为流通过程牺牲的部分。"

（二）交易费用

交易费用指交易成本，是在完成一笔交易时，交易双方在买卖前后所产生的各种与此交易相关的成本，具体指企业用于寻找交易对象、订立合同、执行交易、洽谈交易、监督交易等方面的费用与支出，主要由搜索成本、谈判成本、签约成本与监督成本构成。交易费用有广义和狭义之分。广义的交易费用是指谈判、履行合同和获得信息所需运用的全部资源，狭义的交易费用则是指单纯履行契约所付出的时间和努力。

对于特定的交易，交易费用存在的理由主要有以下几个方面：一是交易的不确定性。在任何交易中，都存在一定程度的不确定性，如未来可能出现的风险、对方违约的可能性等。这些不确定性可能导致交易双方在交易前需要进行更深入的调查和谈判，以确保交易的可行性和安全性。这些调查和谈判过程就会产生交易费用。二是交易的市场环境。当市场结构由完全竞争向完全垄断转变时，市场交易费用也将随之发生变动。由于垄断会造成效率上的损失，因此在这个时候达成协议的交易费用对于非垄断的一方来说相对较高。市场协议参加者一方的数目越小，市场交易费用就越高。三是交易的频率。交易频率是指从事同一货物或服务交易的频繁程度，它对交易的影响表现在设立某种管理机构能否通过交易得到补偿。频率越高，组织费用能得到的补偿就越多。

对于交易这种制度，交易费用存在的理由主要有：一是有限理性，即由于现实经济活动中存在不确定性和不完全信息的制约，人们的理性往往受到限制，表现出有限的理性。有限理性的存在可能会导致交易双方在交易前无法完全预测和控制交易的风险和不确定性，从而产生交易费用。例如，在签订合同时，交易双方可能需要支付律师费、咨询费等费用来确保合同条款的完整性和合法性。二是机会主义，机会主义的存在使得交易者经常向交易对方提供虚假信息，这增加了签约的难度，带来了风险和不确定性，从而增加了交易费用。为了防止机会主义行为的发生，交易双方需要采取额外的措施进行风险控制，如进行信用调查、要求担保等，这些措施也会产生交易费用。因此，有必要通过组织管理制度或相应的契约来约束这种投机倾向。三是资产专用性，即为某一种特定的交易而作出的持久投资，它一旦形成便很难转移到其他用途上去。资产专用性越强，进行市场交易的费用就越高。例如，在工程项目中，需要进行工程设计、材料采购、施工等环节的协商和评估，这些过程会产生一定的交易费用。

（三）寻租

1. 寻租的含义

"租"即经济租，资源由"租"带来的使用价值的大小，可用租金额来衡量，而租金，实质上就是利润、利益、好处。寻租，就是对经济利益的追求，特指通过一些非生产性的行为来寻求利益，如有的政府部门利用其权力(一种资源)设置一些收费项目来为本部门谋求好处、有的官员利用手中权力为个人捞取好处。一些企业贿赂官员为本企业得到项目、特许权或其他稀缺的经济资源，属于介入寻租行为。美国经济学家 J. 布坎南和 A. 克鲁格称，谋求特殊权力以获得租金的活动被称作"寻租活动"(俗称"寻租")。柯兰得尔对寻租下的定义是，为争夺人为的财富转移而浪费资源的活动。克鲁格则认为，寻租是为了取得许可证和配额以获得额外收益而进行的疏通活动。

在竞争条件下，市场的运作并非完备，可能会受到各种不利因素的影响，阻碍其功能的正常发挥，这时政府就会介入市场。政府用权力配置资源来介入市场，可能会产生各种各样的额外收益点(可视为权力导致的租金)，从而会诱导更多的寻租活动。政府的批准、同意、配额、许可证或特许等会对资源配置产生重要的影响，它们有的实际上创造了一个短缺的市场。谁拥有这一市场的份额，谁就相当于拥有了某种特权。在短缺的市场中，人们会尝试利用自己的资源来获取特权，争夺特权的初始分配，或设法代替他人获得特权，或从他人手中夺取、偷取或购买特权，或规避政府的管制以获得非法的"特权"，而那些已拥有特权的人则会竭尽所能保护自己的特权。这些活动都需要花费成本，而这些支出的存在也无法减少或消除政府人为制造的稀缺。因此，它们是非生产性的，且会对社会福利造成净损失。

2. 寻租现象在贸易中的表现

市场机制的不健全往往为设租、寻租提供了机会，从而导致多方面的腐败行为。贸易中的寻租现象主要体现在以下四个方面：

一是权钱交易。在制度缺失的条件下，政府公职人员的"经济人"本性诱使权利寻租，也就是进行权钱交易。当商品和要素的流通受到阻碍时，一些高额利润可能会长期存在，这可能会导致瓜分或独占超额利润的权钱交易。由于阻碍充分竞争能够创造出租金，因此社会中有一部分财富不但用于疏通权力，而且用于创造和维持这些经济特权，这样就造成了社会经济资源的浪费。

二是商"俘获"官，获得竞争优势。一些商人通过贿赂官员，制定有利于自己的政府行政规则，甚至利用这种行政法律的手段来维护或分配既得利益。例如，有的企业在开拓了一个市场后，寻求政府的干预来阻止其他企业加入竞争，确保其创造的"租"不致消散；有的企业明知其他企业比自己拥有更先进的技术，想方设法诱使政府采取保护政策，限制那些企业加入竞争。更有甚者，有的企业施展种种手段争取政府的"照顾"，获得税收减免和补贴等好处。作为回报，企业帮助政府官员利用权力为其子女就业提供不公正的机会，导致人才流动的不公平等。

三是官"设租"，实施地方保护。在追求地方政绩目标的驱使下，对于富有竞争优势的外部资源，政府往往设置高门槛，以限制其进入。这客观上为本地区进行了"设租"活动。地方政府的设租动机与企业的寻租动机相容，因而表现出一种共同意愿——"保护地方经济的发展"。地方政府设租的原因有：本地产品质量低劣，缺乏竞争力；产业同构，导致本地产能过剩，需要释放产能等。就产能过剩来说，本地企业最初的决策产能往往大于后期实际利用的产能，也就是说，存在我们通常说的过剩产能。为了利用这部分未被利用的产能，一个办法是让本地企业独占市场，排挤外地厂商。要达到这一目的，只能提高外地厂商的成本，也就是实行地方保护主义。地方保护主义通过对商品和要素流通的阻滞，使本地区生产中获得的超额利润长期保持下来，以维护既得利益。地方保护主义是一种政府行为，其危害性表现在，不仅严重地阻碍了技术进步，也使资源的配置更趋向扭曲。

四是因行政性垄断而寻租。垄断是指在市场上占有绝大部分市场份额的行为，而行政垄断是通过政府的合法行为实施的垄断。实施行政垄断的行业往往是生产和经营国家重要商品的行业。例如，我国的燃气、电力、自来水、交通运输和烟草的销售完全由政府垄断，主要采取专卖的形式。此外，医疗、房地产、采掘、金融保险和对外贸易等领域对于私人资本来说，进入的壁垒相当高。行政垄断导致的寻租活动，是利用资源通过政治过程获得特权从而构成对他人利益的损害大于租金获得者收益的行为。根据寻租经济学，垄断会扭曲资源的有效配置，从而对社会经济造成两类损失：一类是社会净福利损失，通常称为"哈伯格三角形"；另一类是消费者损失，即消费者转移给垄断生产者的剩余，又称"塔洛克四边形"。从表面上看，消费者剩余只是财富的转移，并没有造成社会净福利损失，实际上，由于寻租和护租所造成的庞大成本，租金最终将会耗散，结果也造成了社会福利净损失。

3. 寻租的损失：交易成本

贸易活动中存在众多的寻租行为，最终给私人带来不正当的超额利润，从而造成了社会资源的极大浪费。这是一笔巨大的交易成本，其浪费表现在三个方面：一是寻租活动中浪费掉的资源；二是由经济寻租引起的政治寻租而浪费掉的资源；三是寻租成功后形成垄断损失掉的经济效率，即传统理论所称的贸易福利净损失。

寻租会造成垄断和资源配置的扭曲与浪费，进而导致畸形交易。对社会来说，寻租行为所导致的交易成本、院外说客的酬金以及官僚们为被安置在能收受到贿赂的位置上进行竞争所耗费掉的时间和金钱，都是一种资源浪费。克鲁格在《寻租社会的政治经济学》一文中列举了两个典型的国家：印度与土耳其，估算了它们在20世纪60年代由于政府过度干预所形成的租金数量，结果表明，这两个国家的寻租行为带来的社会资源浪费十分惊人，分别占到了国民生产总值的7%和15%左右。

寻租会导致收入再分配的不公平。寻租不仅造成浪费和资源配置的低效，而且会引起收入的重新分配。在寻租活动中，受到损失的人群是消费者、不成功的竞租者、因寻租而受害的厂商。消费者因垄断支付更高价格而获得了较少的商品，损失了一部分消费者剩余；不成功的竞租者耗费了一定的资源而未得到回报；另有一些厂商可能会因寻租活动而支付额外的成本，比如承担更多的环保税、转嫁的困境、未参与寻租而招致的失败等。寻租的受益者除了成功的寻租者之外，还可包括政府或政府官员和有特殊才能的人（如律师、经济学家和院外活动家）。这种再分配有利于社会经济中的强势群体，不利于弱势群体，因而也是社会再分配的不良后果之一。

寻租将会造成社会福利的净损失。对消费者来说，寻租企业会把其寻租成本转化到产品成本中，从而最终转嫁给消费者；对于其他企业来说，它们为了也从政府政策中捞取好处，必然会展开寻租竞争，这样也会引发第三方资源配置的扭曲。

（四）贸易利润

贸易利润是指贸易部门或贸易企业通过销售商品，从进销差价（毛利）中扣除商品流通费用和税金后的余额。

从表面上看，贸易利润似乎是贸易中以高于价值的价格出售商品而取得的，实质上，贸易利润并非来自商品流通过程本身，而是生产部门让渡给贸易行业的一部分利润。就是说，贸易利润是贸易行业以低于市场价值的价格从生产部门购进商品，并以符合商品价值的价格销售商品，从而形成的利润。因此，贸易利润是产业利润的一种扣除。

从来源看，贸易利润包括商流过程利润、物流过程利润及贸易信息利润。在各个商流环节之间，又有批发利润、零售利润以及代理商利润等。因而，贸易利润是一个多元性的复合体。"贸易利润因单纯的加价而产生"是一种假象，如果把这种假象当作本质就会错误地认为：贸易利润来源于对商品的贱买贵卖。

从本质看，贸易利润是产业工人创造的剩余价值的一部分。贸易资本家主要通过获取贸易差价从而取得贸易利润，即贸易资本家以低于商品生产价格的价格（出厂价格）从产业资本家购买商品，再将商品按照生产价格出售给消费者，卖价与进价之间的差额即为产业资本家转让给贸易资本家的那一部分剩余价值，进而形成贸易利润。贸易利润的实现需要依靠雇员的劳动，如包装、保管、运输等劳动创造价值和剩余价值，是生产在贸易中的延续，由商品买卖、簿记等劳动实现商品的价值和剩余价值。同产业工人一样，雇员也是劳动力的出卖者，其劳动时间同样分为必要劳动时间和剩余劳动时间。在必要劳动时间内所实现的价值，用以补偿贸易资本家支付贸易店员工资的可变资本，而在剩余劳动时间内所实现的剩余价值，其中一部分要用以补偿工资以外的贸易资本家的各项费用开支，剩下的部分则被贸易资本家作为贸易利润占有。

二、贸易效率评价的原则

（一）满足社会消费需要与取得企业盈利相统一的原则

贸易经济活动的目的是满足社会及其成员不断增长的物质和文化生活需要，只有符合这一目的所取得的经济效益才是真正的经济效益。贸易企业的职能是连接产品与消费，实现商品价值，从而取得贸易利润和贸易利益。贸易利润与产业利润的有效实现依赖于对社会消费需求与贸易企业利益的兼顾。如果只着眼于贸易企业的利益而忽视消费者利益，那么消费就无法实现，产品过剩就会出现；如果忽视贸易企业的利益，则贸易企业将失去进行贸易活动的动力，商品难以到达消费者手中，从而严重影响贸易效率。正确处理好消费者利益与贸易企业利益的关系，才能实现"共赢"。

（二）扩大贸易业务与降低劳动耗费相统一的原则

贸易活动以扩大购销业务为提高其经济效益的基础，没有足够的购销业务量，经济效益就无从谈起。但如果不注意降低劳动耗费，即使购销业务扩大了，仍然不会取得好的经济效益。正确的原则应该是把扩大购销业务与降低费用支出、节约劳动时间有机结合起来，力争以尽可能少的投入获得尽可能多的产出，取得良好的经济效益。

（三）短期经济效益与长期经济效益相统一的原则

贸易经济活动是一个持续进行的过程，不但要考虑短期效益还要兼顾长期效益，今天的生存要为明天的发展早做打算。短期效益是企业长远效益的基础，也是企业实现长远效益的途径。如果没有短期经济效益，贸易企业就难以为长期的贸易投资积累资金，也就很难实现长期的经济效益；而长期经济效益则是贸易企业短期经济效益的奋斗方向，也是企业人格的标志。若贸易企业不顾长期经济效益，以次充好、假冒伪劣，这将对消费者利益造成极大的损害，虽然这些行为可能在短期内获得经济效益，但最终还是会被市场淘汰或被管理部门取缔，从而失去长期发展的机会。关键在于要掌握一个合理的度，使二者得到兼顾并有机结合起来。

（四）经济效益与社会效益相统一的原则

经济效益指的是经济活动所带来的利润回报，而社会效益是指产品或服务对社会所造成的影响和后果，主要表现在公众反响和社会评价体系上。社会效益是经济效益的呈现，是贸易企业的出发点，而经济效益是社会效益的基础，是贸易企业的归宿。不论是对贸易利润的追求，还是对产业利润的追求，即不论是生产企业还是贸易企业都必须考虑社会效益。特别是作为社会窗口行业的贸易企业，在追求经济利益的同时，也要承担起社会责任，弘扬文明，诚实守信，营造良好的社会文化氛围。总而言之，贸易企业应该把自己的经济利益和社会利益有机地结合起来，这样才能推动企业健康发展。

三、贸易效率评价的方法

为了对贸易效率做出较为正确的评价，需要根据具体的实际情况，选择科学合理的评价方法对贸易效率予以计算和解释。综合目前已有的研究成果，德尔菲法、效用函数综合评价法、因子分析法、Malmquist 指数评价法应用得较为普遍。在应用德尔菲法、效用函数综合评价法和因子分析法评估贸易效率时，需要将贸易效率的相应指标进行同度量化，对每个指标进行无量纲化处理，消除因单位不同而导致的数值变化，具体可采用均值化法、标准化法等。在具体指标的选取上，尽量选取相对数指标或者平均数指标，这样能较为准确地反映贸易所得和贸易所费的质量状况，表6-1 中有关贸易效率的三级指标符合上述要求。

（一）德尔菲法

德尔菲法（Delphi）也称专家法，是主观赋权法中较为常用的方法，专家在对客观实际研究的基础上，利用其知识和经验，进行判断和赋权。采用德尔菲法评价贸易效率时应根据评价目标对贸易所得和贸易所费的指标重新打分，计算指标的中位数、算术平均数和极差，确定贸易效率指标的相应权重。

（二）效用函数综合评价法

效用函数综合评价法是先将每一指标按一定形式转化为"评价当量值"，然后采用一定的统计合成模型计算总评价值。合成模型可采用加法合成、乘法合成、平方平均合成等方法，实际选择时可以根据具体合成对象选择相应的合成模型①。具体应用时，可以先按

---

① 效用函数综合评价法详细操作过程参见：周日星，苏为华. 商贸贸易业：统计监测评价体系研究. 北京：中国市场出版社，2006：34-39.

贸易所得、贸易所费分成两个子系统，然后选择相应的合成模型分别对两个子系统的内部指标计算合成评价值，最后计算贸易效率的综合评价值(见图6-1)。

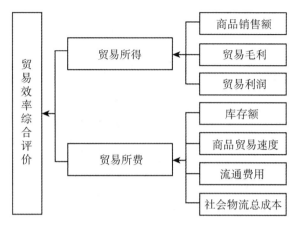

图6-1　贸易效率综合评价

(三)因子分析法

因子分析是根据相关性大小把变量分组，使得同组内变量之间的相关性较高，不同组变量之间的相关性较低。每组变量代表一个基本结构，这个基本结构称为公共因子。因子的选择可以根据相应特征值大小和累计方差贡献率，也可以通过直观的碎石图得到①。因子模型建立后，可以利用公共因子得分函数来计算每个样本的公共因子得分，进而根据得分对样本进行排序。在具体评价贸易效率时，利用表6-1中贸易效率三级指标的样本数据计算特征值和累计方差贡献率，找出贸易所得、贸易所费两个公共因子得分函数，最后根据因子得分函数对样本的贸易效率进行评价。目前，因子分析法是一种成熟的多元统计评价方法，多数统计软件(如 SAS、SPSS、MATLAB 等)都具备此功能。

(四)Malmquist 指数评价法

Malmquist 指数是进行全要素生产率动态分析的重要工具。假定一个生产可能性集 $S^t = \{(x, y) \mid$ 在 t 期，x 可以生产 $y\}$，x 是生产投入，y 是产出，在基准技术指数下，基于 t 和 $t+1$ 期参照技术的 Malmquist 生产率指数分别为：

$$M_t(x^t, y^t, x^{t+1}, y^{t+1}) = \frac{D_c^t(x^{t+1}, y^{t+1})}{D_c^t(x^t, y^t)}$$

$$M_{t+1}(x^t, y^t, x^{t+1}, y^{t+1}) = \frac{D_c^{t+1}(x^{t+1}, y^{t+1})}{D_c^{t+1}(x^t, y^t)}$$

因此，它们的几何平均，即综合生产率指数为：

---

① 关于因子分析法的详细介绍可参见：吴喜之. 统计学：从数据到结论. 第2版. 北京，中国统计出版社，2006：176-179.

表 6-1　用因子分析法评价贸易效率

	一级指标	二级指标	三级指标
贸易效率	贸易所得	商品销售额	人均商品销售额
			单位营业面积销售额
		贸易毛利	毛利率
			进销差率
		贸易利润	商品销售额利润率
			资金利润率
			成本费用利润率
	贸易所费	库存额	库存率
			存货周转率
		商品贸易速度	流动资金周转率
			资金周转天数
		流通费用	流通费用率
		社会物流总成本	社会物流总成本占 GDP 比重

$$M(x^t,\ y^t,\ x^{t+1},\ y^{t+1}) = \left[\frac{D_c^t(x^{t+1},\ y^{t+1})}{D_c^t(x^t,\ y^t)}\frac{D_c^{t+1}(x^{t+1},\ y^{t+1})}{D_c^{t+1}(x^t,\ y^t)}\right]^{1/2}$$

进一步深入研究可以将以上指数分解成技术效率变动指数和规模效率变动指数。具体应用 Malmquist 指数法评价贸易效率时，可以将贸易所费的相关指标（如库存额、贸易费用、物流成本）作为生产投入，把贸易所得的相关指标（如商品销售额、贸易利润）作为生产产出，即可计算 Malmquist 指数，一些统计软件（如 DEAP）具备这样的计算功能。

四、贸易效率评价指标体系

贸易效率主要涵盖贸易所得和贸易所费两个层面的内容。其中，贸易所得是指商品从生产到销售给消费者的整个过程中的价值表现形式，包括商品贸易额、贸易毛利、贸易利润，而贸易所费是指商品在整个贸易过程中消耗和占用资源的价值表现形式，包括库存额、商品流通速度、流通费用、社会物流总成本。

（一）贸易所得

1. 商品销售额

贸易机构是专门从事商品交换的部门，根据国内生产总值核算体系，贸易所得应当按照增加值来计算，然而在实际操作中很难获取具体店铺的相关数据。通常的做法是以销售额来反映贸易产业的增加值，主要是由于销售额既能反映商品的销售量，还能够在一定程度上反映消费者购买商品时所获得的服务量。因此，商品销售额是衡量贸易所得的首要指标，它是指贸易机构对本单位与本单位以外的单位和个人出售的商品金额（包括售给本单位消费用的商品，含增值税）。在我国的统计指标体系中，宏观层面上的销售额是以社会消费品零售总额来统计的。社会消费品零售总额是指批发和零售业、住宿和餐饮业以及其他行业向城乡居民和社会集团直接出售的消费品的零售额。在企业层面，销售额也是评估企业经营效益的重要指标。有时会在商品销售额的基础上衍生出一些相对数指标，如人均商品销售额、单位营业面积销售额等。计算公式如下：

$$人均商品销售额 = \frac{计算期商品销售额}{同期商业人员平均人数}$$

$$单位营业面积销售额 = \frac{商品销售额}{店铺营业面积}$$

2. 贸易毛利

由于商品销售额受到包括商品单价、服务程度、消费者的交通成本、购物环境、销售期及商品陈列等多种因素的影响，且这些因素在不同行业和商店中存在差异，因此，如果仅以商品销售额这一指标来衡量贸易所得，结果往往会出现偏差。因此，为了更准确地衡量贸易所得，必须同时考虑人均毛利这一指标，原因是它与人均增加值的关联度最高，能够反映在某一价值增量中所含的服务量。贸易毛利指的是商品销售额与相应进货原价的差额。计算公式如下：

$$贸易毛利 = 商品销售额 - 进货原价$$

贸易毛利计算起来相对简单，它不仅可以评价贸易内部各个行业的经营状况，还可以评价一个企业的经营状况。贸易毛利还有相应的衍生形式，即毛利率和进销差率。计算公式如下：

$$毛利率 = \frac{销售额 - 进货原价}{商品销售额}$$

$$进销差率 = \frac{销售额 - 进货原价}{进货原价}$$

但是，毛利率这一指标也具有一定的局限性。第一，垄断利润所造成的毛利率畸形上升，会影响服务量的正确反映。第二，贸易产业中不同业态之间毛利率差别较大，很难形成统一标准。第三，单纯追求毛利率，可能导致任意压低进价和提高售价的错误行为，损害消费者的利益，影响产销关系。

3. 贸易利润

由于贸易毛利存在一些缺陷，因此有必要引入贸易利润来衡量、评估贸易企业的经营业绩。贸易利润是指商品销售额与进货原价、销货费用和管理费用的差额。其中，销货费用包括固定销货费用和变动销货费用。计算公式如下：

$$贸易利润 = 商品销售额 - (进货原价 + 销货费用 + 管理费用)$$

当考虑所得税时，从利润总额中扣除所得税，即可得到贸易企业税后的经营利润，所得税根据利润总额和所得税税率计算。计算公式如下：

$$税后利润 = 贸易利润 - 贸易利润 \times 所得税税率$$

通过比较贸易利润与不同投入要素，可以衍生出一些利润率指标，这些指标可以用来反映企业的盈利能力。相关指标及计算公式如下：

$$商品销售额利润率 = \frac{流通利润}{商品销售额}$$

$$资本利润率 = \frac{流通利润}{流动资金平均余额 + 固定资金平均余额}$$

$$成本费用利润率 = \frac{流通利润}{成本费用总额}$$

（二）贸易所费

1. 库存额

库存额指的是在报告期末，批发和零售业企业已获得所有权的商品总量，反映了批发和零售业企业的商品库存状况，以及其对市场商品供应的保障程度。商品库存包括以下6个方面：

（1）存放在批发和零售业经营单位（如门市部、批发站、经营处）的仓库、货场、货柜和货架中的商品。

（2）挑选、整理、包装中的商品。

（3）已记入购进账目但尚未运到本单位的商品，即发货单或银行承兑凭证已到而货未到的商品。

（4）寄放在他处的商品，如购货方拒绝承付而暂时存放在售货方的商品和已办完加工成品收回手续而未提回的商品。

（5）委托其他单位代销（未做销售或调出）尚未售出的商品。

（6）代其他单位购进尚未交付的商品。此项不包括所有权不属于本单位的商品、委托外单位加工生产尚未收回成品的商品、外贸企业代理其他单位从国外进口尚未交付订货单位的商品、代国家物资储备部门保管的商品等。

将库存总额与当期商品销售总额相除，可以算出库存率。库存率反映一定时期内（通常为一年）库存总额占商品销售总额的比重。库存率与贸易速度可以呈互相印证的负相关关系，一定程度上反映贸易效率的高低。库存率越高，表明库存积压的程度越高，说明商品贸易越缺乏效率。另外，还可以用存货周转率反映销售成本和存货全年平均余额之间的关系，这是衡量一个企业销售能力强弱和存货是否过量的一个重要指标。这一比率越高，说明存货周转速度越快，公司控制存货的能力越强，营运资金投资于存货上的金额越小，利润率越高。反之，则表明存货过多，不仅使资金积压，影响资产的流动性，还增加仓储费用与产品损耗。存货周转率的计算公式为：

$$存货周转率 = \frac{销售成本}{存货平均余额}$$

$$存货平均余额 = \frac{期初存货 + 期末存货}{2}$$

2. 商品流通速度

流通速度指一定时期内（通常为一年）流通资本实现一定数额商品的频率，反映了为完成一定商品价值所需的流通资本循环次数。商品流通和资金流通的速度对既定时期内的贸易实现水平具有制约作用。当流通速度加快时，可以减少商品的滞留和损耗，从而使企业能够及时扩大再生产或扩大经营规模，进而提高整个社会贸易的实现水平。在企业财务中，通常使用流动资金周转率和资金周转天数来衡量贸易速度，计算公式如下：

$$流动资金周转率=\frac{商品销售额}{流动资金平均余额}$$

$$资金周转天数=\frac{流动资金平均余额×计算期天数}{商品销售额}$$

$$流动资金平均余额=\frac{期初流动资金额+期末流动资金额}{2}$$

3. 流通费用

流通费用是贸易企业在商品流转过程中所消耗的活劳动和物化劳动的货币表现，主要包括经营费用、管理费用和财务费用。其中，经营费用包括企业在购进、销售、库存环节发生的各种费用；管理费用指企业行政管理部门为管理和组织商品经营活动而发生的各项费用；财务费用指企业为筹集资金而发生的各项费用。将一定时期内的流通费用额与商品销售额进行对比，就可得到流通费用率。其计算公式为：

$$流通费用率=\frac{流通费用额}{商品销售额}$$

流通费用率是从劳动耗费的角度出发，对贸易经济效益进行评价的一项基本指标。在贸易活动中，劳动耗费以贸易费用的形式体现，而有用成果的数量标志则以商品销售额来衡量。劳动耗费与有用成果的比较，在价值形式上表现为贸易费用额与商品销售额之间的对比关系。贸易经济效益的大小与贸易费用率的高低呈负相关关系。流通费用率越低，说明贸易经济效益越好；反之，贸易经济效益越差。此外，一些行业和企业部门的统计制度相对更加完善，会采用运输费用率、仓储费用率、货运空载率、货运损耗率等更为全面、细致的指标来评估流通费用的耗费情况。

4. 社会物流总成本

随着物流在国民经济中地位的提升，物流成本的高低成为衡量商贸企业经营水平及国民经济运行效率的重要标准。在国际上，通常将社会物流总成本划分为三个部分：运输成本、保管成本和管理成本。其中，运输成本包括支付给运输企业的费用和自家运输费用，保管成本包括保险费用、仓储费用、仓储设备维护费和折旧、货物损耗、库存占用资金的利息支出，管理成本主要是指物流企业的人员工资、日常营运开支、水电气、通讯、办公等费用。在实际应用中，各国通常使用社会物流总成本占 GDP 的比重来评估一个国家或地区的物流效率。具体而言，就是在一定时期内(通常为一年)，国民经济各个部门用于物流的所有费用支出占 GDP 的比例。

第二节　贸易效率的主要影响因素

贸易效率受到多种因素的影响，有经济因素也有非经济因素，有宏观因素也有微观因素，有外部因素也有内部因素，具体包括工农业生产发展状况、交通运输发展状况、贸易企业管理体制适应商品流通发展的程度、贸易企业经营管理水平与从业人员的素质、新型数字基础设施状况等。

第一，工农业生产发展状况。生产为贸易企业提供交换的产品，它对企业效率有直接影响。例如，生产部门为市场提供的商品多少、适销对路状况、质量好坏以及价格高低等将直接影响贸易企业的经营效率；生产部门为贸易企业提供的物质技术设备优劣，直接影响贸易企业经营中的物化劳动耗费和占用；商品流转过程的长短，直接制约着商品资本的流转速度。

第二，交通运输发展状况。商品在运输过程中，不仅需要一定的时间，而且要损耗和占用一定量的劳动，同时还有商品损耗发生。运输工具、运输路线和运输的组织工作都会对商品运输时间、运输费用产生影响。因此，商品运输工具的现代化程度，商品运输组织的合理化水平，都将影响贸易企业经济效率的状况。

第三，贸易企业管理体制适应商品流通发展的程度。贸易企业组织商品流通总是在一定管理体制下进行的。贸易企业管理体制是否与商品流通的发展相适应，对于贸易企业经济效率有很大的制约作用。合理的企业管理体制，能使贸易企业在国家的宏观调控管理下，正确处理国家与企业、企业与职工的关系，充分调动各方面的积极性，促使企业和职工讲求并且关心劳动消耗、劳动占用的节约，努力扩大经营成果。

第四，贸易企业经营管理水平与从业人员的素质。贸易企业经营管理水平是决定贸易企业经济效率的主要因素之一，经营管理搞好，有助于提高劳动效率，降低流通费用，加速流动资金的周转，扩大商品销售，从而提高经济效率。贸易企业的一切经营活动最终都要通过贸易从业人员去完成。贸易企业职工的素质如何，对服务质量、服务态度、劳动效率和经营管理水平都有重要的影响。

第五，新型数字基础设施状况。新型数字基础设施是智慧经济时代贯彻新发展理念，吸收新科技革命成果，实现国家生态化、数字化、智能化、高速化、新旧动能转换，建立现代化经济体系的国家基本建设与基础设施建设。与传统基建相比，新型基础设施建设内涵更加丰富，涵盖范围更广，更能体现数字经济特征，能够更好推动中国经济转型升级。无论是人工智能还是物联网，都体现出加快推进产业高端化发展的大趋势。新型数字基础设施状况对于贸易效率也有着至关重要的影响，新型数字基础设施建设越完善，一国的贸易效率会越高。

此外，社会生产力布局，国民收入分配与再分配，消费者购买力水平、结构，商品价格变动等因素对贸易企业经济效率也有很大影响。

第三节　提高贸易效率的基本途径

提高贸易效率的基本途径有如下十三点。

第一，向结构优化要效率。贸易结构优化的实质是提高贸易适应社会需要的程度，为提高贸易经济效率创造前提。贸易结构优化要解决的问题：一是贸易总量及其结构应与整个社会经济结构及其发展相适应，并保持必要的合理的比例，满足社会经济及其发展的需要；二是贸易内部的结构比例要合理，并应随着经济的发展和形势的变化而不断调整。贸易结构调整是实现贸易结构优化的必要手段。

第二，向规模经济要效率。规模经济是指随着生产能力的扩大，单位成本下降的趋势，即长期平均费用下降的趋势。贸易活动中的规模经济是指在贸易经营中通过扩大经营规模而降低某些费用从而增加贸易利润的趋势。它有两种表现形式：一种是单体规模集中所形成的效率，例如商店扩大营业面积，增加经营品种，节约某些固定费用而引起的费用降低、利润增加的现象；另一种是分体组合式所形成的规模效率，例如连锁商店或连锁经营，通过统一进货、统一配送等方式节省大量费用，从而增加商业盈利。但是应当明确，规模扩大带来的经济，即长期平均费用下降的趋势，不是无限度的，当达到一定规模时，就不会继续产生效率了。

第三，向科技进步要效率。科学技术是第一生产力，科技是经济发展的强大动力，科技进步是提高经济效率的根本因素。科学的发展与技术的进步对经济效率的作用主要表现在：一是大幅度提高劳动生产率。科技进步能使单位时间生产的产品量大幅度增加，为提高经济效率创造物质技术前提。二是大幅度节约劳动时间。节约劳动时间是降低费用、降低成本的主要途径，也是提高经济效率的主要措施。三是全面提高人的素质，推动技术创新、产品创新、组织创新、管理创新。

第四，向科学管理要效率。管理是生产力发展的必然要求，也是组织生产力的重要手段，是形成生产力的必要条件。加强管理是提高经济效率的基本途径。要强化贸易管理，采用现代化管理手段，实现管理组织、管理手段、管理方式的现代化。管理科学化是提高经济效率的主要法宝。推进管理科学化，就是要在充分调动全体人员积极性的基础上，大力提高劳动者的素质，大力推进管理现代化，在科学决策的前提下，发挥计划、组织、指挥、监督、调节等多种功能，把精细管理渗透到企业的各个方面，从而大大促进贸易经济效率的提高。

第五，正确制定社会经济发展战略和贸易发展战略。在社会经济发展战略的框架内制定科学、合理的贸易发展战略，这是保证商品流通取得好的经济效率的前提条件。贸易发展战略涉及流通领域一些大的问题，如贸易在国民经济中的地位、贸易产业与其他产业的关系、贸易投入、战略目标等科学的贸易发展战略对于促进市场供求平衡具有重要作用。在一般情况下，当商品供求基本协调、商品符合消费需要，并且价格稳定时，流通领域就可能有一个好的贸易经济效率，这时流通速度加快、货币流通量适当，流通费用下降、贸易利润额稳中有升，流通过程较好地满足了消费者的需求。相反，如果市场供求比例失衡，造成生产与消费脱节，此处积压、彼处脱销，从而影响商品出售，延缓资金周转速度，造成费用上升、利润下降，这样就会降低消费需求的满足程度，也就不可能取得好的经济效率。

第六，建立合理的流通体制。建立合理的流通体制是不断提高贸易效率的体制保证。合理的流通体制可以把企业的生产和交换活动在专业化的基础上联结起来，组成一个有机的经济整体，通过各种流通渠道的相互衔接，形成纵横交错的商品流通网络，从而保证商品流通的顺畅进行。这里，关键是打破地区封锁，按经济区域组织商品流通，以大中城市为依托，按商品流通的实际需要确定经营环节，按商品合理流向设置批发机构和组织商品运输，精简不必要的中间环节。在有利于生产发展、有利于市场供应的前提下，使商品走最短的里程，经最少的环节、花最省的费用，用最快的速度，及时安全地把商品从生产地运到消费地。

　　第七，调整产业结构。产业结构是国民经济总体结构的重要组成部分。产业结构的优化是提高贸易经济效率的基础性因素。贸易活动中交换的各种商品能否顺利转向和让渡，是与产业结构、产品结构密切相关的。产业结构首先是各大产业之间的关系问题，例如第一产业、第二产业，第三产业的现状及其比例关系是否协调，工业、农业、建筑业、交通运输业、商业以及其他产业的状况及对比关系等。它是一个动态的过程，产业结构是随着经济的发展而不断变化的，这就必须根据经济发展的规律和未来发展趋势，经常地、适时地进行产业结构调整，优化产业结构，大力发展具有光明前途的"朝阳产业"，有步骤地淘汰没有发展前途的"夕阳产业"，并将"夕阳产业"进行改造与改组，使之改变成为具有发展前途的"新产业"，以取得较高贸易经济效率。产业结构中还有一个产品结构问题，产品结构更直接制约贸易经济效率高低，因此还必须根据市场导向与消费变化及时进行产品结构调整，为提高贸易经济效率创造良好的基础因素。

　　调整产业结构、产品结构的关键是按需发展生产。生产适销对路的商品是取得好的贸易效率的物质前提。商品从生产领域进入流通领域，对于生产者来说，商品形态转换为货币形态，商品价值初步得到实现。但商品价值能否最终实现，取决于商品能否由流通领域进入消费领域，这是一次"最惊险的跳跃"，这次跳跃能否成功关键在于产品是否适应消费者的需要。如果商品不适销对路，商品价值不能最终实现，造成商品在流通领域的滞留，带来资金占用增加、周转缓慢、费用加大，不仅无法取得贸易效率，也会间接地影响生产效率。因此，要充分发挥交换对生产的"反作用"，通过流通的中介地位引导生产面向消费。这里重要的一环是加强市场信息的传递和反馈，特别是要重视价格信号对供求关系的调节作用，使生产结构随消费结构的变化而不断得到调整，使企业不断生产出适合消费者需要的适销对路的产品。

　　第八，发展通讯和交通。在现代经济社会，发达而先进的通讯和交通是贸易活动的重要前提和手段。现代的通讯，尤其是发达国家和新兴工业化国家与地区正在建设的"信息高速公路"，使通信手段更加现代化，瞬间即可掌握全国信息和世界信息，现代化的交通和运输可以极为迅速地使贸易活动扩展到世界各地。我国香港正是以其交通通信优势而位居世界"贸易八强"。因此，现代化的通讯和交通，成为开展贸易的重要条件，也是提高贸易效率的物质保证。我国在"两通"（通信、交通）的现代化方面已经有了很大进展，但与发达国家相比还有相当大的差距。为了更快更好地与国际经济接轨，必须加快我国通讯现代化和交通运输现代化的步伐，加快各项基础设施的建设，为提高贸易效率创造良好的"两通"环境。

　　第九，提高居民消费水平。贸易的发展不仅受生产的制约，还受消费和分配的制约。提高人民群众购买力水平，提高居民的消费水平，是贸易发展的重要条件。随着生产的发展和国家经济实力的增强，应该不断地增加人民群众的收入，提高人民群众的购买力水平，从而使居民有能力购买更多更好的商品，提高人民的生活水平。这也是发展生产、繁荣贸易的目的。不仅要合理地刺激消费，而且要正确地指导消费，把提高消费水平和改善消费结构有机地结合起来，为提高贸易经济效率创造良好的条件。

　　第十，以市场为导向组织贸易活动。现代市场经济条件下，市场行情瞬息万变，竞争激烈，风险很大，贸易企业要在竞争中立于不败之地，取得经济效率，就必须重视市场信息，搞好市场调研和市场预测，掌握市场变化动态及其规律性，从而为科学地组织贸易经济活动提供正确的向导。企业要有现代化的信息设备、信息网络和通信手段，高水平的市场调查研究和市场预测的专门人才，才能迅速、准确、及时地收集、筛选、加工、处理千头万绪、千变万化的各种信息，真正掌握市场动态，为企业适应市场变化，调整经营方针和经营范围，扩大经营规模，提高经济效率创造条件。就这个意义上说，准确、及时、充分、有效的市场信息和市场调研与预测，是贸易经济效率的生命线。

第十一，扩大商品销售。商品销售是贸易企业组织商品流通的中心环节，是实现商品价值的关键环节，也是取得贸易效率的基础。没有商品销售，就不可能有贸易经济效率。但商品销售不是孤立的，除了转换企业经营机制、掌握市场动态为商品销售提供前提条件外，还必须有符合市场需求的商品采购、商品储存、商品运输、商品加工整理等一系列环节的配套才能顺利进行。从商品销售本身来说，要扩大商品销售，还有大量工作要做，要不断改进和完善商品销售体系，健全和发展销售网络和销售渠道，改进商品销售方式，注意销售方法和销售手段，开展有效的促销活动等，不断提高销售水平，为提高贸易经济效率提供最坚实的基础，特别是在销售利润率下降的情况下，更应注重扩大销售规模。

第十二，强化企业管理。管理出效率，在其他条件相同的情况下，现代贸易活动中经济效率的高低，主要取决于管理这一因素。强化企业管理是一项复杂的系统工程，涉及各个方面。强化企业管理，一方面是要健全贸易活动中的各项基础管理，如劳动管理、业务经营管理、财务管理等，把基础管理做到制度化、规范化、科学化；另一方面是重点管理，抓主要矛盾、主要环节，特别是要在充分调动企业全体人员积极性的基础上，加速资金周转和商品周转，减少流通费用，减少商品损耗，改善库存结构，提高劳动效率，真正做到以尽可能少的劳动耗费和劳动占用，取得尽可能多的经营成果，从而大大提高贸易经济效率。

第十三，推进全程服务。贸易企业服务质量的好坏关系着消费者的利益，也影响着企业的信誉。良好的服务质量能吸引更多的顾客，扩大销售，增加盈利。为此必须把服务贯穿于贸易企业的一切经营活动中，贯穿在全过程的始终。必须推进全程服务和全面服务。这既包括售前服务、售中服务和售后服务，又包括店内服务、店外服务和上门服务；既包括商品生产过程中的服务，又包括商品销售过程中的服务；既包括广告宣传、咨询指导的服务，又包括包换、包退、包修的服务，还包括在购物过程中给顾客提供游览、观光、餐饮、休息、娱乐、观赏等一系列现场服务等。在各种服务中，必须诚信为本，真正把顾客当亲人，树立企业的信誉。良好的服务信誉是贸易效率不断提高的宝贵资源。

【案例】

长三角自由贸易试验区联盟

长三角自由贸易试验区联盟于 2021 年 5 月 10 日在上海成立。长三角自贸区实施面积共 705.34 平方千米，涉及城市 11 个，承载了长三角区域核心经济功能。联盟由沪苏浙皖三省一市自贸区共同发起成立，以加快推动沪苏浙皖自贸区联动发展。三省一市将携起手来，更好发挥四地自贸试验区的特色优势，共同打造制度创新的试验田，促进长三角更高质量一体化发展。在提高贸易效率方面，主要有以下优势：

一是共享资源。长三角自由贸易试验区联盟的成员包括沪苏浙皖三省一市的自贸区，这些自贸区共同发起成立联盟，旨在共享优势长板资源，共同打造制度创新的试验田。通过共享资源，可以避免重复建设和浪费，提高资源利用效率，从而促进贸易效率的提升。

二是协同发展。长三角自由贸易试验区联盟的成员之间存在互补性和差异性，通过联盟平台，可以加强相互之间的交流与合作，实现优势互补和协同发展。这有助于降低交易成本，提高贸易效率，促进长三角区域的经济发展。

三是创新驱动。长三角自由贸易试验区联盟以创新为驱动力，鼓励成员之间的创新合作和创新实践。通过共同研发、技术创新和市场创新等方式，可以提升区域整体的贸易竞争力，促进贸易效率的提升。

四是政策协调。长三角自由贸易试验区联盟的成员之间存在不同的政策环境和制度安排，通过联盟平台，可以加强政策协调和沟通，实现政策协同和优化。这有助于减少贸易壁垒和障碍，提高贸易效率，促进长三角区域的贸易发展。

五是人才培养。长三角自由贸易试验区联盟注重人才培养和队伍建设。通过联盟平台，可以加强人才交流和培训，提升区域整体的人才素质和水平。高素质的人才队伍有助于提高贸易效率和创新能力，推动长三角区域的可持续发展。

【思考题】

1. 什么是贸易效率？其内涵是什么？
2. 什么是流通费用？什么是交易费用？两者有何相同点和不同点？
3. 什么是寻租？寻租行为会造成哪些损失？
4. 贸易效率评价的原则有哪些？
5. 评价贸易效率的方法有哪些？
6. 影响贸易效率的主要因素有哪些？
7. 提高贸易效率的基本途径有哪些？

第七章 批 发 贸 易

【学习目标】掌握批发贸易的含义和特点，了解批发贸易的分类；熟悉批发贸易的功能；了解影响批发贸易进行的制约因素；掌握批发贸易的组织类型；熟悉批发贸易物流的特点、现状及创新情况。

在开放的、宏观的市场经济系统中，流通是连接生产和消费的中间环节，而批发又处在商品流通的中间环节①。批发贸易的产生与发展是商品流通发展的必然结果，是分工专业化深入的产物②。批发贸易的存在有助于保障社会再生产顺畅进行，有助于降低社会交易成本，并对宏观经济运行发挥一种复合效应。本章内容重点介绍批发贸易的含义、特点和分类，介绍批发贸易的功能与制约因素，介绍主要的现代批发交易组织，以及阐述批发贸易物流的特征和发展趋势。

第一节 批发贸易的含义、特点与分类

一、批发贸易的含义

批发贸易是指批发交易主体从制造商或者其他经营者手中采购商品，再将商品提供给商业用户或其他产业用户，供其转售、加工或者使用的贸易活动。在批发贸易中，批发商是连接生产商与零售商的经济主体。它在流通过程的中间阶段集聚商品，向零售商迅速提供其所需求的产品和服务，在降低流通整体成本的同时满足零售业多样化进货的需求③。因此，批发商的存在始终随着上游生产商和下游零售商的需求变化而变化。

二、批发贸易的特点

(一)顾客群体是中间性消费者

批发贸易是以商业用途或者转卖、加工为目的的中间性消费者作为主要销售对象，而不是以最终消费者作为销售对象。中间性消费者是以经营或事业为目的的顾客群体，主要包括零售商等商业用户、购买生产资料的产业用户和业务用户(如政府、军队、学校、医

---

① 马龙龙. 批发贸易演进及发展规律研究[J]. 财贸经济，2010(3)：106-116.
② 徐从才. 贸易经济学[M]. 北京：中国人民大学出版社，2015.
③ 李私欣，张广宇，郭淑芳. 现代批发业的物流革新[J]. 长春光学精密机械学院学报(社会科学版)，2001，14(4)：7-9.

院）。

（二）批量作价和批量交易

相对于零售贸易而言，批发贸易的交易量要大得多。批发贸易一般要达到一定的交易规模才进行，并且批发贸易的价格往往与交易量成反比。这是因为批发贸易的服务对象多为组织购买者，其购买批量一般比较大；二是因为批发贸易的商品流转额高于零售贸易流转额，资金回笼较快，导致利润空间较大，从而有能力做出较低的价格[①]。

（三）购销关系相对理性和稳定

相对于最终消费者而言，进行批发交易的中间性消费者比较理性，变化较小，因此批发商和中间性消费者在批发交易中容易形成相对理性、稳定的购销关系。

（四）交易商圈更大、经营地点比较集中

批发贸易的销售对象是以商业用户、产业用户和业务用户为主的中间性消费者，这些中间性消费者以组织为单位，他们的活动能力和交易范围比最终消费者更大。从这个意义上来说，批发商的交易商圈更大。另外，批发贸易的经营机构不直接面向最终消费者，也不限于在柜台销售商品，受到商圈的限制较小，多半设立在生产比较集中、交通比较便利的城镇和农村集镇。

三、批发贸易的分类

（一）按照经营主体分类

1. 独立批发商

又被称为"商人批发商"，拥有自己的资金、渠道和管理体系，并且专门从事批发交易活动。独立批发商从上游批发商或者生产组织处购进商品，然后转售给下游批发商或者零售商。

2. 制造业批发商

它是以销售制造业生产的商品为主要目的形成的批发商，分为三种类型：一种是大型制造商自设的经营批发业务的销售机构；一种是拥有制造工厂的批发商；一种是将特定商品委托特定制造商生产的批发商。制造业批发商是制造业和批发交易兼营所形成的批发贸易形式。

3. 共同批发商

这是由众多中小零售商组成的共同批发企业，目的是通过批量采购降低流通费用，与大型零售商展开竞争。

4. 复合型批发商

一种是批发兼零售，即以批发业务为主、以零售为兼营业务的批发商；另一种是零售兼批发，即以零售业务为主、以批发为兼营业务的零售商。

5. 连锁型批发商

这是由多家批发贸易主体组成的连锁组织，连锁批发商具有"成员多、分布广、采购量大"的特征，是一种组织化程度较高、具有规模经济效益的商业形式。

[①]　陈淑祥. 贸易经济学［M］. 成都：西南财经大学出版社，2013.

(二)按照经营种类分类

1. 综合批发商

这是指经营商品种类和规格繁多、商品经营范围广的一类批发商，主要为综合性零售商店提供服务，一般包括百货批发商或综合批发商。

2. 专业批发商

这是指经营的商品种类少但专业化程度较高的一类批发商，主要为专业零售商店服务，比如体育用品批发商、玩具用品批发商等。

(三)按照经营空间分类

1. 国际批发商

其交易圈跨越了国界，是在国内市场和国际市场上从事批发贸易活动的批发商。

2. 全国批发商

其交易圈遍及全国商圈，并在主要城市设立业务机构，是经营多店铺型的批发商。全国批发商基本上从事的是总批发商和中转批发商的业务。

3. 区域批发商

该类批发商介于全国批发商和地区批发商之间，其交易圈可能横跨数个地区，从事的是分散批发商的业务，即从其他批发商处大批量地购入各种商品，按照需求、质量等要求，将商品小批量地运送到销售地。

4. 地区批发商

它是经营单个城市及与该城市周边的城镇、县乡批发业务的批发商，是与零售商接触最多的批发商类型。

(四)按照经营职能分类

1. 完全职能批发商

这是指执行批发商的职能和提供全部服务的批发商，这类批发商几乎参与了商流、物流、信息流和资金流等所有的生产要素流程。完全职能批发商一般备货品种齐全，在日常购销业务的基础上提供储存、运输、推销、宣传、信用等服务。

2. 有限职能批发商

这是仅履行一部分职能或提供一部分批发服务的批发商。有限职能批发商根据其主要提供的业务进行分类，可分成现金自运批发商、直运批发商、卡车批发商、邮购批发商、货架批发商等。

第二节 批发贸易的功能与制约因素

一、批发贸易的主要功能

批发贸易在商品流通过程中作为生产商与生产商之间、生产商与零售商之间的中介，对于克服生产与消费之间在时空、集散、信息、金融等方面的矛盾，高效有序地实现商品从生产领域向消费领域的转移，承担着许多重要功能，主要功能体现为以下几个方面：

（一）集散商品

商品从生产领域向消费领域转移的过程，本身就是从分散到集中，再从集中到分散的过程。由于生产部门一般是批量生产，但品种单一，而零售部门往往经营品种多，数量较少。批发贸易先把分散在各地的生产企业的产品收购集中起来，然后经过编配，再分别批发给各个零售企业，这样既满足了生产部门单一品种大批量生产、大批量销售商品的需要，又满足了零售组织多品种、小批量购进、快销的需要。

（二）实现运输、配送和库存调整

在批发贸易中，运输、配送等活动是将实物产品运送到中间性消费者手里所必不可少的环节。批发商可以自己进行这些活动，也可以委托专业机构承担这些活动。为了有效地配合运输、配送等活动，批发商有时需要使用自备仓库来集中库存和保管商品，这样不仅能减少零售组织的库存，还能降低社会总库存量。

（三）实现流通金融畅通

在批发贸易中，批发商在消费者或者用户的实际购买发生之前，首先根据假设需求从生产商处以预购的方式大批量购入产品，生产商为此获得了再生产所需的资金；在零售商资金短缺时，批发商将购入的产品赊销给零售商，零售商就不至于无法正常进货。在这个过程中，批发商发挥了流通金融功能。

（四）实现信息沟通

在批发贸易中，批发贸易连接流通渠道中的生产商和零售商，容易形成各类信息交汇的枢纽。批发商不仅利用各种信息为自身的经营管理服务，而且还将零售商和企事业用户的商品需求收集、整理后，反馈给生产商，指导生产商进行生产，同时将市场新产品和价格变化的信息传递给需求用户，引导消费。

（五）实现其他功能的延伸

在批发贸易中，批发商的活动不仅限于实现转售、运输、配送和库存的调整，批发商的功能也可以向上游的生产端进行延伸；如果从生产商处购进的商品形态不能完全符合消费者和用户的需要，消费品批发商会改变商品的形态，对商品进行组装、包装等作业。如果购进的原材料、设备等生产资料不符合生产用户的需要，生产资料批发商同样可以对其进行加工。

二、批发贸易的制约因素

批发贸易能否有效地进行取决于四个方面的制约因素：生产部门的状况；零售部门的状况；生产部门与零售部门的分离状态；商品的特性①。

（一）生产部门的状况

批发贸易介入的理想条件是生产部门由众多中小型的生产商构成，并且这些生产商的地理位置分散，专门从事特定工序、特定商品的生产等。首先是生产商的规模。如果生产

---

① 吴小丁. 商品流通论. 第三版[M]. 北京：科学出版社，2015.

商数量众多、规模小且生产集中度低，批发商的介入将在交易次数简化原理的作用下减少运输衔接，节约交易费用，更好地发挥信息提炼与整合的效果。其次是生产商的地理分布状况。如果这些生产者的地理位置相对分散，那么批发贸易能够通过集聚商品和批量运输降低流通费用。最后是生产的商品种类。如果各个生产商专业地从事特定工序或者特定商品的生产，那么生产商与零售商直接交易的能力就差，对批发商的依赖性就大。批发贸易通过介入这些交易，节约交易费用的机会也就大。

(二)需求部门的状况

批发贸易介入的理想条件是，商品需求来自众多购买力较小、空间分散的需求者，并且他们所需的商品种类非常宽泛等。首先是需求的规模越小、数量多，那么需求者与生产商直接交易的能力越差，就越发依赖批发贸易的中介作用，批发贸易的介入也越能节约交易费用。其次是需求者的地理分布状况。如果需求者的空间分布很广，批发贸易的介入有利于集聚商品和批量运输。最后是所需的商品种类。需求者所需的商品范围越广，为了扩大备货，就要尽量从更多的生产商处持续少量地采购不同种类的商品，那么批发贸易的介入就越有必要，批发商从生产商大批量进货、小批量销售给需求者。

(三)生产与需求的分离状态

生产与零售的分离状态包括几个方面：(1)生产地与零售地的地理距离。生产地与零售地的距离越远，批发贸易的介入就会越节省大量的运输费用，从而提高效率。(2)生产时点与零售时点的时间差异。如果生产时点与零售时点存在时间间隔，储藏商品就变得必要。批发贸易通过集中储藏商品节约了储存费用，也实现了规模经济和降低风险，从而提高效率。时间间隔越长，批发贸易就越能降低交易费用。(3)生产商与零售商的备货差异。如果零售商的备货比生产商更宽泛，生产商与零售商之间就会产生备货差异。这就提升了零售商从多个生产商备货的必要性，而在批发贸易中形成中间备货同样提高备货过程的效率。

(四)商品特性

商品特性是指商品自身的物理、化学和生物等性质。其中批发商的介入与商品的物理寿命、技术复杂性等特性最为相关。

如果商品易损度高，商品的物理寿命相对较短，商品流通的关键是尽量迅速地把商品从生产地点移动到需求地点，从而保证该商品的质量。一般来说，批发贸易不适合介入具有该类特性的商品(比如蔬菜、水果等生鲜商品)的流通过程，因为批发贸易介入所形成的中间库存会降低流通速度。

如果商品属于技术复杂的商品，该商品的销售和使用离不开专门的技术指导和售后服务的支持。批发贸易也不适合介入技术复杂商品的流通过程，有关商品的专业技术和信息都掌握在生产者一方，批发商由于缺乏专业的技术、人才和服务手段，无法提供有效的服务。

总体而言，当以上四个方面满足一定条件时，商品贸易活动中才会分化出批发商和零售商。零售商和生产商的一部分活动作为批发商的活动被剥离出来，就产生了批发贸易。

第三节　批发交易组织

批发交易组织不同于批发商，它不直接从事批发交易，而是为批发商从事批发交易提供场所、条件和专业服务的机构。批发交易组织一般为批发商提供运输、仓储、信息、结算、监管和风险控制等服务。

一、批发市场

(一)概念

批发市场是指商贸流通过程中形成的、在固定场所集中批发商进行现货批发交易的商品交易市场，不主要针对最终消费者。《批发市场管理办法》①中，将批发市场定义为：为买卖双方提供规范的、公开的、经常性的商品批发交易，并具有信息、运输、结算等完善的配套服务功能的场所。

(二)特点

在批发贸易中，批发市场作为一种服务组织，具有如下特征：(1)批发市场有固定的场地和商品分装、加工、储运等配套服务设施，并在批发市场内陈列大量商品以供看样订货。(2)批发市场以即期批发贸易为主，辅之以少量短期合同交易的现货贸易形式。(3)主办者和经营者产权分离。批发市场为吸引客户进场交易提供便利，市场管理机构不参与经营。批发市场的进场客户有相当经济实力，并经资格审批长期驻场。(4)批发商品关联度较大。批发市场中的商品之间具有替代或互补的关系，集中交易商品的离散性较小②。(5)与产业集群相伴。批发市场表明某种产业集群的存在，通过加强信息的集聚度和专业化，通过促进支撑产业和配套设施发展，批发市场能够促进相关产业集群的形成与发展，并且与已形成的产业集群联动发展③。

(三)发展趋势

1. 国际批发市场的发展趋势

国外批发市场的起步较早，经历过多层面改革，国外批发市场由单调供给型业态向需求定制型业态转型。例如，早期的日本批发市场单纯供应大批量的商品，信息化时代的日本批发市场则启动了小批量、多频次和高保鲜式的批发模式④。以欧美和日本为代表的发达国家，除农副产品市场之外，传统的批发市场几乎被大卖场、经销商还有第三方物流完全取代，批发市场开始同加工及物流配送相结合，形成系统化、一体化的发展趋势。由于商品流通渠道的缩短，国外的批发市场一般仅经营蔬菜水果、水产品等生鲜类产品，是辐射范围广、高度市场化的综合商贸中心，部分还具有观光旅游的功能，批发交易方式主要

---

① 《批发市场管理办法》在 1994 年 12 月 15 日由国家内贸部颁布。

② 丁晓强，何建农，龚晓莺. 批发市场概论[M]. 北京：经济管理出版社，2017.

③ 童翔. 批发市场、产业集群与城市竞争力研究——以淮安市为例[D]. 南京：南京理工大学硕士学位论文，2007.

④ 汤宇卿. 城市流通空间研究[M]. 北京：高等教育出版社，2002.

以拍卖与期货为主。工业消费品等生产资料的批发市场基本消失。

2. 中国批发市场的发展趋势

中国批发市场的发展有不同于国外批发市场的转型特点。供应链的缩短和批发商角色的替换，使得新的业态模式更注重消费者的体验和选择。例如多元复合的商贸功能模式——现代采购中心、展贸中心和错时分级的物流组织有可能成为新常态下批发市场结构转型的方向①。

在信息技术快速发展的背景下，互联网时代的商品流通呈现"需求多样化、商品标准化、供应链精简化"的特点②。电商以前所未有的深度和广度影响着商业的发展，使得批发市场出现了新的转型模式。网上零售成为传统农副批发市场电商化的首选，而品牌化是推动大宗批发的主要着力点③。电商平台的兴起影响了批发市场不同功能的发展方向，但是电商平台与实体批发市场之间并不是取代与被取代的关系④。

中国批发市场在空间分布上具有不均衡的特点，东部多于中西部地区，华东地区高于其他地区，大城市高于中小城市；浙江、江苏等一些省份是专业市场的集中地区。

二、批发贸易中心

(一)概念

批发贸易中心是指在城市或集散地建立的、拥有相应服务设施的并以批量远期交易为主的开放式、多功能的商品交易组织形式⑤。批发贸易中心通过提供陈列样品的橱窗、柜台、储存商品的设施、洽谈生意的场所等方式，为客户提供方便的交易条件⑥。

(二)特点

批发贸易中心作为一种组织化程度较高的流通组织，具备以下特点：(1)服务齐全。批发贸易中心为各地客商提供多方面优质服务，根据批量大小、品质优劣、销路远近、季节差别等灵活协商作价，能促成客商减少中间环节，直接成交。(2)以远期合同贸易为主。批发贸易中心除了现货交易外，主要进行大量的远期合同贸易，购销双方签订在未来某一时期内进行某种商品买卖的合同以完成贸易，贸易的结果是进行商品实物交割与货款的支付⑦。(3)辐射面广，吸引力大。批发贸易中心以其巨大交易量和强辐射力，往往成为区域市场或全国市场的支柱，并且往往与国际市场接轨，成为沟通国内市场与国际市场的中心环节。(4)开放经营，管理有序。工商行政管理部门应在批发贸易中心设立办事机构，对买卖双方、货物一视同仁，监督购销双方严肃履行合同，协助批发贸易中心建立和

---

① 李箭飞，王蒙. 旧城中心区服装批发市场的空间结构特征及规划策略——以韩国首尔东大门批发市场为例[J]. 规划师，2015，31(12)：130-135.

② 江璇，杨帆，林耿. 行动者网络视角下批发市场新电商模式[J]. 地理科学进展，2018，37(7)：976-985.

③ 石德华. "互联网+"视野下的农产品营销模式[J]. 农业经济，2016(7)：141-142.

④ 踪锋. 电子商务环境下农产品批发市场升级研究[J]. 商业经济研究，2018(4)：128-130.

⑤ 柳思维，高觉民. 贸易经济学[M]. 北京：高等教育出版社，2010.

⑥ 吴园宏，何克，周殿昆. 试论批发贸易中心[J]. 经济研究，1984(7)：20-25.

⑦ 柳思维，高觉民. 贸易经济学[M]. 北京：高等教育出版社，2010.

维护正常的批发交易秩序。

三、商品交易所

（一）概念

商品交易所作为组织化程度最高的批发交易组织，是指交易主体、客体、场所、时间、条件等事先规定的有组织的具体市场。作为具体市场的商品交易所是抽象市场的中心，进入商品交易所的商品能够迅速、准确、全面地反映相关市场供求情况。

（二）特点

（1）在商品交易所，进行买卖交易的只限于交易所的会员或者会员的委托者。会员是在交易所专门从事商品买卖的人，拥有一定数额的财产，按规定向交易所出资，并且法律手续完备。经过一定的登记程序后会员也可以成为经纪人，其身份可以在卖者和买者之间自由变换，也就是不仅从事自己的商品交易，还可接受顾客的委托进行商品交易。

（2）商品交易所交易的客体是商品，限于交易所规定登记的商品。登记的商品须满足以下条件：第一，登记的商品是具有替代性、品质稳定、高标准的并能确定等级的耐久性商品；第二，这些商品是原料供求量大的商品，在全国或世界市场占有重要地位。例如，日本各地商品交易所登记的主要商品有棉纺织品、干茧、生丝、毛线、人造纤维织物，还有大豆、小豆、土豆、淀粉、砂糖、橡胶等；而西方国家商品交易所中的入市商品主要有粮食类（小麦、大麦、谷物等）、纤维类（棉花、生丝、羊毛等）、原料类（生橡胶、皮革等），金属类（银、铜、铅等）和食品类（砂糖、可可、咖啡豆等）。

（3）商品交易所的交易方式包括现货交易和期货交易。现货交易指在提交商品时取得货款的交易。商品交易所的现货交易比重较小。期货交易的特点是在未来一定时期内或某一日签订授受商品合同，在交货期前转卖买进的商品和买回再售出的商品，不交现货，完成交易，可以用它进行投机交易和套期保值交易。商品交易所的期货交易比重较大。

（三）发展趋势

1. 国际大宗商品交易所的发展

通过多年的发展积淀，国际大宗商品交易所在交易规则和市场运作等方面，早已结束了依靠佣金盈利的模式，已开启品牌化经营的新时代。目前，国际主要大宗商品的定价中心已基本确立。例如，伦敦金属交易所掌控全球有色金属的价格走势，芝加哥期货交易所掌控全球以大豆等为代表的粮食类大宗商品的定价权[1]。在全球视野的大宗商品交易所并购浪潮中，国际大宗商品资源不断聚集整合，这既降低了交易成本，又极大推动各国大宗商品交易行业的竞争发展，同时协同效应、规模经济效应也进一步显现。

2. 中国大宗商品交易所的发展

中国的大宗商品交易市场分为以下三种类型：一种是期货交易市场，基本以上海期货交易所、郑州商品期货交易所和大连商品期货交易所为核心；第二种是现货交易市场，主要指存在于各地的批发市场、零售市场和现货电子盘市场；第三种是场外衍生品市场，主

---

[1] 黄娟如. 大宗商品交易市场建设的国内外经验及启示［DB］. 中国科技经济新闻数据库，2016（10）.

要指利用期货交易规则进行商品中远期和类期货交易的各地方交易所①。

在 2000 年前后，中国的大宗商品交易所不超过 20 家。自 2011 年起，中国大宗商品交易所的数量进入了飞速增长阶段，2011 年猛增 11 倍，上升至 243 家，2012 年增至 396 家，而 2013 年为 538 家，2015 年年底则突破 1000 家。这得益于 2011 年国务院开始对地方大宗商品交易市场进行清理整顿，经历了严格规范的大宗商品交易行业开始呈现规范化、专业化和规模化发展态势，行业整体质量开始得到提升。在国家对金融创新的大力鼓励和支持下，地方大宗商品交易所的数量出现井喷式增长。在快速发展过程中，由于交易业务和运行模式等基本相似，中国大宗商品交易所之间的差异化竞争并不明显。有些交易所将发展散户参与投资作为主要经营目的，这使得中国大宗商品交易的经营模式呈现一定的投机导向。有些交易所的交易机制设置并不合理，也未能很好地发挥交易所本该行使的"价格发现"功能。

四、会展

(一)概念

要理解"会展"的概念，可以从内涵和外延两方面进行。首先在内涵上，它是指在一定的地域空间之内，既包含定期的、不定期的，又包含制度的、非制度的，以传输信息、相互交流为目的的社交性活动。其次在外延概念上，会展包括各类节日庆典活动的大小型会议、展销活动、各种类别的博览会等，也包括围绕各种特定的主题、特定的人员集合在一起的交流活动②。依据会展的内涵和外延来看狭义的会展仅指展览会和会议，而广义的会展是对会议、展览展销会、节事活动和各类产业、行业相关展览的总称。其中世界知名的展览展销会有广州的广交会、长春的农博会，博览会类的知名会展有世界博览会，而知名的大型会议有 APEC 会议、博鳌"亚洲论坛"，体育竞技类的知名会展有奥运会、世界杯足球赛。

(二)特点

会展一般具有以下特征：(1)会展以展为主，以贸为辅，以展带贸，商品展示是现代展贸中心最核心的功能；(2)会展具有强大的联系和交易功能，在短短几天有限的会展期间，参展商可以接触整个行业或市场的大部分客户，可能要超出登门拜访等常规方式一年甚至几年所接触的客户数量，参展商和参观者之间可以完成介绍产品、了解产品、交流信息、建立联系、签约成交等买卖流通过程③；(3)会展一般由行业机构组织召开，时间定期或间隔固定时间举行。通常由主要集中产地或中心城市轮流主办；(4)每次举办的会展都是一个主题性或专业性较强的交易会，会议、展览会、博览会、交易会、展销会、展示会等是会展活动的基本形式；(5)交易规模大，客户来源广泛，交易会以远期现货交易为主；(6)产业带动性强。会展在取得直接经济效益的同时，可以直接或者间接带动一个地区或一个城市相关产业的发展。

① 邱吉福，何世鼎. 国内外大宗商品交易所发展现状分析[J]. 海峡科学，2017.
② 魏景飞. 我国会展业发展现状及对策研究[J]. 东岳论丛，2010，31(4)：185-188.
③ 张胜德. 我国会展业发展现状及对策[J]. 技术与教育，2011，25(1)：24-26.

（三）发展趋势

1. 产业融合将进一步创新发展

通过与文化产业、电子商务等产业之间形成联合，会展业开启了转型升级之路。会展业与电子商务产业之间的融合体现在可以借助电子商务平台供参展企业在网上交流；会展业与文化产业之间的融合是将文化创意产业的创意核心和文化基础灵活应用到会展中来，利用展会的影响力和感染力，宣扬民族文化和创新精神。我国的会展业与文化创意产业融合已有显现，在北京、上海、广州等大城市巧妙地以文化创意产业园作为展会的场地，利用当地的特色文化，开办了各类具有创意性的艺术类展会，例如沈阳"1905"文化创意园成功举办了东北首季"国际艺术家驻在计划"等①。

在产业融合过程中，国家各级政府、各类行业组织和社会组织对会展活动的宣传和提升给予了大力支持。正是得益于国家各行各业的相互配合，会展才逐渐被人们接受，并成为社会大众相互交流、相互合作的重要载体。

2. 绿色会展成为趋势

"绿色会展"要求对新材料的使用更加循环，更加环保，达到重复使用、再生产的目的。作为中国展览工程发展进程中的一个重要阶段，绿色环保将成为未来时代发展的主题。现如今，会展业将更多地转向标准化制作，更加重视材料的重复使用，以进一步挖掘其使用价值，达到节约资源的目的，进而构建绿色环保的展览活动。

3. 专业会展成为行业主流

在多年发展和市场实践的过程中，专业会展规模有所提升，并在行业内具有较为良好的影响力；而政府所举办的展会类型多为综合性，主要目的是为了促进区域经济的发展。在会展业市场蓬勃发展的过程中，主要以企业专业会展和行业协会专业展会为主，为中国会展业跨越式发展发挥了重要作用②。

4. 虚拟会展、"O2O"会展的兴起

互联网的普及，让会展行业也从中寻得契机，从会展服务、会展营销、会展设计、参展观展等方面，会展与互联网在会展服务、会展营销、会展设计和参展观展等各个方面寻求更多的结合点，导致虚拟会展、"O2O"会展逐渐兴起。

虚拟会展是指利用三维虚拟技术，利用网络的虚拟空间进行的展览及贸易活动的一种多维立体展示，它可以是人机实现立体互动，强调用户体验③。从本质上讲，它是对实物展览会的虚拟和补充，展览的组织、展出及展览活动的各个环节都实现了电子化，组展者、参展商和观众之间的交流通过互联网络来实现。虚拟会展相对于传统会展具有如下优势：一是突破现场展会时间、空间的局限性，被誉为永不落幕的展会；二是虚拟展会具有易于管理和组、成本低廉、高效率、便利和快捷、低碳环保的特点④。

---

① 赵富森."文化创意+"会展业融合发展[M].北京：知识产权出版社，2019：176.

② 赵富森.新常态下中国会展业发展现状与对策研究[D].中国社会科学院研究生院博士学位论文，2016.

③ 耿健美.我国虚拟会展业发展现状及发展对策初探[J].科技信息，2010(23).

④ 于静娜.国内虚拟会展研究文献综述[J].经济研究导刊，2012，175(29)：38-39，4.

"O2O"会展是指在"O2O"模式下，会展行业直达全球买家，利用大数据分析消费者、参展商的供需关系，借助互联网精准定向技术，量化供需，按其匹配因子精准锁定，为消费者和参展商实现线上线下的实时洽谈，推动经济的发展①。

第四节　批发贸易中的物流

随着物流作为"第三利润源"地位的确立，物流体系的建立和创新将对批发贸易的发展起到越来越重要的作用。批发业者在发展、运用现代物流的过程中，要利用自身的能力和资源对批发贸易中的物流资源甚至对社会物流资源进行优化组合②。

一、批发贸易物流的内涵和特点

批发贸易物流是指批发贸易中各批发业者相互合作，借助现代信息技术，按照统一物流标准，有效整合和利用行业物流资源，为满足用户需求而对商品及相关信息从产地到消费地的高效率、低成本流动和存储而进行的计划、管理、控制过程。

批发贸易中的物流既具有物流的一般性质，又具有批发贸易自身的特点：(1)批发贸易中物流的商品数量和品种多、规模大、覆盖面广；(2)物流的配送功能在批发贸易中居主导地位，是最能反映批发业物流水平的指标；(3)在批发贸易中，各批发商的物流资源一般较弱且比较分散，物流功能的集成比较困难③。

二、批发贸易物流的现状

(一)消费需求呈现多元化、个性化、差别化的态势

经济社会的国际化和信息化推动了消费者价值的多元化以及生活类型的多样化，人们不再侧重购买为满足需求而大量生产的商品，而是在重视商品质量和体现自己生活方式的基础上，购买具有差别化的商品，这使得个性化的精品站和专业店大量出现，对批发贸易也产生了深远的影响。

(二)来自生产者、零售者的双重挤压，传统的中介地位逐渐丧失

生产商为了主动掌握市场，有效管理零售商及市场秩序，开展终端销售和配送业务，使批发商沦为资金提供和产品配送者，承担经营风险，但没有市场操作主动权。市场的运作和管理主要由生产商自身的销售组织负责，减少了零售商对批发商的依赖。为了区域市场的深度开发，生产商划分小批发商的代理区域；同时，部分制造商为了制衡和保持渠道张力，常常在较小的市场区域内安排多个批发商，按不同的品种分别代理，这使得批发商的辐射范围不断缩小④。

---

① 徐博，江静．基于"O2O"模式的国内会展行业的体系构建研究[J]．赤峰学院学报(自然科学版)，2017，33(5)：91-92.

② 续秀梅．对我国批发业物流发展的探讨[J]．特区经济，2004(8)：111-114.

③ 周昌林．论批发业物流竞争力[J]．经济问题，2004(6)：31-33.

④ 孙宏岭，龚婷婷，张培军．批发市场向现代物流企业转型的研究[J]．中国市场，2011，656(45)：12-14.

同时，信息技术的发展使批发商原有的厂商销售代理人的地位发生了动摇，没有批发商作为中介，各流通主体也能获取信息并实现相应的职能。互联网的出现，使生产商可以和零售商实现信息资源共享。许多专门从事物流配送企业的出现，更为零售业提供了更为方便和快捷的服务。这些物流配送企业能够提供及时快捷的配送服务，并能够满足零售业多频率、及时化、少量化的配送要求。因此，传统的物流形式"厂商—批发商—零售商"正向"厂商—零售商"或"厂商—配送公司—零售商"的形式转化①。

（三）批发贸易物流呈现为分散经营的状况

在批发贸易物流中，中小型批发商不具备现代化物流的能力，其物流运作仍以传统的运输功能和仓储功能为主，无法为中小生产商和零售商提供备货范围广泛、配送行为快速的物流服务。大型批发商虽然具备较强的物流能力，但是并没有将整个批发行业的物流资源进行有效整合和利用，物流功能难以集成，资源浪费严重，因此批发贸易物流的整体竞争力弱。

三、批发贸易物流的管理创新

（一）观念创新，具备前沿的物流发展观念

批发贸易的物流管理创新必须在观念上实现创新。首先要真正树立现代物流管理思想，把发展现代物流作为批发商能够具备持续竞争优势的关键，探索批发商现代物流管理的新模式。其次要形成供应链管理的思想，把批发商的物流运作当作一个满足消费者需求的供应链体系，探讨与上游企业和下游企业的衔接方式②。再者，树立绿色物流观念，顺应绿色潮流，不仅重视物流效率，还要重视对环境、公害等影响的物流效果。最后，树立为消费者服务的观念。批发商的物流管理以实现顾客满意为第一目标，顾客服务的满足优先于其他各项活动。

（二）技术创新，建立高效的现代物流系统

作为零售商的代理人，批发贸易的物流系统要满足多品种、分散化、多频率少量配送的要求，需要在物流中心的硬件和软件上下功夫。为此，批发商应在物流管理中引进信息管理系统，采用计算机在库管理、自动分拣机器、立体自动仓库、数码化备货等作业机械化、自动化的手段，推动物流中心现代化。这是批发商备货范围广泛化、配送行为快速化的物质基础。在信息管理技术的应用上，可以使用条形码和销售时点信息管理系统（DOS）这些比较成熟的技术，同时发展电子订货系统（EOS）等有待完善的技术。这种投资从短期看会使企业承担很大压力，但长期来看，如果没有这些投入，批发业要在扩大商品品种幅度的同时保持输送管理的高效性是不大可能的。

（三）整合创新，高效整合中小批发企业的物流资源

作为连接生产与消费的桥梁，批发商在流通过程中间阶段积聚商品，向零售商迅速提供所需要的商品和服务。但是，在市场经济条件下，中小批发商的批发职能仅靠自身的能

---

① 李私欣，张广宇，郭淑芳.现代批发业的物流革新[J].长春光学精密机械学院学报（社会科学版），2001，14（4）：7-9.

② 续秀梅.对我国批发业物流发展的探讨[J].特许经济，2004：111-114.

力是难以完成的，这就需要有实力的批发商通过自身的物流能力整合中小批发商的资源，为中小批发商提供生存的空间。首先，大型批发商可通过建立效率化的配送中心或物流中心，为中小批发商提供多批次、小批量配送服务，以充实中小批发商的物流配送能力，从而满足中小生产商和零售商之间的商品配送需求，大型批发商也利用了中小批发企业开拓市场的能力，获得稳定的物流需求。其次，大型批发商可与不具备现代物流能力的中小批发商建立战略联盟，通过物流信息平台和管理信息系统实现批发职能效率化。在战略联盟内，大型批发商可对中小批发商进行组织革新，指导中小批发商实施批发业务、配送的共同化、效率化，通过制定科学合理的配送时间、配送频度、进发货时间，实现物流效率的提高。

(四)服务创新，为零售者提供广泛、快捷的配送服务

零售业为了满足消费者多样化、个性化的要求，同时为了降低在库成本，贯彻及时销售的战略，要求多频率、少量配送。尤其是随着便民连锁店的发展，往往要求物流配送能直接到达店铺。批发商要在提供基本物流服务的同时，根据市场和消费者的需求，不断细分市场，拓展业务范围，为生产商和零售商提供安全、周到的服务，广泛开展加工、配送、货代、分拣、报关等业务，还可以根据客户的要求，提供物流策略和流程解决方案，搭建信息平台，用专业化的服务满足个性化、多样化的需求，提高服务质量。

【案例】

白马模式：一个批发市场的中国样本

广州是中国最早开放并且从未关闭过的贸易通商口岸，许多年里，它一直是外商进入中国的第一站。在学者易中天看来，广州与上海一样是"市"而非"城"——"市"由商业而起，"城"因政治而筑。当旧有的模式遭遇挑战，原来的优势需要在新的环境下升级时，曾经领跑全国批发市场的广州白马迈出了新的步伐。

广州市城市建设开发集团于1991年在站南路投资兴建了白马服装城，这是广州市第一个现代化的专业批发市场。1993年，白马服装批发市场(以下简称"白马")开业，建筑面积6万平方米，市场内有2000间店铺。凭借相邻广交会流花展馆、广州火车站以及两大汽车站的人脉、交通便利，开业后迅速取得了全国的影响力。20世纪90年代中期，全国各地的服装经营者，每年换季时就会南下广州取货，而白马服装批发市场则是他们心中的"朝圣地"。

随后的几年里，白马服装批发市场以火箭速度向前发展。远至黑龙江、新疆、内蒙古、西藏等地的客商都纷纷前来购货，辐射面直达俄罗斯、东欧及东南亚的国家和地区，日均客流量数万人，年交易额均在20亿元左右，在广州超亿元市场评比中排名第一。2005年12月底，白马商贸大厦作为城建集团四个优质商业物业之一在香港成功上市，正式迈开了白马向国际化企业接轨的重要一步。白马服装批发市场的成功，使得后来者群起跟进，并迅速在站前路、站南路、人民北路一带的流花地区形成了广州服装批发商圈。短短5年时间，天马时装批发中心、康乐牛仔城、流花服装批发市场、步步高毛织广场、新大地服装城、广州服装汇展中心、金

马皮革服装中心等 14 家大型服装批发市场相继建成并开业，形成了全国最大的服装批发集散地——广州市流花商业圈。这一商圈拥有 1.2 万多间商铺，室内经营面积达 20 万平方米，汇集服装经营商户 1 万多家，从业人员 5 万多，每天平均从该地区发往各地的服装 40 多吨，年交易额逾百亿元，集群效应发挥得淋漓尽致。这里既有广州、汕头、惠州、深圳、东莞、佛山、珠海等地的服装企业，也有我国港、澳、台等地的厂商。客商来自全国以及俄罗斯、东欧及东南亚等国家和地区。作为中国服装的主要产区，广东年服装销售总额约占全国的 1/3，大部分正是通过流花地区流向全国各地的。

当周遭的批发市场群起直追时，白马确实感受到了枪打出头鸟的压力。尽管流花批发商圈的服装市场定位不尽相同，但竞争却在所难免。在各方挤压下，白马衰落似乎已经难以逆转。在白马看来，其自身的衰落是发展趋势造成的，目前服装商业生态的发展，正在从"服装厂家—批发市场—服装店—消费者"的传统的服装商业形式转向"厂家—专卖店或电子商务平台—消费者"的现代销售模式。凡客诚品（www.vancl.com）等专售服装的电子商务网站近年来开始崭露头角，似乎印证了这种推测。于是，有的市场原来仅做批发，之后试行批零兼营，现在则转做零售。面对如此市场变局，白马似乎还没有做好足够的准备。从批发市场上赚够了钱的经营户们也开始转向，他们中的很大一部分开始走零售路线，经营品牌服装。部分经营户退出批发市场后，开始在附近的写字楼租下办公室，并采取在全国开专卖店和商场设立专柜的经营方式。当然，也有一些经营户在经营零售失败之后，重新回到了批发市场。另外，建设年限已达 15 年的白马商贸大厦，在硬件设施方面已经尽显老态，在商铺的布局、采光及市场地砖等方面，已经开始落后于一些后来兴建的现代商城。白马市场几经翻新，在装修、添加设备等方面又追加了 1 亿多元投资，但仍然无法恢复其旧日的辉煌。

1997 年，白马还在一楼新添了一个伸缩型的时装表演台，首开流花服装批发商业区的先例。白马的时装表演台不大，而且平时该表演台收起来时该场地就变成一个餐馆。这种模式曾经一度受人热评，也曾经收到过良好的效果。现在，这种场地早已无法满足企业充分展示服装的需求，白马有些服装企业召开产品发布会时，依然选择到花园酒店等环境好的场所举办。从大棚里交易发展到统一的服装大厦进行规范化管理的室内交易，造就了白马在第一代服装批发市场中的繁荣。经过十几年的发展，服装产业已经有了新的特点，不仅利润越来越薄，而且全国其他各地的批发市场竞相崛起，广货北销的影响已经大不如前。不仅仅白马面临转型升级的选择，广州流花商圈的其他批发市场，也遭遇着同样的烦恼。

白马的繁华，代表了其对服装产业发展的正确理解。而今，要避免老牌批发市场的惰性，就必须对服装产业进行第二次正确的理解。在全国服装批发市场中，白马率先提出了战略转型。白马从单纯的批发市场到创新性地提出"商铺型写字楼"，再到开辟"白马优质品牌营销区"，把出租场地的业务拓展至配合时代发展的品牌营销战略；从创建广州流花地区首个"客户服务中心"，到提出"广州白马服装市场客户俱乐部"，为客户提供"一站式"个性化贴心服务，这些创新的经营理念、吻合市场发展步伐的服务意识，使一批核心品牌商户与白马结成战略同盟。白马帮助业户实现了从批发加工到品牌经营的转型，同时也努力实现其自身从批发市场向品牌价值市场的转变。

（资料来源：白马模式：一个批发市场的中国样本［J］. 中国制衣，2013(01)）

【思考题】

1. 简述批发贸易的内涵。
2. 简述批发交易组织与批发商的区别。
3. 归纳批发贸易发展的制约因素。
4. 简述批发贸易的功能和特点。

第八章 零售贸易

【学习目标】掌握零售贸易的含义及特点；了解零售贸易的功能；熟悉零售贸易中的零售业态及分类；掌握零售业态演化的相关理论；了解"新零售"环境下的零售贸易物流发展趋势。

第一节 零售贸易的概念、特点和功能

一、零售贸易的概念

所谓零售，是指向最终消费者个人或组织出售商品及服务以供其最终消费之用的全部活动。零售贸易则是以直接为消费者服务的贸易形式为出发点的一系列的贸易活动。

从贸易的发展历史看，零售是最古老的贸易形式。从贸易运行的环节来看，零售处于贸易运行的终点，具体体现着贸易运行的目标。从贸易运行的作用来看，零售贸易同批发贸易一样，其存在是为了调节、缓解生产和消费的矛盾，从而保证社会再生产顺利进行。

二、零售贸易的特点

(一) 交易对象是为直接消费而购买商品和服务的最终消费者

交易对象包括个人消费者和社会集团，他们购买商品或服务的目的主要是用于生活消费或者非生产性消费。

(二) 交易量零星分散，交易次数频繁，单次成交额小

虽然也包括集团消费者，零售贸易的交易对象主要还是众多的、分散的个人消费者，因此零售贸易呈现"交易数量小、交易金额小和交易次数频繁"的特点。

(三) 对店铺选址及店铺设计有较高的依赖度

尽管无店铺零售发展十分迅猛，大多数的零售贸易活动还是在店铺中产生。店铺区位是消费者选择店铺时首要考虑的因素，而店铺设计(店内布局、商品陈列、设计风格)会影响消费者的进店欲望，进而影响消费者的购买行为。

(四) 经营场所分散、规模不一

零售贸易的网点设置需要靠近消费者才能尽可能地为消费者提供便利效用。但是由于个人消费者的空间流动性、分散性和消费需求的多样化、复杂化，一个地区内只有少数几个零售网点是不够的，不同区位的零售网点规模也要根据消费者需求大小进行调整。因此零售贸易呈现"经营场所分散、分布广和规模不一"的特点。

（五）依靠周转速度取胜

由于零售贸易单次交易额小，因此必须注重提高成交率，提高贸易资本的周转速度，尽快实现 G-W-G′的转化，在尽可能短的时间内使得贸易资本周转更快、更有效率，做到薄利多销、快买快卖。正如马克思指出："薄利快销，特别对零售商人来说，是他原则上遵循的一个原则"①。

三、零售贸易的主要功能

（一）提供多种多样的商品和服务

不同消费者自身的经济状况、价值观不同，因此消费者对商品和服务的需求存在明显差异。零售贸易通过商品分类、组合和包装等活动，为消费者提供丰富多彩的商品，以便于消费者在同一个地点，在各种产品、品牌、款式和价格之间进行宽泛的选择。

零售贸易还通过提供售前、售中和售后服务等多项服务为顾客购买和使用商品创造便利条件。如常见的售前服务包括橱窗陈列、店内陈列和接受电话订货等，而常见的售后服务则包括送货、代客剪裁、代客包装和退、换货服务。

（二）拆售

为了减少运输成本，制造商和批发商通常将冷冻食品、服装等商品大批量地运送给零售商，零售商再根据个体消费者和集团消费者的消费需求按头制帽，向他们出售满足消费的小批量商品，这样既方便了制造商，又方便了消费者。

（三）持有存货

零售贸易的持有存货功能对于存储空间有限的消费者尤其重要，特别是对现代城市中小户型住宅的家庭消费者更是如此。为了使消费者能在适当的时间适当的地点购买到所需要的商品，零售商必须备有充足的商品，消费者在家中只需放置较少的存货。

（四）收集与传递信息

一方面，零售贸易直接面向最终消费者，能够及时地、全面地将顾客意见、商品周转情况、问题商品信息和顾客需求信息传递给制造商和批发商，引导制造商生产适销对路的产品；另一方面，零售贸易借助店内促销、橱窗陈列、POP 广告宣传等活动，向顾客释放商品特性、价格优惠和销售状况等信息，引导消费者购买。

第二节　零售贸易中的零售业态

一、零售业态及分类

（一）零售业态

零售企业是专门从事零售交易活动的盈利性机构。零售业态则是零售企业为了满足不同消费需求所形成的营业形态。

"零售业态"一词译自日语，即"营业形态"，与之对应的英文术语有"Retail Format"

---

① 柳思维，高觉民．贸易经济学．第 3 版 [M]．北京：高等教育出版社，2015.

"Type of Operation in Retailing""Retail Institution"等多个版本，这是由于不同学者分析标准和视角的差异所带来的英译版本的多样性所致。一般来说，零售业态是与流通服务水平乃至零售组合（商品、选址、销售促进、服务和价格）有关的①。

（二）零售业态分类

零售业态是以"怎么样营业"来分类的，总体上根据有无店铺销售可划分为有店铺业态和无店铺业态。随着技术、经济的发展和消费行为的变化，零售业态的种类也会发生变化。

1. 有店铺业态

有店铺业态是指有固定地进行商品陈列和销售所需要的空间和场所，并且消费者的购买行为主要在这一场所内完成的零售业态。有店铺业态主要包括食杂店、超市、百货店、折扣店、专门店（专业店、专卖店）、购物中心和家居中心。

2. 无店铺业态

无店铺业态是指不通过实体店铺销售，而由厂家、商家直接将商品递送给消费者的零售业态。无店铺业态主要包括邮购、电视购物、电话购物、网上商店、自动售货机（亭）、访问销售等。

二、零售业态分类的标准规范

自改革开放至今，中国先后就零售业态分类颁布了四个版本的《零售业态分类》国家标准，规定了不同发展时期中国零售业态的分类标准及其分类原则和各种业态的结构特点，从而展现了不同时期中国零售业的发展特色。

（一）2000 年版《零售业态分类》（GB/T 18106—2000）

2000 年中国颁布的国家标准《零售业态分类》（GB/T 18106—2000），规定了当时中国零售贸易活动中的 9 种零售业态：百货店、超级市场、大型综合超市、便利店、专业店、专卖店、购物中心、仓储商店和家居中心。

（二）2004 年版《零售业态分类》（GB/T 18106—2004）

随着改革开放的不断深入和零售业的迅速发展，中国零售业态呈现出细分化和多样化发展趋势。但是不少零售业态缺乏明确定位，商业领域投资盲目性较大，局部地区出现大型商业设施过热、业态结构不合理等现象。2004 年颁布的国家标准《零售业态分类》（GB/T 18106—2004）在原有标准的基础上进行了修订，该标准增加了折扣店、无店铺销售等业态，并对购物中心的种类进行了细分。

因此在这一时期，中国的零售业态主要有：

（1）有店铺业态，包括食杂店、便利店、折扣店、超市、大型超市、仓储会员店、百货店、专业店、专卖店、家居建材商店、购物中心、厂家直销中心；

（2）无店铺业态，包括电视购物、邮购、网上商店、自动售货亭、电话购物。

（三）2010 年版《零售业态分类标准》（GB/T 18106—2010）

由于中国零售业中超市业态发展速度加快，并且各细分业态相互嫁接趋势明显，2010

---

① 吴小丁. 商品流通论［M］. 第三版. 北京：科学出版社，2015.

年颁布的国家标准《零售业态分类》(GB/T 18106—2010)在原有标准的基础上进行了修订,该标准与国家标准《零售业态分类》(GB/T 18106—2004)的主要差异体现在两个方面:

(1)首次对超市业态进行细分,便利超市、社区超市、综合超市和大型超市作为单一业态,并对这四类超市的营业面积和目标顾客规定了具体标准。

(2)零售业态缩减为16类,将大型超市归类在超市业态下,将家居建材商店并入专业店中;将专业店划分为"专业市场和专业超市"。

(3)在无店铺业态中增加了"直销"业态。

该标准将零售业态分为食杂店、便利店、折扣店、超市、仓储会员店、百货店、专业店、专卖店、工厂直销中心、购物中心、直销、电视购物、邮购、网上商店、自动售货亭、电话购物16种业态。其中有店铺零售业态10种,无店铺零售业态6种。

(四)2021年版《零售业态分类标准》(GB/T 18106—2021)

2021年颁布的国家标准《零售业态分类》(GB/T 18106—2021)在原有标准的基础上进行了修订,该标准与此前国家标准的主要差异体现在以下方面①:

(1)取消"食杂店"业态;

(2)取消有店铺零售分类中"大超市""家居建材商店""厂家直销中心"三个独立业态,将"大超市"并入超市业态;将"家居建材商店"并入专业店业态;将"厂家直销中心"并入购物中心业态,更名为"奥特莱斯型购物中心";

(3)细化便利店业态分类;

(4)按营业面积大小和生鲜食品营业面积细化超市业态分类;

(5)细化购物中心业态;

(6)增加了集合店业态;

(7)增加了无人值守商店业态;

(8)在无店铺零售中,增加流动货摊零售业态;

(9)将原"网上商店"变更为"网络零售";

(10)将原"电视购物"变更为"电视/广播零售";

(11)将原"自动售货亭"变更为"无人售货设备零售"。

三、零售业态演化规律理论

对于零售业态的创新与发展及其内在规律,理论研究方面已经有了一定的积累。公认的该领域的奠基石是1958年发表的零售轮转理论(McNair,1958)。以零售轮转理论为开端,学术界发展出了大量的经典理论,其中有学者将众多的零售业态演化规律理论归整为循环理论、冲突理论和环境理论三大类②。本书仅整理自零售轮转理论提出以来传播范围广、影响力大的几个经典理论。

----

① 全国标准公共信息服务平台. https://std. samr. gov. cn/gb/search/gbDetailed? id = BD89DE8E0 8003D08E05397BE0A0A4FAD.

② 叶翀. 零售业态发展的理论体系研究[J]. 福州大学学报(哲学社会科学版),2012,111(5):46-50.

（一）零售轮转理论及其后期发展

零售轮转理论由麦克内尔(M. P. Mac Nair)于1958年提出，并成为零售业态变迁的早期理论假说。

零售轮转理论的早期假说包含三个前提假设：第一，消费者对价格敏感。市场存在大量对价格敏感的消费者群体，他们追求最低价格而不是完备的顾客服务；第二，新型零售业态通常比现行零售业态在运营等方面成本更低，使之得以提供相对低廉的商品；第三，新型零售商的发展带来销售增长、目标市场扩大和商店形象改善。

基于这三个前提假设，零售轮转早期理论认为，零售组织的业态变革有着一个像车轮一样不断旋转着并且周期性地向前发展的趋势。一般来说，一个零售之轮包含如下几个发展环节：(1)一开始，新的创新型零售商总是通过使用各种新技术或提供较少的零售服务来降低其经营成本，并以较低的姿态和较低的毛利率，大量而低价格地销售畅销、周转快的商品进入零售领域。由于这种低成本、低价格、低毛利的经营方式获得了经营上的成功，市场中模仿者出现并开始发生激烈的价格竞争；(2)为了与竞争者相区别，最初的创新型零售商不得不提高服务和商品的档次，并改善经营设施和环境，以扩大毛利，也带了成本的增加，最初的创新型零售商也演变成了高成本、高价格和高毛利的零售组织，丧失了当初的低价业态的性质；(3)市场中迎来了另一个新的创新型零售商的进入，它仍会重复之前的创新型零售商所走过的道路，这也是新一轮业态变革的开始。

日本学者中正西雄在麦克内尔早期假说的基础上提出了新零售之轮假说。中正西雄认为，仅仅是低价格低服务的组合不是新业态的特征，零售竞争导致的任何层次上的革新，才是产生新业态的根本动力。该理论提出了一个"技术边界线"的概念，即任何时期，受当地管理技术水平、信息技术水平及物流技术水平等因素的限制，零售服务水平与零售价格水平的组合都具有一个限度。那么保证某一服务水平必要的最低零售价格的水平线被视为技术边界线。基于技术边界线概念，中正西雄的新零售之轮假说重新解释了零售业态变革的原因：第一，如果技术边界线不变，随着企业间竞争激化，零售企业的利润平均化，同时由于整个零售业利润率下降，零售业就会为谋取竞争优势和高额利润而摸索革新。最有效的做法就是，突破原有技术边界线的物流、信息流、管理等技术革新，使技术边界线向右移动，形成新的价格与服务组合，以赢得对原有业态的竞争优势；第二，留在技术边界线内(左侧)的业态和企业只能退出，但有时却因种种退出壁垒而无法从零售业退出，因此为了生存也会进行革新；第三，零售业的利润比产业一般平均利润高时，其他企业会试图加入，这时便会以在其他产业已经进行过的技术革新为武器，来确保在零售业竞争的优势。

（二）"真空地带"理论

真空地带理论，1966年由丹麦学者尼尔森提出，即根据消费者对零售商的服务、价格水平存在着偏好空隙来解释新零售业态的产生[①]。真空地带理论首先假设经营同种商品的各种业态的特性是由店铺设施、选址、商品组合、销售方式、附加服务等综合性服务及与此相对应的价格水平来决定的，并认为服务水平越高，价格也就越高。然后，又假设存在一组由高到低的服务与价格组合带，以及消费者对不同水平的服务与价格组合的偏好分布曲线。

　　"真空地带"理论从零售店之间的竞争过程出发，讨论有关价格与其他零售组合要素关系的零售业的发展变化，假设属于某一行业的零售商店提供的服务多种多样且经营同种商品。其中，服务的内容包括备货幅度宽、提供累计购物奖励等。并且服务的提供反映该店平均销售价格水平，服务越多价格越高，与此相对应，顾客对各种销售形态形成偏好，同时形成该行业顾客集团的偏好分布。

　　真空地带假说解释了零售轮假说无法解释的高价店也可能是新型业态的事实。这种假说是以消费者偏好分布曲线的存在为前提的。在实际生活中，消费者是否真的存在这样的偏好分布曲线，是很难确定的。

　　(三)零售手风琴理论

　　1943年，布兰德(E. Brand)提出了零售手风琴假说的主要思想，1966年赫兰德(S. C. Hollander)则将其加以发展并命名。该理论发现，零售业态的发展过程中，商品组合宽窄幅度的变化也像手风琴一样一开一合，具体而言，从商品线较宽的杂货店，发展为商品线深但窄的专业店，再到商品组合丰富的百货店，之后又出现女性时装店，最后拥有商品线宽度的零售业者与专业的零售业者互补，为消费者提供一站式购物便利的集合型综合形态(购物中心)登上了历史舞台。

　　零售手风琴假说主要将商品结果作为影响零售业态的决定性因素，认为商品组合宽度的扩大与缩小反映了零售业态的演变。虽然也有一定的说服力，但是单凭一个因素无法完整地解释零售业态变迁的一般性规律。

　　(四)辩证过程理论

　　辩证过程假说是由美国的托马斯·马洛尼克教授于1968年提出。辩证过程假说是根据黑格尔哲学中"正、反、合"的原理说明零售业态变革发展规律。根据辩证法原理，事物的发展变化是按照"正—反—合"循环往复的逻辑过程进行的。有"正"，就必然有"反"，同时还会出现"正"与"反"的统一体——"合"，而"合"又会重新转变为"正"。那么在零售业态变革的过程中，"正"代表着旧零售业态，"反"代表着新零售业态，而"合"是指新旧业态在竞争中相互融合，产生一种兼具新旧特点的更新零售业态。这个辩证统一的过程也正是零售业态变迁的过程。

　　该理论可以在一定程度上解释零售组织业态的多样化，并认为多样化的结果是不同组织之间相互融合、取长补短的结果。但是该理论并没有给出判定"正"和"反"的具体依据，为此随着零售组织形式的越来越多样化，该理论对于预测业态的未来发展规律就更为困难。

　　(五)自然选择理论

　　以达尔文的"适者生存"的生物进化理论为基础，美国零售专家吉斯特(R. R. Gist)提出了自然选择假说。该理论将业态比拟为物种，业态发展套用达尔文的进化论，业态的创新定位为生物的基因突变。零售业态必须适应特定的社会结构、经济成长的阶段以及消费者的生活水平等环境因素的变化才能生存。该理论假说揭示了零售业态和社会环境之间的关系，明确了环境的变化也可能是零售业态发生变革的原因，比较符合零售业发展的状态。不足之处在于，该理论假说并没有进一步解释相同环境因素中同时存在不同特征的零售业态的现象。

（六）商品攀升理论

商品攀升理论是由美国巴里·伯曼、乔尔·埃文斯在其合著的《零售管理》一书中提出的零售业态演化理论。与零售轮转理论集中于商品价格和顾客服务不同，商品攀升指零售商增加其商品组合的宽度（即所经营的不同产品线的数量），是从产品线角度来解释零售业态演化的规律。当零售商增加一些彼此间毫不相关且与企业初始业务无关的商品和服务时，即发生了商品攀升。

商品攀升的发生可能源于以下方面的原因：第一，零售商方面的因素。零售商希望增加总收入，因此不断有畅销和高利润的商品和服务出现，或者零售商有多个不同的目标市场供选择。第二，消费者方面的因素。消费者的冲动购买越来越多，消费者热衷一站式购买，或者顾客对零售商初始产品线组合的需求可能下降。

第三节　零售贸易中的物流

在零售贸易中，商品配送、周转及仓储等物流环节产生的成本是制约最终商品价格的重要因素。对物流行业的发展因素与零售贸易之间关系的研究，不仅已经引起理论界关注，其实践需要的价值更为重要。

一、"新零售"下的物流

（一）"新零售"的特点

"新零售"，是指在大数据和智能化技术的驱动下，企业和个人借助移动互联网对线上服务、线下体验和现代物流业进行深度融合而打造的零售新模式。"新零售"与传统零售主要的区别在于：

（1）数字化。数字化是"新零售"最核心的特点，在"新零售"时代，零售商可借助各种传感器收集消费者以及商品的数据。线下场景成为了零售商获得信息的数据节点，各个数据节点包括对消费者行为的分析以及对商品状态的检测。借助这些数据，零售商能够更好地管理渠道、供应链、商品和消费者。目前零售贸易中信息流和资金流的数字化程度都比较高，物流则成为"新零售"进行数字化的重点①。

（2）全渠道。这是指融合线上、线下等各个渠道进行协同运营，并对商品设计、营销、物流、交易、管理的全过程实现线上线下渠道的无缝对接。消费需求的现场化和即时化，客观上要求消费渠道、生产渠道和物流配送渠道合为一体，企业需要打造即时化响应的快速生产和物流体系来满足即时化的消费需求。

（3）灵活的供应链。供应链系统是以数字化为基础的，在信息转化为数据的前提下实现对于实体元素的统筹安排、管理和分配②。

---

① 郭振振，高广阔. 新零售背景下，传统电商转型研究[J]. 电子商务，2018(6)：36-37.
② 王淑翠，俞金君，宣峥楠. 我国"新零售"的研究综述与展望[J]. 科学学与科学技术管理，2020，41(6).

(二)"新零售"时代零售贸易物流的发展

"新零售"颠覆式地改变了现代物流业,其标志性的事件是新零售的领军者"阿里巴巴"联合物流业的三通一达(申通、圆通、中通、韵达)和银泰、复星集团及相关金融机构共同打造的"菜鸟智能物流骨干网"。为了应对不同时期消费者的不同要求,在"新零售"的大环境下,零售贸易物流出现了以下变化①。

1. 推进全渠道物流配送的进程

线下的体验与线上销售相结合的新零售方式,不但能为消费者带来极大的便利,而且能够刺激消费者的消费热情,因此与新零售相搭配的物流配送也有着线上与线下结合的新要求,通过线上、线下相结合的方式来提升消费者对物流的服务体验。在配送方面,店仓一体化是新零售的趋势,线下的零售店集门店、仓库、配送为一体,为零售商节省了大量的仓库和配送中心的选址和建筑成本。物流配送方式是以干线+终端云仓(店)的形式分配和配送完"最后一公里",实现配送网络的全渠道体系。例如,在现代网络技术的支撑下,京东整合了其物流系统,实现了整个京东物流的仓储物流一体化,各个层级共享仓储与物流信息,在客户下单后能就近发出货物,基本上达到同城当日达,非同城次日达的运输效果,提高了物流配送效率,从而降低物流成本。

2. 引进高新技术,打造高效物流

打造高效物流主要可分为两个方面:一是仓储环节,可以引进高新技术,打造高效物流。先通过大数据对消费市场进行分析,提前计算各仓储每天的仓储量,然后能够更高效地分配物流资源,对仓储货物可以采用机器和自动化分拣节省人工成本,还能提高物品分拣的准确率。二是打造全新的运输配送方式,例如顺丰在"最后一公里"配送拟采用的无人机配送,该技术的采用或将改变现有的"最后一公里配送"格局,有效地降低了物流配送成本,提升物流配送效率。

3. 改变物流配送模式

新零售相对于传统零售来说是一种新发展,与其配套的物流也应采用新的配送模式,传统的快递配送模式首先是将货物运送到快递网点,再由快递员统一配送,要达到极高的时效性以及精准的点对点服务,就注定需要更多的人力,这样会造成物流的成本进一步上升。要解决这一问题可以采用共同配送、社区物流等方式,共同配送是指各物流公司在一个相同区域建立一个共同的网点,之后再统一配送,这样就可以大幅提升物流的配送效率;社区物流是指物流公司通过与服务范围内的社区签订合作协议,将货物运送至小区物业,通过小区物业将货物分发到客户手中,这样能在提升点对点配送的同时,降低配送成本。

二、跨境出口商品零售贸易物流

(一)跨境出口商品零售贸易的物流模式②

相对传统国际贸易的商业模式而言,跨境电子商务对于相关物流配套体系要求更为严

① 罗国君. 新零售对物流业的影响研究[J]. 物流工程与管理,2020,42(1):26-27.
② 韩飞,张丽莎. 跨境出口商品零售贸易物流渠道管理模式创新[J]. 价格月刊,2019:77-81.

密，尤其是跨境出口商品零售物流配送体系，在实效性、稳定性、安全性等方面都提出了更高标准。当前我国跨境出口商品零售贸易物流模式包括以下几种：

1. 邮政包裹模式

该模式最具代表性的有万国邮政联盟以及卡哈拉邮政组织。邮政包裹模式借助的是覆盖到全球范围的邮政网络，因此物流渠道十分庞大，因此是出口贸易中超过一半的用户选择的物流方式。该模式的典型不足在于运输速度较慢，而且中国的邮政小包不能随时对货物的运输情况进行跟踪。

2. 国际快递

该模式最经典的当属 DHL、TNT Express、UPS 联合包裹、联邦快递四家。国际快递模式拥有强大的 IT 系统，在提供快递服务时较好地结合了当地市场的特点，因此能够给当地客户提供迅速、本地化的快递服务，不足之处在于快递价格相对高昂，商品出口成本变相提高。

3. 国内快递

该模式最经典的包括 EMS、顺丰和"四通一达(中通、申通、圆通、汇通、韵达)"。国内快递模式在国内运输板块的基础上发展了亚洲国家专线，从而逐渐进入了跨境物流领域。

4. 海外仓储

该物流模式最经典的当属亚马逊、天猫全球购、京东全球购等。通过在销售目的地进行货物仓储、分拣、包装与派送的一站式控制和管理服务，海外仓储模式能够较好地结合海外仓库的物流特点，确保货物安全、准确、及时地到达终端买家，同时也能实现海外市场价格的调配。但是这种方式对库存管理、供应链管理的要求较高，一般适用于库存周转较快的热销单品。

5. 专线物流

该物流模式常用的有欧美专线、澳洲专线和俄罗斯中东专线等，采用航空包舱方式运输到国外，再通过合作公司进行目的国或地区内的派送。通过集中大批量运输货物到具体国家或地区，该物流模式能够借助规模效应降低成本，但是在时效上比商业物流要慢。如果采用这种模式从中国向俄罗斯市场发货，可能需要一个半月左右甚至更久才能够到达卖家手中，导致买家的体验感不高。

(二)跨境出口商品零售贸易物流的问题

1. 物流成本较高

在跨境出口商品零售贸易中，国际物流的成本相对较高，甚至有些比商品本身的价格还要高，这就需要明确国外一些比较稳定的销售市场，了解库存成本与销售收入之间的关系。而且，海外售后过程中如果产品质量有问题，只能将商品退回国内，还需要二次物流，多花运输成本和时间。①

2. 供应链整合与优化方案匮乏

---

① 张滨，刘小军，陶章. 我国跨境电子商务物流现状及运作模式[J]. 中国流通经济，2015(01)：51-56.

输出国物流、国际货运、输入国物流等环节的衔接性、协同性、透明性与可追溯性表现较差，跨境物流在物流资源的硬件与软件环境上，存在国家间差异，以及不同物流环节的衔接问题。

3. 缺乏有效的跨境出口商品零售贸易物流渠道共享平台

目前各企业物流渠道资源均是按照不同企业标准进行分类整理，不同物流仓储平台、不同资源平台各成体系，资源共享的质量欠缺，效益效率不高，共享管理不足，缺乏整体规划部署和执行标准、管理体系、评价体系，对于自身资源的梳理开发评价具有较大的随意性。跨境出口商品零售贸易物流渠道资源的网络资源建设与分类缺乏统一标准，无法为跨境出口商品零售贸易物流渠道资源共享提供有效共享与交流平台。

【案例】

传统超市的智慧转型：永辉超市商业模式创新案例

永辉超市是我国首批将生鲜农产品引进现代超市的流通企业之一，也是生鲜零售龙头企业，被誉为"民生超市，百姓永辉"。公司起步于福建，壮大于重庆。1998年，首家门店——福州市火车站永辉超市成立；2001年，永辉超市有限公司成立；2010年，门店数量达到156个，营业额达到150亿元；2019年，永辉超市年营业额为848.77亿元，同比增长20.36%，门店数量达到910家，同比增长27.99%。永辉超市以生鲜农产品为经营特色，促进生鲜农产品快速周转，实现吸引客流、大量引流的市场效应，已经发展成为以零售业为龙头，以现代物流为支撑，以现代农业和食品工业为两翼，以实业开发为基础的大型集团企业。在新一代信息技术驱动下，永辉超市通过业态创新、渠道创新、关系网络创新等商业模式创新探索向智慧零售转型。

（一）满足不同消费群体需求，经营业态不断进化

近年来，国内超市业态逐步从单纯出售商品向出售服务和挖掘消费者附加值转变，从单一价格竞争向集价格、服务和品牌等于一体的多维度复合竞争发展。2010年至今，永辉超市历年年报中一共出现过12种不同的业态名称，消费者群体定位、经营重点和路线规划也各不相同。近年在零售业务方面，永辉超市主要业态创新为"超级物种"店和"永辉MINI"店。

2017年"超级物种"店通过引入孵化工坊加入餐饮元素，并利用移动支付手段，实现多重餐厅结合的模式。2019年，永辉超市推出了定位社区生鲜的"永辉MINI"店，依托自身在供应链上的优势，与大店以"子母店"模式抢占社区市场，试图实现"高效、家门口"的永辉。

（二）实施线下不断细分、线上不断拓展的渠道创新

永辉超市通过精准把握用户消费习惯，利用数字技术改造传统经营渠道，逐步构建了线下实体店、线上平台和智慧零售一体化的业务布局。线下包括红标店、绿标店、Bravo精标店、超级物种等业态，线上包括永辉生活、第三方电商等。永辉超市通过到家服务实现线上线下相结合，用户通过永辉生活App、小程序下单，由永辉生活卫星仓履单，为周边3公里用户提供品质生鲜等商品，最快30分钟配送到家。为

实现线上线下一体化模式，永辉超市通过自建前置卫星仓和短途物流配送体系优化推进线上到家服务，帮助消费者解决到店消费耗用时间太多问题，迎合数字技术时代的消费习惯。在此次新冠疫情期间，针对用户暴增的需求，永辉到家服务一方面通过优化拣货流程，如将粮油米面放在分拣人员最熟悉的位置，以提高分拣效率；另一方面通过圈层等腾讯大数据工具，对用户画像、流向、渗透率等进行分析，提前分析预测可能爆发的商品需求与区域，提前做好商品在不同仓之间的分配、运力调配、仓储方案等方面的统筹安排，提升到家服务订单的履约能力。2020 年 1 月，永辉超市销售额超过 125 亿元，成交金额和商品销量都实现两位数增长，以"永辉生活·到家"福州地区为例，从大年除夕到正月初六，订单暴增 450% 以上，销售额剧增 600%，到家服务日单量突破 30 万单，销售额突破 3000 万元。

（三）以数据共享为切入点

推动关系网络创新。随着数字技术的发展，永辉超市积极利用新技术，协调与消费者和合作伙伴之间的关系，通过构建基于数据共享为核心的关系网络，共同创造新商业价值。在消费者网络方面，通过与消费者的数据交互提供个性化服务。2017 年，腾讯公司入股永辉超市后，帮助永辉超市建立云计算中心，深入挖掘消费者的有用信息，为其提供更加个性化的服务，同时消费者也更容易享受信息共享、网络咨询、用户评估、投诉反馈等服务。永辉超市和消费者之间信息的双向融会贯通，既提高了永辉超市的服务水平，也提升了客户满意度和忠诚度。在合作伙伴管理方面，通过打通数据壁垒，为合作伙伴提供供应链金融服务。2017 年 5 月，永辉小额贷款有限公司正式开业，为零售行业全渠道供应链中小微企业及其从业人员和终端消费者提供普惠金融服务。永辉超市与上游中小微企业供货商及相关从业人员建立信息共享平台，永辉超市即时了解供应商的生产运营状况和资金需求，供应商可以即时了解永辉超市的经营状况和货品需求，解决了供求双方信息不对称的问题，增强了相互信任。基于数据共享的供应链金融帮助永辉超市获得更为精准和及时的信息，保证供应链和货源稳定，中小型供货商可更加便利地解决融资问题，扩大生产规模，进而"反哺"永辉超市。

资料来源：

①徐海龙，苏楠. 传统商超向智慧零售转型的探索者：永辉超市商业模式创新案例[J]. 科技中国，2020(7)：65-69.

②李玉霞，庄贵军，卢亭宇. 传统零售企业从单渠道转型为全渠道的路径和机理——基于永辉超市的纵向案例研究[J]. 北京工商大学学报（社会科学版），2021，36(1)：27-36.

【思考题】

1. 简述零售组织和零售商的区别。
2. 简述零售贸易的主要功能。
3. 简述不同版本《零售业态分类》国家标准中零售业态的变化。
4. 结合实际，分析我国零售业竞争的未来发展趋势。

第九章　期货贸易

【学习目标】掌握期货贸易的概念及特征；熟悉期货交易的品种；了解期货市场的组织形式及功能；熟悉期货市场对微观经济和宏观经济产生的作用。

在市场经济发展过程中，商流与物流的分离呈现出扩大趋势，商流与物流分离的极端形式就是期货贸易。

第一节　期货交易概述

一、期货市场的形成

期货交易是商品交易发展到一定阶段的产物。早在古希腊和古罗马时期，欧洲就出现了中央交易场所和大宗易货交易，在此基础上产生了远期交易的雏形。所谓远期交易，是指交易双方约定在未来的某一确定时间，以确定的价格买卖一定数量的某种标的资产的交易方式。远期交易最早是一种锁定未来价格的工具，比如在农产品收获以前，商人先向农民预购农产品，待收获以后再进行交付。

随着交通运输条件的改善和城市化水平的提升，远期交易逐渐由交易双方的分散协商发展为集中的市场交易。1215 年，英国颁布了《大宪章》，允许外国商人到英国参加季节性的交易会，在交易过程中，出现了商人提前购买在途货物，即交易双方先签订一份买卖合同，列明货物的品种、数量、价格等内容，并预交一笔订金，待货物运到时再交收全部货款和货物的做法。在实际交易过程中，买卖双方可能为了转移价格波动的风险，在货物运达之前将合同提前转售，使得合约具备了流动性。远期交易的集中化和组织化，为期货交易的形成奠定了基础。

现代意义上的期货市场在 19 世纪中期产生于美国芝加哥。19 世纪三四十年代，芝加哥成为美国最大的谷物集散中心，农产品交易规模越来越大，但由于农产品生产的季节性、交通能力和仓储能力不足等因素，农产品的供求矛盾较为突出。为规避风险，储运经销商往往在购进谷物后就与芝加哥市场的谷物经销商和加工商签订远期合同。随着谷物远期交易不断发展，82 位粮食商人于 1948 年在芝加哥发起组建了世界上第一家较为规范的期货交易所——芝加哥期货交易所(CBOT)。最初的芝加哥交易所只是一家自发形成的商会组织，采用实买实卖的方式，即交易者通过交易所寻找交易对手，在交易所缔结远期合同，待合同到期时双方进行实物交割，以商品和货币交换了结交易。

芝加哥期货交易所早期的远期交易方式在市场发展过程中逐渐遇到一些障碍，比如商品的品质、价格、交货时间和地点等都是交易双方一对一达成的，当市场情况发生变化时，转让合同非常困难，并且交易最终的履约风险也不易控制。针对上述情况，在1865年，芝加哥期货交易所推出了"标准化合约"，同时实行保证金制度，向签约双方收取不超过合约价值10%的保证金作为履约担保。随后，交易所于1882年起允许以对冲方式免除履约责任，市场流动性大幅增加。标准化合约与保证金制度促成了真正意义上的期货交易的诞生。

二、期货交易的基本特征

从期货市场形成的过程不难看出，期货交易是由现货和远期交易衍生而来的一种交易方式，期货交易并不一定需要实际商品交收，其交易对象通常是以某种大宗商品或金融资产为标的物的期货合约。所谓期货合约，是指由期货交易所统一制定、规定在将来某一特定时间和地点交割一定数量标的物的标准化合约。期货合约中的标的物即为期货品种，标的物为实物商品的期货合约称为商品期货，标的物为金融产品的期货合约称为金融期货。

在期货市场中交易的期货合约，其标的物的数量、质量、交割等级、交割时间、交割地点等条款都是标准化的，转让无须背书，极大简化了交易过程，这一特点为期货合约的连续交易提供了便利，使期货交易具有很强的市场流动性。期货交易的参与者通过在交易所内买卖期货合约，转移价格风险，获取风险收益。期货交易的基本特征包括以下方面：

（一）合约标准化

期货合约是由期货交易所统一制定的标准化合约。在合约中，标的物的数量、规格、交割时间和地点等都是既定的。合约的标准化给期货交易带来极大便利，交易双方不需要事先对交易的具体条款进行协商，从而节约交易成本，提高交易效率和市场的流动性。表9-1是2023年1月17日新修订的《上海期货交易所阴极铜期货合约》，可以从中了解合约的主要条款。

表 9-1 上海期货交易所阴极铜期货合约

交易品种	阴极铜
交易单位	5 吨/手
报价单位	元(人民币)/吨
最小变动价位	10 元/吨
涨跌停板幅度	上一交易日结算价±3%
合约月份	1~12 月
交易时间	上午 9：00-11：30，下午 1：30-3：00 和交易所规定的其他交易时间
最后交易日	合约月份的 15 日(遇国家法定节假日顺延，春节月份等最后交易日交易所可另行调整并通知)
交割日期	最后交易日后连续两个工作日

续表

交割品级	阴极铜，符合国标 GB/T467—2010 中 A 级铜（Cu-CATH-1）规定，或符合 BS EN 1978：1998 中 A 级铜（Cu-CATH-1）规定
交割地点	交易所指定交割仓库
最低交易保证金	合约价值的 5%
交割方式	实物交割
交割单位	25 吨
交易代码	CU
上市交易所	上海期货交易所

（二）场内集中竞价

期货交易实行场内交易，所有买卖指令必须在交易所内进行集中竞价成交，只有交易所的会员才能进场交易，其他交易者只能委托交易所会员，由其代理进行期货交易。交易者的场内公开集中竞价产生了期货价格。

（三）保证金交易

期货交易实行保证金制度，任何交易者都必须按照其所买卖的期货合约价值的一定比例缴纳资金，用于结算和保证履约。保证金交易具有以小博大的特征，属于典型的"杠杆交易"，保证金比例越低，杠杆效应就越大。期货交易的这一特征使其具有高收益和高风险的特点。交易所可以根据市场风险状况调整交易保证金比率，以提高会员或客户的履约能力。

（四）对冲平仓

交易者在期货市场建仓后，大多并不是通过现货交收（即交割）来了结交易，而是通过对冲的方式进行平仓。买入建仓后，可以通过卖出同一期货合约来解除履约责任；卖出建仓后，可以通过买入同一期货合约来解除履约责任。对冲平仓制度的存在极大提高了市场流动性，同时也允许投资者直接卖出期货合约，而无须实际持有标的商品。

（五）当日无负债结算

当日无负债结算，也称为逐日盯市制度。期货结算部门在每日交易结束以后，按当日结算价对交易者结算所有合约的盈亏、交易保证金、手续费、税金等费用，对应收应付款项实行净额一次性划转，相应增加或减少投资者的保证金。一旦交易者的保证金账户余额低于规定的标准，则必须追加保证金，以实现"当日无负债"。当日无负债结算制度能够有效防范风险，保障期货市场的正常运转。

三、期货交易的品种

从总体趋势看，期货市场经历了由商品期货到金融期货的发展过程，交易品种不断增加、交易规模不断扩大。

（一）商品期货

商品期货是指以实物商品为标的物的期货合约，主要包括农产品、金融产品、能源化工产品等，如图 9-1 所示。

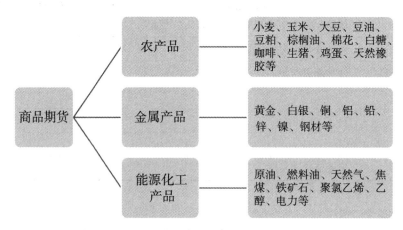

图 9-1　商品期货的种类

农产品期货是国际期货市场最早交易的期货品种，经过 100 多年的发展，已经形成四个主要类型：第一，谷物类，包括小麦、玉米、大豆、红小豆、籼米、糙米、燕麦等；第二，经济作物类，包括棉花、白糖、咖啡、可可、棕榈油、冰冻橘子汁等；第三，畜产类，包括活猪、活牛、冷冻猪肉、鸡、鸡蛋等；第四，林产品类，包括木材、天然橡胶、胶合板等。

金属期货主要分为两大类：其一是贵金属期货，包括黄金、白银、铂、钯等，其二是工业金属期货，包括铜、铝、铅、锌、镍、锡等。两类金属产品的性质和价格等特征存在较大差异，因此在实际交易中往往区分开来。最早的金属期货交易产生于英国，1876 年，伦敦金属交易所（LME）推出铜和锡的期货交易。目前，伦敦金属交易所仍然是国际有色金属市场的价格晴雨表，而美国的纽约商品交易所（COMEX，目前是芝加哥商业交易集团的一部分）①的贵金属期货交易最为活跃。

能源化工期货以石油产品（原油、成品油、燃料油）为代表，还包括焦煤、沥青、乙醇、铁矿石等。20 世纪 70 年代初发生的石油危机对世界石油市场造成巨大冲击，油价的剧烈波动直接导致了能源期货的产生，纽约商业交易所（NYMEX，目前是芝加哥商业交易集团的一部分）和伦敦洲际交易所（ICE）是世界上最具影响力的能源期货交易所。2018 年 3 月 26 日，上海原油期货在上海期货交易所子公司上海国际能源交易中心正式上市交易，对国际能源期货市场的影响日趋凸显。

（二）金融期货

金融期货是指以金融工具，如证券、货币、汇率和利率等为标的物的期货合约。金融期货产生于 20 世纪 70 年代初。在布雷顿森林体系解体后，国际经济形势发生急剧变化，固定汇率制被浮动汇率制取代，利率管制等金融管制政策逐渐被取消，金融市场的剧烈波

---

① COMEX 与 NYMEX 最初是两个交易所。COMEX 于 1994 年与纽约商品交易所（NYMEX）合并，成为负责其金属交易的平台。2008 年，芝商所收购了 NYMEX，包括其 COMEX 部门。

动促使交易者向期货市场寻求避险工具。目前，金融期货主要有四种类型：汇率期货、利率期货、股指期货和个股期货，如图 9-2 所示。

汇率期货又称为外汇期货，其标的物是各国货币兑换比价。1972 年 5 月，芝加哥交易所设立国际货币市场分部，首次推出包括英镑、加元、日元和德国马克、法国法郎、瑞士法郎在内的汇率期货合约，主要目的是适应各国从事对外贸易和金融业务过程中规避汇率风险的需要。

利率期货是以货币市场和资本市场的各类债务凭证为标的物的期货合约，主要目的是回避银行利率波动引起的债券价格变动的风险。一般按照合约标的的期限分为短期利率期货和长期利率期货两大类，短期利率期货的标的期限在 1 年以内，长期利率期货的标的期限在 1 年以上。1975 年 10 月，芝加哥期货交易所上市的国民抵押协会债券期货合约是世界上第一个利率期货合约。

股指期货是以股票价格指数为标的物的期货合约。1982 年 2 月，美国堪萨斯期货交易所推出价值线综合指数期货合约，成为首家以股票指数为合约标的物的交易所。1995 年，中国香港开始了个股期货的试点，个股也成为期货交易对象。目前，各类金融期货及其衍生品已在国际期货市场占据主导地位，对世界经济带来重要影响。

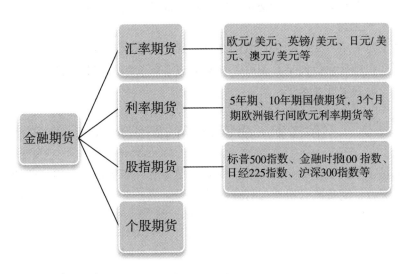

图 9-2 金融期货的种类

四、期货交易与现货交易的比较

现货交易是买卖双方在成交后必须履行交货付款义务的交易方式，其商品的品种、质量和数量等都不是标准化的；而期货交易是在交易所达成、在将来某一特定时间和地点交收某一特定商品的合约的交易行为，合约的标的商品（品种、等级、数量、交割方式等）是标准化的。期货交易与现货交易互为补充，二者的主要区别在于以下方面：

（一）交易对象不同

现货交易买卖的对象是实物商品或金融产品，是一手交钱、一手交货的商品货币交换，必然存在实物交割。而期货市场上买卖的对象是期货合约，多数情况下期货市场交易者在交货期到来之前进行反向交易，即平仓操作，并不进行实物商品和货币交换。

（二）交易目的不同

现货交易的目的是获得或出让商品的所有权，从而实现商品的所有权转移。在期货市场上，大多数交易的目的不是为了获得实物商品，无须实现商品的所有权转移，而是通过期货交易转嫁与商品所有权有关的、由于商品价格波动导致的风险，或者通过风险投资获得风险收益。

（三）交易方式不同

现货交易通常不受交易时间、地点的限制，交易方式灵活自由。期货交易则必须在高度组织化的期货交易所内以公开竞价的方式集中进行，一般投资者参与期货交易必须委托期货公司进行代理交易。

（四）交割时间不同

现货交易通常在很短时间内成交并完成交易，资金流和物流在时间上基本一致。期货交易从合约成交到交割完成、钱货交付之间存在时间差，资金流和物流分离。

（五）结算方式不同

现货交易主要采用一次性结清货款的结算方式，当然也存在分期结算等方式。而期货交易实行保证金和每日无负债结算制度，交易双方必须交纳一定数量的保证金，在交易过程中始终维持一定的保证金水平。

第二节　期货市场的组织形式

期货市场是一个高度组织化的市场，由期货交易所、期货结算机构、期货中介与服务机构、期货投资者、期货监管机构与行业自律机构组成，有着严密的组织结构和制度，以实现期货市场的稳定有效运转。

一、期货交易所

期货交易所是为期货交易提供场所、设施、相关服务以及制定交易规则的机构。期货交易所自身并不参与期货交易，不参与期货价格的形成，也不拥有合约标的商品。按照组织方式的不同，期货交易所可以分为会员制和公司制两种类型，前者是非营利性的，后者则以营利为目的。

（一）期货交易所的职能

期货交易所是合约买卖双方的中介，在期货市场上进行的每一笔交易并不直接在真正的买卖双方之间发生，而是通过交易所进行交易和结算，从而确保合约的履行。通常而言，期货交易所具有下述重要职能。

第一，提供交易的场所、设施和服务。期货交易的所有买卖指令必须在交易所场内集中竞价成交，期货交易所必须为此提供交易场所、必要设施、通信设备和信息传递、数据显示等相关硬件、软件平台，以及完备的配套服务，保证期货交易能够顺畅、有序运行。

第二，制定并实施期货市场制度与交易规则。按照相关法律法规，交易所建立了一套健全、统一的交易运作规则和市场管理制度体系，包括交易、风险控制、结算、交割、违约处理、信息管理等各个环节，以保证买卖双方交易行为的规范化和期货合约的履行。

第三，设计期货合约、安排合约上市。交易所应当结合市场需求和经济发展需要，开发期货品种，精心设计并选择合适时间安排期货合约上市，同时科学合理设计标准化的合约条款，满足投资需求，提高市场效率。

第四，监控市场风险。期货交易所组织并监督期货交易，通过实时监控、违规处理、市场异常状况处理等措施，保障期货市场各项规则制度有效执行；制定和执行风险管理制度，对市场风险状况进行多方面、多环节的动态监控，及时化解与防范系统性风险。

第五，发布市场信息。交易所必须及时将场内交易形成的期货价格和相关市场信息向会员、投资者和公众发布，保证信息公开透明。

(二)中国期货交易所发展现状

在我国期货市场发展过程中，曾一度设立数十家期货交易所，后由于投机过度等原因，经历了一轮清理整顿。目前，我国境内正在运营的期货交易所共有4家，分别是上海期货交易所、大连商品交易所、郑州商品交易所和中国金融期货交易所。郑州商品交易所成立于1990年10月12日，这是经国务院批准成立的国内首家期货市场试点单位，在现货交易成功运行3年以后，于1993年5月28日正式推出期货交易。同年11月26日，上海期货交易所成立，目前上市交易的有黄金、白银、铜、铅等20个期货品种。1993年2月28日，大连商品交易所成立，是我国东北地区唯一一家期货交易所，也是中国最大的农产品期货交易所。2006年9月8日，中国金融期货交易所在上海成立，交易品种为股指期货、国债期货。

2021年1月22日，经国务院同意，中国证监会正式批准设立广州期货交易所，助力粤港澳大湾区建设。广州期货交易所在定位上有别于其他交易所，主要面向科技、绿色、金融、环保等新兴产业，目前已上市碳酸锂、工业硅等品种。

二、期货结算机构

(一)期货结算机构的类型

结算是保障期货交易正常运行的重要环节，期货结算机构是负责期货交易统一结算、保证金管理和结算风险控制的机构。根据结算机构与期货交易所关系的不同，一般可以分为两种类型：

第一，作为期货交易所的内部机构，仅为该交易所提供结算服务。这种形式的结算机构直接受控于交易所，有利于交易所掌握市场参与者的资金状况，根据投资者的资金和持仓状况及时控制市场风险。

第二，作为独立的结算公司，为一家或多家期货交易所提供结算服务。这种形式的结算机构可以保持交易和结算的相对独立性，有针对性防止某些交易所可能出现的违规行为，并且有利于跨区域市场发展。但由于交易所与结算机构各为独立法人，因此存在一定的沟通和协调成本。

目前，我国期货市场的结算机构采用的是第一种结算组织形式，但从国际经验来看，第二种形式应当是未来发展的方向。

（二）期货结算机构的职能

结算机构的主要职能包括计算交易盈亏、担保交易履约和控制市场风险。

第一，计算交易盈亏。每一交易日结束以后，期货结算机构对会员的盈亏进行计算，并采用发放结算单或电子传输等方式向会员提供当日盈亏等结算数据，会员以此作为对客户结算的依据。

第二，担保交易履约。期货交易成交后，买卖双方缴纳一定的保证金，结算机构就承担起保证每笔交易按期履约的责任。期货交易的双方并不直接发生关系，只和结算机构发生关系，结算机构成为所有合约卖方的买方、所有合约买方的卖方。一旦某一方交易者违约，结算机构将先行代为承担履约责任，由此大幅降低信用风险和交易成本。正是因为结算机构代替了原始交易对手，结算会员和客户才能够随时对冲合约而无需征得原始对手同意，使得期货市场特有的以对冲平仓方式免除履约义务的机制得以顺畅运行。

第三，控制市场风险。保证金制度是期货市场风险控制最基本、最重要的制度，期货结算机构作为收取、管理保证金的机构，承担着控制市场风险的职责。在市场状况变化过程中，结算机构要求会员保证金一直处于规定水平之上，当市场价格不利变动导致亏损使保证金不能达到规定水平时，结算机构向会员发出追加保证金的通知，会员收到通知后必须在规定时间内补缴保证金，否则结算机构有权对其进行强行平仓。结算机构通过对保证金账户的动态监控和管理，有效控制市场风险，保证期货市场平稳运行。

（三）期货结算的基本制度

期货市场的结算体系采用分级分层的管理制度，只有结算机构的会员才能直接得到结算机构提供的结算服务，非结算会员需要由结算会员提供结算服务。在分级结算制度下，期货结算可以分为三个层次：一是由结算机构对会员进行结算，二是结算会员与非结算会员的结算、结算会员与其代理客户之间的结算，三是非结算会员对其代理客户的结算。这种分级结算制度通过逐级承担化解期货交易风险的作用，形成多层次风险控制体系，提高了结算机构整体的抗风险能力。

三、期货中介与服务机构

（一）期货公司

期货市场的主体是期货交易者，然而，期货交易的高风险性决定了期货交易所必须制定严格的会员交易制度，非会员的普通投资者不能直接入场交易。为解决严格的会员交易制度与吸引更多交易者、扩大市场规模之间的矛盾，各类期货经纪公司便应运而生。

期货公司是代理客户进行期货交易并收取交易佣金的中介组织。作为场外期货交易者与期货交易所之间的桥梁和纽带，期货公司接受客户委托，按照客户的指令，以自己的名义为客户进行场内交易。期货公司根据客户指令买卖期货合约、办理结算和交割手续；对客户账户进行管理、控制客户交易风险；为客户提供期货市场信息，进行期货交易咨询，充当客户交易顾问；为客户管理资产，实现财富管理。期货公司有效降低了期货市场的交易成本和交易过程中的信息不对称程度，并通过结算环节防范系统性风险的发生。近年来，随着期货公司业务范围的拓展，期货公司在期货及衍生品市场开发、客户资产管理、企业风险管理、金融产品创新等方面表现出越来越突出的作用。

（二）介绍经纪商

除期货公司外，投资者还可以通过介绍经纪商协助开立期货账户。介绍经纪商（IB）起源于美国，既可以是机构也可以是个人，但一般以机构的形式存在，其主要业务是为期货公司开发客户并收取一定的佣金，但不能接受客户的资金，且必须通过期货公司进行结算。国际上的 IB 一般分为独立执业 IB（IIB）和期货公司担保的 IB（GIB），IIB 必须维持最低资本要求，并保存账簿和交易记录，GIB 则与期货公司签订担保协议，以免除对资本和记录的法定要求。

在中国，主要由证券公司担任期货公司的介绍经纪商，提供中间介绍业务。中国介绍经纪商主要提供以下服务：协助办理开户手续、提供期货行情信息和交易设施、中国证监会规定的其他服务。证券公司不能代理客户进行期货交易、结算或交割，不得代期货公司、客户收付保证金。IB 的引入有利于券商与期货公司开展合作，使期货市场的客户量和交易量远大于期货公司自己开发的客户市场，显著促进了期货市场的发展。

（三）其他服务机构

期货市场中的相关服务机构还包括交割仓库、保证金存管银行、信息服务机构等。

交割仓库是期货品种进入实物交割环节后，提供相应交割服务和生成标准仓单的期货服务机构，是经交易所指定的为期货合约履行实物交割的交割地点。期货交易的交割，由交易所统一组织进行，交易所根据交割物的特征和地域分布情况，按照一定程序选择交割仓库，并与选定的交割仓库签订协议，明确各自的权利和义务。目前，我国的四个商品期货交易所均对每个期货交易品种指定了交割仓库。

期货保证金存管银行的设立是我国期货市场保证金封闭运作的必要环节，也是保障投资者资金安全的重要组织机构。保证金存管银行由交易所指定，协助交易所办理期货交易结算业务。交易所在结算银行开设专用结算账户，用于存放会员保证金及相关款项，会员也在结算银行开设专用资金账户，用于存放客户保证金及相关款项，以实现无障碍结算。

期货信息服务机构主要提供期货交易系统、行情分析软件及相关信息资讯服务，是投资者进行网上交易的重要工具。信息系统的稳定性、安全性和传输速度对于投资者获取投资收益具有重要作用，因此，各类信息服务机构致力于通过差异化的信息服务和稳定高效便捷的交易系统为投资者提供决策支持，以吸引客户。

四、期货投资者

基于不同的分类方法，期货市场的投资者可以分为不同类型。根据投资者参与期货交易的动机差异，可以划分为套期保值者与投机者；根据投资者是自然人还是法人，可以划分为个人投资者和机构投资者。

（一）套期保值者与投机者

套期保值者通过在期货市场买入或卖出与现货商品相当的期货合约，并在未来与现货交易对应的时间进行对冲平仓，以此来避免价格变动对现货交易带来的损失。套期保值者大多是生产商、加工商、贸易商和金融机构，其交易目的是期望通过期货市场获得价格保障，尽可能消除或减小由于市场变化导致的现货价格波动风险，从而能够有效把握预期收益，提前安排生产经营。

期货投机者是愿意以自有资金来承担价格风险，基于自己对价格走势的预测买卖期货合约，并希望在价格变化中获得收益的投资者。期货投机者为了使自己的投资活动获利，必须不断运用各种分析手段，收集、整理所有可能影响价格变动的信息资料，及时修正对于价格的判断，并将自己对未来价格的预期通过交易行为反映在期货价格之中，因此，适度投机的存在是期货价格连续性的重要保证。

(二)个人投资者与机构投资者

参与期货交易的自然人被称为个人投资者。为保障市场平稳、规范运行，防范风险，保障投资者合法权益，在期货市场上，个人投资者参与交易受到投资者适当性制度和规则制约，即在申请开立期货交易编码前，需先由期货公司对投资者的金融基础知识、财务状况、风险承受能力、期货投资经历和诚信状况等进行综合评估。

与自然人相对的法人投资者也被称为机构投资者，其范围涵盖生产者、加工商、贸易商以及金融机构、养老基金、对冲基金、投资基金等多种类型。与个人投资者相比，机构投资者一般在资金实力、风险承受能力和交易的专业能力等方面更具优势，因此，机构投资者是稳定期货市场的重要力量。

第三节　期货市场的功能

期货市场自产生以来，不断发展壮大并成为现代市场体系中不可或缺的重要组成部分，期货市场最为重要的功能是实现风险规避、价格发现与资产配置。

一、风险规避

(一)风险规避的实现过程

期货市场风险规避的功能是通过套期保值实现的。在上一节中已经提到，期货市场的参与者包括套期保值者与投机者。套期保值是指在期货市场上买入(卖出)与现货数量相等但交易方向相反的期货合约，在未来某一时间通过卖出(买入)期货合约进行对冲平仓，从而在期货市场和现货市场之间建立一种盈亏冲抵的机制(可能是用期货市场的盈利来弥补现货市场亏损，也可能是用现货市场盈利来弥补期货市场亏损)，最终实现期货市场和现货市场盈亏大致相抵，以达到"保值"的目的。

我们以大豆期货交易为例来说明大豆种植者如何通过期货市场规避价格风险。在中国东北，大豆每年4月开始播种，到10月收获，有长达半年多的生长期。受市场供求变化影响，大豆价格经常发生波动，大豆种植者可能面临价格下跌导致的亏损。如果大豆种植者预计收获期的大豆价格可能会下降，为了规避价格风险，他可以选择在大豆播种时在期货市场卖出交割月份在11月的与预计大豆产量相近的大豆期货合约。届时，如果大豆价格在10月时果然出现下跌，尽管大豆种植者在现货市场上以低价格出售承担了一定的损失，但他可以在期货市场上将原来卖出的合约进行对冲平仓来获得相应收益，期货市场的收益可以弥补现货市场的亏损。如果大豆种植者判断错误，10月大豆的现货价格不仅未跌反而上涨，那么对大豆种植者来说，套期保值的结果是用现货市场上的盈利去弥补期货市场上的亏损。这样，大豆种植者的风险就被转移出去了，风险规避的目的就实现了。

（二）套期保值的基本原理

期货市场是如何通过套期保值来实现规避风险的功能呢？其主要的原理在于：对于同一种商品来说，在现货市场、期货市场同时存在的情况下，在同一时空内会受到相同的经济因素的影响和制约，因而一般情况下两个市场的价格变动趋势相同，并且随着期货合约临近交割，现货价格与期货价格趋于一致。套期保值就是利用两个市场的这种关系，在期货市场上采取与现货市场上交易方向相反的交易（如现货市场卖出的同时在期货市场买入，或者相反），在两个市场上建立一种相互冲抵的机制，无论价格怎样变动，都能取得在一个市场亏损的同时在另一个市场盈利的结果。最终，亏损额与盈利额大致相等，两相冲抵，从而将价格变动的风险大部分转移出去。

（三）投机者的参与是套期保值实现的条件

生产经营者通过套期保值来规避风险，但套期保值并不是消灭风险，只是将其转移，转移出去的风险需要有相应的承担者，期货投机者正是期货市场的风险承担者。从客观上看，投机者的存在对生产经营者参与套期保值提供了很大便利。这是因为，套期保值者在期货市场进行交易时，必须有相应的交易者作为对手方，交易方可成功。如果没有大量投机者在市场中进行风险投资，仅仅依赖其他套期保值者的参与来保证每笔交易的达成，那么成交的可能性是微乎其微的。例如，当商品生产者想在期货市场卖出期货合约进行保值时，客观上必须有一个或多个其他交易者恰巧在同一时间希望在期货市场上买入期货合约进行保值，并且交易数量、交割月份等细节应完全匹配。可以想象，在只有套期保值者参与的期货市场上，流动性是非常差的，反过来也会影响套期保值者参与的积极性。因此，从这个角度看，投机者虽然在主观上是出于获取投机利润的目的而参与期货交易，但在客观上却为套期保值的实现创造了条件。投机者在获取投机利润的同时也承担了相应的价格波动的风险，是期货市场的风险承担者。

二、价格发现

价格发现功能是指期货市场价格具有揭示商品市场供求关系变化的意义，期货市场能够预期未来现货价格的变动，从而成为发现未来某一时期现货价格变动趋势的"晴雨表"。价格发现功能不是期货市场所特有的，只是期货市场比其他市场具有更高的价格发现效率，这是期货市场的特征决定的。相关研究表明，信息不完全和不对称会导致价格扭曲和市场失灵，而期货市场是一个近乎完全竞争的高度组织化和规范化的市场，聚集了众多的买方和卖方，采取集中公开竞价的方式，各类信息高度聚集并迅速传播。因此，价格机制更为成熟和完善，能够形成真实反映供求关系的期货价格。

（一）实现价格发现的原因

第一，期货交易的参与者众多，除了会员以外，还有他们所代表的众多的商品生产者、销售者、加工者、进出口商以及投机者等。这些成千上万的买家和卖家聚集在一起进行竞争，可以代表供求双方的力量，有助于公平价格的形成。

第二，期货交易中的交易人士大多熟悉某种商品行情，有丰富的商品知识和广泛的信息渠道以及一套科学的分析、预测方法。他们把各自的信息、经验和方法带到市场上去，结合自己的生产成本、预期利润，对商品供需和价格走势进行判断、分析和预测，报出自己的理想价格，与众多对手竞争。这样形成的期货价格实际上反映了大多数人的预测，因而能够比较真实、准确地反映供求变动趋势。

第三，期货交易的透明度高，竞争公开化、公平化，有助于形成均衡的价格。期货价格是参与者在交易所集中交易形成，这与现货价格大多是在参与者分散且私下进行交易而形成具有显著差异。期货市场是集中化的交易场所，自由报价、公开竞争，有效避免了现货交易中一对一的交易方式产生的欺诈和垄断行为，因此，期货交易发现的价格具有较高的权威性。

（二）期货市场价格的特点

第一，预期性。期货价格具有对未来供求关系及其价格变化趋势进行预期的功能。期货交易者大都熟悉某种现货行情，有丰富的经营知识和广泛的信息渠道以及分析、预测方法，他们结合自己的生产成本、预期利润对现货供求和价格走势进行分析和判断，报出自己的理想价格，与众多的对手竞争，这样形成的期货价格实际上反映了大多数人的预期，因而能够反映供求变动趋势。

第二，连续性。期货价格是连续不断地反映供求关系及其变化趋势的一种价格。这是因为期货交易是一种买卖期货合约的交易，而不是实物商品交易。实物交易一旦达成一个价格之后，如果买入实物的一方不再卖出该商品或不马上卖出该商品，新的商品交易就不会再产生或不会马上产生，从而就不可能有一个连续不断的价格。而期货交易则不然，它是买卖期货合约的交易，实物交割的比例非常小，交易者买卖期货合约的本意大多不是为了实物交割，而是利用期货合约做套期保值交易或投机交易，因而，在买进或卖出后，必须再卖出或买进相同数量的期货。同时，由于期货合约是标准化的，转手极为便利，买卖非常频繁，这样，就能不断地产生期货价格。

第三，公开性。期货价格是集中在交易所内通过公开竞争达成的，依据期货市场的信息披露制度，所有在期货交易所达成的交易及其价格都必须及时向会员报告并公之于众。通过传播媒介，交易者能够及时了解期货市场的交易情况和价格变化，并迅速传递到现货市场。

第四，权威性。正是因为期货价格真实地反映供求及价格变动趋势，具有较强的预期性、连续性和公开性，所以在期货交易发达的国家，期货价格被视为一种权威价格，成为现货交易的重要参考依据，也是国际贸易者研究世界市场行情的依据。

随着期货交易和期货市场的不断发展完善，尤其是随着期货市场国际化水平的提升，期货市场的价格发现功能越来越完善，期货价格在更大范围内综合反映更多的供求影响因素，更准确地预测未来价格变化的趋势。也正是由于期货价格的上述特点，使得现货市场参与者纷纷将期货价格作为制定现货价格的最重要参考，采取"期货价格+升贴水+运费"的方式确定现货价格，这就让期货市场从价格发现中逐渐具备了定价的功能。

三、资产配置

随着全球化程度日益加深以及全球经济不稳定因素增多，国际大宗商品市场波动加大，各国金融市场中参与主体面临的风险增多，因此在后金融危机时代，越来越多的投资者开始重视期货市场，并期望借助期货市场的独特优势为其持有的资产进行优化配置。金融期货的迅猛发展以及大宗商品交易金融化程度的提高，也为越来越多的机构和个人提供了资产配置的平台，期货市场也相应地具备了资产配置的功能，从而在一定程度上满足了投资者对于规避风险以及个性化、分散化、多元化的资产配置的需求。

（一）期货市场资产配置的特征

投资者将期货作为资产配置的组成部分主要基于以下两个原因：首先，借助期货能够为其他资产进行风险对冲。进入 21 世纪以来，全球经济不稳定因素增多，市场波动加大，特别是 2008 年爆发于美国的金融危机更是严重破坏了市场秩序，给投资者带来了严重损失。在这样的背景下，越来越多的投资者开始重视期货市场，并借助套期保值来为持有的资产进行保护。其次，期货市场的杠杆机制、保证金制度使得投资期货更加便捷和灵活，虽然风险较大，但同时也能获取高额的收益。借助商品交易顾问等专业投资机构，普通投资者也能够较为安全地参与期货市场。因此，越来越多的投资者开始以直接或间接的方式参与期货投资。

（二）资产配置的主要原理

首先，期货能够以套期保值的方式为现货资产或投资组合对冲风险，从而起到稳定收益、降低风险的作用。投资者利用期货对投资组合的风险进行对冲，主要利用期货的双向交易机制以及杠杆效应的特性。对冲交易的实质是同时进行两笔方向相反、数量相当的交易，利用期货对投资组合进行保险。具体而言，对持有一定资产组合的投资者，若预期资产价格存在相反方向变化的风险，则进行反方向的期货交易对冲。

其次，商品期货是良好的保值工具。经济危机以来，各国为刺激经济纷纷放松银根，造成流动性过剩，通货膨胀压力增大。期货合约的背后是现货资产，期货价格也会随着投资者的通胀预期而水涨船高。因此，持有商品期货合约能够在一定程度上抵消通货膨胀的影响。特别是贵金属期货，能够以比投资现货低得多的成本来为投资者实现资产保值。

最后，将期货纳入投资组合能够实现更好的风险—收益组合。期货的交易方式更加灵活，能够借助金融工程的方法与其他资产创造出更为灵活的投资组合，从而满足不同风险偏好的投资者的需求。投资者不仅可以利用期货降低组合的风险，同样利用期货增加投资组合的风险度，增强进攻性以获得更高的收益。例如，对于一个持有股票的投资者，当预期股指上涨之时，可以通过买入期货合约来进一步改进投资组合。若指数上行，则不但组合本身能获取收益，期货投资同样能够带来收益；当投资者预期股指可能下跌时，可以做空股指期货，这样在下跌行情中，期货合约不但保护了原有组合资产，还能获取一定的收益。

（三）期货市场与证券市场的比较

期货合约在本质上是未来商品的代表，期货市场与商品市场具有内在联系，但就实物商品的买卖转化为合约的买卖这一过程而言，期货合约在外部形态上又表现为相关商品的有价证券，这与证券市场是类似的，因为证券市场上流通的证券就相当于股份有限公司所有权的标准化合约和债权债务的标准化合约。因此，从资产配置和投资的角度看，期货市场与证券市场存在相似之处，投资者买卖的期货合约也是一种投资凭证。但是，期货市场与证券市场仍然存在若干差异：

第一，经济职能不同。证券市场的基本职能是风险定价与资产配置，而期货市场还具有风险规避与价格发现的重要职能。

第二，资金规定不同。我国国内股票市场中的股票交易必须缴纳足额资金，若1股20元，则买100股就要2000元，而期货市场只需要缴纳合约价值一定比例的保证金就可以进行交易。

第三，风险来源不同。期货市场的风险主要来源于标的物本身供求关系导致的价格波动，而股票市场的风险取决于对上市公司业绩的预测。

第四，交易方式不同。期货市场可以做空，而我国股票市场目前不能做空。此外，期货是T+0交易，即当天开仓，当天就可以平仓，而我国股票市场是T+1，当天买进股票，次日才可以卖出。

第四节　期货市场与实体经济发展

《中华人民共和国国民经济和社会发展第十四个五年规划和2035年远景目标纲要》明确提出，未来一段时期，要坚持把发展经济着力点放在实体经济上，构建实体经济、科技创新、现代金融、人力资源协同发展的现代产业体系。期货市场是实体产业与金融属性的重要结合点，期货市场的发展对于微观经济和宏观经济均具有重要作用。

一、期货市场在微观经济中的作用

从微观层面看，运用期货市场机制能够提高企业的生产经营效率。首先，期货是投资者或企业经营者进行风险管理的工具，能够促进资金有效使用，防范市场风险，提高经营效率或竞争力；其次，期货价格促进了企业经营者的计划、生产与销售，通过交割月交割和保值对冲，促进资源有效流动和优化配置；最后，期货市场为交易者提供安全、准确、迅速成交的交易场所，节约了交易成本。具体表现如下：

（一）锁定生产成本，实现预期利润

利用期货市场进行套期保值，可以帮助生产经营者规避现货市场的价格风险，达到锁定生产成本、实现预期利润的目的，避免企业生产活动受到价格波动的干扰，保证生产活动的平稳进行。在美国，大多数农场主通过直接或间接进入期货市场进行套期保值交易。在中国，尽管期货市场建立的时间不长，但随着市场经济体制的逐步确立，企业面临的市场风险增大，许多企业开始利用期货市场进行套期保值交易。中粮集团、五矿集团、中纺集团、黑龙江农垦、江西铜业、西部矿业等大型国有企业多年利用期货市场开展套期保值业务，取得了很好的经济效益。

（二）利用期货价格信号，组织安排现货生产

期货市场具有价格发现的功能，对现货商品的未来价格走势有一定的预期性，期货市场的价格信号，有助于生产经营者调整相关产品的生产计划，避免生产的盲目性。例如，大连商品交易所大豆期货价格对东北大豆生产区的生产以及大豆产业都起到重要的指导作用，成为全国大豆市场的主导价格；黑龙江等大豆主产区自1997年开始参考大连商品交

易所大豆期货价格安排大豆生产，确定大豆种植面积；上海期货交易所的铜、铝、锌等期货价格已经成为有色金属行业的定价基准；郑州商品交易所的白糖、棉花、小麦等期货价格的权威性也日益显现。

（三）拓展现货销售和采购渠道，降低流通费用

现货市场交易存在的最大问题之一，就是合同兑现率不高，信用风险大。原因主要是交易双方单个、分散签约，缺乏履约的约束力，往往是一方违约，不仅给对方造成损失，而且形成债务链。期货交易集中竞价，市场组织化和规范化程度高，进行交易的必须是交易所的正式会员，这些会员都经过严格的信用审查，并缴纳一定的履约保证金，加之现货市场发展不完善的情况下，持有或需要现货的生产经营者利用期货市场进行实物交割，可以弥补现货市场流通功能的不足。企业通过期货市场销售和采购现货，最大好处是履约严格、资金安全、质量保证，从而降低库存，节约采购费用。

二、期货市场在宏观经济中的作用

从宏观层面看，期货市场的主要作用体现在以下方面。

（一）提供分散、转移价格风险的工具，有助于稳定国民经济

期货品种涉及农产品、金属、能源、金融等行业，而这些行业在国民经济中都处于举足轻重的地位。期货市场为这些行业提供了分散、转移价格风险的工具，有利于减缓价格波动对行业发展的不利影响，有助于稳定国民经济。例如，以芝加哥期货交易所为代表的农产品期货市场促进了美国农业生产结构的调整，保证了农产品价格的基本稳定；美国芝加哥商业交易所和芝加哥期权交易所为国债和股市投资者提供了避险的工具，促进债市和股市的平稳运行。

（二）为政府制定宏观经济政策提供参考依据

为了促进和引导国民经济的快速增长与协调发展，政府需要制定一系列的宏观经济政策。关系国计民生的重要商品物资的供求状况及价格趋势是政府制定宏观经济政策所重点关注的信息。由于现货市场的价格信息具有短期性的特点，仅反映一个时点的供求状况，以此做参考制定的政策具有滞后性。通过现时的市场价格指导未来的生产或者进行产业结构调整，经常造成下一阶段市场供求失衡，容易产生社会生产盲目扩张或收缩，造成社会资源极大浪费。期货交易是通过对大量信息进行加工，进而对远期价格进行预测的一种竞争性经济行为，它所形成的未来价格信号能反映多种生产要素在未来一定时期的变化趋势，具有超前性。政府可以依据期货市场的价格信号确定和调整宏观经济政策，引导工商企业调整生产经营规模和方向，使其符合国家宏观经济发展的需要。例如上海期货交易所的铜、铝、锌等期货报价已经为国家所认可，成为资源定价的依据，并在国际上产生了影响，充分体现了期货市场的价格发现功能。

（三）促进本国经济的国际化，提升本国经济地位

随着现代科学技术的发展和社会生产力的提高，许多市场经济国家都在努力寻找突破现货市场的地域分割和相关贸易政策限制的方法，促进本国经济的国际化发展。标准化的期货合约交易，为期货交易成为全球无差别性的交易方式提供了条件。同时，期货交易具有公开、公平、公正的特点，市场透明度高，形成的价格是国际贸易中的基准价格，使期

货市场成为各个国家合理配置资源的基础。利用期货市场能够把国际、国内两个市场联系起来，促进本国经济的国际化发展，推动构建"双循环"新发展格局。

（四）有助于完善市场经济体系

现代市场经济体系是相互关联、有机结合的市场群体，不仅包括消费资料和生产资料等商品市场，也包括劳务、技术、信息、房地产等生产要素市场以及包括证券、期货市场在内的金融市场。其中，期货市场是市场经济发展到一定历史阶段的产物，是市场体系中的高级形式。市场体系在现代的发展和创新主要表现之一就是期货市场的发展和创新。从20世纪70年代的金融期货创新到80年代期权交易的广泛开展，都表现出期货市场发展和创新的强劲势头。从另一个角度讲，现货市场和期货市场是现代市场体系的两个重要组成部分，建立由现货市场和期货市场共同构成的现代市场体系，能够真正发挥市场在资源配置中的决定性作用。同时，期货市场的形成和高效、安全运行大大增强了金融市场与商品市场的关联度，提高了市场体系的运行效率，降低了市场交易成本，提高了市场机制优化经济资源配置的能力。因此，期货市场有助于现代化市场经济体系的建立和完善。

【案例】

期货市场的投资风险——原油宝事件

原油宝是中国银行在2018年初开办的理财产品，主要为境内的个人客户提供服务。和其他金融衍生品一样，原油宝是挂钩原油期货的一种交易产品，主要包括美国"WTI原油（德州轻质原油）期货合约"和英国"布伦特原油期货合约"，支持人民币和美元同时交易。

2020年，由于新冠疫情的影响，各国的经济都受到不同程度的冲击，油价暴跌。4月15日，美国的芝加哥商品交易所修改了一条交易规则，允许期货合约的期权可以负值交易结算。美国时间4月21日凌晨，国际油价出现了有史以来的第一次负值，美国芝加哥期货交易所的WTI原油5月期货合约的官方结算价低至-37.63美元/桶。在4月22日这天，中国银行公告称，原油宝跟随WTI原油5月期货合约官方结算价以-37.63美元/桶进行结算或移仓。据统计，中国银行原油宝有6万余客户，按照结算价来计算，这6万余客户的保证金42亿元不仅全部损失，还需要偿还中国银行58亿元的保证金，总亏损超过90亿元。在交易过程当中，由于中国银行未执行协议中关于保证金充足率降至20%（含）以下时强制平仓的约定，导致投资者出现巨额亏损，因此中国银行应承担相应责任，中国银行应承担投资者全部穿仓损失和20%的本金损失。

原油宝巨额亏损的原因是什么？第一，全球油价暴跌。原油宝是挂钩原油期货的一种理财产品，原油期货的一个基本功能就是价格发现。在新冠疫情暴发之后，出行大幅度减少，对石油的需求量骤减，当供大于求时，原油的储存成本不断提高，最终导致油价的暴跌，甚至出现了石油负价的现象。第二，原油宝产品的设计也存在纰漏。因为原油宝在设计的时候没有杠杆，也就是说投资者需要交100%的保证金。同时，该产品的交易起点也比较低，以1桶为起点，递增单位也是1桶，而一般国内的期货都是 1000 桶起步。在投资者有固定的本金时，可以买入多少份额是由报价决定的。如果原油价格为 1 美元/桶，那么 1.5 万美元就可以交易 15000 桶，即 15 手。而美国 CME 期货交易的保证金是有固定额度的，1 手合约需要 7500 美元，那么 1.5 万美元只能买两手。相同的保证金下，原油价格越低，相对亏损也就越大。第三，原油宝的平仓制度不完善。按照合约规定，当亏损超过 80%，即客户的保证金损失至 20% 时，中国银行是可以进行强制平仓的。那中国银行为什么没有为客户平仓呢？根据 CME 原油行情，在北京时间 4 月 20 日晚 10 时，这是产品的交易截止时间，WTI 原油期货的价格为 11.15 美元/桶，当时的期货价格并没有达到强制平仓的水平。4 月 21 日凌晨 2 时，也就是交易截止 4 个小时之后，原油期货价格呈断崖式暴跌，最低达到 -40 美元，最终结算价为 -37.63 美元，此时中国银行已经不能进行操作，这也是产品在设计时的交易缺陷，中国银行并没有考虑过油价可能会出现负值，因此并没有提前做好风险防控措施。

资料来源：汪筱琳. 从"原油宝穿仓事件"看金融衍生品的市场风险 [J]. 企业观察家，2020 (11).

【思考题】

1. 什么是期货贸易？其有何特征？
2. 期货交易的品种有哪些？
3. 期货交易与现货交易两者有何不同？
4. 简述期货市场的功能。
5. 期货市场在微观经济和宏观经济中分别有何作用？

第十章　电子商务贸易

【学习目标】了解电子商务贸易的含义、特点与功能、优势与挑战，熟悉电子商务模式，了解电子商务的交易流程和电子商务对贸易企业的影响，掌握跨境电子商务与国内电子商务的差异，熟悉电子商务中的物流配送模式。

随着互联网技术的飞速发展，电子商务不仅改变了企业的传统商务方式，也极大地推动了我国产业的数字化和升级。根据《中国电子商务报告 2022》显示，2022 年全国电子商务交易额达到 43.83 万亿元，比上年增长 3.5%；截至 2022 年 12 月，我国网络购物用户规模达 8.45 亿，较 2021 年 12 月增长 319 万，占网民整体的 79.2%。全国网上零售额达 13.79 万亿元，比上年增长 4.0%；实体商品网上零售额 11.96 万亿元，比上年增长 6.2%，占社会消费品零售总额的比重为 27.2%，商务大数据重点监测的网络零售平台店铺数达 2448.07 万家，同比增长 11.2%。近年来，电子商务的发展十分迅速，模式与业态迭代创新，为消费者提供了层次丰富、形式多样的消费选择，推动着人民生活水平向更高目标前进。电子商务作为促消费、保民生、稳外贸的重要力量，保持着较强的势头，在激发经济活力、促进灵活就业、提振发展信心等方面发挥着积极作用。

第一节　电子商务概述

一、电子商务贸易的含义

电子商务是指以信息网络技术为手段、以商品交换为核心的商务活动，它是旨在实现消费者网上购物、商户间网上交易、在线电子支付，并涵盖各种商务、交易、金融活动和相关综合服务的新型商业模式。

从贸易活动的角度分析，电子商务可以在多个环节实现，由此也可以将电子商务分为两个层次：较低层次的电子商务包括电子商情、电子贸易、电子合同等；较高层次的电子商务是指利用互联网能够进行的全部贸易活动，即在网上将信息流、商流、资金流和部分物流完整地实现。

电子商务的内涵主要体现在以下方面：电子商务的前提是"电子"，这里的"电子"是指现代信息技术，包括计算机技术、数据库技术、网络技术，特别是计算机网络技术中的互联网应用技术。电子商务与传统商务的区别在于，电子商务利用了现代电子工具进行商务活动，而传统商务则主要依赖手工系统来实现商务活动。

电子商务的核心是人。首先，电子商务是一个社会系统。既然是社会系统，其核心必然是人。其次，商务系统实际上是由围绕商品贸易的各个方面、代表着各方面利益的人所组成的关系网。最后，在电子商务活动中，虽然充分强调工具的作用，但归根结底起关键作用的仍是人，因为工具的制造发明、工具的应用、效果的实现都是靠人来完成的。

电子商务的基础是电子工具的使用。高效率、低成本、高效益的电子商务，必须以成系列、成系统的电子工具为基础。如果没有系列化、系统化的电子工具，电子商务也就无法进行。

电子商务的对象是社会再生产环节(生产、分配、交换、消费)中发展变化最快、最活跃的分配和交换两个中间环节。通过电子商务，可以大幅度地减少不必要的商品流动、物资流动、人员流动和货币流动，减少商品经济的盲目性，减少有限的物质资源、能源资源的消耗和浪费。

二、电子商务的特点和功能

(一)电子商务的特点

1. 虚拟化。买卖双方无须线下面对面贸易，直接通过互联网完成所有的贸易环节，整个过程完全虚拟化。虚拟使得在传递信息时，所选择的媒体更加丰富，可以以文本、音频、视频等各种形式传达市场信息，丰富消费体验。

2. 低成本。买卖双方通过互联网交易，无须中介者参与，减少了贸易环节，降低了传统贸易中存在的一些交易成本。

3. 高效率。传统的贸易方式，在信息传递和人工往返方面会耗费大量时间，而电子商务实行"无纸贸易"，网络信息化和计算机自动化处理解决了传统贸易效率低的缺点，极大地缩短了交易时间，提高了效率。

4. 透明化。从洽谈开始到交易完成的整个过程都是通过网络进行，使全社会资源以透明、快捷、互动方式流动，改变了整个社会生产经营活动的价值链，使得市场更具竞争性。同时，使得信息比以往任何时候都更有用、更重要。

5. 互动化。电子商务缩短了商家与消费者的距离，消费者可以通过网络与商家直接进行反馈，而商家也可以及时根据消费者的反馈信息进行调整和改进，做到良性互动。

6. 全球化。网络拉近了空间距离，使得全球的网民都可以包容在一个市场中。互联网跨越国界、跨越时空，无论身处何地，只要有网络就可以访问任何国家、地域的网站。借助于网络，电子商务的商品展示环节在网上完成，这突破了地域和空间的限制，让全球的顾客在互联网上就可以看到商品。

7. 智能化。人工智能技术为电子商务的发展开辟了新思路。"AI+电商"将人工智能运用到电子商务的各个环节，使得贸易更加智能高效，例如智能客服机器人、智能推荐引擎、图片智能搜索、库存智能预测和货物智能分拣等。

(二)电子商务的功能

电子商务可提供网上交易和管理等商务活动全过程的服务。因此，它具有企业业务组织，信息发布与广告宣传，咨询洽谈，网上订购、支付、金融与电子账户，信息服务传递，意见征询和调查统计，交易管理等各项功能。

1. 企业业务组织

电子商务是一种基于信息的商业过程，在这一过程中，企业内外的大量业务被重组，使整个企业更有效地运作。企业对外通过 Internet 加强了与合作伙伴之间的联系，打开了面向客户的窗口；对内则通过 Intranet 提高业务管理的集成化和自动化水平，以实现高效、快速和方便的业务活动流程。

2. 信息发布与广告宣传

企业可以在互联网上发布各类商业信息和企业信息，以供客户浏览。客户可借助网上的搜索引擎工具迅速地找到所需商品信息，而商家则可利用网上主页和电子邮件在全球范围内做广告宣传。与以往的各类广告相比，网上的广告成本更为低廉，宣传范围覆盖全球，同时能给顾客提供更为丰富的信息。

3. 咨询洽谈

在电子商务活动中，顾客可以借助非实时的电子邮件（E-mail）、新闻组（News Group）和实时的论坛（BBS）来了解市场和商品信息，洽谈交易事务，如有进一步的需求，还可用网上的交互平台来交流即时的图文信息。网上的咨询和洽谈能超越人们面对面洽谈的限制，提供多种方便的异地交谈形式，甚至可以在网络中传输实时的图片和视频片段，产生如同面对面交谈的感觉。

4. 网上订购、支付、金融与电子账户

网上订购通常都是在产品介绍的页面上提供十分友好的订购提示信息和订购单。当客户填完订购单后，系统会通过发送电子邮件或其他方式通知客户确认订购信息。通常，订购信息会采用加密的方式来传递和保存，以保证客户和商家的商业信息不会泄露。

对于一个完整的电子商务过程，网上支付是不可缺少的一个重要环节。客户和商家之间可采用虚拟电子货币、网银在线、信用卡等系统来实现支付。网上支付比传统的支付手段更为高效和方便，可节省交易过程中许多人员的开销。

网上的支付需要电子金融来支持，即银行或信用卡公司以及保险公司等金融机构为客户提供可在网上操作的金融服务，而电子账户管理是其基本的组成部分。信用卡号或银行账号是电子账户的一种标志，其可信度需配合必要的技术措施来保证，如数字凭证、数字签名、加密等手段的应用，为电子账户操作提供可靠的安全保障。

5. 信息服务传递

交易过程中的信息服务传递，如订货信息、支付信息、物流配送信息等均可通过各种网络服务来实现。另一方面，软件、电子读物、信息服务等，可直接通过网络传递到客户手中。

6. 意见征询和调查统计

在网页上采用"选择""填空"等问卷调查方式收集用户对产品及服务的反馈意见使企业的市场运营形成一个回路。通过对反馈意见的分析，以及对交易数据的统计，可以了解用户的需求和爱好，有效地把握市场的发展趋势，使企业获得改进产品、扩大市场的商业机会。

7. 交易管理

在商务活动中，对整个交易过程的管理涉及人、财、物多个方面以及企业与企业、企

业与客户、企业内部等各方面的协调和管理，因此，交易管理涉及商务活动的全过程。

三、电子商务贸易的优势与挑战

(一)电子商务的优势

1. 交易成本低

在网上进行信息传递的成本比信件、电话、传真的成本低。利用内联网可实现无纸办公，节省时间，降低管理成本，可减少90%的文件处理费用。通过网络营销活动，贸易企业可以提高营销效率和降低促销费用。据统计，在互联网上做广告可以使销售量提高10倍，同时它的成本是传统广告的1/10。使用EDI通常可以为贸易企业节省5%~10%的采购成本。

2. 交易效率高

互联网络将贸易中的商业报文标准化，使商业报文能在世界各地瞬间完成传递与计算机自动处理，使原料采购、产品生产、需求与销售、银行汇兑、保险、货物托运及申报等过程无须人员参与而在最短时间内完成。传统贸易方式中，用信件、电话和传真传递信息必须有人员参与，且每个环节都要花不少时间，甚至有时由于人员合作和工作时间的问题而延误传输时间，失去最佳商机。网络贸易克服了传统贸易方式费用高、易出错、处理速度慢等缺点，使整个交易快捷、方便及正确无误。

3. 交易突破了时空限制

时间、空间限制是人们从事贸易活动的主要障碍，也是构成贸易企业经营成本的重要因素，网络贸易把商业和其他业务活动所受的时空限制大大弱化了，从而降低了企业经营成本和国民经济运行成本。基于互联网的网络贸易是24小时×7天全方位运行，利用互联网人们足不出户就可以达成交易、支付款项，完成各种业务手续，实现各种贸易活动，同城交易与异地甚至跨国交易所需时间相差无几。随着全球移动通信网络的发展，新型基础设施建设的普及，电子商务贸易打破时空限制的优越性会进一步展现。

4. 交易环节少

电子商务贸易给传统贸易模式带来一场革命。工业经济时代的贸易模式必须有许多中间环节，企业与消费者之间需有大量的批发商、零售商作为中介，这就决定了工业经济具有"迂回经济"的特点。电子商务的出现从根本上减少了传统商务活动的中间环节，缩短了企业与用户需求之间的距离，同时也大大减少了各种经济资源的消耗，使人类进入了"直接经济"时代。网络贸易是在商务活动的全过程中，通过人与电子通信方式的结合，极大地提高商务活动的效率，减少不必要的中间环节，使生产"直达"消费。

5. 使用更灵活

基于互联网的网络贸易可以不受特殊数据交换协议的限制，任何商业文件或单证可以直接通过填写与现行的纸面单证格式一致的屏幕单证来完成，不需要再进行翻译，任何人都能看懂或直接使用。

(二)电子商务面临的挑战

1. 信誉度和网络安全问题

无论是买家还是卖家，信誉度都被认为是交易过程中最大的问题。作为买家，商家提供的商品质量及售后服务是否与传统商场一样、购买商品后能否如期拿到商品等，都是购买者所担忧的问题。在网络购物中，网民对网络安全也存在很大担忧，如用户的个人信息、交易过程中银行账户密码、转账过程中资金的安全等。

2. 物流配送问题

互联网信息是无国界的，但很多商品信息上网后，购买者虽然能够看到，却无法立刻购买到。这主要是由于供货商仍然还是传统企业，其商品配送无法和互联网信息同步，因此产生信息传递快于商品配送的现象。当消费者购买商品完成后，如何将商品快速、安全、准确地送达消费者手中是提升消费者购物体验、提高转换率的关键。目前，我国的物流快递公司较多，个别公司存在管理不规范、工作人员职业素养及服务意识整体不高等情况。

3. 商品信息描述不清

一些商家对商品的描述模棱两可，容易使人对商品的认识产生歧义，当购买者根据自己的理解完成网络购物交易拿到商品后，会认为商品与自己订购的不一致。问题发生后，商家通常的做法是收回所卖商品，但与传统购物相比，退还商品在网络购物中还是一件比较麻烦和存在一定成本风险的事情。

4. 网络购物者缺少直接购物体验

从商品交换开始，人们一直希望能够在交易完成后立即享受到使用商品的满足感，但目前就网络购物而言，这种满足感的到来往往比较滞后，这在某种程度上也减少了购物带来的快乐。

5. 信息基础设施问题

信息基础设施的建设是电子商务发展的重要物质基础及网络保障。近年来，随着我国经济科技实力的进一步提升，信息基础设施建设也得到快速发展，但仍然存在着东西部地区有差异，城市和偏远地区设施建设有差距等问题。

6. 相关法律法规问题

随着我国加入世贸组织（WTO），"一带一路"亚欧班列的开通，航运、空运的快速发展，我国的国际贸易往来越发频繁，跨境电商也蓬勃发展。可是各国间的法律法规存在差异，电子商务也没有统一的标准，并且各国间有可能存在贸易摩擦。

第二节　电子商务模式

根据贸易主体的不同，可以将电子商务贸易进行划分，分为 B2B、B2C、C2B、B2G、C2C、C2G、O2O、B2T、A2B 等模式。

一、B2B 模式

B2B（Business to Business）是指以企业为主体，在企业之间进行的电子商务活动，是商务活动电子化的典型应用。具体来讲，B2B 是指进行电子商务交易的供需双方都是商家（或企业、公司），这些企业使用 Internet 的技术或各种商务网络平台，完成商务交易的过程。这些过程包括发布供求信息，订货及确认订货，支付过程及票据的签发、传送和接收，确定配送方案并监控配送过程等。通过 B2B 的商业模式，不仅可以简化企业内部资讯流通的成本，还可以使企业与企业之间的交易流程更快速、减少成本的耗损。B2B电子商务模式的特点有：交易次数少、金额大；交易对象广泛、操作规范；能为企业带来较大的经济效益，如改善企业的供应链管理，降低成本，增加商业机会，开拓新的市场，缩短订货和生产周期等。国内外比较著名的B2B网站有通用电气公司（GE）、思科系统公司（CISCO）、阿里巴巴、中国化工网等。

二、B2C模式

B2C（Business to Consumer）即企业对个人消费者的网络贸易，是一种企业与个人消费者之间进行商品或服务交易的电子商务模式。这类电子商务实际上是在线零售。目前，互联网上已遍布各种类型的在线零售企业。这类企业自建网站或者利用电商中介平台，出售商品或者服务，几乎包括所有的消费品及各类网络服务，如远程教育、在线医疗等。B2C模式的特点有网站产品内容十分丰富，方便消费者选择，能为消费者提供方便、快捷的修改化服务，交易可以不受时空限制，也能降低成本和商品价格，使交易效率得到提高。典型代表有天猫商城、京东自营、亚马逊、唯品会和苏宁易购等。

三、C2B模式

C2B（Customer to Business）即消费者到企业，是一种新型的电子商务模式。它的核心思想是以消费者为中心，消费者可以根据自身需求定制产品和价格，或主动参与产品设计、生产、定价，以市场需求来驱动产品设计和生产加工。

根据当前的实践情况，国内外C2B模式的探索主要有定制、预售和反向购买三种类型。

1. 定制

现代人的消费观念更加关注个性化和品质，喜欢张扬和独特性，对个性化的产品和服务需求越来越强烈，C2B模式恰巧能够满足这种需要。个性化定制又可以分为两种类型：一种是完全个性化定制，另一种是模块化定制。

2. 预售

预售即通过聚合客户的需求组织商家批量生产，让利于消费者。其流程是在产品还没正式进入市场前，就利用电子商务平台进行销售，预售有助于产品宣传，能在短时间内快速聚集单个分散的消费者需求订单。生产者在电子商务平台上获取了预售订单和定金，按需组织生产，既可以规避库存风险，又可以降低生产成本。此类C2B形式对于卖家的意义在于可以提前锁定用户群，可以有效缓解B2C模式下商家盲目生产带来的资源浪费，降低企业的生产及库存成本，提升产品周转率，对于商业社会的资源节约起到极大的推动作用。

3. 反向购买

通常情况下，电子商务平台上的购买信息是由卖家主动发起的，买家选择性购买。反向购买模式则是由买家主动发起购买信息，卖家根据自身情况选择是否签约的购买形式。从订单信息流动方向看，反向购买模式是真正的C2B模式。当前，反向购买模式还不成熟，主要涉及三个方向的实践：反向定价、反向团购和反向设计。

四、B2G 模式

B2G(Business to Government)即企业与政府之间的电子商务，涵盖了政府与企业间的各项事务，包括政府采购、税收、商检、管理条例发布，以及法规和政策颁布等。B2G可以使企业和政府之间通过互联网方便、快捷地进行信息交换。一方面，政府作为消费者，可以通过互联网发布采购清单，公开、透明、高效、廉洁地完成所需物品的采购；另一方面，政府对企业实施的宏观调控、监督管理等通过网络以电子商务的方式更能充分、及时地发挥作用。例如，中央政府采购网就属于该模式。

五、C2C 模式

C2C 电子商务模式是个人消费者之间的一种电子商务模式，即消费者通过互联网与消费者之间进行产品或服务的交易。C2C 这种模式来源于传统的"跳蚤市场"，即人们通过一个或大或小的集市，摆摊出售家中闲置物品或旧物，价格便宜。该模式不仅能够让消费者出售所持有的闲置物品，而且能够促使个人消费者在网络商务平台上开网店创业，在一定程度上解决了社会的就业问题。C2C 因其交易主体的特殊性，具有 4 个特点：(1)交易成本较低；(2)经营规模不受限制；(3)信息收集便捷；(4)扩大了销售范围和销售力度，如淘宝(在淘宝平台开店只需个人提供相应身份信息就可以开店，不需要企业资质因而属于 C2C)、闲鱼、易趣网、路易森林等。

六、C2G 模式

C2G(Consumer to Government)即个人消费者与政府之间的电子商务，涵盖个人与政府之间的若干事务，如个人公积金的缴纳、个人养老金的领取和个人向政府纳税等。C2G网站是政府工作透明化的重要窗口，也是公民了解政府发布的各项信息和政策的重要渠道。在大数据的驱动下，我国电子政务近年来发展迅速，典型的 C2G 平台有国家政务服务平台、全国大学生就业公共服务立体化平台等。

七、O2O 模式

O2O，其中一个"O"是 Online(在线或线上)，另一个"O"是 Offline(离线或线下)，也即将线下商务的机会与互联网结合在一起，让互联网成为线下交易的前台的电子商务模式。O2O 模式的关键点就在于，平台通过在线的方式吸引消费者在线上支付，但真正消费的服务或者产品必须由消费者去线下体验。O2O 模式对用户而言：(1)能获取更丰富、更全面的商家及其服务的信息。(2)能更加便捷地向商家在线咨询并进行预购。(3)获得相比线下直接消费较为便宜的价格。O2O 模式对商家而言：(1)能够获得更多的宣传和展示机会，吸引更多新客户到店消费。(2)推广效果可查、每笔交易可跟踪。(3)掌握用户数据，大大提升对老客户的维护与营销效果。(4)通过与用户的沟通、释疑更好地了解用户心理。(5)通过在线有效预订等方式，合理安排经营，节约成本。(6)对拉动新品、新店的消费更加快捷。(7)降低线下实体对黄金地段旺铺的依赖，大大减少租金支出。美团、饿了么、滴滴打车、58 到家等都是 O2O 模式的平台。

八、B2T 模式

B2T(Business to Team)即企业对团队的商业模式，就是团队向商家进行购买，是团体购买和集体采购的简称。B2T 这种新型电子商务交易模式是由广州恒浪公司根据团购在网络中的发展而改良的，被称为中国特色的电子商务交易模式。B2T 又称为"威购"，是威猛的团购的意思，是网络中庞大与迅速的购买力量集中的一种买卖方式，将使消费者从以往被动的弱势地位向主动的强势地位转化，是可以切实保障消费者权益的一种消费方式。其实质是将互不认识的消费者、具有相同购买意向的零散消费者集合起来，借助互联网的"网聚人的力量"来聚集资金，加大与商家的谈判能力，以求得最优的价格，向厂商进行大批量购买的行为。

九、A2B 模式

A2B(Agency to Business)顾名思义为代理服务商和企业的新型商务模式。该模式主要运用于操作相对繁杂的国际贸易业务中，可以恰当地弥补国际 B2B 模式中采购商和客户进一步需求的空白。A2B 电子商务模式有机结合了国际贸易，除了提供信息外还可以直接帮助工厂做贸易，避免了信息的不对称和虚假性，更适用于贸易规模较大的企业贸易和行业性网站。该模式大大降低了买卖双方的网络营销成本，甚至可以免费提供 B2B 所有的功能。A2B 不再依靠目前 B2B 的传统盈利模式——会员费和广告费，而是通过整合贸易过程中的一些必要环节(如物流、验货、评估、检测、海关等)来创造利润。A2B 模式更有可持续发展性的是，可以通过有效的管理平台整合资源，从而进一步降低目前国际贸易环节中传统服务的费用。

第三节　电子商务的交易流程

一、电子商务交易流程

一次完整的电子商务贸易过程可以被划分为三个阶段：交易前的准备阶段、交易阶段、交易后的维持与评估阶段。

(一)交易前的准备阶段

准备阶段的主要工作是：买卖双方或参加交易各方在签约前，为交易做好各项准备工作，以保证电子商务贸易正常进行。一般情况下，买方会根据自身财力及实际的需要，制订一份购物计划清单，按照购物计划清单到网络贸易市场上寻找符合要求的商品或供货厂家。买方会在网络贸易市场上反复调查、选择、咨询、比较，综合分析各个不同供货商的报价，不断补充、修改自己的购物计划。经过多次行动以后，最后确定购物计划。购物计划常包括商品类别、名称、规格、单价、数量、交货地点和付款方式等信息，还可能有一个候选供应商列表。买方还会根据实际情况选择一种最有利的市场机制来完成购买交易。

卖方则根据自己的供货情况，确定目标市场定位，制订营销组合计划；在网上举行新闻发布会，发布广告和信息等，对所供产品和服务实施促销行动；在进入某市场之前还要对当地的文化、风俗、政策、法规等进行深入了解。卖方也会选择一种最有利的市场机制来完成商品或服务的销售。

电子商务贸易过程开始之前要做的准备工作还有：建立与银行、海关、商检、税务、保险、运输、电信和中介等一系列部门及机构信息网关的联系，实现信息的互联互通和交易数据的交换与共享。

（二）交易阶段

交易阶段是实现双方权益交换的实质环节。它从买卖双方的交易洽谈开始到权益完全转换完毕结束。不同的市场机制，交易阶段的活动存在一定的差异，但大体上有协商谈判与签约、下单、订单履行、支付与结算等活动。

1. 协商谈判与签约

一般来讲，谈判主要发生在 B2B 或团购等大额交易中，而 B2C、C2C 交易常常由电子商务企业依据国家或地区的经济法规制定一个标准化的交易流程，承诺的交易双方均应遵循此交易流程，而商品价格可通过不同的市场机制来确定。

谈判的任务主要是确定交易的商品、数量、规格、价格、交付方式、配送方式、履约周期、交货地点以及产品安装、培训、使用、维护、调换、退货等售后服务条款。谈判还要明确违约责任。谈判完成后通过认证机构对协议结果进行电子认证，并以法律认可的电子文件形式固定下来，形成书面贸易合同或电子贸易合同，数字签名生效后存认证中心，使法律文件具备法律效力。值得注意的是，只有经过数字签名后的电子合同才具有法律效力。当合同签订后，交易的各方就应该按照合同法的要求享有权利、承担义务并履行责任。电子合同具有安全性、保密性、有效性和不可抵赖性的特点。

交易双方进行网上谈判的渠道也很多，可以是公共的即时通信系统，如 QQ、MSN，也可以是在线聊天室、BBS 等；可以是电子商务中介机构提供的专用的网上会谈室，也可以是电子邮件形式。只要是双方认可的沟通方式都可以。

2. 下单

下单是指用户根据自己的需要向商品或服务提供方声明自己的购买要求如品种、规格、价格、数量等并给出相应的承诺。不同的市场机制下，下单方式不尽相同。如电子目录销售，下单就是将选定的商品放入购物车，并在确认数量、支付方式、配送方式和交货地点后将结果提交给销售商。拍卖，下单实际上就是参与竞价。谈判机制，下单就是将电子合同中的购买信息转为企业的生产订单。定制，下单就是客户在企业提供的平台上设计出满足自己要求的产品并愿意接受可能略高的价格。由你定价，下单就是客户描述出自己的需求及愿意接受的价格。招标，下单就是描述出自己的需求并请求供应商参与竞价。

3. 订单履行

订单履行是指企业为完成对用户的承诺而实施的一系列活动，包括库存检查、组织生产、安排运输配送、准备各种单据和票证、办理交易所需的必要手续。在订单履行阶段要能让客户及时跟进订单的执行状况。

4. 支付与结算

支付是指消费者为获取商品的所有权或某种服务等权益向商品或服务提供方缴纳一定的货币资金。支付方式可以是传统方式也可以是电子方式。不同的企业对支付的时间点有不同的要求：有的企业要求在下单同时就完成支付；有的企业同意客户在收到货物后支付。为保障网络交易安全，目前更多的支付策略是委托第三方代理。卖方在收到货款后完成内部结算，交易阶段任务结束。买方在收到货物后验收入库，并完成内部结算，交易阶段任务结束。

（三）交易后的维持与评估阶段

交易后的工作包括：

1. 安装、使用

企业可以采取上门服务的方式提供支持，也可通过互联网远程指导、培训，由客户自己完成，一般在交易谈判时已明确了安装方式。

2. 调换或使用

对消费者而言，如果发现产品不能满足自己的要求或未达到双方协商的要求，则可请求调换或退货。调换或退货目前已是被大多数企业接受的业务活动。但在电子商务交易中，退货会增加新的物流成本，也可能给客户带来不便。企业在实施电子商务战略时应该有所规划，如允许客户到任何最近的产品销售点退货，也可挑选合作伙伴帮助接收退货等。

3. 客户关怀

卖方应该及时了解客户的感受，包括对交易过程是否满意，对产品质量、价格是否满意，对企业的服务是否满意等。以提高客户的满意度和忠诚度，留住客户。可借助 CRM 系统实现客户关怀。

4. 索赔

不可能每笔交易都顺利完成，在交易过程或交易后发生纠纷是常见的，特别是在 C2C 电子商务中，各种纠纷屡见报端。如卖方收款后不发货，或以次充好；买方收货后不付款、不承认收到货物、声称货物不符合要求、声称货物在运输过程中损毁等而拒绝付款等。除电子商务企业或电子商务中间商要规范交易过程、建立相应的约束机制外，要制定明确的违约仲裁办法；交易双方若签有合同则应按合同执行，经过协商、仲裁或司法诉讼后，受损方向违约方索赔，违约方向受损方理赔。

二、电子商务平台的交易流程

（一）B2B 电子商务交易平台交易流程

B2B 模式交易流程按电子商务交易流程遵循的基本程序如下：

1. 交易前的准备工作

（1）卖方企业利用网上丰富的信息资源了解市场动向，在 B2B 网站发布企业的商品或服务信息（广告），寻找贸易伙伴和交易机会。

（2）买方企业根据需求，利用网络丰富的信息资源进行调查和分析，制订购买计划，选择供货商。

2. 交易中的各项工作

（1）双方企业通过网络平台沟通交流成为贸易伙伴，进行交易谈判，也可借助现代电子通信设备和通信方法进行商谈。

（2）双方谈判磋商，以电子文件形式签订贸易合同。

（3）双方企业利用 EDI 进行签约，通过数字签名等方式进行确认。

（4）交易双方利用 Internet 与金融机构、安全 CA、银行、税务、商检、保险、运输公司等进行各种电子票据和电子凭证的交换，按照约定办理履行合同前的手续。

3. 交易手续完结后的各项工作

（1）买方采用信用卡、电子支票、电子现金或电子钱包等电子支付方式进行支付。

（2）卖方根据合同约定备货，将商品托付给物流运输，并对物流进行跟踪，直到买方收到货物，提供相应售后服务。

（二）B2C 电子商务交易平台交易流程

不同 B2C 电子商务交易平台的交易过程大同小异，大致流程可分为用户注册、选购商品、支付结算、物流配送，差异主要体现在付款环节上。以京东集团为例，交易过程步骤如下（见图 10-1）：

（1）用户注册为京东会员，即可开始购物体验。

（2）用户浏览商城页面，挑选商品。

（3）将商品放入购物车，生成订单。

（4）用户可选择配送和付款方式。

（5）商城后台受理用户订单，并安排物流配送。

（6）用户收到商品后付款，如有退换货需求在线提交申请。

（7）商城后台受理相关退换货及退款申请。

（8）交易完成。

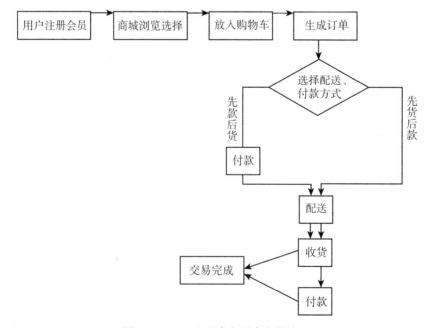

图 10-1　B2C 电子商务平台交易流程

（三）C2C 电子商务平台交易流程

C2C 面向的是个人消费者，其交易过程比较简单，操作性很强，即使是初学上网购物的用户也能轻松掌握。

1. 以淘宝网为例，具体流程如下（如图 10-2）：

（1）用户注册为淘宝网和支付宝会员，即可开始轻松购物。

（2）用户浏览淘宝网，挑选商品。

（3）通过旺旺和卖家沟通，最终确定购买，生成订单。

（4）买家付款到支付宝。

（5）卖家安排发货。

（6）买家确认收货。

（7）买卖双方互相评价。

2. 以交易者网上竞拍为例，具体流程如下：

（1）交易者登录 C2C 类型网站，注册相关信息。

（2）卖方发布拍卖商品的信息，确定起拍价格和竞价幅度、截止日期等信息。

（3）买方查询商品信息，参与网上竞价过程。

（4）双方成交，买方付款，卖方交货，完成交易。

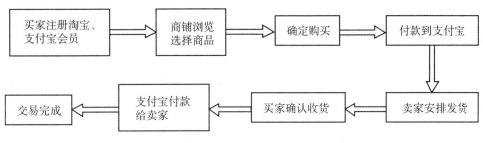

图 10-2　淘宝网交易流程

第四节　电子商务与贸易企业

传统贸易企业在电子商务时代来临后，生产和经营方式发生了巨大变革，电子商务对贸易企业带来的影响主要表现在以下方面。

一、对贸易运行环境的影响

电子商务通过网上虚拟信息的交换，开辟了一个崭新的市场空间，一个开放、多维、立体的市场空间，突破了传统市场必须以一定的地域存在为前提的条件，全球以信息网络为纽带连成一个统一的大市场，促进了世界经济市场全球化的形成。信息流动加速了资本、商品、技术等生产要素的全球流动，导致了全球"网络经济"的崛起，在这种网络贸易的环境下，各国间的经贸联系与合作大大加强。虚拟市场的形成，超越了以往地理界限的制约，使商品与服务等有关信息能在全球范围内充分流动，表现出公开、完整和实时等特性，减少了进出口双方信息的不对称性，从而避免或减少了市场信息不完全而引起的扭曲，同等质量的商品或质量相似的商品之间的竞争更加激烈，保证了价值规律充分发挥作用。但是电子商务贸易中，交易者、交易方式、交易意向和交易标的表达都虚拟化，广告信息也变得有层次深度并有偿提供；交易者的知觉线索（如触摸商品，观察卖家、买家的表情和身体语言等）被部分剥夺，交易过程与结果的不确定性增加；加上网络黑客（Hecker）侵扰及经济犯罪的威胁存在，商品和服务的提供方式、支付方式的信用风险、质量风险和技术风险都大大增加。

二、对贸易市场、贸易过程的影响

（一）涌现大量虚拟企业

网络贸易在贸易领域的广泛应用，产生了大批向市场提供产品或服务的虚拟企业。由于信息流在供应链中逐渐占据主导地位，单个的公司或企业在各自的专业领域拥有卓越的技术，利用电子商务技术将它们编成一个网络，可以更加有效地向市场提供商品和服务，由此，贸易的经营主体出现了重大变化。这种虚拟组织在功能和效果上已经远远超出了原有的单个企业，它们可以迅速向全球范围扩展，但在资本关系上却不具有强制各个公司或企业发生联系的权力。因此，虚拟企业实际上不是一个具有命令系统的经济组织，而是由于承担了一定的信息功能，因此看来具有某种实体性。电子商务技术简化了贸易的流程，为中小企业进入市场提供了有力的武器，扩大了贸易的经营主体。

（二）变革贸易中介组织结构

在传统的贸易方式下，进出口商作为国家间商品和服务买卖的媒介，专业的进出口贸易公司占有十分重要的地位。电子商务贸易新型中介突破了传统贸易以单向物流为主的运作格局，实现了以物流为依据、信息流为核心、商流为主体的全新战略。在计算机网络上为进出口提供包括进出口代理报关、商检、仓储运输等内容的物流作为整套服务体系的载体，不断向网络成员提供商贸信息咨询、市场分析、进口产品的保税展示和仓储、网上推销与广告宣传等服务，在世界各地建立代理销售网络，为制造商与贸易商创造商机，寻找买主，撮合并成交，并提供成交后的进出口服务。这种经营战略，把代理、展销等多种传统贸易方式融为一体，把全部进出口货物所需要的主要流程如市场调研、国际营销、仓储报关、商检等引入计算机网络，为世界各地的制造商和贸易商提供全方位、多层次、多角度的互动式的商贸服务，解除了传统贸易活动中的物质、时间、空间对交易双方的限制，促进了贸易的深化发展。贸易经营管理方式的变化，同时也导致了贸易中介组织结构的相应变革。传统的贸易方式是由商人作为生产者和用户或消费者的中介人，在贸易中是由进出口商作为国家间商品买卖的媒介，专业的进出口贸易公司占有十分重要的地位。现在生产者与消费者之间通过网络直接接触，使得信息网络成为最大的中间商，贸易中间商、代理商和专业的进出口公司的地位相对降低，从而引发了贸易中间组织结构的革命。

（三）变动贸易成本结构

在传统的贸易交易中，花费的成本主要指买卖过程中所需要的信息搜寻、合同订立和执行、售后服务等方面的成本，而电子商务贸易这种交易形式最重要的是改变了信息成本的支出结构。电子商务的应用，可以发掘订单附加的信息潜力，简化数据处理程序，缩短贸易的文件处理周期，降低企业的库存水平，消除信息传递过程中的人工干预，从而降低成本。

据美国《福布斯》的统计，电子商务可以节省企业交易成本的5%～10%。如果没有"更快捷、更方便、更价廉"的特点，电子商务就毫无魅力可言，但是，电子商务这种交易形式又在传统贸易成本之外出现了技术成本、安全成本、法律成本的新变化。不过两相比较，总体成本还是大大下降了。

应用网络贸易肯定增大软硬件成本、学习成本和维护成本等技术上的投入，而网络的虚拟特征使网络贸易形成新的风险和安全成本。同时，为了确立网上交易纠纷的司法权限、法律的适用性、安全认证管理以及网上关税管理、网上交易知识产权和隐私权的保护等网络贸易的规则和法律，也增加了各参与方的成本负担。

（四）创新贸易营销模式

电子商务引起市场营销的巨变，促进贸易营销创新，产生新的市场营销模式——网络营销。网络营销（E-marketing）有两种含义：一种指的是采用电子手段的市场营销；另一种指的是基于互联网的网络贸易。初始阶段，不仅仅关注营销活动的电子化，更侧重于通过互联网平台构建贸易关系、促进交易达成的过程。以互联网为核心的网络营销正在发展成为现代贸易营销的重要方式。

（五）改变贸易竞争方式

在电子商务环境下，企业之间的竞争也将不再是简单的产品或服务的竞争，而是商务模式和供应链之间的竞争。哪家厂商能以最快的速度把最先进的技术应用到产品及服务中去，同时把最具竞争力的价格交给客户，那么这家厂商就能赢得市场竞争的主动权。要在市场竞争中取胜，越来越多的贸易企业已经意识到供应链管理的重要性。供应链管理是对构成供应链的各参与组织（包括供应商、制造商、运输商、分销商、零售商和最终用户）的物流、信息流与资金流进行计划、协调和控制，是通过优化供应链，达到提高所有相关过程的速度和确定性的目的，并提高组织的运作效率和效益。信息技术的发展和管理思想的创新，使得竞争的方式也发生了潜移默化的转变，市场竞争已从过去单个企业之间的竞争转向供应链与供应链之间的竞争。在电子商务条件下，供应链管理可依托电子交易方式，以最小的投资获取最高利润，建立与供应商、分销商和客户更快、更方便、更精确的电子化联络方式，实现信息共享和管理决策支持，保证客户需求的产品及时生产、发货、调度，降低库存，减少在途时间，争取以最低的成本换取最大的效益。

三、对贸易企业经营活动的影响

（一）电子商务对企业采购的影响

第一，电子商务模式能通过互联网快捷地在众多的供应商中找到适合的合作伙伴，及时了解供应商的产品信息，如价格、交货期、库存等，并可以获得较低的价格。

第二，通过电子商务，企业可以加强与主要供应商之间的协作关系，形成一体化的信息传递和信息处理体系，从而降低采购费用，采购人员也可以把更多的精力和时间放在价格谈判及改善与供货商的关系上。

（二）电子商务对企业生产加工过程的影响

第一，传统经营模式下的生产方式是大批量、规格化、流程固定的流水线生产，电子商务出现后，个性化定制、个性化生产会逐渐成为重要的方式。

第二，缩短了生产与研发的周期。

第三，减少了企业库存，提高了库存管理水平。

（三）电子商务对企业销售的影响

第一，电子商务可以降低企业的交易成本。

第二，电子商务突破了时间与空间的限制。

第三，传统经营模式通过各种媒体做广告，是一种销售方处于主导地位的强势营销，而电子商务环境下的网络营销是一种对客户的软营销。

第四，电子商务可以减轻对实物基础设施的依赖。传统企业一般需要实物基础设施的支撑，如仓库、店铺、办公楼、商品展示厅等，而网络的虚拟性可以减弱企业对这些实物基础设施的依赖。

第五，全方位展示产品，促使顾客理性购买。

（四）电子商务对企业客户服务的影响

第一，电子商务使企业与客户之间产生一种互动的关系，可极大地改善客户服务质量。

第二，电子商务可以加强企业与用户间的关系，加深了解，改善售后服务。

第三，电子商务促使企业引入更先进的客户关系管理系统，提升客户服务水平。

第五节 跨境电子商务

随着全球经济一体化的快速推进、互联网高新技术的飞速发展，跨境电子商务在中国经济发展中发挥着越来越重要的作用。网经社电子商务研究中心数据显示，2020年中国跨境电商市场规模达12.5万亿元，同比增长19.04%。2021年市场规模达14.2万亿元。至2022年我国已连续10年保持全球最大网络零售市场地位。各大跨境电商平台销售额不断创下新高，跨境电商成为我国外贸行业新的增长极，未来跨境电商有望取代传统贸易，成为全球贸易的主要形式。

一、跨境电子商务的含义及参与主体

（一）跨境电子商务的含义

跨境电子商务指分属于不同国家的交易主体，通过电子商务手段将传统进出口贸易中的展示、洽谈和成交环节电子化，通过跨境物流及异地仓储送达商品完成交易，实现产品进出口的新型贸易方式。

跨境电子商务概念所涵盖的体系框架如图10-3所示。从涵盖范围来看，跨境电子商务在政府政策的支持及法律法规的约束下，借助互联网、现代物流与支付等信息技术基础设施，以跨境电子商务平台为核心，实现跨境营销、跨境支付、电子通关、跨境物流的有效集成，实现国际贸易走向无国界的电子化贸易。

(二)跨境电子商务的参与主体

无论是与国内普通电子商务相比，还是与传统的贸易活动相比，跨境电子商务涉及的参与主体更加多样化，除消费者之外，参与跨境电子商务的主体主要包含以下几种：

1. 跨境电商企业

跨境电商企业包含跨境电商经营企业、跨境电商平台企业两种类型。由于电子商务的快速发展，许多企业开始利用互联网发布信息，多以出口为主，这就是跨境电子商务经营企业的雏形。拟涉足线上业务的传统外贸企业、拟向跨境业务发展的国内电子商务企业，以及拟发展线上跨境业务的传统制造业企业都属于跨境电商经营企业的范畴，典型代表如全球科技消费类产品的知名品牌商傲基科技。该企业主要通过其自营跨境电商平台和亚马逊、eBay 等第三方平台将产品销往全球。

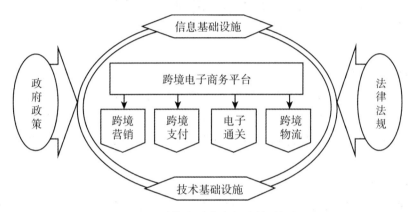

图 10-3　跨境电子商务概念体系框架

跨境电商平台企业指专业从事跨境电商贸易的企业，通过其建立的平台帮助分属于不同关境的贸易主体实现互联网贸易，并提供跨境物流等服务完成整个跨境业务，典型代表如阿里巴巴国际站、敦煌网、eBay、大龙网、米兰网及海淘城等。

2. 跨境电商第三方服务企业

跨境电商第三方服务企业主要包含提供信息服务、物流服务及金融支持的企业。其中，提供信息服务的企业主要根据客户的不同需求提供 IT、营销、代运营等服务及综合服务；提供物流服务的企业主要包含传统物流货代企业及整合物流服务的企业两种；提供金融支持的企业包含传统的支付企业、融资企业及保险企业。

3. 政府部门

除了上述各类参与主体外，跨境电子商务还会涉及税务、海关、商检、工商、外汇等各类政府部门。其中，海关在整个跨境电子商务流程中处于监察的地位，负责跨境商品的跨境资质审查及检查工作。具体来说，对于进出境货物属于卫生检疫或动植物检疫范围的，海关依法实施检疫；对于网购出口商品，海关实施基于风险分析的质量安全监督抽查；对于网购保税进口商品，海关实施以风险分析为基础的质量安全监控及商品抽凭货证核查。国家外汇管理局根据电子口岸报关单信息为企业办理结汇手续，而税务部门则根据电子口岸报关单信息为企业办理税款缴纳及退税手续。

二、跨境电子商务的交易流程

通过参与跨境电子商务的主体类别可以看出，整个跨境电子商务的业务环节复杂，商品从卖家传递到买家需要经过海关通关、检验检疫、国际物流运输、外汇结算、出口退税、进口征税等多个环节，所涉及的业务流程涉及更多层次。

以跨境电子商务的出口流程为例，跨境出口电子商务的业务流程主要包含商品备案、消费者下单、清单审核及国际物流运输、报关、结汇和退税六个主要的环节。

(一)商品备案

首先，企业需要将出口商品的备案申请向所属地海关申报后提交到海关管理平台，由海关管理平台对企业各方面资质进行审核，通过审核后的企业才可以开展相应的跨境出口业务。

(二)消费者下单

进口国零售商或个人消费者在跨境电子商务平台上发起购买订单后进行订单支付，支付完成后跨境电商企业将货物通过国内物流送至海关检验检疫部门实施检查监管，同时将订单信息、支付信息及物流信息("三单合一"，即订单、支付单、运单)等发送至海关管理平台。

(三)清单审核及国际物流运输

海关管理平台将收到的"三单"与备案信息进行对比审核之后，在海关监管下通过国际物流转运至进口国海关，并通过进口国的国内物流将商品送达进口国零售商或个人消费者手中。因此，跨境电商的业务流程需要经过出口国与进口国两次海关通关商检。

(四)报关

当货物出境后，跨境电商企业需要将出境货物的信息按照"清单核放、汇总申报"的归并方式汇总成报关单数据向海关部门进行报关。

(五)结汇

在整个出口跨境业务的运作过程中，跨境电商企业还需要依据跨境业务中的支付信息向外汇管理局申请结汇。目前，外汇管理局已为支付宝、财付通、银联电子支付等第三方支付机构颁布跨境支付牌照，批准其为跨境电商的交易双方提供外汇资金收付及结售汇业务。

(六)退税

跨境电商企业可以依据报关退税单向国税局申请退税，根据电子口岸报关单信息为企业办理退税手续，由此完成整个跨境出口交易的流程。

在上述跨境电商出口流程中，也有部分跨境电商企业由第三方综合服务平台代为办理物流、通关商检等业务，从而完成整个跨境交易。跨境电子商务的进口流程除了与出口流程的方向相反之外，其他内容基本相同。

三、跨境电子商务与国内电子商务的差异

(一)交易主体差异

区分跨境电子商务和国内电子商务主要就是通过交易主体来区分。跨境电子商务的主体是境外企业、个人和国内企业、个人，国内电子商务主体是国内企业、个人。由于跨境电子商务的交易主体遍及全球，不同地区的消费者有不同的消费习惯、文化心理等，这就要求跨境电商对国际贸易、互联网、分销体系、消费者行为等有深入的了解。

(二)业务环节差异

跨境电子商务分属不同的关境，是国际贸易，而国内电子商务是国内交易。跨境电子商务业务环节要比国内电子商务的环节更为复杂，涉及通关等系列因素，路途遥远，涉及时间更长。跨境的商品需要经过海关通关、检验检疫、外汇结算、出口退税、进口征税等环节，而且货物运输方式也更为广泛，货物繁多也容易因为长途运输而损坏。国内已经有一套完整的运输线，货物损坏率低，交易平台等一系列保障使货物理赔也更容易实现。

(三)适用规则差异

跨境电子商务比一般国内电子商务所需要适应的规则更多、更细、更复杂。首先，跨境电商经营需要熟悉不同平台的操作规则，需具有针对不同需求和业务模式进行多平台运营的能力。其次，跨境电商要以国际通用的系列贸易协定为基础，要及时了解国际贸易体系、规则、进出口管制、关税细则、政策的变化，对出口形势也要有更深入的了解和分析。

四、跨境电子商务的分类

按照交易主体的类型，可将跨境电子商务分为 B2B、B2C 和 C2C 三种模式。当前，我国跨境电商主要以 B2B 为主，但随着智能手机、网购消费的兴起，以及物流、支付系统的完善，跨境电商零售(B2C、C2C)增长势头强劲。

(一)B2B 跨境电子商务

B2B 跨境电子商务，是指分属不同关境的企业，通过电商平台达成交易、进行支付结算，并通过跨境物流送达商品、完成交易的一种国际商业活动。

B2B 跨境业务一般只在线上进行贸易信息的发布与搜索，通过向卖家收取会员费和营销推广费的方式获取盈利，最终交易在线下完成，并收取一定的交易佣金。B2B 跨境电子商务平台的典型代表有阿里巴巴国际站、敦煌网、环球资源网、中国制造网、Importers(美国)、Ecplaza(韩国)等。

在跨境电子商务市场中，B2B 跨境电商模式扮演着支柱性产业的角色，其交易规模始终占据整体跨境电商市场交易规模的 80% 以上。由于 B2B 交易量大、订单较稳定，从国家及各地方跨境电商政策来看，B2B 跨境电商模式依旧是我国未来跨境电商发展的重要模式。

(二)B2C 跨境电子商务

B2C 跨境电子商务是指分属不同关境的企业直接面向海外消费者开展在线销售产品和服务，通过电商平台达成交易、进行支付结算，并通过跨境物流送达商品、完成交易的一

种国际商业活动。

B2C 跨境电商属于小额跨境贸易，目前在跨境电商市场中所占份额有限，产品销售不受地域限制。B2C 跨境电子商务平台的典型代表有亚马逊、阿里巴巴速卖通、Wish、eBay、海囤全球、兰亭集势、考拉海购、米兰网、洋码头等。

作为新兴的跨境消费方式，B2C 跨境电商的增长动力强劲，未来随着市场的不断扩大，将迎来大规模增长，并将成为跨境消费品贸易增长的新引擎。

（三）C2C 跨境电子商务

C2C 跨境电子商务是个人与个人之间的电子商务，即由个人卖家发布售卖产品和服务的信息，个人买方筛选，通过电商平台进行跨境支付完成交易，并通过跨境物流送达商品、完成交易的一种国际商业活动。

C2C 跨境电子商务具有社交属性强的特征，其实质为海外买手制，即通过招募并利用居住在海外的买手，入驻电商平台开店卖货，直接促成这些买手与国内买家之间的交易行为。该模式中平台主要依靠传统的广告和返点模式获取盈利。对于丰富的非标准化商品，C2C 跨境平台可以满足碎片化的用户正在向细致化、多样化、个性化发展的需求。常见的C2C 跨境电子商务平台有美丽说、淘宝全球购、淘世界、美国购物网等。

当前，C2C 跨境电子商务中商品的质量难以保证，并且同质化竞争过于激烈，消费者维权比较困难。但是，随着运作管理的要求越来越严格，未来 C2C 跨境电子商务也会逐步规范化发展。

第六节　电子商务中的物流

一、电子商务物流的含义与作用

（一）电子商务物流的含义

中国的物流术语标准将物流定义为：物流是物品从供应地向接收地的实体流动过程中，根据实际需要，将运输、储存、采购、装卸搬运、包装、流通加工、配送、信息处理等功能有机结合起来实现用户要求的过程。如图 10-4 所示。

物体　运输、储存、采购、装卸搬运、包装、流通加工、配送、信息处理。

供货地　　　　　　　　　　　　　　　目的地

图 10-4　物流过程

电子商务物流，是指通过互联网等电子化平台进行商业交易，并通过与该平台直接或间接连接的物流企业或物流服务商协同作业，实现商品的集货、配送、加工、打包、贮存、信息化管理等服务的一种新型物流方式。

电子商务时代的来临，给全球物流带来了新的发展，使物流具备了一系列新特点。

1. 信息化

电子商务时代，物流信息化是电子商务的必然要求。物流信息化表现为物流信息的商品化、物流信息收集的数据库化和代码化、物流信息处理的电子化和计算机化、物流信息传递的标准化和实时化、物流信息存储的数字化等，并通过条码技术、数据库技术、电子订货系统、电子数据交换、快速反应及有效的客服反应、企业资源计划等技术实现。信息化是一切的基础，没有物流信息化，任何先进的技术设备都不可能应用于物流领域。物流技术及计算机技术在物流中的应用将会改变物流面貌。

2. 自动化

自动化的基础是信息化，核心是机电一体化，外在表现是无人化，效果是省力化。此外，物流自动化还有扩大物流作业能力、提高劳动生产率、减少物流作业的差错等功能。物流自动化的设施非常多，如条码语音射频自动识别系统、自动分拣系统、自动存取系统、自动导向车、货物自动跟踪系统等。这些设施在发达国家已普遍应用于物流作业流程中。在我国，虽然物流业起步晚，发展水平低，但自动化技术也已经开始慢慢普及起来。

3. 网络化

物流领域网络化的基础也是信息化。这里的网络化有两层含义。

一是物流配送系统的计算机通信网络，包括物流配送中心与供应商或制造商的联系要通过的计算机网络，以及与下游顾客之间进行联系的计算机网络。比如，物流配送中心向供应商发出订单这个过程，可以使用计算机通信方式，借助网上的电子订货系统和电子数据交换技术来自动实现。物流配送中心通过计算机网络收集下游客户的订货过程也可以自动完成。

二是组织的网络化，即组织的内部网和与之相匹配的物流配送系统。最典型的例子就是全球运筹式产销模式，该模式是指按照客户订单组织生产，采取外包的形式将一台计算机的全部零部件外包给世界各地的制造商，通过全球的物流网将这些部件发往同一个配送中心进行组装，再由该配送中心将组装的计算机迅速发给客户的过程。这一过程需要高效的物流网络与计算机网络的共同支持。

4. 智能化

智能化是物流自动化、信息化的一种高层次应用。在物流作业过程中，库存水平的确定、运输路径的选择、自动导向车的运行轨迹和作业控制、自动分拣机的运行等问题需要大量的运筹和决策才能解决。在物流自动化的进程中，物流智能化是不可回避的技术难题。由于专家系统、机器人等相关技术在国际上已经有比较成熟的研究成果，因而物流的智能化已成为电子商务时代物流发展的一个新趋势。

5. 柔性化

柔性化的物流是适应生产、流通与消费的需求而发展起来的一种新型物流模式。其实，柔性化主要是为实现"以顾客为中心"这一理念而在生产领域提出的，但要真正做到柔性化,即真正地根据消费者需求的变化来灵活调节生产工艺,没有配套的柔性化物流系统是不可能达到的。因此,柔性化的物流正是适应生产、流通与消费的需求而发展起来的一种新型物流模式。这就要求物流配送中心要根据消费需求"多品种、小批量、多批次、短周期"的特色,灵活组织和实施物流作业。

6. 集成化

电子商务下的物流系统,在物流基础设施、信息基础设施、商品包装的标准化和物流运作模式等方面都日益社会化和一体化,在数据与功能、技术与设备、个人和组织等层次上都在向集成化的方向发展。

(二)物流在电子商务中的作用

电子商务的核心是以网络信息流的畅通带动物流和资金流的高度统一。物流环节是电子商务中实现商务目的的最终保障,缺少了能与电子商务模式相适应的现代物流技术和体系,电子商务所带来的一切变革都等于零。物流在电子商务的运作过程中,可起到如下作用:

1. 物流是电子商务的基本构成部分

完整的电子商务系统是由网络、网络用户、网上市场、物流配送中心、网上银行、认证中心六个基本要素组成的,它们既是电子商务的运行环境,也是电子商务的总体框架结构。现代物流综合了运输、储存、包装、装卸搬运、流通加工和信息服务等环节,成功的物流体系可以保证电子商务过程更加快捷和高效地完成。

2. 物流集成电子商务中的信息流和资金流

电子商务的任何一笔交易都包含着几种最基本的"流",即信息流、资金流和物流。其中,信息流包括商品信息的提供、网络营销、技术支持、售后服务等内容。资金流主要是指资金的转移过程,包括付款、转账等过程。在电子商务系统里,上述"二流"的处理都可以通过计算机和网络本身实现,但是物流作为"三流"中最为特殊的一流,是指商品本身的流动过程,计算机网络无法完全解决这个环节。对于大多数商品来说,物流仍要通过物理方式进行运输。只有物流环节得到完整解决,电子商务的所有环节才能完全实现,才能使电子商务的效益和效率得到完美呈现。

3. 物流支持电子商务的快速发展

物流可以保障生产,也是电子商务中实现"以客户为中心"理念的最终保证。缺少现代化的物流,电子商务给消费者带来的购物便捷等于零。通过现代物流的快速发展和物流网络的建立,电子商务在未来的发展中能够深入世界的各个角落,这使得电子商务逐步代替传统商务成为可能。

二、电子商务中的物流配送模式

(一)自营物流模式

企业自身投资建设物流业务所需的运输工具、存储仓库等基础设备完成企业自营物流业务的模式。采用自营物流的企业一般是传统大型生产制造企业、批发零售企业或是资金实力雄厚且业务规模较大的电子商务企业。典型的代表有海尔、京东、苏宁等。

企业自营物流的优势有:

1. 可控程度高。企业通过自行实施物流活动，能够在很大程度上对物流运作的全过程进行控制，合理规划物流的每个环节，在有效收集供应商、生产部门、销售商及最终顾客的一手信息的同时，随时调整企业的经营战略，有利于企业把握商机、避免风险。

2. 保密程度高。在企业自营物流中，从原材料的采购、产品的生产到产品的销售、配送，均由企业独立完成，在很大程度上避免了各个环节商业机密的泄露。对于一个专业化程度高、竞争对手较强的企业，这种优势尤为明显。

3. 有效提高品牌价值。企业自主实施物流活动，能够自行控制营销活动。因此，企业可以亲自为顾客服务到家，直接面对顾客，表现出企业在消费群体中较强的亲和力，提升企业形象。此外，企业能够在同顾客的接触中，根据顾客的需求及市场的发展及时调整战略，提高企业竞争力。

4. 信息整合便利。企业自营物流能够有效地将物流信息同企业的生产数据、财务数据、销售数据等进行整合，使企业能够在更大范围内了解运营情况。在信息化时代，这种便利的信息整合能力尤为重要，是企业提升自身竞争力的有力途径。

企业自营物流的劣势有：

1. 由于物流体系涉及运输、仓储等多个环节，需要建立服务车队、仓库，要组织专门的部门负责等。因此，企业自营物流建设物流系统的一次性投资较大，占用资金较多，而且投资回收期长，对于规模较小的企业来说负担很重。

2. 物流不仅仅是单个物流部门的工作，它涉及企业的生产、销售、财务等多个部门。企业自营物流的运营需要企业工作人员不但具有专业化的物流管理能力，还要具有良好的协调、组织能力，平衡各方面利益，追求整体效益最大化。因此，企业自营物流对企业员工的管理能力要求相当高。

3. 企业自营物流需要企业自行建设物流所必需的设施，对于整个社会来说，必定会造成重复建设，不利于社会资源的合理配置，造成社会资源的浪费。对于单个企业来说，企业自营物流只服务于企业自身，当市场状况不理想的时候，会出现大量资源闲置的情况，从而增加企业成本，使企业风险增大。

(二) 第三方物流

第三方物流是指由相对于发货人(第一方)和收货人(第二方)而言的第三方专业企业来承担企业物流活动的一种物流形态，又称为合同物流、契约物流或外包物流。

第三方物流通过与发货人或收货人的合作，为其提供专业化的物流服务，主要包括物流系统的设计、报表管理、货物集运、信息管理、仓储、资讯等。

第三方物流的优势有：

1. 信息化程度高。信息技术是第三方物流发展的基础和支撑。由于专门从事物流活动，因此，第三方物流企业具有更强的信息化开发能力，能够充分地提高其信息化水平，进而提高数据传递速度和准确度，提升物流各环节的自动化水平，使物流活动的周期更短、更准，实用性更强。

2. 使企业集中精力于核心业务的发展。物流服务的需求企业将物流外包给第三方物流企业，有助于企业将有限的资源集中于其擅长的主要业务，大力发展其核心业务，避免了因面面俱到而顾此失彼，降低企业的竞争力。

3. 提供灵活多样的服务。第三方物流具有专业化的物流服务、健全的物流网络、先进的物流设施和出色的运作能力，能够为顾客提供灵活多样的高品质服务，创造更高的顾客让渡价值。

第三方物流的劣势有：

1. 直接控制程度差。由于物流需求企业同第三方物流企业是合同或契约关系，企业将物流业务外包给第三方物流企业时，就会丧失对物流各环节活动的自由控制，物流服务的质量和效率完全依赖第三方物流企业，使物流需求企业在物流活动中处于被动地位，易遭受由于第三方物流企业的失误而带来的财产或信用方面的损失。

2. 信息融合程度不足。物流服务的需求企业将物流业务外包给第三方物流企业，物流信息由第三方物流企业控制，其存储和传递标准可能同物流需求企业不同，这就会造成物流信息无法同物流需求企业的信息融合，在一定程度上影响企业对物流信息的使用，不利于企业根据物流信息提供的参考优化运营战略。

此外，我国第三方物流企业总体成熟度仍显不足，规模化与专业化程度还不高，在一定程度上影响了第三方物流的应用价值。

（三）物流联盟

物流联盟是指若干具备专业特色与互补特征的物流组织，通过各种协议、契约而结成互相信任、优势互补、共担风险、共享利益的物流伙伴关系。简单地说，物流联盟就是以物流为合作基础的企业战略联盟。企业物流联盟的效益在于物流联盟内的成员能够从其他成员那里获得过剩的物流能力及管理能力，或处于战略意义的市场地理位置等。

企业物流联盟的优势有：

1. 大企业通过物流联盟可以迅速开拓全球市场，有利于提高服务水平。

2. 长期供应链关系发展为联盟形式，有助于降低企业的风险，减少因交易主体的有限理性而产生的交易费用。物流合作伙伴之间的长期沟通与合作，使彼此之间建立起了相互信任、相互承诺的关系，合作成员的寻商费用能够大大减少，而由于信用差而产生的违约风险也会有所降低。通过长期的合作，在服务过程中产生冲突的概率也将在一定程度上有所降低。

3. 企业（尤其是中小企业）可有效降低物流成本，提高企业竞争力。企业物流联盟通过在企业之间建立物流合作的桥梁，有助于企业之间分享技术、经验，通过协作加深用户的物流需求及供应链的联系，激励双方把共同的利润做大，获得稳定的利润率。

企业物流联盟的劣势有：

1. 协调困难。由于企业间的发展、经营理念、客户群体等可能存在一定的差异，因此，在协调各方利益的过程中要完成很多工作，甚至需要某一方或合作的多方作出一定的让步，才能使合作有效地进行。

2. 商业机密易泄露。企业物流联盟要求联盟中的成员共享信息、诚信合作，这就不可避免地对商业机密的保护带来一定的困难，不利于企业维护自身的商业机密。

3. 发展不成熟。企业物流联盟这种物流模式是刚刚兴起的新模式，合作的成员在技术、经验等方面都缺乏一定的基础，联盟非常脆弱，进而造成联盟关系维持困难且很容易解体，给企业造成损失。

三、跨境电子商务物流

跨境电子商务物流是指分属不同关境的交易主体通过电子商务平台达成交易，进行支付结算，并通过跨境物流送达商品、完成交易的一种国际商业活动。跨境电子商务物流主要包括以下三种物流模式。

（一）邮政小包

邮政小包是万国邮政联盟（简称"万国邮联"）邮政产品体系中的一项基本业务，即通过万国邮联体系采用个人邮包方式收发、运送货物。

邮政小包具有限制单包重量、速度较慢、丢包率高、非挂号形式无法跟踪商品、无法享受出口退税等问题。当前，我国跨境电子商务中 70% 左右的业务使用邮政小包配送。由于中国邮政为国有企业，享受国家税收补贴，与其他跨境物流方式相比，其运价相对低廉。

总体来说，邮政小包属于性价比比较高的物流方式，适合单个包裹重量较轻、价格要求实惠，且对时限、跟踪查询要求较低的产品。由于邮政小包属于民用包裹，且海关对个人邮递物品的验放遵循"自用合理数量"原则，因此，数量较大的产品不宜选择这种方式。

（二）国际物流

国际物流通常也称为国际快递，主要是指由四大跨国快递公司（UPS、DHL、FedEx、TNT）包揽提供的全球快递物流服务。国际快递对信息的提供、收集与管理有很高的要求，因为国际快递公司拥有自己的运送机队、车辆，在全球主要城市自建投递网络，配以现代化的信息管理系统支撑，具有信息传递失误率较低、失包率低、实时进行邮件跟踪、配送速度快、服务较为完善等优势。但是国际快递收费较高，特别是到偏远地区的费用更是昂贵，一般常见于跨境电商 B2B 卖家在给客户寄发样品时使用。

（三）海外仓储

海外仓储是指跨境电商平台运营商、第三方物流公司独自或共同在本国以外的地区建立海外仓库，卖家将货物通过传统外贸方式采用海运、空运等形式运输并存储到国外仓库，当海外买家网上下单购买商品时，卖家通知国外仓库对商品进行分拣、包装、派送。

如今，大多数跨境电商平台为了提升客户的购物体验，也推出了海外仓储服务，如亚马逊通过自建仓储为客户提供 FBA（Fulfillment By Amazon，亚马逊物流）业务，大龙网与XUR（俄速递）联合在俄罗斯共建海外仓。建立海外仓，中国卖家将在单件商品利润率、销量、销售品类等方面得到显著提升。利用海外仓可以实现本地退换货，进而规避二次跨境通关和检查，有利于缩短运输及配送周期，降低物流管理成本。此外，通过建设海外仓，中国跨境电商可以实现本地化运作，有利于打破本地保护壁垒，最终促进跨境电商产业由价格战逐渐转为良性的服务竞争。

【案例】

第三方物流模式典型案例：戴尔

戴尔（Dell），是一家总部位于美国得克萨斯州朗德罗克的世界 500 强企业，由迈克尔·戴尔于 1984 年创立。其理念非常简单：按照客户要求制造计算机，并向客户直接发货，使戴尔公司能够更有效和明确地了解客户需求，继而迅速做出回应。戴尔公司设计、开发、生产、营销、维修和支持一系列从笔记本电脑到工作站的个人计算机系统。每一个系统都是根据客户的个别要求量身定制的。这种革命性的举措已经使其成为全球领先的计算机系统直销商，跻身业内主要制造商之列。

戴尔（中国）公司是一家新建的公司，不是由原来的制造企业转型而来，没有现成的分销网络物流系统可以利用。自建一个覆盖面较大、反应迅速、成本有效的物流网络和系统物流对戴尔来讲是一件耗时耗力的庞大的工程，而且戴尔又在物流管理方面不具备核心专长，因送货不经济导致的运作及其他相关成本上升而增加的费用是无法弥补的。面对全球化激烈竞争的趋势，企业的战略对策之一是专注于自己所擅长的经营领域，力争在核心技术方面领先，而将本企业不擅长的业务分离出去，委托给在该领域有特长的、可信赖的合作伙伴，所以戴尔把物流外包了。

一个覆盖面广、反应迅速、成本可控的物流系统是戴尔直销模式成功的重要支柱。戴尔的物流完全外包给第三方物流公司，主要由 DHL、BAX、FedEX 等跨国性物流企业承担。这些第三方物流公司具有健全的网络、专业化的运营和现代化的管理。通过采用第三方物流的门到门服务，戴尔大大降低了物流成本，提高了物流效率，改善了客户服务水平。

戴尔的物流从确认订货开始。确认订货以收到货款为标志，在收到货款之后需要两天时间进行生产准备、生产、测试、包装、发运准备等。戴尔将物流系统运作委托给第三方物流公司，并承诺在款到后 2~5 天送货上门，某些偏远地区的用户每台计算机要加收 200~300 元的运费。戴尔通过供应链的管理与重组，有效地降低了库存，缩短了生产周期，大大地提高了竞争力。

另外，戴尔也通过网络，利用电子数据交换连接，使得上游的零件供应商能够及时准确地知道公司所需零件的数量、时间，从而大大降低了存货，这就是戴尔所称的"以信息代替存货"，带动供应商共同发展直销模式，实现公司与供应商双赢的合作关系。这样，戴尔也和供应商建立起一个"虚拟"的企业。

通过该模式，戴尔公司将供应商和最终消费者整合成一条优化的供应链，通过互联网媒介以及第三方物流的介入，大大提高了产品的竞争力。

（来源：刘浩，吴祖强．物流信息技术［M］．北京：中国商业出版社，2007）

【思考题】

1. 电子商务的优势和面临的挑战有哪些？
2. 电子商务模式有哪些？
3. 简述电子商务的交易流程。

4. 跨境电子商务与国内电子商务的差异有哪些?

5. 物流在电子商务中的作用有哪些?

6. 请阐述贸易企业在电子商务中采取的几种物流配送模式。

7. 结合现实贸易企业开展电子商务的例子，阐述电子商务对贸易企业的影响。

第十一章　贸易体制

【**学习目标**】掌握贸易体制的内涵；了解中国贸易体制沿革；掌握中国贸易体制改革如何进行深化；了解新时期我国对外贸易体制改革深化的思路。

第一节　贸易体制内涵

经济体制是经济制度和经济形式在不同时空条件下的动态组合，也就是一定时空条件下生产关系和生产力的组合模式。贸易体制是指对市场主体和主体行为在商品交换过程中的组织、管理与监督体系。

贸易体制与社会经济发展阶段相适应。决定贸易体制的因素有很多，可以概括为：(1)经济发展水平和商品经济发展程度；(2)社会经济体制；(3)科技发展水平及其在贸易领域的运用；(4)消费需求的特点和消费者购买行为。以上因素在流通模式中具体反映在贸易企业的组织形式、贸易渠道的形成及特征、买卖双方的交易方式等方面。因此，较全面地看，贸易体制应包括商品贸易组织、贸易渠道和交易方式三个方面，是三者总和的抽象。具体来说，商品贸易组织是商品贸易中的主体，以独立的形态参与商品贸易，承担商品贸易中具体的商流、物流、信息流、资金流等职能，是商品从生产领域向消费领域转移的社会载体。商品贸易渠道是商品由生产领域转移到消费领域所经过的交易环节和运行途径。商品交易方式是指商品买卖中双方所采取的各种具体的做法，是买卖双方相互联系的手段和方式，具体包括交易途径、交易手段和结算方式等。商品交易方式、贸易组织、贸易渠道在不同的社会经济发展阶段有不同的形式，三者的结合形成了具体的贸易体制。贸易体制全面反映贸易的特点、结构与方式。

贸易体制与经济体制和运行机制有关，由此可以总结出三种贸易体制：一是国家集权分配的贸易体制，二是完全自由市场的贸易体制，三是间接宏观调控下的商品自由贸易体制。

第二节　中国贸易体制沿革

一、改革开放前，独立而割裂的贸易体制

1978 年以前，流通和贸易体制被分割成相对独立的五大块：一是物资部门，主要负责生产资料；二是商业部门，主要经营消费资料；三是粮食部门，主要负责粮食的统购统

销；四是供销部门，主要在农村经营物资和消费品；五是外贸部门，专门从事对外商品流通，并由国家专营。自 1953 年至 1978 年，外贸部、商业部、粮食部等多个相关部门相继成立并经过多次调整，但这些变革并未动摇内外贸分割的基本架构。生产资料与生活资料的流通、城市与农村的市场运作、内贸易与外贸易均保持相对独立。在计划经济体制下，社会商品流通遵循着封闭且单一的运行模式。国家通过统一规划，对各类物资和消费品实施集中收购、调配和销售。商品流通严格遵循一级至三级的批发体系，形成单渠道的流通格局。公有制经济，尤其是国营和合作商业，占据商品流通领域的主导地位。此外，商品的市场价格受到国家计划的严格控制，形成了以国营经济为主体的垄断批发体系。在当时的短缺经济背景下，"发展经济，保障供给"成为指导流通工作的基本方针。国营垄断批发体系的建立与运行，在保障社会资源均衡分配、满足庞大人口基数的基本生活需求、稳定市场秩序和经济发展等方面发挥了关键作用。因此，这一体系被视为与当时经济背景高度契合的流通模式。

高度集权的贸易体制有很多弊端。对照生产力标准，高度集权[①]的贸易体制排斥市场机制的作用，不利于调动企业开拓国际市场的积极性，对外贸易效率偏低，无法发挥拉动社会生产力发展的功能。

1. 外贸公司成为行政机构的附属物

外贸公司完全隶属行政主管部门外贸部，所经营的进出口商品种类、数量、价格等均列入计划，外贸公司只能接受计划指令，没有经营自主权，自然也没有参与国际市场竞争、开拓国际市场的能力和条件；外贸公司实行统收统支，缺乏分配的自主权，没有独立的经济利益，因此也缺乏追求经济效益的积极性，不承担亏损风险，也没有生存压力。

2. 条块分割垄断经营

外贸经营权由国家行政部门掌控，企业无法自由进入外贸领域开展进出口经营活动，既限制了竞争者进入，无法形成外贸竞争性市场结构，也造成行政管制下垄断经营的低效率。外贸公司按照行业划分经营范围，按照地区设定经营区域，造成条块分割下的业务垄断，已经进入外贸领域的公司之间没有竞争，效率低下。对外贸易在条块分割垄断经营的体制下，无法起到拉动社会经济增长和发展的作用。

3. 供给和需求的市场联系割裂

首先，缺乏价格机制。出口产品生产单位不能直接面向国际市场，国际市场价格变动对生产不起调节作用；需求方不能直接进口所需商品，进口价格对需求不起调节作用。进出口规模不受国际市场价格影响。其次，缺乏供求机制。出口产品数量由指令性计划确定，出口价格实行指令性价格，产品供给规模与出口需求关系不大，供过于求价格不会上涨，供不应求价格也不会下跌。进口产品种类、规模也由行政部门确定，按调拨价格拨付用户使用，进口价格不受用户需求影响，价格高低也不影响需求量。再次，缺乏竞争机制。出口产品统一采购，无论出口公司之间，还是出口产品生产者之间，或者外贸公司与生产企业之间，都不存在竞争。进口产品统一调拨，进口企业之间、进口企业与用户之

---

①　桑百川，李玉梅，田丰. 中国对外贸易体制百年变迁与前景展望[J]. 世界经济与政治论坛，2021（05）：49-64.

间，以及各最终需求者即用户之间，同样不存在市场竞争。

总之，计划经济下高度集权的贸易体制，割裂了国内与国际、供给与需求之间的市场联系，不存在市场机制，更谈不上发挥市场机制功能，对外贸易的功能主要局限在"调剂余缺"，无法真正起到拉动社会生产力发展的作用。

二、贸易体制改革的起步阶段：1978—1984 年

自 1979 年起，中国开始深入探索商品流通体制的全面改革。当时的理论界和实践部门普遍认为，现存的流通体制存在诸多与经济发展不相适应之处，亟待通过激活市场、疏通流通渠道、优化商品管理方式、适度下放物价管理权限以及明确企业权、责、利关系等方式进行改革。

在 1980 年 3 月召开的"商品流通经济理论讨论会"上，形成了两种主要观点。一是"调整机构"论，主张流通体制的改革应首先从适应商品流通实际需求出发，优化商业机构设置，确立不同的核算形式，合理布局商业网点，改革购销模式，为扩大企业自主权奠定坚实基础。二是"扩权"论，强调改革应优先解决商业企业的内在经济动力问题，理顺国家与企业之间的关系，有效结合国家利益、集体利益和个人利益，以充分调动企业和员工的积极性。

在实践层面，这一阶段的商品流通改革聚焦于农副产品市场的逐步放开和对原国营商业企业的扩权让利。党的十一届三中全会后，农副产品的购销政策得到放宽，其价格和购销体系也进行了相应调整。1979 年开始恢复并发展农村集市贸易，同时开放城市农副产品市场，逐步引入市场竞争机制。此外，日用工业品和生产资料的流通体制及价格体系也进行了相应的调整。国营商业企业方面，通过实行经营责任制，鼓励非全民所有制经济成分的发展，逐步改变了国营企业独家垄断经营和流通渠道单一的格局，初步形成了多元化经济成分、多渠道流通、多方式经营的流通体系。

放权让利改革的成效与不足。总体来看，放权让利的贸易体制改革，打破了高度集权的外贸管理体制，减少了行政部门对外贸企业经营活动的干预，有利于调动地方、外贸企业和职工的积极性，促进外贸发展。但是，这些改革探索也存在局限性，没有从根本上改变行政主导型的外贸体制。一是企业能否获得进出口经营权仍然由政府部门审批，既无法彻底改变外贸经营权行政性垄断的局面，难以建立起竞争性外贸市场，也不可避免地造成外贸经营权发放中的行贿受贿、权力寻租和腐败现象。二是放权让利的主体是政府，政府部门担心在放权让利中的外贸企业真正自主经营、自负盈亏后将不再听命于政府，难以保障外贸计划落实，在不根本改变计划经济体制的前提下，政府部门便层层截留本该属于外贸企业的经营自主权和经济利益，外贸企业的经营活动仍然广受行政干预。三是在放权让利中没有解决外贸条块分割的局面，存在不同类型外贸企业与政府部门的远近亲疏之分，对外经济贸易部直属的国有专业外贸公司、行业部门主管的工贸公司、地方外贸公司、自营进出口的公司、台港澳地区投资企业和外资企业，所受政策待遇不尽相同，外贸企业之间无法做到平等竞争，也无法成为真正平等竞争的市场主体。

三、计划贸易体制的逐步破除：1985—1991 年

在"有计划的商品经济"政策的指导下，我国贸易体制在多个维度进行了深刻的变革，这些改革不仅体现在商业管理体制的优化，也深刻触及了企业内部机制与批发体制的革新。具体而言，通过政企职能的明确划分和权力的适度下放，商业管理体制实现了简政放权，废除了原先的统购统销模式，代之以更加灵活的市场化购销政策，显著扩大了市场调节的范围和力度。与此同时，打破了长期存在的"三固定"批发模式及封闭的经营方式，取消了指令性计划管理的商品种类和国家定价的商品品种，赋予了国营批发企业更大的经营自主权。这一变革促进了多种经济成分共存的流通格局的形成，市场流通渠道趋于多元化，经营方式更为灵活多样，有效减少了流通环节，从而建立起"三多一少"的开放式经营新机制。

为进一步推动市场体系的完善，特别是商品市场的发展，我国从政策层面进行了积极探索。1984 年，全国人大明确提出推广农产品批发市场的设立，此后，各级商业部门积极响应，陆续建立起一批综合性与专业性的批发交易市场。至 1991 年，国营和合作商业部门主导建设的中大型蔬菜、水果批发市场数量已达到 600 余家。此外，同一时期内，生产资料批发市场也得以规范发展，为商品流通注入了新的活力。

与此同时，商业企业所有制改革亦取得了显著进展。大中型企业普遍推行了经营承包责任制。1987 年党的十三大进一步确立了市场经济的发展方向，明确提出构建以国家调控为主、市场引导为辅的经济运行机制。在此背景下，商品市场作为市场经济的基础，实现了迅猛的发展，商品流通活动在市场机制的引导下愈发活跃，为企业生产提供了更为便捷的资源配置渠道，也为民众生活带来了极大的便利。这一阶段的流通体制特点鲜明，呈现出计划与市场并行的双轨制格局，各类商品在管理方式与价格机制上均体现了计划与市场的双重调节，为市场经济的成熟与发展奠定了坚实基础。

商业企业则采取了包括改制、转型、租赁、出售在内的多样化改革形式。此外，股份制改革试点也在部分企业中得以实施，通过职工内部持股和定向法人持股等方式，初步探索了企业产权多元化的路径。这一系列改革措施的实施，有力推动了以公有制为主体、多种所有制经济共同发展的商业所有制格局的形成，为贸易体制的全面深化改革奠定了坚实基础。

外贸承包经营责任制的作用与缺陷。实行外贸承包经营责任制，对于减少行政部门干预外贸企业经营活动，促进外贸企业参与国际市场竞争，调动地方、外贸企业和员工的积极性，促进对外贸易发展等，发挥了明显作用，但是，外贸承包制的缺陷也不容忽视。首先，难以合理界定承包基数。外贸主管部门作为发包方，属于企业外部人，而地方和外贸企业作为承包方，属于内部人，双方信息不对称，在讨价还价确定承包基数的过程中，发包方往往被说服迁就地方和企业，降低承包基数。其次，没有形成公平竞争格局。一方面，作为承包方的各地方和企业讨价还价的能力不同，讨价还价能力强的会获得较低的承包基数，而讨价还价能力弱的则要承担更高的承包责任。另一方面，在外贸经营权由政府审批发放、企业出口经营范围由政府部门确定的前提下，企业出口商品种类不同，出口规模和创汇数量也不同，各地经济发展水平不同，外贸发展基础和能力也不同，无论按照地

区还是按照出口商品种类确定不同的外汇留成比例，均会造成地区之间、企业之间的不均。再次，加剧恶性竞争和地区分割。外贸企业为了超额完成承包任务，争抢货源，抬价收购，在国际市场降价销售，自相残杀，抢夺国际市场份额。地方政府为了实现自身利益，获得更多自己支配使用的外汇，画地为牢，实行地区封锁，人为"肢解"全国统一市场，禁止外地外贸企业进入本地购买货源，限制本地原材料销往国内其他地区，保障本地企业生产出口。最后，无法解决外贸企业的深层矛盾。外贸承包制充其量能够解决的是外贸行政主管部门与外贸企业之间的权力、利益和经济责任的划分问题，而国有外贸企业的深层矛盾在于政府作为企业所有者与企业作为市场主体的政企不分、政资合一，外贸承包制不具有解决这一问题的功能。

四、市场贸易体制的确立：1992—2000 年

1992 年邓小平南方谈话后，中国的改革开放进入全新的发展阶段，市场取向的改革步入快车道。1993 年 11 月，十四届三中全会通过了《中共中央关于建立社会主义市场经济体制若干问题的决定》，把党的十四大确定的建立社会主义市场经济体制的改革目标和基本原则加以系统化、具体化，明确了发挥市场在资源配置中起基础性作用的若干配套改革举措，包括加快国有企业、财税、金融、计划、投资、外汇、对外经贸、分配和社会保障、行政管理等领域的改革。

从此，中国的经济体制改革进入新阶段，由过去侧重突破旧体制转向侧重建立新体制，由政策调整转向制度创新，由单向改革转向综合配套改革，由重点突破转向整体推进与重点突破相结合。同样，商业流通体制改革也进入全面建立社会主义市场经济流通体制的新阶段。培育和发展商品市场体系，是中国商品流通体制改革的中心。1992 年提出建立社会主义市场经济体制的目标以后，我国的商品市场发展迅速。全国性及区域性批发市场、专业批发市场都获得了迅速发展，试行了商品期货市场，零售市场发展迅速，零售企业朝着大型化、多样化、一体化、自动化、信息化的方向发展。

1992 年以来，我国的商品流通间接宏观调控体系不断建立和健全。首先，进行国家商业行政管理机构的改革。1993 年撤销原商业部、物资部，组建国内贸易部，主管全国商品流通，结束了生活资料和生产资料流通长期分割管理的局面。与此同时，中国"复关""入世"谈判艰难进行，倒逼中国加快市场取向的改革，扩大对外开放。为整体协调推进经济体制改革，适应"复关""入世"要求，我国外贸体制改革进入了新的阶段。1994 年 1 月 11 日，国务院发布《关于进一步深化对外贸易体制改革的决定》，提出对外贸易体制改革的目标是统一政策、开放经营、平等竞争、自负盈亏、工贸结合、推行代理制，建立适应国际经济通行规则的运行机制。此后，我国围绕构建外贸市场竞争主体，为企业从事进出口经营创造更好的制度环境，在微观、宏观层面推出一系列改革举措，主要包括：建立现代外贸企业制度，通过公司化改革，把国有外贸企业改造成有限责任公司或股份有限公司；放宽外贸经营权限制，改变外贸经营权的行政审批制度；组建大型国有外经贸集团，探索贸工农一体化之路；实行人民币汇率并轨，取消外汇留成制度；改进外贸宏观管理，取消进出口指令性计划，降低关税总水平，提高外贸政策的透明度和在全国的统一性。

1998 年将国内贸易部改组为国内贸易局,作为商业流通行业的主管行政机构。其次,颁布和实施了一系列与商业、市场有关的法律、法规和条例。这一阶段,国家管理商品流通的方式有了很大的变化。国家对流通的管理不再注重对物的分配,而是更注重市场秩序的建设。基本上解决了商品价格双轨制的问题,95% 以上的商品价格放开,不再由国家定价,而是由企业根据市场供求状况自己决定。国有流通企业和供销合作社的改革也进入了一个新的发展阶段。国有流通企业的所有制改革形式多样,建立现代企业制度、进行公司制改造、实行股份合作制、国有民营、兼并、联合、破产,以及将供销合作社恢复为农民的流通合作组织等,优化了流通产业和企业结构。

经过这一阶段的发展,商业经营主体更加多元化,商品流通渠道不断多样化,商业企业经营管理制度日益现代化、科学化,产品价格逐步市场化,同时出现了超级市场、便利店、货仓式超市、专卖店、邮购、网上商店等新型商业业态。社会主义的商品市场体系框架基本建立,同时在商品市场宏观调控方面也进行了有益的探索,基本上实现了党的十四届三中全会提出的培育商品市场的目标。

五、以 WTO 规则为基础的全面改革时期:2001—2011 年

自 2001 年加入世界贸易组织以来①,为适应入世新要求,我国贸易体制改革持续深入开展,建立了符合世界贸易组织规则的进出口管理法律框架和制度。一是按照世贸组织规则,大规模开展法律法规清理修订工作,中央政府清理法律法规和部门规章 2300 多件,地方政府清理地方性政策法规 19 万多件,覆盖贸易、投资和知识产权保护等各个方面。二是推进贸易自由化,较大范围实质性降低关税,截至 2010 年,中国货物贸易关税总水平由 2001 年的 15.3% 降至 9.8%。大幅减少非关税壁垒,2005 年 1 月 1 日起,除入世承诺中允许采用的非关税措施外,我国取消了其他所有的非关税措施。三是全面放开外贸经营权,自 2004 年 7 月起,我国取消了对企业外贸经营权的审批制度,改为备案登记制。四是广泛开放服务贸易领域市场。五是调整汇率制度和出口退税机制,推动人民币汇率市场化改革,改革外贸宏观调控体系。

对接多边贸易体制的成效与挑战。总体来看,入世倒逼国内改革,开启了中国对外贸易的新纪元,中国对外贸易得到了飞速发展。这与中国在入世后抓住机遇、努力推进体制改革密不可分。WTO 是以市场经济为基础的多边经济体系,入世谈判与入世后履约的过程,也是按照市场决定资源配置的经济体制建立与完善的过程。入世有效发挥了倒逼国内行政、外贸体制及其他经济管理体制改革的功能,这种经济制度变迁成为中国外贸和经济快速增长的动力。

在全面履行入世承诺的过程中,经济自由度和贸易、投资自由化程度大大提高,民营企业和外资企业获得全面的外贸经营权,这些非公有制经济发挥灵活经营的优势,迅速把经营范围拓展到世界各个角落,扩大资源配置空间,带动国内产能扩张和经济贸易成长。

入世使社会主义市场经济的制度优势得以释放,国有企业在更加开放的竞争环境下加

① 马林静,梁明. 中国对外贸易体制 70 年变革与未来改革思路探索[J]. 国际经济合作,2020(1):45-55.

快改革步伐，在竞争中发展壮大，不仅可以发挥弥补市场缺陷的功能，还对整个社会经济发展产生了主导作用。入世还使中国企业主动学习国外企业先进的管理经验，完善公司治理结构，改善内部管理，调整产业结构和产品结构，积极参与经济全球化，主动融入全球价值链和供应链，加入全球服务体系，国际竞争力得到明显提升。

当然，随着贸易、投资自由化程度加大，经济自由度提升，外部经济环境变化也会传导到国内，国际经济和国际市场的波动不可避免地对国民经济运行产生冲击。入世时中国没有取得完全市场经济地位，一些 WTO 成员滥用贸易救济措施，以"替代方价格"作为衡量中国出口产品"正常价值"的标准，致使中国受到更多倾销指控和制裁，招致更多贸易利益损失。中国对外贸易的快速增长，也伴随着贸易不平衡状况加剧，贸易摩擦上升。为了实现开放环境下的国民经济稳定发展，必须寻求新的出口竞争优势，而非主要依赖传统的成本和价格优势。必须寻求更高水平的对外开放，构建高水平开放型的经济制度体系。

WTO 多边经贸规则并非一成不变。随着国际经济贸易的发展，经济全球化面临新的变局，美国等发达国家谋求变革国际经贸规则，改革 WTO 的呼声日益强烈，新的议题、高标准的经贸规则都将成为 WTO 改革关注的内容。即便在 WTO 多边体系下短期内也无法达成一致意见，区域主义的兴起也意味着在区域性自由贸易协定中率先使用更高标准的经贸规则。这些同样要求中国主动构建高标准开放型的经济体制。

六、以实现外贸高质量发展为目标的体制机制创新阶段：2012 年至今

国际金融危机后，支撑我国外贸高速发展的国内外有利条件发生根本性变化，"提质增效"成为外贸发展的重要目标。这一阶段，按照十八届三中全会通过的《中共中央关于全面深化改革若干重大问题的决定》精神，围绕构建开放型经济新体制，以简政放权、营造良好营商环境、转变政府职能为重要内容，外贸体制机制改革纵深推进，在引导、监管、服务等机制方面不断取得创新发展。主要体现在：一是加强进口调控，进一步减少了自动进口许可措施以及禁止进口和限制进口管理措施；下放货物自动进口许可权限，以暂定税率方式大幅降低进口关税税率，截至 2017 年年底，已调减 900 多个税目产品的税率；培育国家进口贸易促进创新示范区试点。二是支持跨境电商、外贸综合服务平台、市场采购贸易等新型贸易方式发展，对电子商务出口建立新型海关监管模式，对符合条件的电子商务出口货物实行增值税和消费税免税或退税政策。三是加大简政放权力度，进一步减少外贸工作行政审批，加强外贸行政审批事项下放后的监管体系建设，强化事中事后监管。四是推动贸易便利化改革，2014 年 12 月，国务院下发落实"三互"推进大通关建设改革方案，指出推进国际贸易"单一窗口"建设，推动通关智能化、一体化、无纸化和信息化建设，完善口岸管理体制，开展查验机制创新和综合执法试点；组建国家贸易便利化委员会，截至 2017 年，各省（自治区、直辖市）已经建立了贸易便利化工作联席会议制度。五是建立起加工贸易产业转移合作机制，培育和建设一批加工贸易梯度转移重点承接地和示范地。探索海关特殊监管区域监管制度创新。六是深化财税体制改革，调整完善出口退税政策，调整消费税税收返还政策、企业出口退税机制，减免规范部分涉企收费，完善出口退税中央和地方负担机制，自 2015 年起出口退税（包括出口货物退增值税和营业税改征增值税出口退税）全部由中央财政负担。

第三节　中国贸易体制改革的深化

　　经过长达40余载的深化改革，我国商品贸易领域已历经显著变迁，现已构建起与社会主义市场经济紧密结合的宏观间接调控机制下的商品自由贸易体系。然而，这一领域仍面临诸多挑战，这些问题在一定程度上限制了商品流通的顺畅与高效。当前正处于转型的关键时期，贸易体制的改革在国民经济整体运行中的战略地位应当得到进一步强化。自我国加入 WTO 以来，全球化背景下的对外开放展现了新的格局，内外贸的深度融合成为了推动贸易体制深层次发展的重要方向。此外，为响应新时期统筹城乡发展的重大战略，我们迫切需要打破城乡之间的二元结构，构建城乡一体化的流通网络，逐步缩小城乡差距，这已成为该战略中的核心关注点。与此同时，随着先进技术的蓬勃发展，供应链一体化正逐步将原先松散的、独立的企业群体转变为一种以效率和竞争力提升为核心的协作体系，这无疑将推动贸易体制改革的进一步深化。

一、内外贸一体化

(一)内外贸一体化的内涵

　　内外贸一体化是以企业为主体，以市场供求规模和产业分工为基础，以国内外要素市场和产品市场逐步融合为基本内容，以市场竞争为主要推动力量，并促使政府管理体制和管理政策协同变化的经济发展过程。一般而言，内外贸一体化是针对内外贸分割提出的有关内外贸经营方式、中介协调架构和政府管理体制的一个新概念，具有市场因素和上层建筑等多个层面的含义。企业层面上，内外贸一体化主要指经营主体能够依据自身实力，不受内外贸界限的约束，自主选择经营内容和经营方式。上层建筑层面上，内外贸一体化就是指对内外贸及整个流通产业进行统一、集中的协调和行政管理。

　　内外贸一体化是全面深化改革的发展趋势，其内涵涉及国际贸易与国内贸易的无缝衔接，以及贸易政策与市场机制的协同一致①。这一概念强调在全球化的大背景下，通过统筹国内国际两个大局，优化贸易结构，创新贸易模式，打通国内与国际市场之间的流通渠道，以实现资源高效配置和市场功能最优化。具体而言，内外贸一体化强调的是边缘逐渐模糊的贸易实践，不仅消弭了传统国际贸易与国内贸易的界限，还促进了国际贸易规则与国内市场规则的融合；它不再是割裂的国内外两个分离市场，而是统一的市场体系。其中，国际贸易的法规、标准、配额、关税等公共政策与国内对等领域的政策达成一致，从而提高了政策的透明度与预见性，降低贸易成本，加速贸易流通。总之，内外贸一体化不仅是对国内外贸易政策的协调，也是对全球贸易格局参与方式的创新。

(二)内外贸一体化的基本内容

　　内外贸一体化的基本内容是国内外产品市场和要素市场的不断融合。按市场层次，可将内外贸一体化分为产品市场一体化和要素市场一体化。产品市场一体化是指最终产品

---

①　张姣玉，罗莉. 新质生产力赋能内外贸一体化：逻辑理路与纾解方略［J］. 国际贸易，2024（03）：22-29，41.

(主要是最终消费品)同时在国内外市场销售，满足国内外同质细分市场需求。要素市场一体化是指基本生产要素(资本品、劳务、技术等)和中间投入要素(中间产品)同时供给国内外生产者。产品市场一体化和要素市场一体化还可以进一步根据产业链条和产业环节，细分为纵向一体化、横向一体化及其混合形式。纵向一体化是指来自国内外市场的不同要素进入同一产业链条的不同产业环节(这一产业链条可能是国内的，也可能是国外的，还可能是跨国的)。横向一体化是指同种产品或同种要素进入不同产业链条的相同产业环节(生产环节或流通环节)。就某一企业的生产和流通过程而言，可能既存在产品市场一体化又存在要素市场一体化，既存在纵向一体化又存在横向一体化，即出现"混合一体化"。

(三) 内外贸一体化的途径

实现内外贸一体化，是市场经济体制改革不断深化的客观要求，也是逐步建立现代流通体系，使经济运行方式与国际接轨的必然选择。国内市场是国民经济稳定持续健康发展的永久根基和肥沃土壤，内贸流通是国民经济价值实现的最可靠、最重要的途径。对于中国这样的大国来说，扩大内需是经济发展的长期战略方针，内贸工作任务很重。在我国社会主义初级阶段的经济社会条件下，外需是拉动经济增长的强大动力，发展外贸有利于加快经济结构调整步伐，提高产业竞争力。形成内外贸协调发展的工作局面，是完善社会主义市场经济体制的需要，是扩大对外开放的需要。我国的内外贸一体化还处于初级阶段，需要各方面共同努力，才能真正实现内外贸的对接。

1. 切实转变政府职能

在内外贸一体化发展过程中，政府发挥引导和支持作用，加强国内外市场规则标准等相衔接，引导企业在不同市场中寻求自身的最优发展路径。通过在生产制造、订单管理、采购执行、报关退税、物流管理、数据管理和支付结算等多个环节实现国内外一体化管理，引导企业转换经营方式，提升内外贸一体化经营水平，推动企业实现物流、商流、信息流和资金流利用效益的最大化。2022 年 1 月，国务院发布《关于促进内外贸一体化发展的意见》，提出要实现内外贸一体化发展，就是要使政府管理服务持续优化，市场主体内外贸一体化发展水平进一步提升，内外贸营商环境得到优化，开放平台能级提升等。结合内外贸一体化的内涵分析，内外贸一体化高质量发展的表现形式主要包括管理体制、企业经营、营商环境的高质量一体化以及开放平台的高水平打造。内外贸管理体制实现高质量一体化。政府部门对内外贸的管理实现高度统筹，内外贸标准认证认可等实现良好衔接，国内市场规则和国际通行规则实现有效对接，进出口的限制不断减少，从而使企业转换市场的制度性成本得到大幅降低。

2. 发展大型贸易企业

为加快重点领域内外贸融合发展，《关于加快内外贸一体化发展的若干措施》提出要培育一批具有国际竞争力、内外贸并重的领跑企业，增强全球资源整合配置能力，支持供应链核心企业带动上下游企业协同开拓国内国际市场。建设农业国际贸易高质量发展基地，培育壮大内外贸一体化农业企业。与此同时，《关于加快内外贸一体化发展的若干措施》还明确，要培育内外贸融合发展产业集群。在重点领域培育壮大一批内外贸融合发展产业集群。推动商业科技创新中心建设，促进互联网、大数据、人工智能和内外贸相关产业深度融合。促进"跨境电商+产业带"模式发展，带动更多传统产业组团出海。在业内专家看来，"跨境电商+产业带"的发展对传统产业出海具有重要意义。一方面，通过跨境电商加强市场供需对接，可以助力传统产业拓展海外市场；另一方面，可以推动传统产业围绕全球市场需求与竞争，加快转型升级步伐，不断提升全球竞争力。此外，内外贸一体化发展也离不开财政和金融政策的有力支持。未来财政支持内外贸一体化的关键是减税降费，尤其是关税方面的降低，加速商品自由流动；金融支持内外贸一体化的关键是对跨境电商业务的相关企业做好定向信贷扶持，同时，跨境贸易需要保险支持，降低相关保险费率，尤其是为零散跨境商品交易提供保险保障。

二、城乡流通一体化

流通体系的"城乡二元结构"是转型时期我国经济社会的显著特征之一。与城市流通体系相比，农村流通体系发展相当落后，这不仅阻碍了"三农"问题的解决，而且制约了经济社会的持续、健康发展，进而阻碍了全面小康社会的建设进程。如何打破这种二元格局，建立城乡一体化的流通体系，逐步消除城乡差异，是新时期统筹城乡发展重大战略所必须关注的核心问题之一。统筹城乡发展必然要求城乡流通一体化，构建新型农村现代商品流通体系，改善农村消费环境，让农民与城市居民一样共享改革发展成果和现代文明。因此，构建城乡一体化的现代流通服务体系，是中国发展转型与改革的一个不可或缺的内在目标。

（一）城乡流通一体化的内涵

城乡一体化所涉及的内容非常宽泛，包括社会学、经济学、生态环境等很多方面，不同的学者所研究的侧重点也各有不同。因此，有以下一些定义：社会学和人类学界从城乡关系的角度出发，认为城乡一体化是指相对发达的城市和相对落后的农村，打破相互分割的壁垒，逐步实现生产要素的合理流动和优化组合，促使生产力在城市和乡村之间合理分布，城乡经济和社会生活紧密结合和协调发展，逐步缩小直至消灭城乡之间的基本差别，从而使城市和乡村融为一体。

经济学界则从经济发展规律和生产力合理布局角度出发认为城乡一体化是现代经济中农业和工业联系日益增强的客观要求，是指统一布局城乡经济，加强城乡之间的经济交流与协作，使城乡生产力优化分工，合理布局，协调发展，以取得最佳的经济效益。规划学则是从空间的角度对城乡接合部作出统一的规划，即对具有一定内在关联的城乡物质和精神要素进行系统安排。生态、环境学者是从生态环境的角度，认为城乡一体化是对城乡生态环境的有机结合，保证自然生态过程畅通有序，促进城乡健康、协调发展。

城乡流通一体化是指"以城带乡、以贸促农、依托产业、双向流通、城乡互动、协调发展"的格局。城乡商品流通一体化是在城市与乡村之间实现生活消费品和生产资料商品由城市向乡村顺畅流通，避免流通中出现流通环节过多，或者渠道过长的情况，达到降低成本、提高效率的目的；同时充分利用从城市到农村这条流通渠道让农村的农产品顺畅地流向城市，减少中间环节，减少各种损耗，促进农民收入水平的提高。另外，可以保证城市居民能够以合理的价格消费农村新鲜的农副产品，最终实现城市和乡村和谐发展，拉动我国经济快速、健康发展。在转轨时期的发展中国家，不完善的农产品市场中高额的交易费用是导致城乡双向流通不畅等问题的根源所在，这一问题也反映出城乡之间迫切需要寻找新的交易支撑点。所以，我们需要将城乡流通作为建立畅销体系的重要启动点，不断提高农产品市场的交易效率，实现城乡市场的整合和一体化。只有这样，才能从根本上实现城乡双向流通商贸一体化及其良性的发展。

(二) 城乡流通一体化的主要内容

城乡流通一体化必须以城乡一体化为基础。城乡一体化的内容主要涉及城乡经济一体化、城乡社会一体化和城乡生态环境一体化三个方面。城乡经济联系是城乡联系的最重要部分，城乡经济一体化的关键在于消除城乡二元体制，尤其是城乡要素自由流动的制度障碍，以此为前提促进农村市场发展，进一步培育农村市场主体，实现城乡要素优化配置的市场体制一体化；同时促进城乡三次产业的广泛互动发展及优势互补，最终实现城乡产业互动互促融合发展。城乡收入差别和生活水平差别是城乡差别的重要表现，因此，城乡生活水平一体化也是城乡经济一体化的重要表现。

城乡流通一体化的主要内容包括：城乡流通基础设施一体化、城乡流通组织一体化、城乡流通管理体制一体化、城乡流通业态一体化、城乡流通信息一体化、城乡流通规划布局一体化等。城乡流通一体化，是在承认城乡差异的基础上，城乡之间实现互通互融，充分发挥各自优势，理顺资源交流途径的双向演进过程。当前，城乡流通体系一体化的短板在于农村流通体系的落后，因此城乡流通一体化的重点在于加快农村流通体系的现代化改造，实现城乡流通的有效衔接与融合。

(三) 实现城乡流通一体化的途径

城乡流通一体化是城乡利益关系的再塑造，需要构建和完善城乡流通主体之间利益均衡和激励相容的机制，关键在于让农民取得一个公平获取生产要素的机会和机制，取消限制农民进入流通领域获取先进生产要素的体制障碍和政策障碍。因此，必须以城乡利益关系为分析对象，以创新为动力，依靠政府与市场两种力量，从技术与制度两个层面推进城乡流通的一体化。具体做法包括：

1. 培育城乡流通一体化的微观基础。一方面可以通过"农超对接"或"公司+基地+农户"的形式建立城乡流通一体化组织载体，另一方面可以建立农村合作经济组织。政府应提供条件允许农民组织起来，政策取向上应创造条件、提供服务，尊重农民的创造，总结农民的经验，制定政策、程序和办法，鼓励农民创建完全属于自己的合作组织。

2. 解决好农村流通网络的规划、建设及其与城市流通网络的整合问题。通过"流通企业+农产品加工企业""流通企业+农产品流通合作组织""流通企业+农户"等多种农商对接模式，建立城乡双向低成本流通路径。流通企业必须考虑自己的发展阶段和战略、农村市场的特点、农产品的类型等因素，因地制宜地选择合适的方式来实现城乡双向流通渠道的整合。如苏果超市集团采取"直营店+加盟店""点配合一"等战略，成功地建立了低成本的城乡双向流通渠道。

3. 发展多种形式的中介组织。中介组织最为重要的功能在于可充当媒介，将农户的零散购销整合为集中购销，提高交易的集中性，使平均市场交易成本得以降低。一般来说，农产品流通的中介组织包括购销中介、技术中介、信息中介及各种为农户服务的中介组织。在购销中介方面，可引入民营资本或国外资本扩大规模，谋取长远发展；在技术中介方面，可面向社会开展技术咨询、经纪、知识产权及资产评估等服务，逐步形成覆盖广大农村地区的技术交易网络和服务体系；在信息中介方面，尽可能地搜集可靠、全面的信息，并以较低成本提供给广大农户，增加农户的选择余地和销售途径；在金融中介方面，建立比较完善发达的农村金融体系。农业银行、农村信用社和一些地方金融组织可适当放宽贷款条件，为农户、企业扩大规模和分散风险创造有利条件。

4. 构建高效完备的农产品市场信息网络。工业品与农产品市场交易效率差异的表现之一在于信息的传播、共享、获得等方面的巨大差异，因此改善农产品市场交易效率的重要举措就是构建农产品市场信息网。农产品市场信息网的辐射强度大，便于农民根据市场的预测找出市场品类上、时间上的空当，调节产品在淡旺季的上市时间、数量等，可以解决市场的供需矛盾，从而提高农产品在市场上流通的效率。此外，信息网的建立可使农民及时了解国内外市场价格动态，扩大农产品市场交易半径，调整商品的流向和流量，有助于大市场、大流通的形成。现阶段虽然我国农产品市场信息网的构建已经起步，但其运作的规模、效果远未达到预期目的，必须在政府以及相关企业支持下着重解决信息网建立的硬件投资和网上信息的开发利用问题。

三、零售商主导的供应链一体化

供应链是产业融合与工商（农工商）一体化的产物，其基本特征是跨产业的组织性。目前大规模定制以及分销网的建设已经成为供应链管理的核心，这也是产品生产与销售集成化的内在要求。供应链管理不同于传统的企业管理，更强调供应链整体的集成与协调，要求各节点企业围绕物流、信息流、资金流进行信息共享与经营协调，形成柔性稳定的供需关系。供应链组织形式将市场交易成本内化为企业组织成本以降低交易成本，在参与方的长期合作下共同参与价值链增值以实现多方共赢，既获得规模经济效益，又规避风险。

在客户经济时代到来、市场竞争加剧和环境变化等背景下，供应链流程呈现出越来越多的不确定性，流程前后活动之间的依赖关系也日益增强。供应链流程连接的紧密程度直接关系到供应链的协调成本，对供应链的绩效产生重要影响。由于原有的供应链流程可能在适应市场环境变化上存在缺陷，因此产销双方需要再造供应链流程以适应环境变化。

伴随买方市场的逐步形成和零售商自身发展的网络化、规模化和集中化，现实中，供应商为了将其制造的产品销售出去，一方面不得不向零售商缴纳一定的进店费，这种费用包括管理费、通道费，甚至还有节日促销费、店庆费等；另一方面，某些零售商还要求供应商与其签订独占交易条款，并同意货款延期支付。除上述两方面外，供应商在营销因素控制权上也毫无决定权，一切必须听从零售商的安排，如陈列位置、促销力度、进货数量等。在一些特定产品市场上，零售商不仅拥有信息、货架等资源优势，而且市场的集中程度也远远大于制造商。例如，澳大利亚前4家重点零售商销售额占全国销售额的75%，英国前6家零售商销售额占全国销售额的90%。沃尔玛等大型零售商的名字已在某种程度上成为一种品牌标志。在我国，一些大型零售商也在扮演相同的角色。这些大型零售商通过控制销售终端，不仅在与生产商价格谈判中处于优势地位，广泛收取商品通道费，而且能够影响产品的规格和设计，甚至委托生产商生产自有品牌产品，即通过行使纵向约束来主导供应链的流程再造。大型零售商主导的供应链一体化既可以为消费者创造更多的价值，又可以节约供应链流程的协调成本，已成为提升我国产业竞争力的有效途径。

当前在大型零售商纵向约束实现供应链流程再造的过程中，确实存在一些大型零售商滥用市场势力，严重影响产销关系的现象，抑制了服务需求。渠道冲突频发不仅影响产销关系的健康发展，也影响服务业与制造业的互动发展，必须采取相应的治理对策促进其健康发展。虽然我国近年来也出台了一些相关政策法规，如《零售商与供应商进货交易管理办法》，但尚未建立零供利益共享的契约基础，应在契约化的基础上完善供应链利益分享机制，处理好社会化大生产、规模经济与有效竞争的关系。

四、新时期我国对外贸易体制进一步深化改革的思路

党的十八大以来，我国持续推进高水平对外开放，稳步扩大规则、规制、管理、标准等制度型开放，推出一大批新的开放举措，形成国际合作和竞争新优势，打造开放型外贸新体制。当前，我国外贸实力不断增强，2023 年进出口总额达 5.94 万亿美元，其中，出口 3.38 万亿美元，占国际市场份额 14.2%，连续 15 年保持全球第一；进口 2.56 万亿美元，占国际市场份额 10.6%，连续 15 年保持全球第二。我国贸易结构不断优化，效益显著提升，正向贸易强国迈进。

党的十八大以来，习近平总书记对建设贸易强国作出一系列重要指示，强调要加快建设贸易强国，升级货物贸易，创新服务贸易，发展数字贸易，以数字化绿色化为方向，进一步提升国际分工地位，向全球价值链中高端迈进。习近平总书记的重要指示，为建设贸易强国指明了前进方向，提供了根本遵循。

加快建设贸易强国，是推动我国经济发展质量变革、效率变革、动力变革的有力举措，是全面建设社会主义现代化国家的必然要求，具有重大而深远的意义，也是完整、准确、全面贯彻新发展理念的实际行动。

1. 升级货物贸易。促进贸易创新发展，夯实贸易发展的产业基础，增强对外贸易综合竞争力。一方面，要优化贸易结构。做强一般贸易，提升加工贸易，优化国际市场和国内区域布局，促进内外贸一体化；另一方面，积极扩大进口。推动降低进口关税和制度性成本，激发进口潜力，促进贸易平衡发展。

2. 创新服务贸易。2016 年至 2023 年，我国在 28 个地区开展了 3 轮服务贸易创新发展试点，率先探索与服务贸易发展相适应的体制机制、政策体系和开放路径，累计向全国推广 157 项试点经验和案例，引领带动全国服务贸易高质量发展。未来应持续推进服务贸易深层次改革、高水平开放、全方位创新，推动服务贸易总量增长、结构优化、效益提升。要优化服务进出口结构、加快服务外包转型升级、创新服务贸易发展机制。

3. 发展数字贸易。建立健全促进政策，积极参与国际规则与标准制定，打造建设贸易强国的新引擎。培育数字贸易新业态新模式，加快贸易全链条数字化赋能，提升贸易数字化水平。建立健全数字贸易治理体系，加快建立数据资源产权、交易流通、跨境传输、安全保护等基础制度和标准规范。

4. 深化国际经贸合作。坚定不移扩大对外开放，坚持真正的多边主义，全方位扩大国际经贸合作，深度参与全球产业分工和合作，维护多元稳定的国际经济格局和经贸关系，为建设贸易强国营造良好外部环境。推动共建"一带一路"高质量发展。推进双边、

区域和多边合作。扩大面向全球的高标准自由贸易区网络。优化贸易促进平台。

【案例】

中欧班列

　　2024 年 7 月 1 日，随着一声悠扬的汽笛声，北京市平谷区京平综合物流枢纽马坊站一列装运 55 个集装箱，满载价值 1690 万元的滚筒洗衣机、商用空调、服装等商品的中欧班列缓缓启程，将经二连浩特口岸出境，驶向万里之外的莫斯科。这标志着北京地区中欧班列实现常态化开行，北京市外贸运输又多了一条横贯亚欧大陆的国际快速货运大通道。2024 年 7 月 29 日 11 时 16 分，一列载着 55 个集装箱的中欧班列从二连浩特铁路口岸驶出，开启欧洲之旅。这标志着中欧班列通道中 2024 年出入境中欧班列达 2010 列，较去年提前 21 天突破 2000 列大关。欧班列凭借快速、稳定、可靠等优势，成为具有强大辐射力、带动力和影响力的国际物流品牌。目前，经二连浩特铁路口岸的中欧班列运行线路有 71 条，通达 12 个国家 72 个站点、城市，辐射国内 64 个城市，货物品类涵盖轻纺产品、电子电器、机器配件、国产汽车、日用品等。

　　（资料来源：马威，王莹，张海峰. 中欧班列中通道今年通行量突破 2000 列［N］. 人民铁道，2024-08-01.）

【思考题】

1. 贸易体制的内涵是什么？
2. 简述我国贸易体制的沿革。
3. 简述我国内外贸一体化的内涵、基本内容与途径。
4. 简述我国城乡流通一体化的内涵、主要内容与途径。
5. 简述新时期我国对外贸易体制进一步深化改革的思路。

第十二章　贸　易　政　策

【学习目标】了解贸易政策的概念以及市场失灵产生的原因，掌握贸易竞争政策的含义及我国代表性贸易竞争政策，了解战略性贸易政策的三种观点。

第一节　贸易政策与市场失灵

贸易政策是以贸易为对象而制定的公共政策。公共政策按不同的对象和目的可以分为经济政策、社会政策、文化政策、国防政策等。因为贸易是经济运行中重要的一环，所以贸易政策是经济政策的一部分。也可以说，贸易政策是政府针对经济过程所制定的、为解决贸易运行中问题的政策。贸易政策作为经济政策，是政府对贸易这一经济活动的公开介入和干预，以克服市场失灵的情形等。那么，在贸易过程中市场失灵是怎样发生的呢？

一是竞争秩序和竞争规则的问题。贸易整体的效率有赖于贸易领域内部的竞争。所以，维持竞争是极其重要的。但是，市场上的竞争并不一定能以理想的形式持续下去，比如会出现垄断，会结成卡特尔回避竞争，还可能会使用不正当的竞争手段。这些都是经常可能出现的"竞争"的失灵，也都是必须要加以矫正的市场失灵。

二是适应速度的问题。贸易的最理想状态是随着流通技术、生产结构、消费结构及周边技术的变化而不断变化。因此，贸易必须要不断适应这些外部环境的变化，并且也期望能把贸易内部的竞争朝这个方向引导。但是，这个适应过程通常是需要时间的。从市场效率来说，当然是希望贸易活动能迅速、瞬间就适应市场环境，但现实却并非如此。适应过程的时滞，原则上也是必须矫正的市场失灵。那么，为什么会出现时滞呢？其最重要的原因是资源的特定化。经济活动的运行需要各种各样的资源。专业化的贸易机构为当前事业积蓄了自己事业活动必不可少的经营资源，但这些资源在其他的事业中却起不到什么作用，这种状态就叫作经营资源特定化（Resource Specialization）。例如，专门经营鲜鱼的零售商，对鲜鱼具有非常丰富的专业知识和技能，对服装却完全是个外行。这样，特定业种、特定业态商人的专门化，就等于是人力资源的特定化。对于专门经营鲜鱼的零售商来说，不仅仅是知识和技能，他的工具、店铺设施也都是特定在鲜鱼上的。一般来说，资源越特定化，移动壁垒越高，适应能力越低。如果经营资源能从市场上得到无限的供给，资源便可随时更换，人力资源也可以重新引进，但这通常伴随着原有特定化了的资源的废弃。这样有限的资源就不能在整个社会中得到有效配置。所以，就必须使特定化了的资源来适应新的情况。为此而需要的适应时间，是市场失灵的重要原因，并且在某种程度上也是必须接受的。

三是从市场的外部目的来说明市场的失灵。有效的市场机制能很好地处理交换，但会引起其他方面的困难。比如，零售业在现实中并非单纯是交换的场所，它还有人与人接触交流的重要作用。追求效率的市场机制会因商业的这一侧面而受影响。另外，不同商品在经营上要有专门知识和技能，但市场的竞争关系常常使具有相当知识和技能的专业机构无法保证商品的经营，从而使人们生活的安全性受到重大影响。例如，药店销售那些本该在医院购买的药品，这也属于应该回避的市场失灵。

贸易过程中市场失灵大致有以上三种原因，贸易政策即是为了矫正和解决贸易活动在适应外部环境变化和内部竞争结构上的内部失灵而展开的公共介入。当然，还不仅仅是为解决已经出现的问题，从广义上讲，规划、协调、指导贸易发展的，也应该是贸易政策的领域。因而，按照不同的宏观调控目标，贸易政策可分为贸易竞争政策与战略性贸易政策等。

第二节　贸易竞争政策

贸易竞争政策是促使贸易活动过程中市场机制能够正常运转的政策。更进一步讲，是以维持、促进贸易中的竞争为目的的政策。从最广泛的意义上讲，凡是与市场竞争有关的或者能够影响一国国内或与其他国家间的竞争条件或竞争环境的所有政策都属于贸易竞争政策的范畴。通常，因为健全的市场机制功能是通过竞争来维持的，所以，维持、促进市场竞争的贸易竞争政策在贸易政策中占有极其重要的位置。其主要目标是避免出现垄断生产企业或流通企业限制竞争活动、扭曲市场机制、垄断价格、妨碍资源的合理配置等现象，维持市场的正常竞争秩序。反垄断政策是最具代表性的贸易竞争政策。

在现实世界中，有些国家的贸易竞争政策主要是以法律形式体现的，虽然具体叫法不一。例如，在美国竞争政策主要以反托拉斯法（Antitrust Law）体现，在日本则是反垄断法（Antimonopoly Law）。除了刚性的竞争法外，许多国家还运用多种政策手段或工具来达到保护竞争的目的，包括政府使用的用于决定支配市场竞争条件的一系列政策措施和工具，如国有企业私有化、放松管制、削减企业特殊补贴和减少歧视外国产品或外国厂商的政策等。

我国代表性的贸易竞争政策包括《中华人民共和国反垄断法》《中华人民共和国反不正当竞争法》《中华人民共和国价格法》《禁止垄断协议规定》等。《中华人民共和国反垄断法》在总体框架和主要内容上，和大多数国家的反垄断法基本一致，确立了禁止垄断协议、禁止滥用市场支配地位以及控制经营者集中三大制度，其第三条规定垄断行为有三类：一是经营者达成垄断协议；二是经营者滥用市场支配地位；三是具有或者可能具有排除、限制竞争效果的经营者集中。《中华人民共和国反不正当竞争法》列举了7种不正当竞争行为，并对其应承担的法律责任做了规定。《中华人民共和国价格法》规定了经营者在价格活动中的权利与义务并指出了8种不正当价格行为等。

2020年以来，随着全球科技领域反垄断浪潮的兴起，以及国内数字经济、平台经济等行业的蓬勃发展，中国对相关领域的反垄断力度持续加大。2020年1月国家市场监督管理总局发布《〈中华人民共和国反垄断法〉修订草案》，将关于互联网行业反垄断相关内容写入其中；同年 11 月发布的《关于平台经济领域的反垄断指南(征求意见稿)》进一步对不公平价格行为、限定交易、大数据杀熟、先杀对手再提价、不合理搭售等情况进行了明确界定。12 月，中央经济工作会议首次提出强化反垄断和防止资本无序扩张，并明确"完善平台企业垄断认定、数据收集使用管理、消费者权益保护等方面的法律规范""加强规制，提升监管能力，坚决反对垄断和不正当竞争行为"等。同月，国家市场监管总局根据举报，依法对阿里集团控股有限公司实施"二选一"等涉嫌垄断行为进行立案调查，对阿里、阅文、丰巢未依法申报违法实施经营者集中案做出顶格处罚，三家企业各被罚款 50 万元。

2021 年 2 月 7 日，国务院反垄断委员会发布《国务院反垄断委员会关于平台经济领域的反垄断指南》(简称《指南》)，旨在预防和制止平台经济领域垄断行为，促进平台经济规范有序和创新健康发展。《指南》主要明确了以下三个方面的内容。

一是强调《中华人民共和国反垄断法》及配套法规规章适用于所有行业。明确了《中华人民共和国反垄断法》对各类市场主体一视同仁、公平公正对待，互联网经济和平台经济不是法外之地，线上经济活动同线下一样，也需要建立规范、有序的市场秩序。

二是明确了大数据杀熟可能构成滥用市场支配地位差别待遇行为。《中华人民共和国反垄断法》禁止经营者滥用市场支配地位、无正当理由对条件相同的交易相对人在交易价格等交易条件上实行差别待遇。《指南》明确了构成差别待遇可以考虑的因素，其中包括平台经济领域经营者基于大数据和算法，根据交易相对人的支付能力、消费偏好、使用习惯等，实行差异性交易价格或者其他交易条件。

三是明确了"二选一"等行为可能构成滥用市场支配地位限定交易行为。《中华人民共和国反垄断法》禁止经营者滥用市场支配地位，没有正当理由限定交易相对人只能与其进行交易或只能与其指定的经营者进行交易。关于构成限定交易行为的标准，《指南》明确了平台经营者要求平台内经营者在竞争性平台间进行"二选一"或者其他具有相同效果的行为构成限定交易行为。此外，平台经营者通过屏蔽店铺、搜索降权、流量限制、技术障碍、扣取保证金等惩罚性措施实施的限制，因对市场竞争和消费者利益产生直接损害，一般可以认定构成限定交易行为；平台经营者通过补贴、折扣、优惠、流量资源支持等激励性方式实施的限制，如果有证据证明对市场竞争产生明显的排除、限制影响，也可能被认定构成限定交易行为。

第三节 战略性贸易政策

所谓战略性贸易政策是指一国政府在不完全竞争和规模经济条件下，可以凭借贸易壁垒来扶持本国战略性产业的成长，增强其竞争力，从而谋取规模经济之类的额外利益，并借机掠夺他国的市场份额和利润，即通过干预能够增进国家福利的贸易政策。

之所以称之为"战略性"，首先，这种干预把市场竞争看成是一种博弈，竞争双方的反应都具有战略性，每个厂商都会意识到自己的利润部分地依赖于竞争对手的行为；其次，采取的干预政策必须是用于促进一国具有"战略性"意义的产业的发展；最后，在使用政策过程中必须将各种工具相互配合，从战略性角度加以运用。

理论源于社会实践，并随实践的变化而变化，战略性贸易理论也不例外。传统的国际贸易理论中的贸易建立在完全竞争、各国在各自发挥比较优势的基础上，表现为国家之间的分工。然而，实际经济生活中，不完全竞争是常态，同时传统的贸易理论并不能解释收益递增条件下的国际贸易，因而引发了贸易理论家们对传统贸易理论的重新思考。在这样的实践发展下，新贸易理论和战略性贸易政策理论由克鲁格曼、布兰德等为代表的一批经济学家通过借鉴产业组织理论和博弈论的新发展演绎而来。

战略性贸易政策理论旨在说明，一国政府可以通过诸如出口扶植和进口限制等政策，来阻止外国厂商进入某一特定市场或削弱其竞争力，从而提高本国厂商的产品竞争力和市场份额，使垄断租金从外国厂商向本国厂商转移，从而增加本国的国民福利。其核心思想是政府政策可以使不完全竞争市场特别是寡头市场中的竞争向有利于本国厂商的方向倾斜，从而使外国厂商的超额利润向本国厂商转移。其主要内容是以规模经济为基础的利润转移理论，主要包括以下观点：

一、以出口补贴为本国寡头厂商夺取市场份额

战略性贸易政策理论中最引人注目的观点是用出口补贴为本国寡头厂商夺取市场份额。该论点认为在某些规模经济显著的寡头垄断产业，即整个世界市场仅能容纳极少数厂商的产业，如果一方对另一方采取进攻性的战略行为，如投资增加产出等，就会迫使对方在竞争中让步，但这种进攻性的战略性行为往往会给实行者本身带来损失，使得这种威胁变得不可置信。此时，如果政府能够率先以出口补贴的政策对本国厂商给以支持的话，那么在原有的两厂商之间的古诺纳什均衡就会演变为本国厂商成为所谓先行者的斯塔克博格均衡，从而使得本国厂商的产出扩大、利润增加，迫使外国厂商的产出缩减、利润下降，实现使利润由外国厂商向本国厂商转移的目的，并且所转移的利润大于出口补贴，从而使补贴国的净福利增加。正如布兰德所言："这一要点是政府的行动能够改变由国内外企业参加的战略性游戏。在可盈利的市场上，国内企业会由于外国企业的收缩而受益或者迫使它们以落后于其希望的速度扩张。"

该观点假定本国和外国各有一个寡头厂商向第三国市场出口一种产品，该产品的所有销售和利润都是在第三国产生的，并不在各自的国内进行销售。这个假定使得一国生产者的利润水平剔除补贴后与该国国民福利的水平相等，于是利润转移的问题就变为：一国的政府干预如何能够提高本国生产者从寡头垄断的共同出口市场中所获得的利润。此外，两个寡头厂商之间按照古诺模式进行博弈，不考虑其他厂商进入的可能性。古诺博弈的假定意味着每个厂商在做出自己的产量决策时将另一厂商的产量视为不变，且两厂商同时决策。每个厂商面临的需求曲线是第三国市场的总需求曲线减去另一个厂商的产量。

假设本国和外国厂商的边际成本分别为 c 和 c^*，且保持不变，本国厂商的产出为 x，外国厂商的产出为 x^*，则本国厂商的利润函数为：

$$\pi(x, x^*, c) = [p(x + x^*) - c]x$$

在古诺博弈条件下，每个厂商将对方厂商的产出水平视为既定，并在边际收益等于边际成本上决定自己的最优产出水平，由此可以得出本国厂商的反应曲线 $x = r(x^*, c)$，该曲线斜率为负，原因是在古诺条件下，本国产量的增加就意味着外国产量的减少。同理可

以得到外国厂商的反应曲线$x^* = R(x, c^*)$，其斜率也为负。

　　在图12-1中，x轴（横轴）代表本国的产量水平，x^*轴（纵轴）代表外国厂商的产量水平。U^0、U^c、U^*分别代表本国的等利润线，越靠近x轴的等利润线，其利润水平越高。RR为外国厂商的反应曲线，rr为本国厂商的反应曲线，起初两者相交于C，该点为古诺纳什均衡点，表明双方均没有任何动力去改变现状，因为这一点是双方所能达到的最好均衡点。

　　假设本国厂商声称它将生产并出口x_s，以获得更高的利润水平U^*，那么外国厂商是否相信呢？外国厂商根据自己的反应曲线RR推断一旦本国厂商生产x_s，则自己的最优产出为x_s^*。但是，一旦外国厂商选择x_s^*作为产出水平，本国厂商根据利润最大化的反应曲线rr将生产x_1，而不是x_s。结果是外国厂商再根据本国厂商的利润最大化产量x_1来确定自己的利润最大化产量，如此周而复始，两个厂商的最终产量决策仍会回到古诺纳什均衡点C。这说明单靠本国厂商自己的声明不足以使得这种增加产出的威胁得到对方厂商的信任。

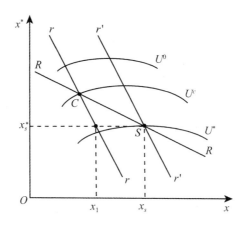

图12-1　出口补贴时两国古诺博弈情形

　　然而，本国政府的介入将使得本国厂商增加产出的威胁变得足以令人相信。假设在两厂商进行古诺博弈之前，本国政府对每单位出口给予补贴s，此时本国厂商的利润函数变为$\pi = r(x, x^*, c-s)$，反应曲线变为$x = r(x^*, c-s)$，由于边际成本下降，两厂商之间的博弈对局发生改变，即导致在外国厂商产量保持不变时本国厂商的产量仍可增加。这时由于本国厂商具有低成本的优势，因而能够成为斯塔克博格均衡中的先行者厂商并首先做出决策，即增加产出，本国厂商的反应曲线由rr移动至$r'r'$，与外国厂商的反应曲线RR和本国厂商的等利润线U交于S点。此时，对于外国厂商来说，本国厂商增加产出的威胁变得足以令人相信，因为这时本国厂商生产x_s不单单是句空话，而是其利润最大化的合理行为，因此外国厂商唯有选择较低的产出水平x_s^*。这样，本国厂商的利润水平由U^c上升至U^*，产出也有所增加，占有更多的市场份额，而外国厂商的产出减少，市场份额下降，利润下降。

　　克鲁格曼研究了一个经典案例将这类战略性贸易政策描述得更清楚。他假设，美国和欧盟各有一个企业：波音和空中客车公司。它们有相同的生产 150 架喷气式客机的技术能力。这两家公司的竞争呈双寡头垄断态势。由于飞机制造要求的规模经济相当大，市场只能容纳一个厂商，谁先进入制造，就可独占 100 单位的垄断利润，如果两家同时进入，会导致两败俱伤。因此，假定公司的战略选择只能是：生产和不生产。

　　表 12-1 中数字组合的第一个数字代表波音公司的利润，第二个数字代表空中客车的利润。假定在没有政府干预的情况下，波音公司由于历史原因先于空中客车公司生产并占领了 150 架的客机市场，则此时均衡结果为左表中的（100，0）。若此时空中客车硬要挤入市场，则会出现两败俱伤的场面，此时为（-5，-5），双方均会亏损 5 单位，由于空中客车不生产的情况 0>-5，故在波音公司先进入市场的情况下，空中客车并不会进入市场。

　　现在假设欧盟为改变美国企业独占垄断利润的局面而对空中客车进行巨额补贴，实施战略性贸易政策，不论波音是否生产，欧盟始终补贴空中客车 10 个单位。这样博弈的结果就发生了极大变化，博弈情况如图中右表。空中客车在欧盟补贴的情况下，不论波音公司是否生产，其生产均会有利润，而不生产利润为 0，自然空中客车的决策会是生产，用博弈论的术语来说就是生产是空中客车公司的占优策略。如果波音坚持生产，就会导致 5 个单位的损失，空中客车获利 5 个单位；如果波音退出，损失为 0，故而波音公司会被迫停止生产以避免损失。最终的博弈结果会是（0，110），即波音公司不生产，空中客车生产并独占市场。欧盟采取战略性贸易政策最终使得空中客车获利 110 个单位，扣除补贴，本国福利水平净得 100 个单位，也就是说，欧盟 10 单位的补贴转移到国内的超额利润是其补贴数的整整 10 倍。这样看来，在一定的市场结构中，通过恰当的政府干预可使本国福利得到提高，当然，他国利益会受损。

表 12-1　波音与空中客车博弈矩阵

欧盟无补贴时的利润矩阵				欧盟补贴时的利润矩阵			
		空中客车				空中客车	
		生产	不生产			生产	不生产
波音	生产	-5，-5	100，0	波音	生产	-5，5	100，0
	不生产	0，100	0，0		不生产	0，110	0，0

二、用关税来抽取外国寡头厂商垄断利润

　　在许多情况下，商品的国际市场由少数寡头厂商所控制，如飞机的出口商主要是美国的波音公司和欧洲的空中客车公司。对这些产品的进口国而言，其国内市场被国外寡头厂商垄断，并向其支付巨额的垄断利润。战略性贸易政策的论点认为，在存在潜在进入的情况下，使用关税来抽取一家外国寡头厂商正在享受的垄断利润是合理的。其中心思想是，在不完全竞争条件下，一国政府利用关税可以抽取外国厂商的垄断利润租金，同时激励本

国潜在的生产者进入外国厂商业已占领的国内市场，打破后者对该市场一统天下的垄断局面。该国能运用关税从外国垄断者手里提取其享有的部分垄断利润或租金，从而减少这种垄断租金的向外流失。如果新加入的本国企业不仅在关税庇护下夺回了本国市杨，而且进一步渗透到国外市场，那么，它们还能够直接地在外国市场上从外国厂商那里获取垄断租金。也就是说关税能够为本国厂商培育在本国市场上的战略优势。

当国内不存在供给时，只要国内存在着潜在进入该产业的厂商，那么进口国使用关税来抽取外国垄断厂商的利润就有利于本国福利的提高。这是因为，有潜在进入的国内厂商存在，外国垄断厂商的定价反应受到限制，即为防止价格过高招致新厂商加入，损害自己的优势地位，外国垄断厂商往往不得不吸收掉一定幅度的关税，使得价格上升的幅度小于关税上升的幅度，这样消费者剩余的损失就被关税收入抵消且有余，从而提高整体的国民福利水平。

在自由贸易条件下，外国垄断厂商在进口国市场上有一定的垄断力量，在追求利润最大化的目标下，垄断或寡头企业在进口国的销售量会确定在其产品的边际收益等于边际成本的水平上（M），而价格则根据进口国的需求定在高于边际成本的水平 P。如图 12-2，D 是本国面对国外一垄断厂商供应的商品需求曲线，MR 是边际收益曲线，外国垄断厂商的边际成本曲线是 c^*，在这里其被假定不变。如果进口国政府征收关税（$t = c_1^* - c^*$），使得外国企业的边际成本曲线提高至 c_1^*，为了弥补损失，外国企业会提高商品价格（P_1）。但由于进口国的需求不是完全没有弹性的垂直曲线，商品价格上升的幅度小于边际成本提高的幅度（$P_1 - P$）< t，即外国企业通过提高销售价格从进口国消费者身上得到的额外收益会小于对关税的支付。进口国政府所得的关税收益 T 有可能大于消费者所受的损失（$a + b$），从而使整个国家受益。

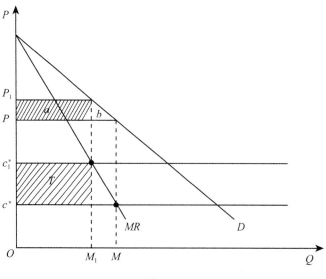

图 12-2

三、以进口保护作为促进出口的手段

1984 年，克鲁格曼提出了进口保护可以作为出口促进的一种机制的观点。① 他假定本国和外国各有一个厂商，其生产的产品销往多个市场，两厂商的产品是不完全替代的。同时国内和国外厂商都是按照古诺方式在多个市场上进行博弈，从而建立了"多元市场的古诺模型"。对于规模经济的处理，克鲁格曼按照规模经济的三种形式（内部规模经济、R&D 竞争、学习曲线）构造了与其相对应的经济模型，结果导出了同一理论模型的多种版本。克鲁格曼的"以进口保护促进出口"（Import Protection as Export Promotion，IPEP）模型进一步拓展了战略性贸易政策的理论，进一步阐明了战略性贸易政策发生的机理、条件和结果。

以进口保护来促进出口的观点认为，在规模经济和寡头垄断条件下，本国政府通过保护国内市场，将外国厂商从本国市场中排除出去的时候，国内厂商因外国厂商被逐出而在其国内市场上比以往销售出更多的产品，由于规模经济的作用，国内厂商的边际成本将会下降，外国厂商的边际成本则由于被逐出有保护的市场使产量减少而上升。但是，干预行为所产生的效果并未到此为止，因为双方企业受其边际成本的反向变化所引导，还会在其他未受保护的市场中调整各自的销售状况。当外国厂商的产出有所收缩时，国内厂商将进一步提高其产出水平。这些调整将进一步引起双方在边际成本上的反向变化，其过程将持续到出现新的多元市场古诺均衡为止，结果是在没有保护的市场上本国厂商也获得了较低的边际成本和较高的市场份额。正是由于规模经济的作用形成的从边际成本到边际产量再到边际成本的这一具有自我强化性质的因果循环过程，形成了进口保护和出口促进的机制。

在动态规模经济条件下，进口保护也能达到促进出口的目的。当某产业处于研究开发牵引增长或干中学的动态发展过程中时，规模经济表现为生产的边际成本随支出的增加或生产销售经验的积累而趋于下降。因此，为本国厂商进行保护或保留国内市场将有助于本国厂商在边际生产成本的竞争中处于优势地位，可达到出口促进的目的。

20 世纪七八十年代，美国与日本关于半导体产业发展的干预与引导是这方面的典型案例。当时作为高新技术产业的美国半导体行业积聚着众多高科技人才，其水平的高低直接反映了一国的科技和工业技术实力，而且该行业明显具有巨额固定投入和规模收益递增效应等动态的不完全竞争行业的特点。更重要的是该行业的技术进步来源于内部的研究开发和干中学效应，比较符合战略性贸易政策的实施条件。起初，美国政府一直以巨额军事合同支持半导体产业的发展和倡导自由贸易。但从 20 世纪 70 年代中期起，行业形势发生了变化。继美国 1971 年发明了"动态随机内存芯片"（DRAM）后，许多国家看到了巨额的利润，争相研发更大容量的 DRAM。日本为了在此领域赶上美国，政府通过制定战略性贸易政策，加大了 R&D 费用的投入和政府干预。克鲁格曼认为日本在 16K 计算机存储工业

---

① Krugman P. Import Protection as Export Promotion：International Competition in the Presence of Oligopoly and Economics of Sale//Kierkowski H. Monopolistic Competition and International Trade. Oxford：Oxford University Press，1984：181.

起飞时采取了种种不公开的保护措施，这一保护行动相当于 26% 的不公开关税，使得当时日本的三家半导体企业得以生存，否则没有一家厂商能在美国强大有力的竞争中幸存下来。截至 1979 年年底，日本的 16K 内存占据了美国市场的 43%；1981 年，日本的 64K 内存有 70% 出口到美国；1984 和 1985 年，整个 256K 内存的国际市场上，日本占据了 90%，并把美国企业完全挤出了市场。当时，美国只有一些小公司还在生产，而大公司则损失惨重甚至停产。日本的成功在于正确实施了战略性贸易政策即"封闭市场和对通用项目的金融资助"。

针对日本的战略性贸易政策，1985 年，美国半导体产业协会（SIA）提出"301"申请，"超级 301 条款"作为改变贸易战略预期的战略性贸易政策手段，是美国政府干预高新技术产业的典型体现。在战略性贸易政策的指导下，美国实施了国家出口战略：（1）建立了贸易促进和协作委员会；（2）放宽出口限制标准；（3）建立"出口援助中心"；（4）强化政府的商贸信息服务功能；（5）加强政府的金融服务功能；（6）推进对重要市场及关键产业的出口。除非美国半导体产品的市场占有率提高，否则要求美国政府对日本公司进行报复。SIA"301"申请有两个"战略性"目标：第一，保证美国半导体产品在 20 世纪 90 年代初占有日本市场的 20% 份额，并以美国对日本的最终的实际出口量来决定美国市场对日本半导体产品的开放程度。第二，严禁日本企业向美国或第三国市场倾销 DRAM 的出口行为。美国英特尔公司还起诉日本在美国市场上倾销可擦除只读存储器（EPROM），并要求政府对日本企业征收反倾销税或单独实行配额，目的是使日本对美国自由开放国内市场。可见，美国企业已经与政府展开战略性的联合行动，并开始对日本的消费品和办公用品征收 100% 的关税。到 1988 年年底，由于日本市场开放程度仍没有进展，美国政府对大约价值 1.65 亿美元的日本产品征收了 100% 的关税。

当然，战略性贸易政策的成功实施是需要具备条件的：一类是前提条件，另一类是约束或限制条件。前者是不完全竞争和规模经济，这是实施战略性贸易政策所必须具备的，是战略性贸易政策应用的必要前提和基础。后者虽然不从根本上决定战略性贸易政策能否应用，但关系到政策能否收到预期的效果，当这类条件不具备时，战略性贸易政策就可能并非最佳政策，甚至其实施还会给国民福利带来不利的影响。可分为经济方面的约束条件和政治方面的约束条件。从经济条件来看，主要有以下几点：寡占企业间以古诺方式进行竞争；国内寡占企业的数目不能过多；在进行干预的行业要有长期的较高的进入壁垒；该行业有限地使用瓶颈资源。此外，在实施战略出口等政策时应有足够的财政收入。在政治条件方面，主要有：政策的实施并未引发其他国家的报复，本国政府能够独立地决策，不被利益集团所左右，政府掌握制定政策所需的大量信息，并能有效地进行干预。

【案例】

光伏和新能源汽车产业的政府扶持弊端

20 世纪 90 年代初，国家出台了光伏产业的扶持政策，中央财政安排专门资金对符合条件的光电建筑应用示范工程予以补助，还配套了相关财税扶持政策。使光伏产业成为多个省份争相追逐的目标产业，部分省份还出台了相应的配套产业政策予以支持，把我国的光伏产业规模迅速推向一个高度。但是，光伏产业面临的重大技术瓶颈几乎是颠覆性地阻碍其发展，晶硅太阳能的转换效率仅 17% 左右，薄膜太阳能只有 10% 多一点，使光伏发电成本是火力发电成本的 3 倍以上，基本靠补贴生存。导致这项产业政策彻底出现问题的导火索是欧洲市场上长期的主权债务危机，使政府不得不取消该补贴，引发了全球光伏市场急剧萎缩。

新能源汽车的发展与相应的产业补贴政策有着极为紧密的关系，新能源汽车的技术瓶颈是电池寿命短、充电时间长。产业优惠政策的目的本来是促进企业加大技术研发，攻克技术难关，但是，优惠政策出台后，由于企业对利润的狭隘追求，不搞技术攻关而搞政府公关，政府的产业补贴政策反而使竞争内容发生了改变，不去追求突破技术瓶颈，而是看谁的补贴多，使产业补贴政策反而成为阻碍技术发展的因素。在一些对新能源车不限号的城市，甚至出现了购买新能源车改装成汽油车的现象，造成对环境的更大污染。

【思考题】

1. 简述贸易政策的内涵以及市场失灵产生的原因。
2. 简述我国代表性的贸易竞争政策。
3. 什么是战略性贸易政策？战略性贸易政策包括哪些内容？

第十三章 零售新业态

【学习目标】了解零售新业态的含义、分类与特征；了解零售业态的发展阶段；掌握零售新业态的支撑条件和驱动因素；了解中国零售新业态的发展趋势。

第一节 零售新业态的相关概念

零售新业态的研究起点在于清楚辨析几个关键概念：零售、新零售与零售新业态。本节将对上述三个核心概念进行界定。

一、零售

"零售"一词源自法语，意思是"切碎"，即大批量买进再小批量卖出。美国零售专家迈克尔利维和巴登给出的定义是，零售是将产品和劳务出售给消费者，供其个人或家庭使用，从而增加产品和服务的价值的一种商业活动。菲利普·科特勒者认为，所谓零售是将货物和服务直接出售给最终消费者的所有活动。这些最终消费者为了个人生活消费而不是商业用途消费。我们认为，零售贸易是指直接将商品和服务销售给最终消费者个人或社会集团的一系列贸易活动。

二、新零售

2016 年 10 月，阿里巴巴集团董事局主席马云在杭州·云栖大会上提出"新零售"概念，认为纯电商时代已经过去，未来十年是"新零售"时代。2017 年被称为中国"新零售"元年，阿里巴巴等核心企业积极布局"新零售"，一时间零售新物种层出不穷，盒马鲜生、超级物种等成为一种备受关注的现象。2018 年，核心企业更是进一步展开"新零售"主导权争夺战。美国"云经济学"专家、有"新零售教父"之称的乔·韦曼（Joe Weinman）认为，中国"新零售"的诸多实践成为全球亮点，中国企业有望成为"新零售"的全球领导者。总体看来，"新零售"对零售业态重塑已呈现不可阻挡之势。①

需要注意的是，虽然"新零售"已成为现象，但部分企业人士和专家学者对这一概念却持不同意见甚至是反对意见，如京东集团董事局主席刘强东认为，零售无所谓新旧，零售业态的变革改变不了成本、效率、体验的本质；著名物流专家王继祥认为，零售只有好坏之分，并无新旧之别，零售新业态更重要的是内涵和本质的界定；娃哈哈集团前董事长

---

① 韩彩珍，王宝义."新零售"的研究现状及趋势[J]. 中国流通经济，2018(12).

宗庆后、格力电器董事长董明珠、五星电器总裁潘一清等企业家也对"新零售"概念提出了异议。此外，不同的零售变革主导企业采用不同概念界定时下零售业态的变革，如京东集团称之为"无界零售"，苏宁云商和腾讯集团称之为"智慧零售"等，尽管称谓和侧重点存在区别，但均是对当前零售业"颠覆式"变革的描绘。尽管"新零售"概念遭受异议，但其概念已被叫响，名称作为外"相"则无须较真。"新零售"不是新旧的"新"，而是对于当下零售业态"颠覆式变革"和"赋能式重构"程度的描述，是互联网工具实现社会信息化及数字化过程中，零售业加速和集中变化的一个阶段。

三、零售新业态

结合前面章节所学内容，零售业态(Retail Formats)是指零售企业为满足不同的消费需求进行相应的要素组合而形成的不同经营形态。通俗地理解，业态就是指零售店卖给谁、卖什么和如何卖的具体经营形式。针对特定消费者的特定需求，按照一定的战略目标，有选择地运用商品经营结构、店铺位置、店铺规模、店铺形态、价格政策、销售方式、销售服务等经营手段，提供销售和服务的类型化服务形态。

随着技术的不断更新迭代，商业模式的模式不断融合、细化，社会上出现了一些新的商业经营形态。因此，零售新业态是指区别于传统零售业态的新型零售业务形态，是零售业长期演化和革命性变革的结果。

第二节　零售业态发展阶段

一、零售业诞生阶段

1850 年以前，属于零售业的诞生阶段。在这一阶段，生产方式主要以小规模生产为主，机械化程度不高，社会分工程度有限，属于商品短缺的年代。此时商业主要致力于满足人的基本生活(吃、穿)需求，零售业处于萌芽阶段，其业态表现为最传统的业态——传统渠道零售业态。这一阶段，零售商店规模较小，零售业开店的门槛低，交易零星发生。这一阶段，家庭经营模式是主流，也就是今天的"夫妻老婆店"，对整体业务的管理和运营的要求也较低。

二、大零售阶段

1850—1990 年属于大零售阶段。大零售阶段根据零售业态的主流地位变迁，又可以细分为"百货商场""超级市场""购物中心"三个子阶段。随着第一次工业革命的结束，第二次工业革命中的社会生产技术不断更新，人类社会从蒸汽机时代步入电气时代。社会生产力水平显著提高，社会分工进一步细化，生产规模迅速扩张，实体零售规模也得到了相应的扩张。1850—1930 年，世界范围内大城市不断涌现，机械化大生产不断替代手工小生产，大零售商相继产生。1852 年，法国巴黎出现了第一家百货商场(LeBon Marche)，此后百货商场业态逐渐流行。这一阶段零售业态主要以百货商场为主。1930—1960 年，全球经济危机过后，汽车工业蓬勃发展，推动了零售业的快速整合。1930 年 8 月，美国人迈克尔·库仑在纽约开了第一家联合商店——金库仑联合商店,凭借低廉的价格、自助型销售、一次性集中结算等特色,成为现代超级市场的鼻祖。之后,超级市场业态渐趋成熟,这一阶段零售业态主要以超级市场为主。1960—1990 年,世界范围内城市化进程加快,人民的生活节奏加快,对于生活品质有了更高追求,娱乐一体化购物中心不断出现,并成为该阶段的主要零售业态。

三、电子商务阶段

1990—2010 年属于电子商务阶段。人类社会完成了两次工业革命并成功进入第一次信息革命时代,计算机、互联网、移动技术不断发展,为零售业态的上网提供了技术支撑。随着城市商铺租金的不断提高、实体零售业态运营成本的不断上升,越来越多零售企业开始扩展网上销售业务。1995 年,亚马逊网络书店开业,并获得了大量资本的青睐。之后,电子商务概念不断发酵,当当、卓越、阿里巴巴、淘宝等成了互联网行业里的热点。越来越多的传统零售企业成立电子商务部门深耕线上业务。这一阶段,零售业态以电子商务公司为主。

四、电子商务薄利阶段

2010—2016 年属于电子商务薄利阶段。实体零售企业遭受电子商务的巨大冲击。随着互联网渗透率的快速增长,以阿里巴巴(淘宝)、京东商城为代表的电商成为新渠道,甚至在某些品类(如 3C),电商成为消费者最重要的购买渠道,导致线下市场份额骤缩。2016 年以拼多多为代表的廉价电商平台,更是以持续的电商价格战,将电商企业间的利润空间压缩到了极致。随着电商零售渠道费用的不断上升,流量红利趋顶回落并渐趋消失,电商商务转型的呼声日益高涨。这一阶段,零售业态以电子商务公司为主,但是各大电商平台都在探索转型。

五、新零售阶段

2016 年至今属于新零售阶段,并且还未结束。2016 年 11 月 11 日,国务院办公厅颁发了《国务院办公厅关于推动实体零售创新转型的意见》。明确指出实体零售是商品流通的重要基础,是引导生产、扩大消费的重要载体,是繁荣市场、保障就业的重要渠道。但是我国实体零售企业暴露出发展方式粗放、有效供给不足、运行效率不高等突出问题。一方面,受经营成本不断上涨、消费需求结构调整、网络零售快速发展等诸多因素影响,实体零售发展面临前所未有的挑战;另一方面电子商务面临严重瓶颈,截至 2016 年末,国内网络零售渗透率依然不高,放弃线下业务并不是主流零售企业的真正出路。在此背景下,线上线下融合的全渠道运营模式被寄予厚望,大电商平台开始逐渐尝试拥抱线下零售,希望打破线上线下的壁垒,获得新的零售模式。马云提出的新零售,刘强东提出的无界零售,都希望打通线上和线下的零售业务及营销闭环,线上线下同款同质同价,流量互通。在这种尝试下,新的零售业态开始萌芽,这种新的零售业态的成长需要依托人工智能、大数据分析等新技术手段。在这一阶段,各种各样新的零售业态呈百花齐放态势(参见表 13-1)。

表 13-1　零售业态的发展阶段及其特征

阶段	年代	业态	特征
零售业诞生	1850 年以前	百货商店	商品生产规模小 生产决策先于需求 贸易小型化、零星化
大零售	1850—1930 年	大型集市	实体零售规模扩张 以门店为依托
	1930—1960 年	超级市场	
	1960—1990 年	购物中心	
电子商务	1990—2010 年	网络平台	以互联网为依托，建设平台 零售服务呈放射状 突破地理限制
电子商务薄利	2010—2016 年	线上购物	实体零售受电商冲击 持续价格战 流量红利趋顶
新零售	2016 年至今	零售新业态	大数据等技术支持 融合线上、线下及物流

资料来源：东兴证券、阿里研究院。

第三节　零售新业态的分类及特征

零售新业态及其产业的分类主要有全渠道零售、无人零售、生鲜、餐饮 O2O、仓储物流、移动支付、云计算技术、媒体推广①，本节将对其分类及特征进行简要介绍。

一、全渠道零售

全渠道零售（Omni-channel Retailing），就是企业为了满足消费者任何时候、任何地点、任何方式购买的需求，采取实体渠道、电子商务渠道和移动电子商务渠道整合的方式销售商品或服务，提供给顾客无差别的购买体验。零售业态经过了单渠道时代、双渠道时代，于 2012 年步入了全渠道时代。全渠道具有三大特征：全程、全面和全线。全程即消费者从接触一个品牌到最后购买的过程中，会有五个关键环节：搜寻、比较、下单、体验、分享，企业必须在这些关键节点保持与消费者的全程、零距离接触；全面即企业可以跟踪和积累消费者的购物全过程的数据，在这个过程中与消费者及时互动，掌握消费者在购买过程中的决策变化，给消费者个性化建议，提升购物体验；全线即覆盖实体渠道、电

---

① 东兴证券．新零售模式的缘起、纷争及演变[R/OL]．网经社，2020-02-17.

子商务渠道、移动商务渠道的线上与线下的融合。代表性企业有高鑫零售、银泰百货、沃尔玛、永辉超市、小米之家、网易严选。

二、无人零售

无人零售(Unmanned Retail)指的是基于智能技术实现的无导购员、无收银员的零售服务。较传统零售而言，无人零售更关注垂直人群的垂直场景，即通过对市场进行深度挖掘，寻找被大多数人忽略的消费场景。除去布局在商场、地铁站、机场、车站等人流量大的地点，无人零售也开始关注办公室、电梯间、移动车辆等封闭空间的近场需求，这正与以垂直化、人群化、场景化为典型特征的消费升级大趋势相呼应。总的来说，与传统的实体零售相比，以无人零售为代表的新零售不只是对线下门店在形态上的升级改造，更是对包括供应链端、购买流程直至最终消费场景在内的整个消费链条的全生命周期变革。近年来，中国无人零售业务发展较快，无人售货机、无人便利店和无人超市等不断亮相。但是，中国银行研究院统计的中国、美国、欧洲、日本无人零售业态现状显示(见表 13-2)，中国台均顾客量为 4500 人/台，与欧美日发达国家差距很大，说明中国无人零售业态的发展具有较大发展空间。2020 年受新冠疫情影响，中国为了防止交叉感染，在医院和疫情地区启用大量无人超市和无人配送。例如，武汉火神山无人超市、美团率先在武汉等地试点运营"美团智能取餐柜"、阿里系的淘咖啡、京东系的无人超市、缤纷盒子等。

表 13-2　中国、美国、欧洲、日本无人零售业态现状

地区	人口	自助售货机存量	台均顾客量
中国	14 亿人口	20 万台	4500 人/台
美国	3 亿人口	680 万台	35 人/台
欧洲	7 亿人口	400 万台	60 人/台
日本	1 亿人口	560 万台	25 人/台

资料来源：中国银行研究院。

三、生鲜

生鲜(Fresh Food)是指未经烹调、制作等深加工过程，只做必要保鲜和简单整理上架而出售的初级产品，以及对面包、熟食等现场加工品类商品的统称。生鲜商品的特点、保存条件基本相同，需要保鲜、冷藏、冷冻；属于散装商品并需要用称重打条码方式售卖；保质期比较短；同时在消费习惯上也有很大的关联性。生鲜商品主要有水果、蔬菜、肉品、水产、干货及日配、熟食和糕点，例如阿里系的盒马，腾讯系的每日优鲜、超级物种，亚马逊的 Amazon Fresh 等。

四、餐饮 O2O

餐饮 O2O(Online to Offline)是 O2O 行业里面的一个巨大分支，其有两个层面的含义。

一个是互联网餐饮，指的是互联网企业为餐饮企业提供互联网化的应用，主要是营销层面的应用，典型的如团购网；另一个层面是指餐饮企业主动拥抱互联网，发展出互联网化的应用，指的是餐饮企业主动应用互联网产品，比如微博、微信、手机 APP、CRM 系统、云 POS 系统等应用软件。它既包括互联网企业为餐饮企业提供互联网化的应用，也包括餐饮企业主动拥抱互联网的行为，例如阿里系的饿了么、腾讯系的美团外卖、百度外卖等。

五、仓储物流

仓储物流（Warehouse Logistic）是指利用自建或租赁库房、场地，储存、保管、装卸搬运及配送货物。传统的仓储定义是从物资储备的角度给出的。现代"仓储"不是传统意义上的"仓库""仓库管理"，而是经济全球化与供应链一体化背景下的仓储，是现代物流系统中的仓储。例如，阿里系的菜鸟联盟、淘鲜达，腾讯系的京东物流，亚马逊的 New Chain Logistics 等。

六、移动支付

移动支付（Mobile Payment）是指移动客户端利用手机等电子产品来进行电子货币支付。移动支付将互联网、终端设备、金融机构有效地联合起来，形成了一个新型的支付体系，并且移动支付不仅仅能够进行货币支付，还可以缴纳话费、燃气、水电等生活费用。移动支付开创了新的支付方式，使电子货币开始普及。移动支付具备时空限制小、方便管理、隐私度较高、综合度较高等特点。典型的移动支付有阿里系的支付宝，腾讯系的微信支付、苹果系的 Apple Pay、中国银联的云闪付等。

七、云计算技术

云计算（Cloud Computing）是分布式计算技术的一种，其最基本的概念，是透过网络将庞大的计算处理程序自动分拆成无数个较小的子程序，再交由多部服务器所组成的庞大系统经搜寻、计算分析之后将处理结果回传给用户。稍早之前的大规模分布式计算技术即为"云计算"的概念起源。代表的企业有阿里云、腾讯云、华为企业云、百度云等。

八、媒体推广

媒体推广（Media Advertisement）是一种相对复杂而且涉及跨行业运营的业务模式。"媒体合作"是市场推广的一种延伸，让用户更能接触到产品的充分信息，无论是对品牌还是发展用户都能起到积极的作用。

第四节　零售新业态的支撑条件与驱动力

一、零售新业态的技术支撑

零售新业态的发展与人工智能、物联网、大数据等技术的发展密不可分。上述技术的发展为零售新业态的发展提供了技术支撑。本节将对支撑零售新业态的相应技术进行简要介绍。①

（一）人工智能

人工智能（Artificial Intelligence），英文缩写为 AI。人工智能是研究、开发用于模拟、延伸和扩展人的智能的一门新的技术科学。该技术在零售新业态中的应用具体表现为用以深度学习为基础的人脸识别、语音对话、传感器融合、卷积神经网络、生物识别等技术进行图搜购物、市场定位、客户锁定和刷脸支付。

（二）物联网

物联网（Internet of Things）即"万物相连的互联网"，是互联网基础上的延伸和扩展的网络，将各种信息传感设备与互联网结合起来而形成的一个巨大网络，实现在任何时间、任何地点，人、机、物的互联互通。该技术在零售新业态中的应用具体表现为通过射频识别、红外感应器、全球定位系统、激光扫描将商品互联网相互连接，实现物流智能化识别、定位、跟踪、监控和管理。②

（三）大数据

对于"大数据"（Big Data），研究机构 Gartner③ 给出了这样的定义："大数据"是需要新处理模式才能具有更强的决策力、洞察力和流程优化能力来适应海量、高增长率和多样化的信息资产。大数据分析技术在零售新业态中的应用主要表现为，将传统渠道通过门店场景收集粗数据的方式转变为通过各种各样的场景采集多维精细数据。这种精细数据有助于消费者数据深度挖掘与分析，精准用户画像，洞察消费者需求，清晰辨识服务做到网状互联，将消费者数字化。依托精细数据的采集与分析，可以做到按需组合产品，优化供应链，实现智能制造构建敏捷供应链，实现按需智能供货。

（四）云计算

云计算（Cloud Computing）是分布式计算的一种，通过网络"云"将巨大的数据计算处理程序分解成无数个小程序，然后，通过多部服务器组成的系统对这些小程序进行处理、分析，得到结果并返回给用户。通过这项技术，可以在很短的时间内（几秒钟）完成对数以万计的数据的处理，从而达到强大的网络服务。云计算技术在零售新业态中的应用表现为结合大数据技术快速分析消费者的行为，对消费者行为进行精准画像，洞察消费者需求。

（五）增强现实/虚拟现实

增强现实（Augmented Reality）技术是一种将虚拟信息与真实世界巧妙融合的技术，将计算机生成的文字、图像、三维模型、音乐、视频等虚拟信息模拟仿真后，应用到真实世

① 前瞻产业研究院.2018 中国新零售行业商业模式研究报告［R/OL］.金融文库，2018-11-26.
② 东兴证券.新零售模式的缘起、纷争及演变［R/OL］.网经社，2020-02-17.
③ Gartner（高德纳，又译顾能公司，NYSE：IT and ITB）是全球最具权威的 IT 研究与顾问咨询公司，成立于 1979 年，总部设在美国康涅狄格州斯坦福。其研究范围覆盖全部 IT 产业，就 IT 的研究、发展、评估、应用、市场等领域，为客户提供客观、公正的论证报告及市场调研报告，协助客户进行市场分析、技术选择、项目论证和投资决策。

界中。虚拟现实技术(Visual Reality)是指利用计算机生成一种可对参与者直接施加视觉、听觉和触觉感受，并允许其交互地观察和操作的虚拟世界的技术。增强现实在零售新业态中的应用主要是将数字画面结合数字化现实或者将虚拟数字画面结合裸眼现实用于消费者的购物视觉体验场景。虚拟现实在零售新业态中的应用主要是与计算机一样成为一种网络接口，将各种虚拟的购物场景应用于消费者的现实体验，如"Buy+购物""汽车试驾""旅行体验"等。

（六）智能互动设备

智能互动设备(Intelligent Interactive Equipment)是指实现人机互动的所有设备的总称，包括人脸识别、智能录播、智能传感等设备。智能互动设备在零售新业态中的应用主要是为人机交互场景提供硬件支持，比如虚拟试衣、全息投影、互动大屏、各种自助结账台、自动售货机、智能购物车等智能互动设备在门店内的应用。

（七）区块链

区块链(Block Chain)是分布式数据存储、点对点传输、共识机制、加密算法等计算机技术的新型应用模式。区块链技术在零售新业态中的应用主要体现为两个方面。一方面将区块链技术应用在金融行业中，能够省去第三方中介环节，实现点对点的直接对接，从而在大大降低成本的同时，快速完成交易支付；另一方面通过区块链可以降低物流成本，追溯物品的生产和运送过程，并且提高供应链管理的效率。这种特性一定程度上提高了物联网交易的便利性和智能化。

二、零售新业态的要素支撑

零售新业态是相对于传统零售业态而言的，但是两者都属于零售业态，存在共性的本质，即零售业态中的要素——人、货、场①。

（一）零售新业态的人

零售业态中最核心的要素是人，零售新业态也不例外，人依然是其核心要素。在传统零售业态中提到的人主要是消费者，而在零售新业态中的人除了消费者的精准画像，还有相关管理人员的智能化管理。在零售新业态中，对于人的研究也就是对于商业流量经济的研究，具体可以表示为式(13-1)：

$$V = T \times CR \times P \times RR \tag{13-1}$$

其中，V 表示潜在销售的价值，即该业态下可能销售给消费者的商品价值；T 表示流量，在线下门店场景下可以将其理解为有多少消费者进入该店铺，在线上场景下可以将其理解为消费者浏览该商家的网上店铺或者 App 的次数；CR 表示转化率，即有多少流量转化为需求(交易)，在线下门店场景中可以将其理解为购买商品人数占进店人数的比重，在线上场景中可以将其理解为在线上下单人数占浏览店铺人数的比重；P 指平均客单价，是指线下门店和线上店铺的每一个顾客平均购买商品的金额，即平均交易金额；RR 指回购率，也就是指消费者在线下门店或线上店铺的重复购买次数。

---

① 东兴证券. 新零售模式的元起、纷争及演变[R/OL]. 网经社，2020-02-17.

（二）零售新业态的货

传统零售业态下的货主要是指实物商品或者服务，零售新业态下的货除了实物商品或者服务外，还有包含一体化、全渠道的服务。全渠道就是从商品设计、生产到销售的整个链条，可将其抽象化为式(13-2)：

$$D - M - S - B - b - C \tag{13-2}$$

其中，D 是指产品的设计过程；M 是指产品的生产过程；S 是供应链，指的是总代理、省代理、分销商、经销商等机构；B 是指大卖场、超市、连锁店等；b 指的是夫妻店、地摊、微商个人销售者；C 指的是消费者，也就是最终端的客户。以服装为例，设计师研究市场形势设计出最流行的款式，然后将设计的方案使用权转让给制造商进行打样、购买原材料、雇佣工人进行批量生产，接着通过各级代理、分销渠道、经销渠道等供应链企业完成市场的铺货、建立库存，进而通过大商场、小商店或者各类线上平台将衣服展示给消费者，最后消费者下单购买衣服。在这个过程中，零售新业态下的货就是指从设计理念到最终消费的全链条的一体化服务。

（三）零售新业态的场

传统零售业态下的场主要是指各种商业中心、商场，即实体的购物场所，零售新业态下的场除了实体的购物场所外，还包括网上平台、App、应用小程序等数字领域。但是，任何一种零售业态下的场都具有相同的本质，那就是信息流、资金流和物流的多种组合。同样以服装为例，当消费者进入商场挑选衣服或者在线上店铺浏览衣服的时候，衣服的颜色、质地、款式和价格等信息就是信息流；当消费者决定购买，并支付完成的时候就完成了资金流；当服务员打包好衣服由消费者自带回家或者交给快递员的时候就是物流。零售新业态下，数据赋能是提升场的效率的重要手段。线上的信息流具备高效性，网上店铺或者 App 可以高效地呈现商品的样式、材质和价格等信息。线下的信息流具备体验性，以服装为例可以直接试穿、触摸；线上的资金流具备便携性，微信、支付宝、电子钱包、数字人民币等可以随时随地进行快捷支付，线下的资金流具有可信性，一手交钱一手交货的可信性对于大额交易更加重要；线上的物流追求快，可以把远在千里之外的商品送到消费者面前，线下的物流追求近，可以让商品即时出现在消费者的身边。

三、零售新业态的经济驱动

"经济基础决定上层建筑"，零售新业态也不例外，经济发展是其蓬勃发展的强劲动力。本部分将从国内生产总值、人均收入水平和社会消费品零售总额的变动趋势进行简要介绍。①

（一）国内生产总值稳步增长

1978 年十一届三中全会之后，中国在多个方面进行了拨乱反正，并且确立了以经济建设为中心的工作目标。从此，中国开始进行改革开放，对内进行经济体制改革，对外开放国门，经济取得一定的增长。尤其是 1992 年邓小平南方谈话之后，回答了姓社姓资的重要标准是"三个有利于"，进一步解放了思想，进一步扩大开放，通过引进三资企业快

---

①　东兴证券. 新零售模式的元起、纷争及演变[R/OL]. 网经社，2020-02-17.

速发展中国经济。图 13-1 显示，1978—2020 年中国国内生产总值绝对数呈现"J"形曲线特征，具体数据为 1978 年中国国内生产总值是 3678.7 亿元，2020 年国家统计局公布的最新数据为 1015986 亿元，43 年间增长了 27518 倍，年均名义增长率为 27.56%。剔除通货膨胀因素后，实际增长率水平如图 14-1 光滑折线所示，其对应是右坐标轴。根据该曲线波动情况可知，1978—2020 年中国实际 GDP 年均增长率维持在 8% 以上，远高于欧美发达国家和其他发展中国家的同期增长率水平。2020 年全球受到新冠疫情的影响，绝大多数国家的经济增长表现为负值，而中国依然保持 2.3% 的正增长，顺利突破百万亿元大关，换算为美元的话相当于美国 GDP 的 71%，进一步缩小了与全球头号经济体之间的差距。国际货币基金组织（IMF）预测，最快 2030 年，中国 GDP 将超美国，而另外一些经济智库和研究机构则认为，实际可能不需要那么长时间，中国 GDP 就会超过美国[1]。中国强劲的经济增长是驱动零售新业态在中国蓬勃发展的最重要因素。

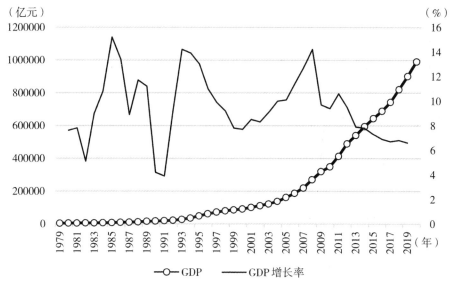

图 13-1　1978—2020 年中国 GDP 变动趋势

数据来源：国家统计局。

虽然，整体上中国 GDP 水平已经破百万亿元，但是中国人口基数庞大，至今依然是世界上人口最多的国家。2019 年中国人均 GDP 水平为 70892 元，利用当年人民币兑美元的平均汇率 6.90 换算，为 10274.21 万美元，同期美国的人均 GDP 为 65000 万美元，Top5 国家的同期平均水平为 100000 万美元以上。所以，中国人均 GDP 与欧美发达国家的差距依然十分巨大，正因为人均差距巨大，中国依然处于并将长期处于社会主义国家初级

---

① 布鲁金斯学会（Brookings Institution）就预测，中国有望在 2028 年超越美国成为全球最大经济体。日本经济研究中心（JCER）最新发布的 2035 年经济增长展望也显示，最快在 2028 年，中国名义 GDP 将超越美国。

阶段。

由图 13-2 可知，1978—2020 年中国人均 GDP 与 GDP 总量一样呈现 "J" 形特征，1978 中国人均 GDP 为 423 元，2019 年中国人均 GDP 为 70892 元，42 年间增长了 166.59 倍，年均名义增长率为 13.29%。剔除通货膨胀因素后，实际增长率水平如图 14-2 光滑折线所示，其对应的是右坐标轴。根据该曲线波动的情况可知，1978—2019 年中国人均 GDP 实际值年均增长率维持在 8% 左右，略低于实际 GDP 总量的年均增长率水平。2020 年中国人均 GDP 超过 10000 美元，这是一个历史性的突破。国际发展经验表明，当人均 GDP 达到 10000 美元时，消费需求具备了从生存型、数量型向发展型、享受型发生深刻转变的基础，而零售新业态的蓬勃发展与中国人均 GDP 突破 10000 亿美元的时间节点不谋而合。

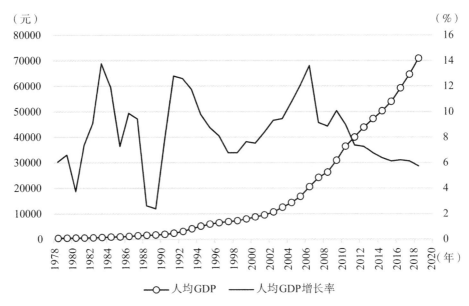

图 13-2　1978—2019 年中国人均 GDP 变动趋势
数据来源：国家统计局。

(二) 人均收入水平持续上升

虽然宏观因素能够整体上驱动零售新业态发展，但是与居民消费最相关的因素是收入水平。零售新业态主要在城镇地区发展，农村地区发展较为滞后，所以城镇居民家庭人均可支配收入是影响零售新业态发展的最直接经济指标。城镇居民人均可支配收入是指反映居民家庭全部现金收入能用于安排家庭日常生活的那部分收入。它是家庭总收入扣除交纳的所得税、个人交纳的社会保障费以及调查户的记账补贴后的收入。如图 13-3 所示，1978—2019 年中国城镇居民家庭人均可支配收入呈 "J" 形增长特征。2020 年中国城镇居民人均可支配收入为 43834 元，而 1978 年该值仅为 343 元，43 年增长了 126.80 倍，年均名义增长率为 11.92%。剔除通货膨胀因素后，城镇居民家庭人均可支配收入实际年均增长

5%左右。虽然较大程度低于 GDP 总体和人均值的实际增长率水平,但是依然对于中国城镇居民消费规模扩大和升级提供了强劲的驱动力。

(三)社会销售品零售总额显著增加

虽然居民消费最重要的影响因素是其可支配收入,但是除了居民可支配收入以外还有很多重要因素会影响其消费水平。莫迪利安尼的永久收入假说认为,居民消费的决定因素除了他每年的可支配收入以外,取决于他的终生收入水平。所以,居民家庭人均可支配收入上升并不直接带来消费的提高。社会消费品零售总额指企业(单位、个体户)通过交易直接售给个人、社会集团非生产、非经营用的实物商品金额,以及提供餐饮服务所取得的收入金额。1978—2020 年中国社会消费品零售总额与增长率变动趋势如图 13-4 所示。由图 13-4 可知,1978—2020 年中国社会消费品零售总额呈"J"形增长特征。1978 年中国社会消费品零售总额为 1558.6 亿元,2020 年该值上升到 391981 亿元,增长了 250.50 倍,年均名义增长率为 13.71%。剔除通货膨胀因素后,中国社会消费品零售总额实际值年均增长率如图 13-4 光滑折线所示,其对应右坐标轴。根据该曲线波动情况可知,1978—2020 年中国社会消费品零售总额实际值年均增长率为 5%左右。这与城镇居民家庭人均可支配收入的实际增长率基本相同。

图 13-3 1978—2020 年中国城镇居民家庭人均可支配收入变动趋势

数据来源:国家统计局。

四、零售新业态的需求驱动

由上文分析可知,坚实的经济基础是零售新业态蓬勃发展的前提,总量和人均层面的经济增长是零售新业态的逻辑起点。但是,这并不意味着只要经济基础夯实,零售新业态

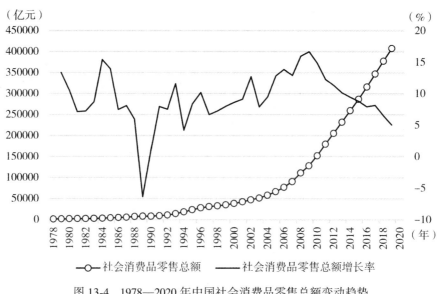

图 13-4　1978—2020 年中国社会消费品零售总额变动趋势

资料来源：国家统计局。

就会蓬勃发展。零售新业态是一种新型的商品供给方式，它能否蓬勃发展更加直接地取决于需求层面的因素。下文将从市场转化、人口结构调整、消费者需求变化等方面揭示零售新业态的需求驱动①②。

(一)从"人口增量市场"转为"人口存量市场"

人口是一切经济活动的基础，零售新业态也不例外。无论任何形式的零售新业态，其最终服务对象都是消费者，人口基数与人口结构是消费规模和消费结构的直接决定因素。我们将 1990—2019 年中国总人口变动趋势整理如图 13-5 所示。其中带圈的曲线代表总人口变动，其对应左边坐标轴的值；光滑折线代表总人口增长率变动，其对应右边坐标轴的值。由图 13-5 可知，1990—2019 年中国总人口呈缓慢增加态势，但是曲线斜率不断趋缓；中国人口增长率则呈不断下降态势，从期初的 1%以上降至目前的 0.33%。正因为中国人口增长率已经处于较低水平，所以越来越多的人口专家呼吁调整计划生育的人口干预政策。而且，国家也注意到了中国的人口问题，逐步开始放开生育，推行全面二胎、三胎政策。但是由于其他原因，中国人口增长的政策干预效果还未显现，后续效果如何依然需要持续观察。但是，根据日本等国家的发展经验，人口增长率的惯性作用比较大。所以，目前中国已经表现出"人口增长市场"转向"人口存量市场"的特征。

消费需求是零售新业态的牵引力，消费者的变化代表着市场的变化，也是零售新业态

---

①　东兴证券. 新零售模式的元起、纷争及演变[R/OL]. 网经社，2020-02-17.

②　亿欧研究院，2018 年中国新零售市场研究报告——概念、模式与案例[EB/OL]. https：//baijiahao. baidu. com/s？ id＝1589833979060583490&wfr＝spider&for＝pc.

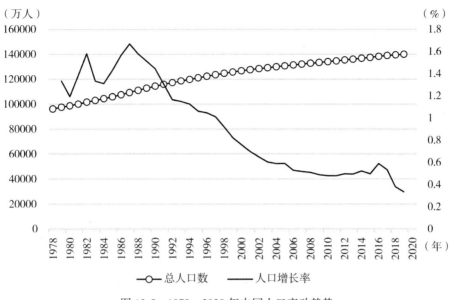

图 13-5　1978—2020 年中国人口变动趋势

资料来源：国家统计局。

呈现的发展趋势。需求变化主要体现在消费者结构变化、偏好变化等，其中消费者结构变化的很大部分是消费者年龄结构变化。1990—2019 年中国人口年龄结构变化趋势如图13-6所示。由图 13-6 可知，1990—2019 年中国 0~14 岁人口所占比重呈现不断下降的态势，65 岁以上人口比重呈现不断上升态势。1990 年 0~14 岁和 65 岁以上人口比重分别为 27.70% 和 5.57%；2019 年这两者分别为 16.78% 和 12.57%。存量市场下，依靠低价策略吸引更多消费者的效果会越来越差，消费者黏性和复购率显得更为重要。同时，企业需要对消费者潜在需求进行深度挖掘，从而释放消费能力。这一切都要求企业更加了解消费者，为消费者提供"更佳的体验"。因此，零售行业理念由"低价零售"转为"体验式零售"，零售新业态是更重视体验的零售，而其核心动力，则是寻求更大的市场利润。

（二）"80 后""90 后"渐成消费主力

据央视财经报道，中国外卖用户规模已接近 5 亿人，"80 后""90 后"成外卖消费主力军，除传统的一日三餐外，下午茶和夜宵成为消费者点外卖的新宠。中国一、二、三线城市餐饮外卖的消费者渗透率已经达到 96.31%。2020 年 2 月，"网约配送员"正式成为新职业，纳入国家职业分类目录①。"80 后""90 后"人口现在正好覆盖了"20—40 岁"的年龄范围。80 后、90 后人口的受教育水平普遍较高，追求个性化的欲望较强。中国人口普查数据显示，1990 年每 10 万人口中受大专及以上教育人口数为 1422，2000 年为 3611，2010 年则达到 8930。根据第七次中国人口普查结果，2020 年中国每 10 万人口中受大专

①　资料来源：http://finance.sina.com.cn/tech/2021-01-02/doc-iiznezxt0180825.shtml.

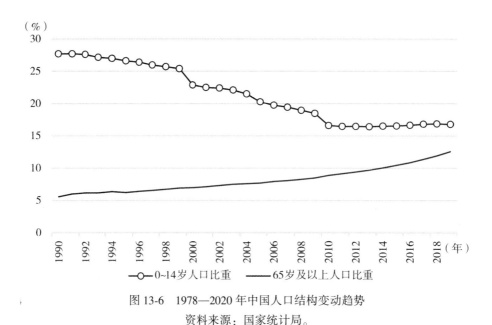

图 13-6　1978—2020 年中国人口结构变动趋势

资料来源：国家统计局。

以上教育人口是 15467。这意味着抽样人口中受大专及以上教育人口占比超过 10%，这为推进零售新业态发展提供了人力资本积累和扫除了技术应用障碍，"80 后""90 后"人口是线上消费的主流。据《2018 淘宝数据报告》显示"90 后"已经成为无可争议的消费主力，平均成交额已经超过"80 后"的 25%，尤其是"95 后"在线成交额增长速度最快。"80 后""90 后"成为消费主力后，催生出独特的消费理念。他们的时间更加碎片化，需求更具个性化，品牌忠诚度较低，强调享受即时服务，习惯移动网络购物，注重产品和消费品质和体验，热爱社交并且高度娱乐化。"80 后""90 后"的消费行为发生了显著的变化，推动了零售新业态的融合发展。

（三）三线城市逐渐步入消费拐点

出于对城市经济研究的需要，学者们根据人口规模、建成区规模等指标将城市分为一线、二线、三线等城市。中国大陆现有北京、上海、广州、深圳四座一线城市，虽然二线城市没有公认的名单，但是这些城市一般都是省会或者非省会的副省级城市，上述城市的居民家庭人均可支配收入基本保持在 5000 美元以上。根据国际经验，当人均可支配收入达到 5000 美元时，消费者会加大消费力度，注重消费品质，消费率会上升，消费结构会发生调整，响应休闲娱乐型消费支出占比会有所提高。将 2018 年中国地级以上城市城镇居民家庭人均可支配收入换算成美元，并将其绘制成散点图如图 13-7 所示。从图 13-7 可知，超过一半地级城市城镇居民家庭人均可支配收入超过（含）5000 美元，同时随着城市城镇居民家庭人均可支配收入的不断上升，越来越多的地级城市处于红色分界线（5000 美元）之上。这意味着三线城市也逐渐引来消费结构的调整，步入生活生产消费向休闲娱乐消费转变的拐点。正因为三线城市的上述条件，所以零售新业态也在不断向地级城市下沉。越来越多的零售新业态开始拓展至地级城市的市场板图。

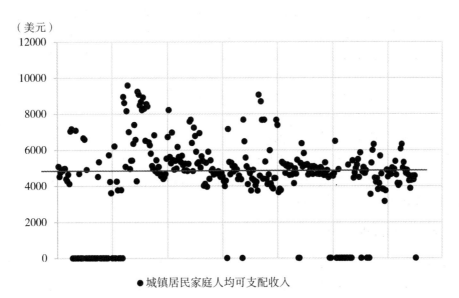

图 13-7　2018 年中国地级市城镇居民家庭人均可支配收入散点图
资料来源：国家统计局。

（四）消费升级

马斯洛需求层次理论将个人需求分为 5 个层次，从低到高分别是生理需求、安全需求、社交需求、尊重需求和自我实现需求。消费者购买商品满足其不同层次的需求。随着消费者收入的增加，不再仅局限于购买生活必需品满足其生理需求，而是寻求更高层次的需求的满足，这种动机就会产生消费升级。根据国家统计数据，中国人均 GDP 增长过程中出现四个节点：2007 年中国人均 GDP 突破 3000 美元、2010 中国人均 GDP 逼近 5000 美元、2015 年中国人均 GDP 突破 8000 美元、2020 年中国人均 GDP 超过 10000 美元。在不同的节点均出现了不同形式的消费升级。2016 年产生的零售新业态就是消费升级背景下的产物。观察中国消费性支出结构变动，可以发现食物消费所占比重呈明显下降趋势，教育、文化娱乐等消费所占比重呈不断上升趋势，一降一升正好反映了随着人们收入水平的提高，其消费实现了升级和调整。

五、零售新业态的政策驱动

《国务院办公厅关于推动实体零售创新转型的意见》（国办发〔2016〕78 号），明确了推动我国实体零售创新转型的指导思想和基本原则。[1]

2016 年 11 月 11 日，对于零售新业态在中国的发展来说是尤为重要的一天。这一年的双十一购物节中，消费者不仅收获了抢购带来的满足，还收获了一份重要的政策礼包——《国务院办公厅关于推动实体零售创新转型的意见》（国办发〔2016〕78 号）。78 号文的颁发促使零售新业态的发展从依靠市场单轮驱动，向依靠"市场+政策"双轮驱动转变，

---

① 资料来源：http://www.gov.cn/zhengce/content/2016-11/11/content_5131161.htm.

其具体意义表现如下：第一，国家正式出台文件鼓励零售业态融合发展，第二国家承认非实体零售具有不可或缺的重要地位，第三国家明确指出实体零售遇到困境需要谋取变局。78 号文颁发之后，零售新业态在中国的发展开始驶入快车道，零售新业态呈现盎然生机。

第五节　中国零售新业态的发展趋势

2016 年以来，零售新业态在中国已经有了一定的发展，而且新业态呈现出许多新的特征。在新时代及后续时间段内，这些新特征的演变具有较为明显的发展趋势。本节将从技术驱动、消费者地位、全渠道经营、全域营销、场景化体验渗透产品与服务等几个方面介绍中国零售新业态的发展趋势①。

一、技术驱动依然十分重要

零售新业态的产生本身就是移动互联网、物联网和大数据等技术日益成熟的结果，随着人工智能、AR/VR、生物识别、图像识别、机器人等技术更加成熟，应用门槛大幅降低，新技术层出不穷，部分领先的零售企业将不断应用最新的科技，提升消费者的全程体验，同时降低运营成本。

二、消费者地位越来越高

过去数十年，供给方或渠道方在市场中的主导地位在历次变革中固若金汤，但现在，话语权逐渐转移到了消费者手中，消费者成为市场的主导方。中国大规模的生产制造能力已经形成，消费者的主导权变得前所未有的强大，对消费者需求的理解和感受也变得前所未有的重要，中国正式进入消费者时代。"80 后""90 后""00 后"正成为中国市场的核心消费群体，新一代消费者自我意识更强，其消费态度和行为也更加个性化。他们更重视购物过程体验，希望与品牌商及零售商建立交易关系之上的信任感和亲密感。他们对社交媒体营销信息的接受度也明显更加开放、正面，这使得产品和服务提供商可以通过社交媒体方式，大大提升其对消费者个性需求的影响力。

三、全渠道经营和全域营销发展

传统的零售业以顾客的单渠道购物为主；互联网出现后，多渠道购物开始盛行；社会化媒体出现后，开始了跨渠道购物的尝试；移动社会化媒体普及后，人类开始进入了全渠道购物阶段。

在全渠道条件下，购物的主动权掌握在消费者手中，消费者可以借助各社交媒体对零售商终端进行选择，享受极致的购物体验。从零售商的角度来看，全渠道就是在多渠道的基础上，对各个渠道进行整合，让各前台、后台的系统实现一体化，为客户提供一种无缝化体验。从消费者角度来说，全渠道可以让消费者在一个渠道挑选产品，在另一个渠道进

---

① 智研咨询 . 2018 年中国零售业及新零售行业发展趋势分析 [R/OL] . https://www.chyxx.com/industry/201806/652180.html.

行比较，最后再选择第三个渠道进行支付购买。

全域营销即整合各类可触达的消费者的渠道资源，建立全链路、精准、高效、可衡量的跨屏渠道营销体系。全域营销是以消费者运营为核心，以数据为能源，实现全链路、全媒体、全数据、全渠道的一种智能营销方式。

四、场景化体验渗透产品与服务

首先，企业产品会结合场景设计功能，强化用户体验。比如你想坚持跑步，但是常常因为各种原因半途而废，这时候，你是不是希望有一款工具可以激励、督促你呢？这时微信就开启了微信运动功能，通过记录用户步数和好友 PK 等模式进行运动激励。一个单纯的跑步运动，变成了一个包含诸多场景的运动体验。

其次，产品体验不足时，企业会建立适当的服务场景打动客户。比如买房，如果看到的都是毛坯势必兴致大减，而看到样板房就会有"家"的感觉从而刺激购买欲望。通过场景来打动客户的购买欲望，激发消费者的共鸣，促进产品和服务的销售。还有，可以通过大数据分析预知消费场景提升客户体验。通过消费者的大数据分析，企业可轻松整理客户需求、预判客户使用场景，优化产品和服务。

五、社区成为流量主要入口

在场地租金攀升、企业利润下降的大环境下，门店越开越小已成为中国实体零售不可阻挡的发展趋势，便利店、精品超市、社区型购物中心等社区商业将成为零售企业寻求转型升级的重要方向。伴随中国社区零售整合、全渠道发展进程逐步加快，投资成本低、成熟周期短的社区零售成为支撑行业发展的重要推手。从长期发展来看，"小而美"的社区化零售业态将更符合新形势下消费市场的客观需求。社区作为线下主要流量入口的作用愈发重要。

六、无人零售快速扩张

作为连接生产与消费的流通环节，传统零售企业对全供应链控制能力较弱，信息传导响应不及时，供需错配导致企业库存高企、周转率低、商品同质化等问题不断加剧。目前随着技术发展、人工和租金的大幅上涨、基础设施的规模化和移动支付的普及，尤其是人工智能和物联网技术的飞速发展，无人零售已经具备加速发展的客观条件，加之资本入局，无人零售将进入快速扩张阶段。各种新型的自动售货机，包括占领办公室的自动咖啡机、自动售卖冰柜将成为零售新业态中不可或缺的一部分。

七、重构供应链

传统的供应链是层级式的，低效复杂。到了纯电商的供应链阶段，虽然是点对点的，但线上线下却是分离的。零售新业态将重构供应链，包括：（1）智能分仓。针对不同区域安排商品的种类和数量。比如蒙牛通过开设前置仓，将蒙牛的爆款商品能够以最快的速度送入 600 万家小店，速度提升 300%，同时节省了两道经销商环节，时效的提升非常明显。（2）"以店为仓"。将门店作为仓库的载体，实现店仓结合。雀巢所采用的"实库、虚库、盘货"属于典型的店仓结合，通过本地仓和门店发货，次日达和当日达的比例都得到了大幅提升。(3)柔性供应链。无论是商品流、信息流还是现金流，都需要快速响应。比如五芳斋的"C2B供应链"，让消费者选粽子的馅儿，选后快速反馈到工厂加工，快速配送到消费者。

八、数据驱动制造

新零售时代通过数据驱动制造，主要表现有：(1)数据倒逼产能配置。美的在以前是典型的工业化制造企业，多年来美的洗碗机在国内的市场都不足1%，2015年阿里和美的合作，通过大数据分析判断洗碗机需求将爆发，于是帮助美的培育市场，生产定制款的洗碗机。2016年一年时间销售额增长了1900%。(2)数据驱动即时定制。亿滋联合天猫开展了一个特别定制奥利奥音乐盒的活动，用户进行个性化选择后点击开始定制，从下单那一刻起就开始生产，省略了所有中间环节，从下单到收货时间可以压缩到7天。(3)数据打通产业链。2017年，鄂尔多斯打通所有库存，启动大数据逆向开发、备料、生产、推广、零售，月底天猫秋冬新风尚系列货品预售上线，以数据驱动生产。

九、新物种崛起

新物种崛起主要包括以下几个方面：第一，借助App拓展门店覆盖范围内的线上到家业务；第二，提高生鲜比例，引入中高端生鲜；第三，设立餐饮档口，支持现买现做现吃；第四，调整布局和动线，增强用户体验；第五，商品定位精品化，客群结构年轻化。比如盒马鲜生和传统门店相比就具有以下几个明显的特点：一是生鲜面积显著增大，中高端品类丰富；二是增加餐饮区域，支持现购现做现吃；三是固定动线改为自有动线，顾客选择更自由。

【案例】

阿里肩上的盒马：零售新业态的试错、创新与重构

盒马成立于2015年3月份，然后2016年的1月份首个门店开业，App上线。2016年3月份达到10万用户。2016年3月到2017年的6月这1年零3个月中，它已经做过一次整个商业模式的迭代，盒马的1.0是一个失败和已经被放弃的一个形态。

2017年6月，盒马调整了业态和商业模式以后，进入了一个飞速发展阶段，在2020年的第三季度的时候，全国范围内已经达到200多家门店，搭建完成41个常温和冷链仓、16个加工中心、4个活鲜暂养仓的供应链体系，能够支撑30分钟达、次日达、3日达、S2B2C等多种履约模式。这是盒马整个发展的沿革。

2015年的下半年开始，零售新业态就开始在投资圈发酵，包括生鲜超市领域的盒马鲜生、永辉的超级物种、京东的7FRESH、便利蜂、轻便利，区域型的Today便利店，无人货架领域的每日优鲜、CITYBOX。

所以，盒马的创新引来了大量的零售新业态创业者，当然，时至今日，盒马模式依然存在着巨大的争议，主要在于它的损耗、亏损、品控和服务，以及管理上的疏

漏。下面将主要介绍一下盒马的创新及其对零售重构所做的努力。

1. 阿里对盒马做出的全新尝试

（1）盒马 1.0 的错误道路

2016 年 1 月到 3 月，盒马鲜生开始试水零售新业态，三个主要做法：第一，如何获客——人。外卖订单为基础流量，盒饭有人骑着电驴给你送过来，所以叫盒马。第二，商业形态——货。互联网厨房为主，顺便做堂吃和卖生鲜。第三，地理位置——场。租在一线城市核心商圈的优质商业物业中，付的是一线商业物业房租，做的是低客单价的外卖生意。这是一个失败的状态，整体巨亏。

（2）盒马 2.0 的正确道路

2016 年 3 月到 2017 年 6 月这段时间中，它做了一次改变，我认为盒马鲜生的 2.0 走在了正确的道路上。三个主要做法：第一，如何获客——人。它以外送、日用百货和生鲜作为它的基础流量；第二，商业形态——货。它的业态是以生鲜超市为主，顺便做餐饮的堂吃和外卖生鲜超市的高频能够黏住客户。第三，地理位置——场。租在 3km 社区商圈的普通商业物业中，非一线商业区房租，成本直线下降。

（3）盒马的成绩单

截至 2020 年第三季度，200 多家门店搭建完成 41 个常温和冷链仓、16 个加工中心、4 个活鲜暂养仓的供应链体系，能够支撑 30 分钟达、次日达、3 日达、S2B2C 等多种履约模式。

盒马还在一个试错的过程中，我们可以看到三个特征：

第一，即使有些盒马门店不大盈利，没有达到成熟门店的标准，它都远高于这个区域其他的零售业态；单店的坪效还在不断增长；第三，快速的扩张一定会摊薄你的经营能力和管理能力，好的店员、店长，没有那么快培养出来。

2. 盒马鲜生创新的逻辑和路径

盒马的创新主要表现为三个事情：第一件事情，它重构了零售三角。也就是说它重新地抽象和提取了用户的需求。第二件事情，盒马进行了人、货、场模型的微创新。第三个，盒马鲜生创新的底层是数据驱动。

零售三角的本质，是对用户需求的抽象和提取。旧零售三角当中的廉价、多选和便利，只是用户需求的一部分或者用户需求很典型的表征，是从价格信息、商品选择信息和位置信息中提取出来的东西。零售新业态颠覆了旧零售三角的基本假设。从价格信息、商品信息和位置信息上提取出新的用户需求，也就是说优惠、优选和体验。

这个用户的优惠主要做法有：注册的红包、会员折扣、爆款特价。所以，所有的优惠指向的是什么？它给用户提供了一个理由。比如说阿里的海鲜龙虾，它提供了一个到店的理由。

多选也是一个没有止境的事儿。真实的需求是在特定的品类中多选一，完成购买理由的更迭。第一点，同样的一个生鲜超市的面积，盒马的 SKU 的数量大概 6000 个，而其他的商超，比如说永辉，大概 2 万个 SKU，SKU 是单品。那么实质的品类数相似，那为什么盒马的这个坪效反而领先了呢？那就是多提供的 14000 个选择，其实无效的。第二点，盒马增加了新消费的商品。这些是互联网创造出来的一些新品牌，都具有内容驱动、自带流量的特征。第三点，新消费品牌重建的购买理由，实现了重新定价。也就是说出现了 20 块钱的泡面。

体验是什么呢？第一点是到家，货找人，30 分钟可以送到我家，那我就不需要所谓的便利和距离近，只要你能 30 分钟送到我家，其实我不太 care 你到底有多远。举个例子，日用百货，30 分钟送到家，逆袭了京东的所谓"211 限时达"配送速度。那么日用百货的用户活跃就重新回到了阿里身上。第二点，用户还是有活动的需求，需要有体验，所以如果我想走出家门，到一个商业的环境中去，这是为了找刺激，所以你要给我理由，为什么要到店。这就颠覆了原来仅仅从位置距离的近，来定义零售业态这样一种用户需求。第二个就是全球海鲜现买、现做、现吃。给三公里商圈以内的用户提供了一个到店的理由。

（资料来源：朱靖雷. 阿里肩上的盒马，新零售的试错，创新和重构［EB/OL］. https://www.jianshu.com/p/21f4a772f1b)

【思考题】

1. 零售新业态有哪些类型？各有什么特征？
2. 简述零售业态的发展阶段。
3. 简要分析零售新业态发展的支撑条件和驱动因素。
4. 我国零售新业态的发展趋势如何？

参 考 文 献

[1] 马克思，恩格斯 . 马克思恩格斯选集[M]. 北京：人民出版社，1995.

[2] 马克思 . 资本论[M]. 北京：人民出版社，2004.

[3] 毛泽东 . 毛泽东选集[M]. 北京：人民出版社，1991.

[4] 习近平 . 习近平谈治国理政(第 1 卷)[M]. 北京：外文出版社，2018.

[5] 蔡春林，陈原 . 国际贸易[M]. 北京：对外经济贸易大学出版社，2023.

[6] 陈炳祥 . 人工智能改变世界 工业 4.0 时代的商业新引擎[M]. 北京：人民邮电出版
    社，2017.

[7] 陈淑祥，张弛，陈玺岚 . 贸易经济学(第三版)[M]. 成都：西南财经大学出版
    社，2019.

[8] 陈岩 . 国际贸易理论与实务[M]. 北京：机械工业出版社，2012.

[9] 程驰，郭江霞 . 电子商务基础[M]. 重庆：重庆大学出版社，2021.

[10] 丁晓强，何建农，龚晓莺 . 批发市场概论[M]. 北京：经济管理出版社，2017.

[11] 方齐云，方臻旻 . 国际经济学[M]. 大连：东北财经大学出版社，2009.

[12] 高建华 .2.0 时代的赢利模式：从过剩经济到丰饶经济[M]. 北京：京华出版
    社，2007.

[13] 高建良，贺建飚 . 物联网 RFID 原理与技术[M]. 北京：电子工业出版社，2013.

[14] 郭庆新，张卉，李彦霏 .RFID 技术与应用[M]. 北京：中国传媒大学出版社，2015.

[15] 韩东，陈军 . 人工智能 商业化落地实战[M]. 北京：清华大学出版社，2018.

[16] 韩启德 . 十万个为什么 电子与信息[M]. 上海：少年儿童出版社，2013.

[17] 胡涵钧 . 新编国际贸易(第二版)[M]. 复旦大学出版社，2004.

[18] 黄玉兰 . 物联网 射频识别 RFID 核心技术详解 (第 2 版)[M]. 北京：人民邮电出版
    社，2012.

[19] 蒋和胜 . 贸易经济学[M]. 成都：电子科技大学出版社，2005.

[20] 李存金 . 证券投资学教程[M]. 北京：北京理工大学出版社，2021.

[21] 林宝龙，王新娜 . 农产品营销[M]: 成都：西南交通大学出版社，2022.

[22] 林文益 . 贸易经济学[M]. 北京：中国财政经济出版社，1994.

[23] 林子雨 . 大数据技术原理与应用：概念、存储、处理、分析与应用[M]. 北京：人民
    邮电出版社，2015.

[24] 刘丹，郑宇婷 . 电子商务流[M]. 武汉：华中科技大学出版社，2022.

[25] 刘浩，吴祖强 . 物流信息技术[M]. 北京：中国商业出版社，2007.

[26] 刘鹏 . 大数据[M]. 北京：电子工业出版社，2017.

[27]柳思维，高觉民．贸易经济学(第四版)[M]．北京：高等教育出版社，2021．

[28]马化腾，孟昭莉，闫德利，王花蕾．数字经济——中国创新增长新动能[M]．北京：中信出版社，2017．

[29]马克思主义政治经济学概论编写组．马克思主义政治经济学概论[M]．北京：人民出版社，高等教育出版社，2011．

[30]马智涛．分布式商业[M]．北京：中信出版社，2020．

[31]青岛英谷教育科技股份有限公司．电子商务与现代仓储管理[M]．西安：西安电子科技大学出版社，2015．

[32]佘玉梅，段鹏．人工智能原理及应用[M]．上海：上海交通大学出版社，2018．

[33]宋文官，易艳红．卓越·连锁经营管理系列　连锁企业信息管理[M]．上海：复旦大学出版社，2016．

[34]宋扬，潘峰，刘多林．电子商务基础与应用[M]．北京：北京理工大学出版社，2021．

[35]汤潇．数字经济：影响未来的新技术、新模式、新产业[M]．北京：人民邮电出版社，2019．

[36]汤宇卿．城市流通空间研究[M]．北京：高等教育出版社，2002．

[37]王利强，张桂英，杨旭，高凤友．RFID 技术与应用[M]．天津：天津大学出版社，2019．

[38]王先庆．新零售——零售行业的新变革与新机遇[M]．北京：中国经济出版社，2017．

[39]王永庆．人工智能 原理·方法·应用[M]．西安：西安交通大学出版社，1994．

[40]吴喜之．统计学：从数据到结论[M]．北京，中国统计出版社，2006．

[41]吴宪和．现代流通经济学教程(第二版)[M]．上海：复旦大学出版社，2018．

[42]吴小丁．商品流通论(第三版)[M]．北京：科学出版社，2015．

[43]吴振球，倪叠玖．企业定价[M]．武汉：武汉大学出版社，2010．

[44]夏春玉．流通概论[M]．大连：东北财经大学出版社，2022．

[45]徐从才，高觉民．贸易经济学[M]．北京：中国人民大学出版社，2015．

[46]徐晋．大数据平台——组织架构与商业模式[M]．上海：上海交通大学出版社，2014．

[47]徐晋．平台经济学：平台竞争的理论与实践[M]．上海：上海交通大学出版社，2007．

[48]杨爱喜，卜向红，严家祥．人工智能时代 未来已来[M]．北京：人民邮电出版社，2018．

[49]亿欧智库．AI 进化论　解码人工智能商业场景与案例[M]．北京：电子工业出版社，2018．

[50]易法海．贸易经济学[M]．北京：中国农业出版社，2002．

[51]易瑾超．国际服务贸易[M]．北京：北京理工大学出版社，2021．

[52]于丽红，王姣．国际金融学[M]．南京：东南大学出版社，2019．

[53]曾福林，刘可定．房地产经济学[M]．北京：北京理工大学出版社，2021．

［54］张洪力．房地产经济学［M］．北京：机械工业出版社，2020.

［55］张建华．流通经济学［M］．北京：机械工业出版社，2004.

［56］张元林，陈序，赵熙．区块链+：开启智能新时代［M］．北京：人民邮电出版社，2018.

［57］章国兴，张鹏．贸易经济学［M］．重庆：重庆大学出版社，1995.

［58］赵富森．"文化创意+"会展业融合发展［M］．北京：知识产权出版社，2019.

［59］中国信息通信研究院．数据要素白皮书(2022 年)［R/OL］．2023-01-04.

［60］周日星，苏为华．商贸贸易业：统计监测评价体系研究［M］．北京：中国市场出版社，2006.

［61］周肇先．贸易经济学［M］．北京：中国财政经济出版社，1999.

［62］竺杏月，狄昌娅．国际服务贸易与案例［M］．南京：东南大学出版社，2018.

［63］訾豪杰．电子商务概论［M］．北京：北京理工大学出版社，2020.

［64］Krugman P. Import Protection as Export Promotion：International Competition in the Presence of Oligopoly and Economics of Sale//Kierkowski H. Monopolistic Competition and International Trade［G］．Oxford：Oxford University Press，1984.